U0164034

睡虎地秦簡初探

高 敏 著

目　錄

自序

　　自 1976 年《文物》雜誌先後於第六、七、八期刊佈發現於湖北省雲夢縣睡虎地的秦墓竹簡釋文以後，由於我在昔日的秦史教學與研究中，深感秦史史料奇缺，因而對這批新的秦簡，有如久旱逢甘霖之感，於是在從同年 10 月到 1978 年元月的十四個月時間裡，寫成了讀《雲夢秦簡》的札記若干篇。1978 年元月，便結集爲《雲夢秦簡初探》交河南人民出版社。1979 年元月，河南人民出版社正式出版了此書稿，共收從《〈大事記〉的性質與作者質疑》到《從〈秦律〉的刑罰類別看地主階級的法律實質》第十五篇系列論文，凡 15.4 萬字，印數 24,500 冊。由於該書是秦簡釋文公佈後第一部對它進行研究的專書，所以很快銷售一空。出版社見此情景，又立即催促我擴大篇幅，準備再版。於是我又增加了從 1978 年到 1979 年間新寫的《「有秩」非「嗇夫」辨》、《論秦漢時期的亭》、《秦的奴隸制殘餘與秦末農民起義》、《見於〈秦律〉中的訴訟、審訊與量刑制度》及《秦簡幾種稱謂的涵義試析》等文稿，又擴大了初版中《從雲夢秦簡看秦的若干制度》一文，删削了初版中的一些不合時宜的議論，並根據重新公佈的《睡虎地秦墓竹簡》釋文作了相應的釋文更正，於 1980 年春再次交給河南人民出版社。河南人民出版社於 1981 年 7 月正式再版了該書，定名爲《雲夢秦簡初探（增訂本）》，字數由初版的 15.4 萬增加到 25.7 萬，印數 4000 冊。

　　《雲夢秦簡初探（增訂本）》出版後，又很快銷售一空。出版社正擬重印之際，不料因社址搬遷而將紙型丟失，隨後又逢出版日益困難的情況，致使該書重印無望。由於 1999 年的一次偶然的機會，臺灣臺中市東海大學吳福助教授向我索取此書，我便以上述情況坦誠相告。吳教授出於對拙著的偏愛，立即向臺灣臺北市的萬卷樓圖書有限公司推薦，該公司立即同意接受《雲夢秦簡初探（增訂本）》的再版工作，並通過吳福助教授在陝西臨潼市的秦俑博物館由張文立先生複印了《增訂本》。

　　此次臺灣萬卷樓圖書有限公司再版《雲夢秦簡初探（增訂本）》時，由於又增加了我於 1980 年以後陸續寫成的《秦代經濟立法原則及其意義》、評《〔日〕堀毅著〈秦漢法制史論考〉》、與《爲學有如積薪，後來者居上──評吳福助著〈睡虎地秦簡論考〉》等文；同時考慮到吳福助教授所説以《雲夢秦簡》命名，不如以《睡虎地秦簡》稱之爲好的建議，遂改書名爲《睡虎地秦簡初探》；又接受萬卷樓編輯部的寶貴建議，删去了原書的他序與《後記》，增加了這個説明原委的自序。

　　　　　　　　　　　　　　　　　　　　　　　　謹識

2000 年 2 月 28 日序於鄭州大學翹楚齋

前言

　　關於秦的歷史，現存文獻記載甚少，以致治秦史者，往往依據漢制去推斷秦制。如秦時服役者的年齡問題，史學家便認爲秦的服役者以二十三歲始役，五十六歲免老，一生服役三十三年，同漢制相同。有的則因《史記》漏載或誤載，有的因爲《漢書》未言及或言而不詳，還有的雖有簡略記載，卻互相矛盾。這一切，也使得有關秦史的若干具體情況不甚清楚，甚至產生錯誤的説法。如《史記‧秦本紀》、《六國年表》及諸《世家》關於戰爭年代與地點的記載，矛盾不少，往往不明其是非。又如《漢書‧百官公卿表序》載秦的官制十分簡略，雖唐人杜佑《通典》中《職官典》，增補了個別秦官，仍有所缺，如嗇夫一官就缺少記載，以致對秦的官制往往發生誤解；甚至對秦的官制中的若干情況，還處於不甚了了的狀況。特別是關於秦的土地制度，自《漢書‧食貨志》引董仲舒語提出了商鞅變法後「民得賣買」的問題以後，大都認爲是土地私有制，對文獻中有關土地制度的各種矛盾，往往採取避而不談的態度；甚至對商鞅「廢井田，開阡陌」的具體作法，也歷來爭論不休，得不出一個明晰的概念，只好不了了之。還有盛行於秦漢時期的賜爵制度，歷時達五、六百年之久，對於研究這段時期的社會階級狀況、土地制度的變化發展、軍功地主階層的形成、壯大及其向豪强世族地主階層的轉變等等問題，都有著密切的聯繫。然而，關於這一關係重大的賜爵制度的材料，卻十分貧乏。《史記‧商君列傳》雖然講到了此制的內容與原則，卻僅寥寥數語；先秦諸子涉及此制者，也東鱗西爪，頗不完備；《商君書‧境內篇》雖然比較集中地講到了這一制度，但又有人懷疑它不是商鞅的作品而使人不敢輕信。由於這一切原因，以致後人往往只能根據《漢書‧百官公卿表序》及《續漢書‧百官志》中所講到的關於賜爵制度的點滴內容，去推斷秦的賜爵制度。這樣，自然無法弄清秦的賜爵制度的主要內容、特徵所在和階級實質，也看不出賜爵制度本身的變化發展，甚至還導引出了一些糊塗的看

法而不自覺。至於秦的租賦制度、郵傳制度、官吏的考核制度、戶籍制度、由官府稟給衣食的制度以及由國有土地、國有牧場和國有手工業作坊等組成的國有經濟體系等等方面,《史記》與《漢書》很少涉及或者基本上沒有涉及,經常令人有文獻無徵之感。更有秦的奴隸制殘餘問題,文獻記載尤其缺少,甚至有人說存在於漢代的「隸臣妾」,爲「秦所無」。尤其是關於秦的法律,從文獻中,人們只知道商鞅曾根據李悝的《法經》創立了《秦律》,除一些零星條文外,並不明白商鞅制定的《秦律》究竟怎樣,也弄不清秦的刑罰審訊制度到底如何,更不了解《秦律》同《漢律》的異同。至於《秦律》的特徵、階級實質和有無一個逐步演變過程等等問題,更使人無法置喙。由於上述這一切史料上的缺乏而引起的種種疑難,又必然要影響到對秦的歷史的了解,也妨礙著人們對「漢承秦制」問題的探討,自然也就無法對秦、漢之間各種制度的一致性與差別性作出比較詳細的說明,最後,還必然要影響到人們對秦漢歷史發展規律的認識深度和對秦、漢社會性質問題的探索。由於上述這一切情況的出現,都同史料的嚴重缺乏有密切關係,因此,對秦史的研究,便亟待於地下材料的發現。

一九七五年冬,我們的考古工作者,在湖北省雲夢縣睡虎地發掘了十一座秦墓,並從第十一號墓中發現了一大批秦朝的竹簡和從第四號墓中發現了兩件秦的木牘。這批秦簡與木牘統稱爲《雲夢秦簡》或《睡虎地秦墓竹簡》,爲我們研究秦史提供了寶貴的資料。它的釋文已由雲夢秦簡整理小組精心地整理出來,先後發表於《文物》一九七六年第六、七、八期,四號墓的木牘釋文則發表於同年《文物》的第九期。隨後不久,又由睡虎地秦墓竹簡整理小組把它彙集在一起,命名爲《睡虎地秦墓竹簡》(以下簡稱《秦墓竹簡》),於一九七八年十一月,由文物出版社出版,並逐條作了詳細的注釋與今譯。

《睡虎地秦簡》,包括如下幾項重要內容:

第一,《南郡守騰文書》,竹簡原題《語書》:凡十四枚簡文,發現於第十一號秦墓的人骨腹前下部。簡文的開頭有「二十年四月丙戌朔丁亥,南郡守騰謂縣、道嗇夫」的話。從南郡設立的時間及朔閏去推算,這裡的「二十年四月丙戌朔丁亥」,是指秦始皇二十年(公元前 227 年)四月初二。從內容來說,是秦的南郡郡守騰發布的文書,故定名爲《南郡守騰文書》,簡稱《文書》;《秦墓

竹簡》一書正名爲《語書》。

第二，《編年記》：共五十三枚簡，發現於第十一號秦墓的人骨頭部。它按編年的體例記載了上起秦昭王元年（公元前 306 年）、下迄秦始皇三十年（公元前 217 年）間軍政大事及一個名叫「喜」的地方官從出生到從軍、爲吏的經歷。據《雲夢秦簡》整理小組研究及有關部門對該墓墓主人骨的鑒定，認爲簡文中提到「喜」，就是墓主的名字；此人大約死於始皇三十年，故簡文編年止於此年。由於這組秦簡記載了秦的軍政大事，故《秦墓竹簡》一書定名爲《編年記》。

第三，《爲吏之道》：由五十一枚竹簡組成，發現於第十一號秦墓的人骨腹前下部。其內容講的是如何作官吏的一些準則。由於簡文開端有「凡爲吏之道」一語，故定名爲《爲吏之道》。有人認爲這是當時書籍的一種，有人認爲是專門給官吏看的一篇近乎論文的文章。《睡虎地秦墓竹簡》整理小組認爲：「是供學習做吏的人使用的識字課本」，從其行文的格式判斷，是屬於「相」這種勞動者春米時唱的曲調。不管看法如何不同，並不影響對這部分簡文的理解。在它的末尾有注明爲《魏戶律》及《魏奔命律》的法律條文各一條，與《爲吏之道》簡文前後均不銜接，顯然是抄寫時濫入或附載於此作爲秦律的補充。這兩條魏國法律均有「廿五年閏再十二月丙午朔辛亥」字樣，有人據曆朔推算，認爲應是魏安釐王二十五年（公元前 252 年）頒布的法律，相當於秦昭王五十五年（見季勛：《雲夢睡虎地秦簡概述》，《文物》雜誌 1976 年第 5 期）。果如此，則《爲吏之道》簡文的撰寫時間不能早於秦昭王五十五年。

第四，《秦律》：屬於秦時法律令、解釋法律令和治獄案例的簡文共有五種類型。由於它們都和秦的法律有關，故總稱爲《秦律》。如果按其發現的部位的不同來區分，則可區分爲四組：一是發現於第十一號墓墓主頸右的約二百一十枚竹簡，其內容是關於秦的法律條文和有關術語的解釋。二是發現於第十一號墓墓主軀幹右側的約二百零一枚竹簡，全部是秦的法律條文，而且每條律文的末尾都注明了所屬法律的篇名，約有《田律》、《倉律》、《廄苑律》、《金布律》、《置吏律》、《軍爵律》、《傳食律》、《工律》、《工人程》、《徭律》、《關市》、《行書》、《效》、《均工》、《司空》、《內史雜》、《尉雜》和《屬邦》等十八個律名。三

是發現於同墓墓主腹下部的一百零二枚竹簡，也全部是法律條文，而且也有法律的篇名，如《除吏律》、《除弟子律》、《效律》、《公車司馬獵律》、《藏律》、《中勞律》、《游士律》、《捕盜律》、《傅律》、《戍律》、《敦表律》及《牛羊課》等名目，其中的《效律》除內容上與第二組秦律的一部分有重複外，且《效律》的第一支簡背面有「效」字。四是發現於墓主頭骨右側的九十八枚竹簡，各條開端均有小題如《治獄》、《訊獄》、《封守》、《賊死》、《遷子》、《黥妾》、《告臣》等二十五個名目，有人認爲是治獄的一些案例，但這部分簡文的最後一枚反面，原題《封診式》。上述四組秦律簡文，如果按其性質區分，則可分爲五種類型：第一種是有《田律》、《廄苑律》、《倉律》等十八個律名的簡文，即上述等二組，《秦墓竹簡》一書稱它爲《秦律十八種》。第二種爲竹簡背面有「效」字的法律簡文，即上述第三組的一部分，凡六十枚簡文，《秦墓竹簡》一書稱之爲《效律》。第三種是上述第三組中的有律名的竹簡，凡四十二枚簡，《秦墓竹簡》一書稱它《秦律雜抄》。第四種是解釋性律文，也有人稱它爲《法律答問》，即上述第一組竹簡；第五種是治獄案例，也有人稱之爲治獄格式，《秦墓竹簡》一書根據其原題正名爲《封診式》，即上述第四組竹簡。《文物》雜誌發表《秦律》釋文時，就是按照這五種律文的先後次序排列的；《秦墓竹簡》一書，也同此次序。

第五，木牘二件：均出土於雲夢縣睡虎地第四號秦墓中，其一約有二百餘字，另一件約有一百餘字，分別爲參加戍守淮陽的兵士黑夫與驚寫給家裡的家信，發表於《文物》雜誌 1976 年第九期，《秦墓竹簡》一書未收入。

第六，《日書》等卜筮一類書籍：在第十一號秦墓中，還有這樣兩部分竹簡：一部分發現於人骨足下，其中有一支竹簡的背面有《日書》二字；另一部分發現於人骨頭部右側，內容與《日書》相似，竹簡兩面均有文字，還有一些圖畫。據《史記‧日者列傳‧集解》云：「古人占候卜筮，通謂之日者」，可見這種《日書》，即日者用以占卜之書。

上述各類竹簡，共計一千一百五十五枚，尚不包括殘片八十片，不下幾萬字，是第一次大批出土的秦簡，是近幾年來我國考古發掘的重大收穫之一。根據這批秦簡，對秦代歷史的若干重大問題，可以獲得某些新的認識。例如《南郡守騰文書》（或《語書》）的出土，不僅有助於了解秦始皇時期的政治、軍事

鬥爭形勢，也有助於認識秦的用人制度、縣道並立的地方行政系統、縣設嗇夫的制度、郡守與縣道嗇夫的職權範圍以及傳遞文書的制度等等，還反映出從《田律》到《田令》的變化發展、區分「良吏」、「惡吏」的標準與意義等問題。又如《編年記》，它可以訂正、補充與印證《史記・秦本紀》、《六國年表》及有關《世家》、《列傳》關於秦的統一戰爭的若干年代、地區和具體經過，也可以印證與糾正前人對《史記》有關記載的解釋，更可以從中看出秦的地方官制、秦的徭役制度、秦的曆法、當時的統一戰爭與反統一戰爭以及某些地名的歷史沿革等等，其史料價值不亞於《史記・六國年表》中的關於秦的年表部分。至於《爲吏之道》，除了能說明當時官吏的行爲標準、良劣準則外，還反映出儒法融合的初步迹象以及當時社會的風尚等等問題。最爲重要與内容至爲豐富的，還是《秦律》。它不僅填補了自李悝《法經》與商鞅《秦律》散佚以來的空缺，是研究法制史的重要史料；同時還是研究秦的階級、階級關係、階級鬥爭的不可多得的資料。秦的官制、土地制度、徭役制度、賜爵制度、租稅制度、官吏考核制度、罪犯審訊制度、工匠培訓制度、戶籍制度、上計制度、仕進制度、以及倉庫的類型、結構、設置、封堤、管理等制度，由官府稟衣、稟食、傳食等制度和管理、財經出納的預算、決算制度等等，也都在《秦律》中有明確而且比較詳細的反映。此外，如當時的物價、秦的牛耕、城市制度、商品經濟、對待外商的政策、官私手工業、社會風氣、流行疾病以及秦人的思想、文化特徵等等也有所反映。特別值得一提的是，關於秦的刑名、刑罰、刑徒、刑期及隸臣妾的地位、來源、特徵等等，《秦律》也提供了充分的資料，對於了解秦的刑罰制度和奴隸制殘餘等問題，有著重大的意義。甚至還可以從《秦律》與現存《漢律》零星條文的比照中，看出秦、漢律的異同和中國古代法制的演變軌迹。至於第四號秦墓出土的木牘二件，反映了秦時服役者自備衣服的重大問題，也有關於物價、賜爵及錢幣等等方面的反映。從《秦律》和《日書》，還可以看出秦家庭結構、婚姻制度、財產關係以及人們的好尚等等。此外，由於出土秦簡的簡文，都是用毛筆墨寫的秦隸字體，因此，它也是研究我國古代書寫工具的考古學和研究古代文字演變的古文字學的極好實證資料。

總之，雲夢出土的秦簡具有重大的史料價值，其作用與意義將同居延等地

現已出土的漢簡對漢代歷史研究的作用與意義不相上下。因此，通過對它的研究，將會有利於打開我們的思路，廣大我們的視野，豐富我們的感性認識，從而將會使我們獲得新的啓發，最終將會使史學界對秦的歷史的某些方面獲得某些新的看法，甚至可以撰寫出完全新的秦史來！

但是，對《雲夢秦簡》的研究並不是一件輕而易舉的事。它不僅文字艱深、簡古，還有許多名詞、術語頗難理解，有個別文字還根本不認識，簡文又有脫漏處。這一切，都增加了研究它的困難。更重要的還在於《秦律》的撰寫年代需要作出判斷，它同商鞅《秦律》的區別與聯繫是首先必須解決的問題，否則勢必影響對它的正確運用和理解。從秦簡中發現問題和提出問題，都需要對秦簡的各個部分有比較透徹的了解，才有可能；也需要對《秦律》中許多自相矛盾的簡文作出合理的解釋，方能辦到。在研究過程中，僅僅限於對秦簡本身進行分析，還是很不夠的，必須同尚存的文獻記載廣泛地聯繫起來進行了考察，才能判斷何者爲文獻所有，何者爲文獻所無；何者與文獻一致，何者與文獻矛盾。在這個基礎上，方能提示出簡文的精神實質，方能恰當地估計其作用與意義，才有可能發現和提出某些問題。個人捫心自問，是缺乏這方面的基礎知識和研究能力的。好在睡虎地秦竹簡的整理小組，已經把釋文精心地整理出來，並作了必要的注釋和考證，爲我們提供了一定的方便條件。

自《雲夢秦簡》的釋文刊布以後，已經引起了史學界的一定注意，對它進行研究的活動正在各地開展。個人基於對秦、漢歷史的愛好和教學、科研的需要，在昔日學習秦漢史的基礎上，於一九七六年十月下旬開始到一九七八年元月，陸續寫出了關於讀《雲夢秦簡》的札記若干篇。其中有對《雲夢秦簡》的史料價值進行探討的，也有就某一專題或某種制度對《雲夢秦簡》進行綜合性的初步研究的，還有近乎史料整理性質的材料排比。爲了努力爲歷史科學研究做些添磚添瓦的工作，我願意把自己在學習中的一些粗淺的心得體會提供出來，以期起到拋磚引玉的作用，並向史學界的老前輩和廣大史學工作者請教！由於個人水平低下，秦簡本身又艱深難懂，加上只能在教學與工作之餘進行，時間頗難保證，資料又受到限制，所論各節，一定有許多錯誤和欠妥之處，我誠懇地希望能獲得同儕先進的批評、幫助、指教。好在錯誤往往是正確的先導。與其怕

犯錯誤而裹足不前，不如知難而進，在可能錯誤的實踐中吸取教益。

　　最後，還需要附帶說明的是，關於書中所引秦簡，係根據《文物》雜誌所刊《雲夢秦簡釋文》及文物出版社出版之《睡虎地秦墓竹簡》一書。二者句讀有差異的地方，或從其一，或參以俚見略有變動。簡文有脫字之處，一律用「□」號代替；異體字與假借字，則加上（　　）號。有時爲了避免排印的困難，就略去了簡文中的異體字或假借字，如「殹」字直寫作「也」，「可」字直寫作「何」，「酉」直寫作「酒」，「灋」直寫作「法」或「廢」。好在有原簡可查，不致引起誤解。引用簡文的著重號，均以引者所加，非原簡所有。

一九七八年元月於鄭州大學

一九八〇年春修訂

　　＊　　　＊　　　＊　　　＊　　　＊　　　＊　　　＊

　　拙著《雲夢秦簡初探》出版已逾二十年，《雲夢秦簡初探〈增訂本〉》的出版，也已接近二十年。在這二十餘年中，《雲夢秦簡》的研究發生了很大變化。故臺灣萬卷樓圖書有限公司決定出版拙著時，要求我在原書《前言》中對此略作說明；我個人也認爲很有必要，故遵命爲之！

　　當我於 1976 年 10 月至 1978 年元月撰寫《雲夢秦簡初探》書稿時，《雲夢睡虎地秦墓》簡牘圖版及《睡虎地秦墓竹簡》釋文均未出版。我僅僅是根據《文物》雜誌 1976 年第六、七、八期所刊釋文，在當時研究秦簡的文章甚少的情況下，主要就自己讀後的一些體會，而寫成了一系列從各個方面探究秦簡史料價值的文章。加上當時祇能在教學與工作之餘進行，時間十分有限，以致文獻材料的徵引也僅限於平日所知和所見者，未及廣泛蒐檢。因此，《初探》中所提出的一些問題與看法，祇能是初步的，故名之曰《初探》。但是，儘管如此，《初探》中所提出的問題與看法，卻是秦簡刊佈之初對秦簡的最早探索，它反映了我未受他人影響或很少獲益於他人研究成果的原始認識。這對於檢驗我個人的十分有限的認識能力倒是有意義的事。

　　後來，隨著時間的推移，海內外學者研究睡虎地秦簡者與日俱增，研究論文與專著也相繼發表和出版，形成了名副其實的「秦簡研究熱」。在這一過程

中，提出了許多新問題和新見解，秦簡研究的面擴大了，研究的深度加大了，大大推動了整個睡虎地秦簡的研究工作，甚至帶動了整個秦史與西漢史的研究，同時也湧現出了一大批生氣勃勃的通過秦簡研究而進入秦漢史研究殿堂的史學人才。這無疑是十分可喜的！

在這一過程中，由於許多新問題與新見解的提出，對秦簡內涵的分歧看法，也日益顯現出來。分歧比較大和比較集中的，大致有關於隸臣妾的身分問題、秦時服役者的成年標準問題、「葆子」的含義問題、「匿田」的性質問題、秦時的刑徒有無刑期和刑期的長短問題、秦律的先進性問題、秦的刑罰體系問題、釋文的正誤問題、秦的牛耕問題、秦簡中的昌平君與文獻中的昌平君是否爲同一人的問題、秦簡中的南郡守騰同文獻中的南郡假守騰及內史騰是否爲同一人的問題、有秩與嗇夫是否完全相同的問題、大嗇夫是否爲縣令問題及服役者的始役年齡究竟爲十五歲、十六歲或十七歲的問題等等，不一而足。有分歧便有爭論，有比較，自然也有利於問題的解決，我認爲這是完全必要的正常情況。通過論爭，上述問題有的已經解決或接近解決，有的至今還未形成共識。至少秦時服役者的年齡標準問題就疑義尚存。因爲有些學者認爲秦時服役者成年的標準不是年齡大小而是身體的高低，祇有到秦始皇十六年「自占年」和「初令男子書年」之後，或者秦始皇三十一年「令黔首自實田」之後，才出現年齡大小爲始役標準的制度，在此之前都是以身高爲標準，他們最有力的依據，就是秦簡中屢見的隸臣妾身高的記載。果真如此的話，那麼漢代簡牘中也屢見服役者身高的記載將作何解？難道也是以身高爲標準的反映？最近出土的長沙走馬樓簡牘（見《文物》1999年第5期），也有「□戶下奴□長六尺，戶下奴進長五尺」（13-7637）等記有奴隸身高的簡文，難道還是以身高爲標準的反映？我想身高説將是很難解釋的。

通過《初探》出版後二十年的秦簡研究，我也發現拙著《初探》所提出的一些問題和看法，並沒有成爲爭論的焦點，分歧的看法也不十分明顯，甚至可以説無形中形成了共識。這些問題至少包括：商鞅《秦律》與出土《秦律》的區別和聯繫問題，秦簡《編年記》與《史記》的關係問題，秦簡《爲吏之道》所反映的儒法融合問題，秦的奴隸制殘餘問題，秦的土地制度的性質與狀況問題，秦的賜爵制

度的爵名、爵級與特徵問題,秦的亭制問題,秦的訴訟、審訊與量刑制度問題,秦的上計制度與守官制度問題,秦的倉儲管理制度、官私工商業制度及財經會計制度等等。這說明我在《初探》中提出的不少問題與看法,也許仍有某種參考性的意義。至於後來陸續新寫的一些文稿,其他學者似乎很少涉及,似乎也有一定的參考意義。是否如此,我想還是讓讀者去體認、去品評,我誠懇地期待著各種批評與指教!

2000 年 2 月 28 日補識於鄭大翹楚齋

《編年記》的性質與作者質疑

　　《編年記》，是雲夢縣睡虎地秦墓中出土的秦簡的一部分。由於這部分秦簡，自成體系，按年記載了上起秦昭王元年下迄秦始皇三十年間的軍政大事，所以定名爲《編年記》。據《文物》雜誌所載《湖北雲夢睡虎地十一號秦墓發掘簡報》（1976 年第 6 期，以下作《簡報》），該墓的墓主就是《編年記》中提到的「喜」。並謂《編年記》之所以終於始皇三十年，是由於墓主「喜」死於是年的緣故。據有關部門對十一號墓中的人骨架鑒定，認爲墓主是個四十多歲的男性，同《編年記》中「喜」的年歲是很相近的，進一步證明墓主應是「喜」。既然如此，那麼，在「喜」的墓內放入《編年記》一卷有什麼意義呢？它又是出於誰的手筆呢？換言之，這涉及《編年記》的性質與作者問題。

　　關於《編年記》的性質，季勛在其《雲夢睡虎地秦簡概述》一文中說：「有些像後世的年譜」（《文物》1976 年第 5 期）；《簡報》也說：它「類似後來的年譜」。細讀《編年記》所載，這個結論雖然基本上是正確的，但仍有可疑處。首先，《編年記》起於秦昭王元年，如果單純是墓主「喜」的年譜性質，則不應從昭王元年開始，只從「喜」的生年即昭王四十五年開始就可以了。由此可見，《編年記》不完全是「喜」一個人的年譜的性質。其次，《編年記》從昭王元年到昭王四十四年，寫的都是秦的軍政大事，無一字涉及墓主「喜」及其家世的地方，這尤其與年譜的體例不合。然而，《編年記》的後半部分，卻酷似年譜，以致《編年記》在寫法上，前半部分與後半部分判然不同。這種不同，主要有下列三方面：

　　第一，自「喜」出生以後，《編年記》的記述詳細了，不僅有年次，而且有月份；不僅有秦的軍政大事，而且有「喜」一家的情況及「喜」個人的經歷。

　　第二，自「喜」出生開始，記述的主體變了，即不再以秦的軍政大事爲主體，而是以「喜」的家世與個人經歷爲主體了，如「喜傅」、「喜揄史」、

「喜爲安陸御史」、「喜治獄職」等，都是以「喜」爲主體的明證；又如始皇「六年四月，爲安陸令史」、「七年正月甲寅，鄢令史」及「十三年從軍」、「十五年從平□□」等，雖省略了主語，但一望而知主語爲「喜」。

第三，正式出現了「喜」父母的情況，如始皇「十六年七月丁巳，公終」、始皇「廿年，七月甲寅，嫗終」，並把這些事置於是年秦的軍政大事之前。又如始皇「十一年十一月獲產」也置於秦軍政大事之前，且只載「喜」家情況。

從這些特徵來看，表明《編年記》以「喜」的生年爲界線區分爲前半部分與後半部分，前後簡詳不同、寫法不一和中心有別。如果說前半部分像大事年表，則後半部分確酷似「喜」的年譜。這種把大事年表與年譜合爲一體的《編年記》，應屬於什麼性質呢？我認爲：與其說整個《編年記》是「喜」的年譜，不如說是「喜」的家譜和墓誌的混合物。其所以說它類似後世的家譜與墓誌而不是年譜性質，是因爲《編年記》實際上是以「喜」的個人經歷及其家世的情況爲時間起迄和選材標準的。如《編年記》之所以始於秦昭王元年，很可能是由於「喜」父從是年出生的緣故；它之所以記述一些人的出生年月和名字，顯然是由於同「喜」屬於一個家族的緣故；它之所以偏重記述南郡的有關情況，無疑同「喜」曾在這裡作官有關。如果《編年記》僅是「喜」個人的年譜性質，則「喜」的直系親屬的多少和他們的生卒情況，不應詳細載入。因此，與其說《編年記》「有些像後世的年譜」，倒不如說它有些像後世的家譜和墓誌的混合物更符合實際一些。

從《編年記》不避始皇名諱的角度來說，也表明它確不是專門記載秦的軍政大事的年表，而是屬於無關緊要的家譜和墓誌性的東西。因此，它不像同墓出土的公文——《南郡守騰文書》（即《語書》）那樣嚴格避始皇名諱，諱「正」爲「端」；而是不遵循秦代諱「正」爲「端」的規定，三次使用「正月」的「正」字；它又把昭王死寫作「昭死」。這一切，都說明它在當時不對社會負責，只與死者及其家族有關的性質。因此，從這一角度著眼，它不是正式的年表性質，而是家譜和墓誌性的東西。

關於《編年記》的作者，《簡報》與季文都未作說明。陳直先生在其《略論雲

夢秦簡》一文中，第一次提出了這樣的看法：「《編年記》應爲喜父所寫，兼附記喜等男女之出生年代」。並謂「喜父共六男一女」①，「七人出生前後相距有四十三年之久，當非同母所生。喜之卒當在始皇三十年，疑喜之父其時尚存在。」（《西北大學學報》1977 年第 1 期）陳先生的許多考證都很精闢，但關於《編年記》的作者爲喜父的説法，頗感缺乏根據。《編年記》明言始皇「十六年七月丁巳，公終」，即「喜」父已於是年死去，何能還在始皇三十年寫《編年記》呢？如果説「公終」的「公」，不是指「喜」父，而是指秦的什麼「公侯」的話，這顯然與秦的制度不合，與《編年記》本身的寫法也不符。《編年記》載昭王死作「昭死」（疑漏一「王」字——筆者），載莊王去世作「莊王死」，獨此處作「公終」。如果此處是指秦的什麼「公」，其措詞不應比寫昭王、莊王之死更恭敬。又《編年記》載始皇「廿年七月甲寅，嫗終」，《説文》釋「嫗」爲「母」，則此「嫗終」，爲喜之母去世甚明。喜母死曰「嫗終」，則喜父死曰「公終」，就更不足爲怪了。且「公終」與「嫗終」相去甚近，也與其夫妻的年齡相稱。因此，我認爲：這裡的「公終」，是說的「喜」父之死。「喜」父既已於始皇十六年七月去世，則《編年記》的作者非「喜」父甚明。

與此有關的，就是陳直先生所說「喜父共六男一女」之説也不可靠。據《編年記》，昭王四十五年「喜產」，四十七年「敢產」及五十六年「速產」，都可以認爲是「喜」父之子。從始皇十一年的「獲產」起，包括十八年「恢生」及二十七年「產穿耳」，都可能是喜的子女。否則，「速產」與「獲產」之間，相距十五年，實屬不可理解。且「喜」父已於始皇十六年七月去世，何以還能於始皇十八年及二十七年連續獲得遺腹子女呢？因此，至少可以説始皇十八年以後所產子女，絕不可能是「喜」父子女。反之，到始皇十一年，「喜」已經是二十五、六歲的人了，已經服過役，當過「榆史」、「安陸口史」、「安陸令史」及「鄢令史」等官吏，完全有可能結婚養育子女。這就是説，從《編年記》本身所反映出來的事實看，「喜」父只有三個兒子，其中「喜」爲長子及「喜」兄弟敢、速二人；「喜」本人另有二子一女。陳直先生所謂「喜父共六男一女」，「七人出生前後相距四十三年之久，當非同母所生」等語，我以爲不一定是恰當的推測。

　　既然《編年記》非「喜」父所作,那麼,究應爲誰所作呢?從《編年記》的措辭來看,稱墓主「喜」及「喜」的弟弟都是直呼其名,而稱「喜」父爲「公」,這就表明《編年記》的作者對「喜」父來説肯定是晚輩,對「喜」來説則可能是同輩。因此,這個人很可能是「喜」的弟弟或同族兄弟。

　　其所以説《編年記》的作者是「喜」的弟弟或同族兄弟而不是其他人,還因爲作者的政治觀點同「喜」是一致的。「喜」在秦王朝從過軍,打過仗,作過官,還任過治獄職務,看來他是秦始皇統一戰爭的支持者和參加者,又是執行「法治」的地方官吏。而《編年記》的作者的政治觀點,同「喜」是一致的,這從如下幾個方面可以看出:

　　第一,《編年記》所列大事,絕大部分爲秦的軍事行動,這説明它的作者是擁護秦的統一戰爭的。

　　第二,《編年記》不載秦的大臣之死,唯獨把張祿(即范雎)之死載入《編年記》,可見作者對范雎是推崇的,所以對范雎之死很重視。

　　第三,范雎入秦後,是秦國「遠交近攻」政策的制定者。他曾反對越韓、魏而遠攻齊的冒險作法,力主「遠交而近攻」的策略;並於秦昭王四十一年,提出了攻韓之太行、滎陽的主張。他認爲秦如「下而攻滎陽,則鞏、成皋之道不通;北守太行之道,則上黨之師不下,王一興兵而攻滎陽,則其國斷而爲三」(《史記‧范雎蔡澤列傳》)。觀《編年記》所載,昭王四十二年「攻少曲」,四十四年「攻太行」,四十五年「攻大野王」,這既説明秦昭王確實採納了范雎的「遠交近攻」策略;也説明《編年記》的作者,在有意突出范雎「遠交近攻」政策的執行和成果,幾乎是按照范雎的戰略思想而把這些戰役載入《編年記》的。這難道不説明《編年記》的作者是傾向於范雎「遠交近攻」政策的人嗎?

　　第四,《編年記》關於南郡的情況記述較多,這反映出它的作者對南郡比較重視。究其原因,這既與墓主「喜」曾在南郡所屬安陸縣做官有關,又應與作者憎恨當時各國貴族殘餘勢力的反秦活動有聯繫。因此之故,他把「南郡備警」、「韓王居□山」、「韓王死,昌平君居其處」及「昌文君死」等事,都作爲大事一一載入。

　　根據上述幾方面的情況，表明《編年記》的作者，在政治觀點上同「喜」是一致的，有可能是「喜」的弟弟或同族兄弟。當然，這只不過是推測，缺乏直接的證據，事實上也不可能找到直接的證據。因此，可以不去深究，因爲不明白《編年記》的作者，並不影響《編年記》本身的史料價值和對它的運用。我之所以談到這個問題，而且略作推斷，僅僅是爲了補充說明陳先生認爲《編年記》爲喜父所作之非。

注　釋

①陳直先生的「喜父共六男一女」說，是據《文物》所刊《雲夢秦簡釋文》中的《大事記》簡文而言，因爲《文物》發表此簡文時，把始皇「廿年七月甲寅，嫗終」，釋爲「廿年七月甲寅，臨產」，故多了一子，《睡虎地秦墓竹簡》對此已作了訂正。

關於秦時服役者年齡問題的探討

讀《睡虎地秦簡》札記

（一）

　　在封建社會裡，服徭役是農民階級受地主階級及其國家剝削的重要方面。而徭役剝削的輕重，同服役者的年齡標準有密切關係。因此，要了解秦時統治者對農民階級徭役剝削的殘酷性，有必要弄清其服役者的年齡標準。然而，關於這一問題，史書無明確記載；後人則往往從「漢承秦制」的角度出發，用漢制關於服役者的年齡規定去推斷秦制，從而得出秦、漢都是以二十三歲爲始役年齡起點和五十六歲爲老免年齡標準的結論。

　　上述看法的持有者，往往以《漢書・食貨志》所載董仲舒的下面一段話爲證據之一。董氏云：「古者……使民不過三日，……至秦則不然，用商鞅之法，改帝王之制，……月爲更卒，已復爲正一歲，屯戍一歲，力役三十倍於古。……漢興，循而未改。」這段話雖然說到了漢代的徭役制度是直接繼承秦制而來的，但是，董仲舒只說了秦、漢服役者在徭役的類別與時間方面是相同的，卻並沒有說秦、漢服役者的年齡標準也相同。因此，董仲舒的話，不能作爲秦時服役者的年齡標準與整個漢代相同的證據。

　　另一個經常被人作爲證據引用的，就是《史記・項羽本紀》漢二年「蕭何亦發關中老弱未傅悉詣滎陽」條的劉宋人裴駰《集解》。而裴駰的依據則是曹魏時期的孟康與如淳二人的解釋。孟康說：「古者二十而傅，三年耕有一年儲，故二十三年而後役之」。裴駰引用此條的意思是說：漢二年的「未傅」者，是指二十周歲以下的人，而正式服役則從二十三歲開始，這便是秦的制度。實則孟康的說法，時間概念很不明確，究竟何時「二十而傅」，何時「二十三年而後

役之」，很難判斷，裴駰引之以證明秦制，是缺乏説服力的。至於裴駰所引如淳的解釋，雖然比較詳細和明確，但也不能證明它是秦制。如淳説：「《律》：年二十三傅之疇官，各從其父疇內學之，高不滿六尺二寸以下爲罷癃。《漢儀注》：民年二十三爲正，一歲爲衞士，一歲爲材官、騎士，習射御騎馳戰陣。又曰：年五十六爲老，乃得免爲庶民，就田里。今，老弱未傅者，皆發之。未二十三爲弱，過五十六爲老。」在這裡，如淳引用了《律》與《漢儀注》兩種資料去證明他的解釋。他所引用的《律》，是指《漢律》而言，這從他的其他許多引述中可以看出。可是，「漢二年」時，既無《漢律》，也無《漢儀注》，二者都是後來才有的。因此，如淳用《漢律》與《漢儀注》去説明劉邦二年（公元前 205 年）時的情況，顯然是以後來的資料去證明在此之前的制度，這種以後證前的作法，是難以令人信服的。何況《漢律》與《漢儀注》講的都是漢代的制度，而「漢二年」時，還沒有確立漢制，所謂「未傅」是按秦制而説的，漢制與秦制雖有前後相承的關係，但也不能説什麼都完全一樣。所以，這種以漢制去推斷秦制的方法，未免有點形而上學。然而，如淳的這種以後證前的形而上學的解釋，劉宋人裴駰卻相信之，引以爲證；後之史家也往往據此而認定秦時服役者的年齡標準是二十三歲到五十六歲，如馬端臨的《文獻通考・兵考》、孫楷的《秦會要》及徐復的《秦會要訂補》等書，都持此看法，足見古史考證中的形而上學頗爲不少。又由於古人一致持此看法，以致解放後的一些史學著作與教材，也毫不懷疑地主張這種説法，異口同聲地説什麼秦以二十三歲爲服役者年齡的起點和五十六歲老免。因此，今天我們用事實去訂正古人關於秦時服役者的年齡問題的錯誤考證，就顯得十分必要了！

（二）

《雲夢秦簡》是研究秦史的寶貴資料。其中定名爲《編年記》的一批秦簡，爲我們解決秦時服役者的年齡問題提供了一個鐵證，宣告了上述種種形而上學考證的破產。

雲夢秦簡《編年記》，記載了上起秦昭王元年（公元前 306 年），下迄秦始

皇三十年（公元前 217 年）間的軍政大事，也附述了一個名叫「喜」的地方官吏從出生到從軍、爲吏的整個經歷。其中提到秦昭王「卅五年……十二月甲午雞鳴時，喜產」及「今元年，喜傅」。這裡的「今元年」是指秦始皇元年；這裡的「傅」，即上引孟康所説的「古者二十而傅」及如淳引《漢律》所載「年二十三傅之疇官」的「傅」。什麼叫「傅」呢？《漢書・高帝紀》二年條顏師古注曰：「傅，著也，言著名籍，給公家徭役也。」證以雲夢出土《秦律》中的《傅律》，講的確是登記戶口和有關服役的問題，表明顏氏的這一解釋不誤。因此，《編年記》的這兩句話，説的是「喜」這個人出生於秦昭王四十五年（公元前 262 年）十二月，到秦始皇元年（公元前 246 年），就登記服役。這中間相距十六年，也就是説，「喜」這個人從出生到公元前 247 年十二月才年滿十五周歲，因此，公元前 246 年登記服役時，只能説已年滿十五周歲，進入了十六歲。由此可見，秦始皇元年時的服役者是以年滿十五周歲爲成年標準的。這樣，歷代史家所謂秦的服役者以二十三歲始役的説法，便顯然錯誤了。

秦以十五周歲爲成年標準之制，是始於秦始皇元年，還是早已有之呢？據《史記・白起列傳》所載，可知此制早已有之。《白起列傳》載昭王四十七年白起攻趙，困趙軍於長平，趙軍堅守「以待救至」，昭王於是「自之河內」，「發年十五以上悉詣長平，遮絕趙救及糧食」。這明明記載的是昭王時已有十五周歲成年服役之制。可是，有人卻拘泥於秦以二十三歲成丁始役之説，把昭王四十七年「發年十五以上」從軍服役一事，説成是偶然的特例。其實，《史記》之所以特書此事，是由於河內原屬魏國，昭王二十一年才歸秦國所有，秦隨即「赦罪人遷之」（《史記・秦本紀》）。因爲這種被遷的本身，就是一種服役，所以一般不在征發之列。這次由於攻趙的需要，才悉發之，並不是因爲征發十五歲以上的人服役是特例的緣故。何況《白起列傳》所載「發年十五以上」從軍，同《編年記》所反映出來的始役年齡，恰好吻合，這難道也是偶然的巧合嗎？由此可見，秦以十五周歲始役的規定，至晚在秦昭王時期已經有了，基本上可視爲秦的定制。

又據出土《秦律》的《內史雜律》規定：「除佐必當壯以上，毋除士伍新傅」。這裡的「壯」是指壯年男子，而「新傅」是指剛剛符合服役年齡標準的

人，「除佐」要用壯年而不用「新傅」者，可見「新傅」者非壯年男子，即實際上是少年，與上述十五周歲便登記服役的情況也是符合的。

　　還有《史記·項羽本紀》載項羽久攻外黃不下，及其「已降，項王怒，悉令男子年十五以上詣城東，欲坑之」。爲什麼項羽只想坑殺外黃城內十五歲以上的男子呢？原因就在於當時以十五歲成丁，正是這些十五歲以上的成丁男子在抵抗項羽攻城的緣故。因此，這一情況，也從一個側面反映出秦制以十五歲成丁。

　　更有《全後漢文》卷九六的班昭《爲兄超求代疏》也說：「妾竊聞古者十五受兵，六十還之。」這是說古時候服役的年齡標準是十五歲以上到六十歲以下。班昭是東漢人，秦國的情況，也應屬於她所謂「古者」之列。何況其「十五受兵」之說，同《編年記》所反映的十五周歲便登記服役的秦制相符合呢？豈不說明班昭所說，確實包括秦制嗎？

　　既然秦制以十五周歲爲服役年齡的起點，那麼，西漢初期是否改變了這一制度呢？如果西漢初期也以十五周歲爲服役年齡的起點，而漢制是承秦制而來的，豈不是更可反證秦制是以十五周歲爲服役者的成年標準嗎？事實證明，西漢初期的情況確是如此，其證據如下：

　　第一，許慎《説文解字·貝部》引《漢律》云：「民不繇，貲錢二十二」，即不服徭役的人，每人要出貲錢二十二文。怎樣的人不服徭役呢？段玉裁注曰：「二十二當作二十三。《漢儀注》曰：『七歲至十四，出口錢人二十，以供天子。至武帝時，又口加三錢，以供車騎馬』。《論衡·謝短篇》曰：『七歲頭錢二十三』，亦謂此也。然則不繇者，謂七歲至十四歲。」又《漢舊儀》也說「民年七歲以至十四歲，出口錢，人二十三，二十錢，以食天子，其三錢者，武帝加口錢，以補車騎馬。」這就是說，七至十四歲的人，因爲不是成年人，所以只出口錢，不服徭役；反言之，豈不是十五周歲以上的人便得服役，便算成年嗎？

　　第二，《漢書·高帝紀》四年八月「初爲算賦」條注引如淳語曰：「《漢儀注》：民年十五以上至五十六出賦錢，人百二十爲一算，爲治庫兵車馬。」這裡的賦錢就是算賦，是成年人應納的人頭稅，每人每年一百二十文，同未成年

者應出的口錢數量不同。既然納算賦從十五周歲開始，而且納算賦的人不屬於「不繇者」之列，即役年與賦年是一致，豈不說明漢初以十五周歲爲服役者的年齡起點嗎？

第三，《漢書・惠帝紀》六年條云：「女子年十五以上至三十不嫁，五算。」這顯然是説女子以十五周歲爲成年的標準。女子如此，男子自然也不會例外。

第四，《漢書・吳王濞傳》載吳王之令曰：「寡人年六十二，身自將；少子年十四，亦爲士卒先。諸年上與寡人同、下與少子等，皆發。二十餘萬人。」吳王爲了反叛，又兵少，故發未成年者當兵，其所以恰恰點出十四歲者要應徵，是因爲十五歲以上便爲成丁，不必强制了！

第五，《居延漢簡釋文》卷三有「大昌里不更李惲年十六」一簡，雖然出土的居延漢簡是武帝以後之物，仍説明了西漢初期以十五周歲成年的規定，在武帝以後仍有影響，以致這個大昌里中擁有第四級爵「不更」的李惲，在已經服兵役之後仍只有十六歲，可見他開始登記服役的年齡必小於十六歲。此外，漢簡中屢見二十三歲以下的戍卒，可見不足二十三歲便服役之情形，並不是個別的偶爾現象。這反映出漢初之制，決非以二十三歲始役。所以，在武帝之後，仍有未滿二十三歲便服役的殘留。正因爲如此，所以，《考古學報》一九六〇年第一期《關於居延漢簡的發現與研究》一文指出：漢代的丁中制度，根據漢簡，可以視爲：「六歲以下爲未使男、未使女，七歲到十四歲爲使男、使女，十五歲以上爲大男、大女」，可謂正確地認識了漢代的丁中制度。

第六，《全後漢文》卷四崔寔《四民月令》云：「正月，農事未起，命成童以上入大學，學五經……幼童入小學，學篇章」，原注云：成童「謂十五至二十也」，幼童「謂九歲以上至十四以下也」。由此觀之，東漢時仍以十五周歲以上至二十歲的人爲「成童」，同「幼童」即未成年者有明顯區別。而且這一記載，同《鹽鐵論・未通》篇所論「古者十五入大學，與小役」的説法頗相近，可見東漢時以十五以上爲「成童」的習慣，確是秦時以十五周歲成年服役之制的殘餘影響。

上面這些記載，都反映出一個共同的情況：即西漢初期仍以十五周歲爲服

役年齡的起點。西漢初期的徭役制度是繼承秦制而來的，因此，基於這些事實，更可證明秦的徭役制度是以十五周歲爲成年標準的。

實際上，不僅西漢初期服役者的成年標準與秦制的十五周歲相同，其免老年齡似乎也是六十歲而非五十六歲。關於這一點，雖然缺乏像《編年記》這樣的鐵證，但仍可看出一些蛛絲馬迹來。上引班昭所説「古者十五受兵，六十還之」的話，即可作爲秦制以六十歲免老的一個證據。又東漢衞宏《漢官舊儀》云：秦制「男子賜爵一級以上，有罪以減，五十六免；無爵爲士伍，年六十乃免老。」這説明秦制有兩種免老的年齡規定：五十六而免，是對有爵者的優待；一般情況仍爲六十而免。這種六十而免之制，漢初可能還在實行。正因秦和漢初很可能是六十而免，所以，居延漢簡中的戍卒，年在五十六以上者不少（參閱陳直著《兩漢經濟史論叢》），這表明武帝時期仍然有可能實行六十免役之制。另外，從魏晉以後的殘餘影響來説，也間接反映出這一情況的可能性。如衆所週知，晉武帝平吳之後，曾令「男子十六以上至六十爲正丁，十五以下至十三、六十一以上至六十五爲次丁，十二以下、六十六以上爲老小，不事」（《晉書·武帝紀》），又劉宋孝武帝大明年間（457 年到 464 年），王弘上言：「舊制：民年十三半役，十六全役」，他建議以「十五至十六宜爲半丁，十七爲全丁」，「從之」（《宋書·王弘傳》）。北魏時期的情況也差不多，《魏書·高宗紀》謂文成帝興安二年（453 年），在鎮壓了河間的一次農民起義後，曾强迫「男年十五以下爲生口，班賜從臣各有差」，其所以以十五歲爲界線，是因爲十五以上爲成丁，可以服役的緣故。到魏孝文帝實行均田制時，男女均以十五歲「受田」，而凡「受田」者便得負擔租調力役，事詳《魏書·食貨志》均田令，可見十五歲是成丁的年齡標準。《隋書·食貨志》載南朝的徭役制度，也説「男女年十六以上至六十爲丁」。這些事實，説明以十五周歲成年服役及六十免老之制，確是具有歷史傳統的制度，而漢代的民年二十三始役及五十六免老的制度，卻反而沒有這樣大的影響。

既然西漢初期繼承了十五周歲成年服役和六十免老的秦制，那麼，「年二十三傅之疇官」和五十六而免的漢制又是從何時開始的呢？據查，由漢初的十五歲服役到二十三歲始役，中間經過了兩次變化，而免老則只有一次變化：第

一次變化，在景帝前元二年，《漢書・景帝紀》云：「二年冬十二月，令天下男子二十始傅」。單從這個「始傅」的「始」字來看，也說明這是第一次把服役的年齡標準從十五周歲提高到二十周歲，縮短了服役者一生中應服役的年限。但是，顏師古與徐天麟等人，因爲拘泥於秦制以二十三歲成年服役的舊說，反認爲景帝的這一措施是「更爲異制」（分別見《漢書・景帝紀》注及徐天麟的《西漢會要》），從而把事實弄顛倒了。第二次變化在昭帝時期。《鹽鐵論・未通篇》云：「御史曰：『古者十五入大學，與小役；二十冠而成人，與戎事；五十以上血脈溢剛，曰艾壯。……今陛下哀憐百姓，寬力役之政，二十三始傅，五十六而免，所以輔耆壯而息老艾也。」當文學反駁御史時則說：「今五十以上至六十，與子孫服挽輸，並給徭役，非養老之意也。」這是御史與賢良、文學在鹽鐵會議上的一場論爭。這次會議召開於昭帝始元六年，即公元前八十一年，因此，這裡的「今陛下」，是指昭帝而言。這就是說，二十三始役、五十六免老之制，都是昭帝初年確定下來的。因此，在此之前，六十歲的人還得「與子孫服挽輸，並給徭役」。結合上述居延漢簡的情況來看，也說明昭帝時的這個變化是符合實際的。至於景帝與昭帝之所以要改變役年，自然決不是爲了「哀憐百姓」，而是出於複雜的政治、經濟原因，此不細論。

（三）

　　綜上所述，秦時是以十五周歲爲服役年齡起點的；免老的年齡標準，則可能是六十歲；西漢初期繼承了十五始役的秦制，免老的年齡也有六十歲的可能。但是，此制至景帝而一變爲「二十始傅」，至昭帝而再變爲「二十三始傅」；五十六歲免老的規定，也有可能始於此時。於是「二十三始傅」與五十六免老，就成了漢代的定制。《漢儀注》與《漢律》所反映的漢制，正是漢代的定制，而不是西漢初期的特殊情況。然而，自昭帝以後，服役者成年標準雖然變了，而納算賦的年齡卻未改變，因而就出現了王充在《論衡・謝短篇》中所說的「年二十三傅，十五賦」的矛盾現象，本來是一致的役年與賦年，便不一致了，連王充也發出了「何緣？」的疑問。實則只要弄清了秦和漢初均以十五周

歲成年服役這一關鍵，許多互相矛盾的現象都可以迎刃而解了！

　　弄清了從秦國到秦王朝的服役都以十五周歲爲成年標準的規定以及可能以六十免老以後，對於了解秦時統治者通過徭役剝削農民階級的殘酷性和認識秦末農民起義的原因，都是有幫助的。我們知道，一個十五歲的男子，從生理上來說，根本還沒有發育成熟；而六十歲左右的人，早已年老力衰。可是，秦的統治者爲了打仗、戍邊、修墳墓、建宮殿、築長城、開渠道、修直道馳道和運送糧食、芻、稾等等的需要，卻强迫他們去擔任極其繁重的苦役，怎能不慘絕人寰呢？何況當貧苦農民被徵發服役的過程中，還得自備衣服，例如參加過淮陽戰役的兵士黑夫與驚二人，就曾寫信給家裡人，要求給他們買衣服布匹，或「與錢偕來」，而且緊急得很，否則「即死矣」（見《文物》雜誌 1976 年第 9 期。這種情況西漢也同樣存在，《漢書・賈誼傳》所謂「吏民徭役往來長安者，自悉而補，中道衣敝，錢用諸物稱此」，即可爲證）。如果服役者因種種困難而遲到，法令規定：「失期三日五日，誶；六日到旬，貲一盾；過旬，貲一甲」（《徭律》）；服役農民一旦逃亡，動輒要罰款、戍邊，甚至要「黥爲隸臣」和「刑爲城旦」（均見出土《秦律》）；到了秦末，更是「失期，法皆斬」，「亡亦死」（《史記・陳涉世家》），徭役剝削的殘酷性，達到了無以復加的程度，簡直同奴隸制度下的奴隸要給奴隸主無條件地提供無償勞動没有什麼兩樣。事實證明，首先起義的農民，正是被秦的統治者徵發戍邊漁陽的犯罪農民；這難道不說明徭役剝削是引起秦末農民起義的重要原因之一嗎？無怪乎當時人李斯、馮劫等人，也認識到「盜多皆以戍、漕、轉、作、事苦，賦稅大也」（《史記・秦始皇本紀》）。因此，《雲夢出土秦簡》給我們提供的關於秦時服役者以十五歲成丁的材料，不僅有助於我們更好地理解秦末農民起義的原因，而且可以啓示筆者去考察從秦漢至南北朝的丁年標準，爲什麼會出現一個由十五歲到二十歲、二十三歲，再由二十三歲又回復到十五、十六歲的波狀發展過程。

勞動人民是戍邊徭役的主要承擔者

讀《睡虎地秦簡》札記

　　秦代戍邊徭役，主要是由勞動人民承擔的一種最苦最重的徭役。可是，對這個問題，從古人到今人，一直存在著不同的看法。有的認爲秦的戍邊徭役，只有在「富者役盡」之後才發及貧弱者；有的認爲秦時主要是以犯罪的官吏戍邊，勞動人民的徭役負擔並不很重。其所以產生這些分歧看法，與他們對「閭左」這種人的理解有密切的關係。因此，有必要先從「閭左」這個概念談起。

　　「閭左」這一稱謂，始見於《史記・陳涉世家》秦二世元年七月，「發閭左，適戍漁陽」的記載。第一個對「閭左」一詞作出解釋的，是西漢前期人晁錯。他在上給文帝的〈守邊備塞，勸農力本，當世急務〉疏中說：「秦時，北攻胡貉，築塞河上，南攻揚粵，置戍卒焉」。後因「秦民」不樂戍邊，於是改變辦法，「因以謫發之，名曰謫戍」；而謫戍的對象則爲「吏有謫」、「贅婿」、「賈人」、「嘗有市籍者」、「大父母、父母嘗有市籍者」，最後，才是「入閭，取其左」，簡稱爲「閭左」。根據晁錯的這個說法，似乎謫戍之制，始於秦始皇時期，此其一；謫戍的對象有七種人，而「閭左」是最後一種，而且是在徵發了其他六種人之後才發及「閭左」，此其二。這樣一來，就給後來的史學家關於「閭左」的解釋帶來了影響。首先，是東漢人應劭對「閭左」的解釋，受了他的影響。應劭說：「秦時……以謫發之，名謫戍……戍者曹輩盡，復入閭，取其左發之，未及取右而秦亡。」（《漢書・食貨志》注引）應劭對「閭左」的解釋，幾乎是重複了晁錯的話，只不過是又多出了一個「閭右」的概念而已。接著是曹魏時人孟康，也對「閭左」作了解釋，他認爲「秦時復除者居閭之左，後，發役不供，復役之也」（《漢書・晁錯傳》注引）。他提出了「閭左」本來是免除了徭役的人這一看法，把晁錯對「閭左」的看法推進了一步。隨後是唐人司馬貞，他認爲「閭左，謂居閭里之左也。秦時復除者

居閭左,今力役,凡在閭左者,盡發之也」。又云:「凡居,以富强者爲右,貧弱者爲左,秦役戍多,富者役盡,兼取貧弱者而發之者也。」(《史記‧陳涉世家‧索隱》)這説明司馬貞綜合了應劭、孟康等人關於「閭左」的解釋;所不同者,他發揮了孟康的看法,提出了秦時「富者」先服役,而居「閭左」的「貧弱」者後服役的新解,同應劭所説「未及取右而秦亡」的話恰恰相反。及唐人顏師古注《漢書》,在關於「閭左」的解釋上,他既不同意孟康的意見,又不同意司馬貞的説法,而認爲應劭關於「閭左」的解釋最爲正確,語詳《漢書‧食貨志》注及《晁錯傳》注。這樣一來,對「閭左」這種人的各種解釋,便產生了是「復除者」還是非復除者的重大分歧。如果説「閭左」這種人,本來就是復除了徭役的人,那麼,像陳涉、吳廣這樣出身貧苦的勞動者——「閭左」之民,其被徵發服戍邊徭役,僅僅是秦二世時期的事,則在此之前,是不戍邊的。這樣,就會得出秦時的貧苦勞動者不服戍邊徭役的錯誤結論。事實上,也確實有人在利用這樣的錯誤結論,並引用《史記‧秦始皇本紀》關於以「謫吏」戍邊的材料,認爲秦時戍邊者不是貧苦勞動者,而主要是犯罪的官吏。因此,澄清這一問題,就顯得十分必要。《雲夢秦簡》的出土,爲我們弄清這個分歧由來已久的問題,提供了條件。

《史記‧秦始皇本紀》是確有關於以犯罪官吏戍邊的記載的。問題的關鍵在於:犯罪官吏僅僅是戍邊者的極少數,而主要戍邊者則是勞動人民。《史記》的原文是這樣的:始皇「三十四年,適治獄吏不直者築長城及南越地。」這裡的「適」,就是「謫」;這裡的「不直」,是指執法中的徇私行爲,出土《秦律》的法律答問部分,對「不直」有明確的解釋。它説:「論獄〔何謂〕不直?」「罪當重而端輕之,當輕而端重之,是謂不直。」由此可見,秦始皇三十四年,確曾以一批犯罪的治獄官吏去戍邊。但是,必須指出:這種因犯罪而戍邊的官吏,只是戍邊者的一小部分,決不是主要戍邊者,更不是全部。關於這一點,《史記‧秦始皇本紀》也同樣有明確的記載。如始皇「三十三年,發諸嘗逋亡人、贅婿、賈人,略取陸梁地爲桂林、象郡、南海,以謫遣戍」,便是例證。這裡沒有提到以犯罪官吏戍邊,而是另外提到了以「諸嘗逋亡人」、「贅婿」與「賈人」三種人戍邊。可見以犯罪官吏戍邊的,只占秦時整個戍邊者中

的極小一部分，而絕大部分是「諸嘗逋亡人」，即各種逃亡犯；其次是「贅婿」；最後才是「賈人」。

既然逃亡犯是戍邊的主要對象，那麼，這些逃亡犯是些什麼人呢？關於各種逃亡犯的身分，出土《秦律》爲我們提供了明確的證據。《秦律》中提到的逃亡者，有如下幾種情況：

一是「盜賊」逃亡犯，如法律答問部分及《封診式》講到「盜亡」、「盜牛去亡」、「盜錢」「去亡」及「夫、妻、子十人共盜，當刑城旦，亡」等等情況不少，可見「盜賊」逃亡犯甚多。在封建社會裡，地主階級眼裡的所謂「盜賊」，無疑是貧苦勞動者。

二是奴隸逃亡犯，如法律答問中所說「隸臣將城旦，亡之」、「隸臣妾城旦舂，去亡已奔」及《金布律》所說隸臣妾「亡者」，便是例證。按奴隸多來源於罪犯、罪犯家屬、逃亡士兵及戰俘等等，他們大都是因爲「事末利及怠而貧」，而被「舉以爲收孥」（《史記・商君列傳》）的人，可見奴隸的絕大部分是來源於貧苦農民。然則，所謂奴隸逃亡犯，本質上仍然是農民階級。

三是罪犯逃亡犯，如《工律》所說從事「邦中之徭」者「亡」、《司空律》所說「居貲贖債」者「其或亡之」及法律答問中的「囚亡」、「鬼薪亡」、「城旦舂去亡」及「餽遺亡鬼薪於外」、「把其假以亡」、「捕亡完城旦」等等均屬之。這些刑徒，在《秦律》規定允許罪犯以貲贖債的情況下，絕大部分也只能是無錢贖罪的的貧苦勞動者。

四是服役者逃亡，如法律答問所說「罷癃守官府亡」、「從事官府」者「去亡」及「行到徭所乃亡」等等，都屬於這種情況。這種一般的服役者，多係貧苦勞動者是沒有疑問的。

五是一般逃亡犯，如男女私通者，女子「去夫亡」，便屬於一般逃亡犯，大抵也可視爲勞動者。

這就是說，上述五種逃亡犯，即「諸嘗逋亡人」，基本上都是貧苦勞動者。因此，秦的統治者既然以「諸嘗逋亡人」戍邊，而且把它作爲主要對象，這就充分說明勞動人民是戍邊徭役的主要承擔者；而且以貧苦勞動者戍邊之制，早已有之，並非始於秦末。

　　至於「贅婿」，又是些什麼人呢？《漢書‧賈誼傳》說：「秦人家富子壯則出分，家貧子壯則出贅。」所謂「贅婿」，就是賈誼說的這種家貧而「出贅」者。又《漢書‧嚴助傳》云：「歲比不登，民待賣爵贅子，以接衣食」，注引如淳曰：「淮南俗賣子與人作奴，名曰贅子，三年不能贖，遂爲奴婢」，可見「贅子」是準奴隸。又雲夢秦簡的《爲吏之道》簡文中抄入的《魏戶律》及《魏奔命律》，都講到「贅婿」是不能立戶、不能受田和不能作官的賤民，可見「贅婿」也屬於貧苦勞動者無疑。

　　因此，秦始皇三十三年「發諸嘗逋亡人、贅婿、賈人略取陸梁地」、「以謫遣戍」一事，除「賈人」外，都是貧苦的勞動者。這就進一步證明秦的貧苦勞動者是戍邊徭役的主要承擔者，而且是由來已久的制度，決非秦二世時始有之。即使拿前引《史記‧秦始皇本紀》所載始皇三十四年「適治獄吏不直者築長城及南越地」來說，也有貧苦農民在內。《太平御覽》卷六四九引《風俗通》謂：「始皇遣蒙恬築長城，徒士犯罪，亡依鮮卑山」，可見築長城者有不少是服刑的刑徒，實即犯罪的勞動者。又如《水經‧河水注》引薛瓚語曰：「秦逐匈奴，收河南地，徙民以實之，謂之新秦」，這種「徙民」，顯然是勞動人民。因此，犯罪官吏被罰築長城及戍守南越的也只是極少數。

　　如果再從出土《秦律》關於罰充戍邊的法律規定來看，更可證明上述說法的正確性。

　　《秦律》中有專講戍邊徭役的法律，謂之《戍律》。根據殘存的《戍律》簡文，各縣勞動人民「行戍」，由「縣嗇夫」及縣尉等官吏主持。當他們到達戍所以後，要在戍所修築城垣或補修原有城垣；當城垣「已補」後，「乃令增塞、埤塞」。在戍者從事苦役的過程中，「縣尉時循視其功及所爲」，監督戍者的一切言行；「戍者城及補城」，必須保證一年以上不致倒塌；如有倒塌，要受到懲處。這說明從事戍邊徭役的勞動人民，是各種服役者中受壓迫剝削最深的人。

　　戍邊徭役，在《史記》中謂之「謫戍」，也叫「遷」或「遷之」，其制始於商鞅變法時。《史記‧商君列傳》謂商鞅將「亂化之民」，「盡遷之於邊城」，便是「謫戍」的開始。隨後昭襄王時期，屢有「遷」、「遷之」的命令。被遷

者謂之「遷人」，「皆居蜀」（《史記・項羽本紀》）。《漢書・高帝紀》注引如淳曰：「秦法，有罪遷，徙之蜀漢」。證以出土《秦律》治獄案例中的《遷子》爰書，說明這些記載是可信的。爰書云：「某里士伍甲告曰：謁鋈親子同里士伍丙足，遷蜀邊縣，令終身毋得去遷所」，這表明「遷」，確是戍邊之意；也說明遷所的所在地，多在蜀漢，並爲終身服役制。可見以罪人戍邊之制，並非始於始皇時期。

到底是怎樣的罪人就得「遷」、「遷之」呢？質言之，被「遷」者仍然主要是勞動人民。關於這一點，出土《秦律》作了明確回答：

佚名律規定：「吏自佐、史以上負從馬，守書私卒令市取錢焉，皆遷。」又法律答問云：「嗇夫不以官爲事，以奸爲事，論何也？當遷。」這說明嗇夫這類官吏及佐、史之類，都有因犯罪而罰充戍邊徭役的。但是，這種情況極爲少見，從大量的法律規定來看，官吏犯罪多止於「貲二甲」、「貲一甲」或「一盾」，而且允許以貲贖罪，可見犯罪官吏戍邊者只是極少數。

反之，從《秦律》中卻可以看出：「遷之」戍邊者絕大部分是犯罪的勞動人民。如《傅律》規定：「匿敖童，及占癃不審，典老贖耐。百姓不當老，至老時不用請，敢爲詐僞者，貲二甲；典、老弗告，貲各一甲；伍人，戶一盾，皆遷之。」這是說，當農民登記服役時，如果出現「占癃不審」、「爲詐僞」的情況，典、老這樣的地方官吏並不戍邊，而與「爲詐僞」的農民同伍的「伍人」，卻於罰款之外，還得「皆遷之」，即全部罰充戍邊，這就是所謂什伍連坐之法的具體體現。毫無疑問，這種「伍人」，只能是勞動人民。可見所謂「謫戍」，不僅包括犯罪官吏，更主要的還是犯罪的勞動者。

另一條佚名的法律規定：當勞動人民與官吏同犯一罪時，而懲處的方式各不相同，戍邊者僅限於勞動人民與低級官吏。《律》云：「不當稟軍中而稟者，皆貲二甲，灋（廢）；非吏殹（也），戍二歲。徒食、屯長、仆射弗告，貲戍一歲；令、尉、士吏弗得，貲一甲。」這就是說，同犯了「不當稟軍中而稟」的罪，如果是官吏，則廢去其官職；如果是「非吏也」，便得「戍二歲」。同犯了「弗告」、「弗得」罪，如係徒食、屯長等低級官吏，則要戍邊一歲；如果是令、尉等較高的官吏，則止於「貲一甲」。可見被罰戍邊的人都是「非吏

也」或低級官吏。法律還規定:「軍人賣稟稟所及縣過,貲戍二歲」;如果是「屯長」等低級官吏「弗告」,只「貲戍一歲」;而「縣司空」等較高官吏「弗得」,則只是「貲一甲」而不戍邊。這些事實清楚地告訴我們:被罰戍邊的人,大都是「非吏也」及一般「軍人」,即都是勞動人民,而官吏因犯罪戍邊者不多;即使有之,也只是低級官吏,而且戍期也較短。因此,所謂「讁戍」,決非全是犯罪官吏,勞動人民也占「讁戍」者的主要部分。

　　更值得注意的是,秦末農民起義的首先發難者,便是被強迫戍邊的戍卒。《史記·陳涉世家》說:「二世元年七月,發閭左,適戍漁陽九百人」;賈誼《過秦論》也說陳勝、吳廣領導的起義者,都是些「適戍之衆」,而陳勝本人又是「嘗爲人佣耕」的勞動者。這就更證明因讁而罰戍邊者,確實絕大部分也是勞動人民,而不是犯罪官吏。

　　據《秦律》,秦時勞動人民除犯罪者要以讁戍邊之外,另外,還有不同於有罪戍邊的「徭戍」之制。《除吏律》規定:「駕驪除四歲,不能駕御,貲教者一盾,免;賞(償)四歲徭戍」。意即駕驪任職四年而駕車技術仍不過關者,除教其駕車者要罰一盾和駕驪者本人要免職外,還要補償四年戍邊徭役。(《睡虎地秦墓竹簡》第 129 頁,解「賞(償)四徭戍」語爲「補服四年内應服的徭戍」,似乎較原文增加了一個「内」字,有增字釋簡之嫌,故不從)由此可見,秦的戍邊之制,除讁戍外,還有「徭戍」之制,這大約就是董仲舒所說的凡符合服役年齡的人要「屯戍一歲」(《漢書·食貨志》)的制度。《文獻通考·兵考》所概括的:「北築長城四十餘萬,南戍五嶺五十餘萬」,大約也是指這種「徭戍」之制下的「屯戍」者而言。以此言之,則「徭戍」者也主要是貧苦的勞動人民。

　　綜上所述,可知孟康、司馬貞等人認爲居於「閭左」的貧苦人民,本來就是復除了徭役的人的說法,是根本站不住腳的。西漢人晁錯認爲「讁戍」之制始於秦始皇時期和以「閭左」戍邊始於秦末的說法,證以《雲夢出土秦簡》所載,可知也是不準確的。其真實的情況是:早在秦始統一六國之前,「讁戍」與「徭戍」之制,便已存在;而且不論是「讁戍」還是「徭戍」,主要都是由身份低下的貧苦的勞動者承擔,決不是什麼先發居於「閭右」的「富者」

和後發居於「閭左」的貧弱者。因此，由此而導引出來的秦時勞動人民的徭役
負擔並不很重和主要以犯罪官吏戍邊等等說法，都是與事實不符的。至於勞動
人民除戍邊徭役之外的其他徭役負擔，將在《〈秦律〉是地主階級壓迫、剝削農
民階級的工具》一文中述及，此不贅述。

南郡守騰的經歷及其
發布《語書》的意義

讀秦簡《語書》札記

　　《語書》開頭説：「廿年四月丙戌朔丁亥，南郡守騰謂縣、道嗇夫」。因知這是秦的南郡郡守名叫騰的人發布的一個《語書》。這個南郡守騰的經歷如何呢？他是何時出任南郡的呢？弄清這些問題，對於了解他爲什麼要發布此《語書》也許是有幫助的。

　　爲了弄清南郡守騰的經歷，首先，有必要從他發布此《語書》的年代談起。《語書》發布於「廿年四月丙戌朔丁亥」，即秦始皇二十年四月初二。何以知道是始皇二十年呢？因爲南郡設置的年代，據《史記》中《秦本紀》、《六國年表》、《楚世家》及《白起列傳》等的記載，均謂爲秦昭王廿九年，則這裡的「廿年」決不可能是昭王二十年。而昭王之後的孝文王與莊襄王，在位都很短，遠不及二十年之數；只有莊襄王之後的秦王政（即始皇）在位達三十七年，因此，只可能是始皇二十年。加上《語書》中凡當使用「正」字的地方，總是用「端」字代替，如「聖王作爲法度，以矯端民心」及官吏「毋公端之心」者爲「惡吏」等語，顯係以「端」代「正」，正符合《史記・秦漢之際月表》把「正月」寫作「端月」的作法，原因正如《索隱》所云：「秦諱正，謂之端」。因此，從《語書》避始皇名諱的情況看，也足證「廿年」爲始皇二十年。

　　明白了《語書》發布的確切年代是始皇二十年四月初二以後，便有助於我們去探討南郡守騰的經歷。因爲在《史記・秦始皇本紀》裡，於始皇二十年之前不久曾兩次提到過「騰」這個人的有關情況：一是韓國的南陽郡假守名叫「騰」，二是秦的一個內史也叫「騰」。這兩個名叫「騰」的人的出現，在時間上同南郡守騰於始皇二十年發布《語書》一事相距甚近，因此，韓的南陽假守「騰」、秦的內史「騰」與南郡守「騰」，很有可能是同一個人。

　　如果上述三個名「騰」者確爲一人，那麼，韓國的南陽假守騰，何以能成爲秦的内史騰呢？《史記·秦始皇本紀》載始皇十六年九月，「發卒受地韓南陽假守騰」；同書《六國年表·秦表》載此事作「發卒受韓南陽地」。二者合而觀之，可知始皇十六年曾發兵從韓國的南陽郡假守騰的手裡接受了韓國的南陽郡。所以，《資治通鑑·秦紀》載此事作「韓獻南陽地，九月，發卒受地於韓」。由此可知，韓國的南陽郡假守騰，確已於始皇十六年投降了秦，連同韓國的南陽郡也獻給了秦，於是騰就從韓國的官吏變成了秦的官吏。

　　《史記·秦始皇本紀》又載始皇十七年，「内史騰攻韓，得韓王安，盡納其地，以其地爲郡，命曰潁川」；同書《六國年表·秦表》載此事作「内史勝」，其餘悉同。按「勝」字與「騰」字字形相似，因此，《六國年表·秦表》的「内史勝」的「勝」字，應爲「騰」字之訛。基於這一事實，就給人一個啓示：前一年從韓國投降來了一個名叫騰的郡守，現在又在秦的官吏中出現了一個内史叫「騰」的，則此二人爲一人甚明。因爲，第一，二人在出現的時間上前後相差一年，緊密相承；第二，「内史」一官，據《漢書·百官公卿表序》云：「周官，秦因之，掌治京師」，與掌治一郡的郡守相當，因此，獻地有功的韓國南陽郡假守騰入秦之後任「内史」一官是完全可能的；第三，韓國的南陽郡假守騰，對韓國的情況自然很熟悉，所以，當伐韓時秦始皇用他去作將領，正是用其所長，符合以内史騰征韓的情理。因此，「内史騰」與韓國投降來的「假守騰」應是一人。

　　「内史騰」征韓，立了大功，但《史記》卻缺載其征韓以後事。據情理推測，秦始皇是不會不重用他的。這次《語書》的出土，爲我們解決這個問題提供了一個有力證據。它證明了秦的南郡的郡守也叫騰，與内史騰同名；從時間來說，南郡守發布《語書》的年代恰在内史騰征韓以後的第三年，前後相承的線索很分明；更重要的，還在於始皇曾把被俘的韓王安囚禁於南郡境内，依靠南郡守騰去看管，這同内史騰親手俘虜韓王安的事實有密切關係。關於韓王安被囚禁於南郡的事實，是從秦簡《編年記》中看出來的。《編年記》云：始皇「廿年，韓王居□山」；又云：「廿一年，韓王死，昌平君居其處」；可見這個「□山」是先後囚禁韓王安與昌平君的地方。據《史記·秦始皇本紀》云：始皇二十

一年,「昌平君徙於郢」。郢是楚國的都城,正是南郡所在地,昌平君既於始皇二十一年徙郢,又於同年被囚禁於韓王安居住過的「□山」,則「□山」在南郡境內無疑。韓王安是內史騰於始皇十七年俘虜的,今又囚禁於南郡的「□山」,顯然是依靠南郡守騰去看管他,始皇之所以如此信任南郡守騰,豈不進一步證明南郡守騰就是內史騰嗎?

既然從韓國的南陽假守騰到內史騰,又由內史騰到南郡守騰都是一個人,那麼,始皇為什麼要以內史騰出任南郡守呢?他是什麼時候出任南郡守的呢?

南郡,是秦對楚作戰的前沿陣地,具有戰略上的重要性。在始皇十七年開始了滅韓以統一六國的戰爭以後,南郡尤其具有南防楚國進攻和北備韓國貴族殘餘勢力反叛的戰略重要性。因此,始皇委派曾經獻地有功和征韓獲勝的內史騰出任南郡守,顯然是為了加強南郡的戰備,既鞏固北攻燕、趙戰爭的後方,又準備在結束北方的統一戰爭後南下攻楚。何況當時的楚國,確在糾集力量並進攻南郡,《史記‧秦始皇本紀》載始皇統一六國後所說的「荊王獻青陽以西,已而畔約,擊我南郡」等語,就反映了這一情況。據雲夢出土秦簡《編年記》,始皇十九年發生了「南郡備警」的大事,則始皇之派內史騰出守南郡,很可能就在這一年。換言之,內史騰的出守南郡,正是始皇實現「南郡備警」的戰略措施的一個重要部分。如果從南郡守騰於始皇二十年四月發布《語書》來看,也說明他的出任南郡守應在二十年之前。因此,內史騰於始皇十九年出守南郡,不僅有其可能性,也是有其必要性的。

既然始皇以內史騰出任南郡守是為了加強南郡的戰備,實現「南郡備警」。那麼,內史騰任南郡守後的第一個重大措施——發布《語書》的意義就是為了整肅內部,加強戰備,進一步實現「南郡備警」的戰略措施。

關於《語書》的這一政治意義,我們可以從《語書》的內容中獲得進一步的證明。整個《語書》可分前後兩大部分:前一部分,著重講述了南郡的政治狀況與發布《語書》的目的;後一部分,則是講的劃分「良吏」與「惡吏」的標準以及懲治「惡吏」的辦法,是服務於《語書》發布的目的的。南郡的政治狀況怎樣呢?「今法律令已具矣,而吏民莫用,鄉俗、淫佚之民不止,是即廢主之明法也,而長邪僻淫佚之民,甚害於邦,不便於民」,這就是南郡守騰對當時南郡

境内政治鬥爭情況的概括説明。換言之，法令得不到執行，爲非作歹的「邪僻淫佚之民」到處都有，生產得不到發展，社會秩序混亂不堪，是當時南郡的普遍狀況。這種狀況的存在，當然不利於「南郡備警」。而這種狀況的所以造成，一方面固然與楚國的軍事包圍有關，另一方面也與内部的「邪僻淫佚之民」不務正業及地方官的「知而弗舉」、「養匿邪僻之民」有關。因此，要加強戰備，必須整肅内部。正因爲如此，他在《語書》中一再聲稱：制定法律的目的，就是爲了「矯端民心，去其邪僻，除其惡俗」，不許「民多詐巧」。爲達此目的，他特發布《語書》，再一次把秦的法律令公布於衆，「令吏民皆明知之」；對於地方官吏中的不執行法令和「養匿邪僻之民」者，則要「致以律，論及令、丞」。爲了更好地識別地方官吏的好與壞，他於《語書》的後一部分提出了區分「良吏」與「惡吏」的具體標準，凡是「惡吏」，都在「不可不爲罰」之列。總之，他認爲這樣一來，就可以達到「矯端民心，去其邪僻，除其惡俗」的目的。因此，從《語書》的内容實質著眼，確是一個整肅内部，加強戰備的重要措施，是實現「南郡備警」戰略任務的延續和深化。

正因爲南郡守騰在南郡境内極力強化了地主階級政權，除了有加深勞動人民苦難的一面外，同時也起到了防備楚國進攻的作用。所以，當時的南郡，雖然面對楚國的軍事包圍，而它所轄的「□山」，仍可作爲囚禁韓王安的要地；受到貶謫的昌平君，也可以徙之於郢。可見南郡守騰的所作所爲，對於秦始皇完成統一六國的事業是起了一定作用的。然而，對於這樣一個重要人物，《史記》除了記載其獻地與征韓之外，對他的治理南郡和加強戰備等卻隻字不提，未免失之簡略。因此，從這個意義上來説，《語書》的出土，不僅是一個重要的法律文書，也是了解當時政治、軍事鬥爭的寶貴資料，還可以看出秦始皇的用人原則，更不啻是南郡守騰的一篇傳略。

商鞅《秦律》與睡虎地出土《秦律》
的區別和聯繫

　　戰國初期，魏國的李悝，適應著當時新興地主階級的利益與意志的需要，「撰次諸國法」，制定了地主階級的第一部成文法典——《法經》六篇。後來，「商君受之以相秦」①，直接繼承了李悝的《法經》，並「改法爲律」，還增加了「相坐之法」、「參夷之誅」及「鑿顛、抽脇、鑊烹、車裂」等「大辟」之制②，從而把李悝的《法經》補充、發展而成最早的《秦律》，姑名之曰商鞅《秦律》。然而，商鞅制定的《秦律》，早已散佚，除個別內容散見於史籍外，已無從知其全貌。

　　《睡虎地秦簡》對秦的法律條文、解釋法律的答問及《封診式》等都有正式的記載，統名之曰出土《秦律》。由於「法律是統治階級的意志的表現」③，封建社會的法律是以「維持地主統治農奴制農民的權力」④爲目的的，因此，它是研究秦時社會的階級、階級關係與階級鬥爭的寶貴資料，也是探討我國古代法制的重要依據，在商鞅《秦律》散佚了的情況下，尤其是這樣。

　　但是，要正確地運用它，必須首先弄清它的撰寫年代。然而，雲夢出土《秦律》是在死於秦始皇三十年的一個墓主叫「喜」的墳墓中發現的；它的本身，並無撰寫的絕對年代。這樣一來，就產生了一個疑問：即出土《秦律》與商鞅變法時制定的《秦律》究竟是什麼關係？換言之，它同商鞅《秦律》完全是一回事呢？還是既有區別又有聯繫的兩回事？弄清這些問題，是正確運用這批出土《秦律》去說明秦的社會歷史的必要前提。

　　從出土《秦律》的内容來看，確證它同商鞅《秦律》有著一定的差別：

　　首先，一些見於商鞅《秦律》的條款，在出土《秦律》中卻找不到。如《史記・商君列傳・集解》引劉歆《新序》論云：衛鞅「棄灰於道者被刑」；同書《索隱》引《說苑》云：「秦法，棄灰於道者刑」；《鹽鐵論・刑德篇》也說：「商君刑棄灰於道」；可見商鞅《秦律》中確有「刑棄灰於道」的條款。但是，在出土《秦律》中，雖然有不少關於監視農民從事農業生產的規定，卻不見有「刑棄灰於道」的律文。又如《鹽鐵論・刑德篇》說：商君之法，「盜馬者死，盜牛者加，所以重本而絕輕疾之資也」；然而，在出土《秦律》中既無「盜馬者死」的規定，即使在《封診式》的《盜馬》爰書中，也無關於「盜馬者死」的說明。再如《韓非子・定法篇》云：「商君之法曰：斬一首者，爵一級，欲為官者，為五十石之官；斬二首者，爵二級，欲為官者，為百石之官」；可是，在出土《秦律》的《軍爵律》及其他關於賜爵制的法律規定中，都沒有這一條款。最後，如《史記・商君列傳》載商鞅立法，「不告奸者腰斬，告奸者與斬敵首同賞」；而出土《秦律》雖有不少關於賞告奸和罰不告奸的規定，卻並未見有上述條款。因此，基於這些情況，表明見於商鞅《秦律》中的條款，並不一定都原封不動地保留於出土《秦律》之中，二者之間，是存在一定差別的。

　　其次，出土《秦律》的分目，也不同於商鞅《秦律》。根據《漢書・刑法志》、《晉書・刑法志》、《唐律疏議》及《唐六典》注等書關於商鞅「傳」、「受」李悝《法經》而創《秦律》時的記載，只是「改法為律」和增加了一些「大辟」之刑而已，在大的編目上，似乎仍保留了《法經》六篇的原貌。所以，到漢初蕭何承商鞅《秦律》而制定《漢律》時，便增加了《興》、《戶》、《廄》三編，「合為九章」⑤。可見原來的《秦律》還是六章，也就是李悝《法經》裡的《盜》、《賊》、《囚》、《捕》、《雜》、《具》六篇。然而，在出土《秦律》中，有律名可查的便不下二十幾個，分別為《田律》、《廄苑律》、《倉律》、《金布律》、《工律》、《徭律》、《置吏律》、《軍爵律》、《傳食律》、《除吏律》、《游士律》、《中勞律》、《除弟子律》、《捕盜律》、《戍律》、《屯表律》、《藏律》、《傅律》、《公車司馬獵律》、《尉雜律》、《屬邦律》、《行書律》、《内史雜律》、《關市律》、《均工律》、《司空律》、《工人程》、《牛羊課》及《效律》等，這些律名很可能是在商鞅《秦律》的大目之下

增加的細目；而且從《工人程》、《牛羊課》等名目來説，顯然在商鞅的「改法爲律」之外，又出現了「程」、「課」等律名。按《漢書·高帝紀》注引如淳語曰：「章，歷數之章術也；程者，權衡丈尺斗斛之平法也」，師古曰：「程，法式也」，又按《釋名》云：「科，課也，課其不如法者罪責之也」。以此言之，則出土《秦律》，已在正式的律文之外，增添了「程」、「課」這些發展或補充律文的法令，顯然不是商鞅《秦律》中所有的内容。至於《封診式》的「式」和法律答問中多次提到的「比」，也帶有補充法律條文的性質，已具有漢律中的「科」、「比」、「例」及唐律中的「律」、「令」、「格」、「式」、「比」等法律形式的萌芽。這自然不是商鞅制定秦律時所能一下子辦得到的。

其三，出土《秦律》的某些内容，確實透露出它不是撰寫於商鞅變法時的《秦律》。第一，法律答問部分有這樣一則：「何謂臣人？臣人，守孝公、獻公冡者也」。按「孝公」是死後的謚號，商鞅制律在孝公生時，不可能使用其謚號，可見此條確非出於商鞅之手。第二，出土《秦律》的《置吏律》中有「縣、都官十二郡」一語；在法律答問中又兩次提到「郡」，一次提到「郡守」；在其《封診式》的《遷子》一目中一次提到「太守」。可是，商鞅制定《秦律》時，只有縣而無郡，只有縣令、丞而無「太守」、「郡守」，可見這些律文都非寫成於商鞅變法時期。第三，在出土《秦律》的法律答問部分，兩次出現「何謂同居？」的提問，而回答時則各不相同，一曰「戸爲同居」，一云「同居，獨戸母之謂也」。還有「何謂家罪？」的提問，也有兩種不同的解釋：一爲「家罪者，父殺傷人及奴妾，父死而告之，勿治」；二爲「父子同居，殺傷父臣妾、畜産及盗之，父已死，或告，勿聽，是謂家罪」。對同一概念，法律有不同的解釋，這就確證出土《秦律》不是撰寫於一時一人，而是積累了商鞅之後歷代秦國君主對《秦律》的補充、發展而來的。《法律答問》部分的「何謂耐卜隸、耐史隸？」一條，其解釋中有「後更其律如它」一語，這就確證商鞅制定《秦律》之後，確實存在「更其律如它」的情況。上面的這些情況，與《商君書·定分篇》所説十分相近。《定分篇》云：「爲法令置官吏」，即設有專門主管法律解釋工作的官吏，他們有「爲之程式」的權力，又有回答「請官吏及民間法令之所謂」的職責，而且必須把所答記於「符」上，並「以室藏之」，作爲後繼者的

依據。這就是法律答問簡文的由來，也反映出秦律的發展實況。第四，封建地主階級的法律，一般有律、令、格、式、比之分，然而從它們的產生先後來說，「律」是最早的，「令」是「律」的補充和發展，故有「前主所是著爲律，後主所是疏爲令」的説法⑥。而出土《秦律》的法律答問部分有專講「廢令」、「犯令」者兩條，並曰：「可（何）如爲犯令、灋（廢）令？律所是者，令曰勿爲，而爲之，是謂犯令；令曰爲之，弗爲，是爲灋（廢）令殹（也）」。又《語書》中提到「田令」，與出土《秦律》之稱「田律」者不同。這些情況，都證明出土《秦律》撰寫於商鞅《秦律》之後，所以在商鞅所定「律」之外，便出現了「後主所是疏爲令」的現象。第五，出土《秦律》有互相矛盾的地方，也是秦律形成於不同時期造成的。如法律答問在解釋《盜律》時，出現了互相矛盾的兩條：一曰：「夫盜千錢，妻所匿三百，何以論妻？妻知夫盜而匿之，當以三百論爲盜；弗知，爲收」；另一條曰：「夫盜二百錢，妻所匿百一十，何以論妻？妻知夫盜，以百一十爲盜；弗知爲守贓」。這兩條問答所説的情況，雖在「匿贓」的數量上不同，但同爲「妻知夫盜」，一則「以三百論爲盜」，一則「以百一十爲盜」，即「論爲盜」的標準不同，表明這些規定非出於一時一人之手，而是前後累積而成，故不免互相矛盾。第六，出土《秦律》的《封診式》部分有兩個案例，都講到幾個「戰邢丘」的士伍爭奪「斬首」之事，按《史記·秦本紀》載秦昭王四十一年「攻魏取邢丘、懷」；《六國年表·魏表》也謂是年「秦拔我郉丘」，「郉丘」即邢丘；出土秦簡《編年記》也同樣載昭王四十一年「攻邢丘」；因此，這兩則治獄案例既然都講到「戰邢丘」事，則此則案例的撰寫年代不能早於昭王四十一年，自然不是商鞅《秦律》所具有的内容。第七，雲夢秦簡的《爲吏之道》部分，抄入了魏安釐二十五年的兩條法律作爲《秦律》的補充，按魏安釐二十五年，即秦昭王五十五年（公元前252年），這就確證這部分秦簡的撰寫年代不能早於此年。上述這些例證，都反映出這樣一個總的情況：出土《秦律》同商鞅制定於秦孝公時期的《秦律》不是一回事，二者之間在内容上存在著一定程度的差別；單就出土《秦律》的撰寫年代説，也各不相同，它大體上是商鞅以後經過歷代秦國君主的發展、補充和逐步積累而成，並不是商鞅《秦律》的原貌。

　　不過，必須指出：出土《秦律》雖然是商鞅以後逐步發展、補充和積累而成的，但並不包括秦始皇統一六國後到始皇三十年之前這段時期。換言之，出土《秦律》並不是撰寫於秦始皇統一六國後的《秦律》。這是因爲：第一，出土《秦律》的幾條律文，都稱秦國的君主爲「王」，稱秦以外的國家爲「夏」或「諸侯」，並多次提到「諸侯客來者」及「使諸侯」等概念，所有這些都與秦始皇統一六國後的情況是不符合的。第二，在出土《秦律》的《效律》中，多次使用了「正」字，而秦始皇時期有「諱正爲端」之制，如《史記・秦楚之際月表・索隱》云：「秦諱正，謂之端」，出土《秦律》不避始皇之名諱，故知非始皇時所撰寫。第三，出土《秦律》的《徭律》規定：「御中發徵」人服役時，「失期三日到五日，誶；六日到旬，貲一盾；過旬，貲一甲」；而這種對服役者失期的懲處規定，同《史記・陳涉世家》所說秦末的「失期，法皆斬」、「亡亦死」的規定，顯然存在著差別，表明出土的《徭律》不是秦始皇時期撰寫的《秦律》。第四，秦始皇統一六國後，曾新頒布了「更名民曰黔首」⑦、改「命爲制」、「令爲詔」等法令，可是這些內容在出土《秦律》中卻毫無反映。第四，出土秦簡的《爲史之道》簡文中，有「寡人弗欲」，春秋戰國時期，「寡人」爲國君自稱之詞，秦統一六國後定制：皇帝自稱曰「朕」。此處稱「寡人」而不稱「朕」，故應爲始皇統一六國前之簡文。第五，始皇統一六國後，規定數量以六爲進位制，而《秦律》中則屢見以十一進位的現象，這是秦簡非始皇統一六國後之物的又一證據。所有這一切，都證明出土《秦律》是撰寫於秦始皇之前的《秦律》，至晚也不能晚於秦始皇統一六國之前。可是，有人卻認爲出土《秦律》是秦始皇時期的法律，或者認爲它只說明秦代社會的主要矛盾，顯然都是由於對出土《秦律》的撰寫時期缺乏了解所致。

　　如上所述，可知出土《秦律》同商鞅《秦律》是有區別的，二者並不是一回事。但是，另一方面，又必須看到，儘管商鞅《秦律》處在不斷變化發展的過程中，畢竟是在商鞅《秦律》基礎上的變化發展，而且作爲地主階級法律的基本精神和本質特徵是不會改變的。因此，從這一角度著眼，出土《秦律》即使增添了自孝公以後到昭王以前幾代秦國君主所補充的一些內容，它仍然不失爲商鞅《秦律》的直接延續。關於這一點，我們可以通過把它同《史記・商君列傳》、

《戰國策・秦策》及《商君書》中確係商鞅著作部分所提到的有關商鞅制定的法令作比較，以顯示出二者之間的連貫性。

首先，用出土《秦律》的某些律文同《韓非子》、《史記・商君列傳》、《戰國策・秦策》等書中的有關部分比較，就不難發現二者之間在基本內容與精神實質上的一致性。

《韓非子・定法篇》云：「公孫鞅之治秦也，設告相坐而責其實，連什伍而同其罪」；《史記・商君列傳》云：「孝公……以商鞅爲左庶長，卒定變法之令，令民爲什伍，而相收司連坐」；《淮南子・泰族訓》也説：「商鞅爲秦立相坐之法」。可見相坐之法確是商鞅《秦律》的重要内容。今出土《秦律》言及什伍連坐的律文也不少。如《傅律》云：「匿敖童及占癃（癃）不審」者，「典、老弗告，貲各一甲；伍人，戶一盾，皆𨻮（遷）之」；《屯表律》規定：兵士無故「未到戰所而告曰戰圍以折亡段（假）者，耐；敦（屯）長、什伍智（知）弗告，貲一甲；伍，二甲」；又法律答問云：「律曰與盜同灋（法），有（又）曰與同皋（罪），此二物其同居、典、伍當坐之」；又曰：「盜及者（諸）它皋（罪），同居所當坐」。同樣的律文還不少，此不悉舉。什麼叫「伍」和「伍人」呢？法律答問云：「可（何）謂四鄰？四鄰即伍人謂𣃔（也）」，可見「伍」即什伍組織之「伍」，「伍人」即鄰人，一人犯罪，伍人坐之，非連坐而何？因此，出土《秦律》的這些律文，實際上與商鞅《秦律》的連坐法沒有多少差別。

在關於奴隸制殘餘的法律規定方面，也表現出同樣的情況。《史記・商君列傳》云：商鞅之法，「事末利及怠而貧者舉以爲收孥」，這是商鞅《秦律》對奴隸制殘餘保護與利用的明證。在出土《秦律》中，保護與利用奴隸制殘餘的法律條文甚多。它不僅規定了犯何種罪就要「耐爲隸臣」、「刑爲隸臣」或「以爲隸臣」的詳細條款，而且對「隸臣」、「隸妾」的勞役類別、糧食標準、稟衣條件、取贖方式和社會地位等等，都作了詳細的規定，甚至還有賞賜奴隸、買賣奴隸等法律條文，這一切難道同商鞅《秦律》對奴隸制殘餘予以保護與利用的精神實質有什麼兩樣嗎？

《戰國策・秦策一》云：「商君治秦，……期年之後，道不拾遺，民不妄

取」；《史記・商君列傳》也說：商鞅變法時，由於「令既具」，使「道不拾遺，山無盜賊」；甚至《鹽鐵論・刑德篇》還載商鞅有「盜馬者死」的立法，這都體現出商鞅《秦律》把對「盜」、「賊」的鎮壓放在首要的地位。今出土《秦律》中雖無「盜馬者死」的律文，但關於鎮壓「盜」、「賊」的律文，卻多得不勝枚舉。僅以一百八十多條法律答問來說，其中講到「盜賊」的就不下五十餘條之多；又以《封診式》中的二十五則治獄案例來說，涉及「盜」者凡六例、「賊」者凡一例，占整個治獄案例數目的四分之一強；再以對「盜」、「賊」的鎮壓來說，動輒被「刑爲城旦」，有的還要「斬左趾」或者處以死刑；對五人以上的「羣盜」，則鎮壓格外殘酷，雖逃亡山林，也必圍攻剿滅。總之，出土《秦律》關於鎮壓「盜」、「賊」的重要性與殘酷性，同商鞅《秦律》是一脈相承的。

在關於賜爵制度的法律規定方面，也表現出同樣的情況，《史記・商君列傳》說：商鞅之法，「有軍功者，各以率受上爵」；《韓非子・定法篇》也說：「商君之法曰：斬一首者爵一級」，「斬二首者爵二級」；《商君書・境內篇》則說：「能得甲首一者賞爵一級」，且有公士、上造、不更、大夫、五大夫等爵名，還有「軍爵」、「公爵」、「高爵」及「勞爵」等概念。這一切，說明商鞅《秦律》確有關於賜爵制的詳細內容。今出土《秦律》中有《軍爵律》，也有公士、上造、不更與大夫、五大夫等爵名，賜爵的對象是立軍功者，賜爵的根本條件是有軍功，《軍爵律》所說「從軍當以勞論及賜」、「隸臣斬首爲公士」等語便是明證，這一切，都同商鞅時的賜爵制基本一致，表明出土《秦律》確係商鞅《秦律》的直接延續。

至於商鞅《秦律》與出土《秦律》關於度量衡的規定，尤有明顯的相同之處。《戰國策・秦策三》云：「蔡澤曰：……夫商君爲孝公平權衡，正度量，調輕重」；《史記・商君列傳》也說：商鞅「爲……平斗桶、權衡、丈尺」。今出土《秦律》中的《效律》則規定：「衡石不正，十六兩以上，貲官嗇夫一甲；不盈十六兩到八兩，貲一盾；甬（桶）不正二升以上，貲一甲；不盈二升到一升，貲一盾」。又云：「斗不正半升以上，貲一甲；不盈半升到少半升，貲一盾；半石不正八兩以上，鈞不正四兩以上，斤不正三銖以上，半斗不正半升以上，參

不正六分升一以上，升不正廿分升一以上，黃金衡贏（累）不正半朱（銖）以上，貲各一盾」。這些規定，正是出土《秦律》關於商鞅「平權衡、正度量、調輕重」的具體法律條文。又據上海博物館徵集到的造於孝公十八年（公元前344年）的「商鞅方升」這一著名文物⑧，到秦始皇二十六年統一度量衡時，仍以它爲標準升。用實物同出土《秦律》對照，進一步證明上述《效律》所云，確是商鞅時之制。

此外，《史記‧商君列傳》所載商鞅關於「爲私鬥者，各以輕重被刑」的法律，同出土《秦律》中關於禁止私鬥的的若干法律條文如出一轍，如凡私鬥者，「皆當耐」，重則「當完城旦」，夫妻父子之間的私鬥，也按積節輕重給予懲處，恰是商鞅之法「爲私鬥者各以輕重被刑」的具體化。又如《史記‧商君列傳》所載關於「大小僇力本業耕織，致粟多者復其身」的商鞅之法，在出土《秦律》中則表現爲官府對農民進行監督、獎勵養牛者和檢查生產進行情況等規定，其基本精神也是相同的。還如《史記‧商君列傳》關於把不從令的「亂化之民」，「盡遷之於邊城」的商鞅之法，同出土《秦律》中關於犯令者「遷之」或「遷蜀邊縣」的規定，幾乎一模一樣。

其次，用出土《秦律》同《商君書》中確係商鞅著作的《墾令》、《靳令》、《開塞》等篇比照，就進一步顯示出二者之間的共同性與連貫性。

《商君書‧墾令篇》說：「重刑而連其罪，則褊急之民不鬥」。所謂「重刑」，即罪輕而罰重；所謂「連其罪」，即什伍連坐之律；所謂「褊急之民不鬥」，即取締私鬥。今出土《秦律》規定，凡「盜」人幾片桑葉都要受到懲處；農民犯法，動輒被「刑爲城旦」或「耐爲隸臣」，可謂重刑之至；至於連坐之律，比比皆是，已於前述；取締私鬥，也規定甚多。因此，出土《秦律》確乎體現了「重刑而連其罪，則褊急之民不鬥」的精神。

《商君書‧境內篇》云：「其戰也，五人來簿爲伍」；又說：「五人一屯長」。今出土《秦律》的佚名律中，確實講到軍隊中有「屯長」，是管理士兵的低級官吏，同《境內篇》所說正合。至於《秦律》中所反映出來的賜爵制度，則同《境內篇》所云，尤多一致之處。這也從一個側面反映出出土《秦律》同商鞅制定的《秦律》有其共同性與聯貫性。

　　《商君書‧開塞篇》説：善治國者要「賞施於告奸」，而不能「賞施於民所義」。今出土《秦律》中，關於賞告奸、罰不告奸和懲處匿奸者的法律規定，俯拾即是，可見與《開塞篇》所説的精神相同。

　　《商君書‧墾令篇》云：「無宿治，則邪官不及爲私利於民，而百官之情不相稽」；《靳令篇》也説：「靳令則治不留」。這裡講的是政府官吏必須提高行政效率，不許有拖延怠惰的作風，目的在於充分發揮封建國家機器對農民階級的專政職能，以鞏固地主階級的統治。今出土《秦律》中，也有不少類似的條文，表明它不僅保留了商鞅《秦律》的這一精神，而且證明有些語句也頗相似。如《行書律》規定：「行命書及書署急者，輒行之；不急者，日畢，勿敢留，留者以律論之」；又《内史雜律》規定：「有事請也，必以書，毋日請，毋羈請」。這裡的「急者輒行之，不急者日畢勿敢留」及「毋羈請」等語，同《墾令篇》的「無宿治」、「不相稽」及《靳令篇》的「治不留」等語，不僅義同，連句法也頗一致。

　　至於《商君書‧墾令篇》所説的「使民無得擅徙」及對官吏「過而廢者不能匿其舉」等措施，同出土《秦律》的有關内容尤其一致。以禁止農民「擅徙」來説，法律答問部分有這樣一則：「甲徙居，徙數謁吏，吏環弗爲更籍，今甲有耐貲罪，問吏何論？耐以上，當貲二甲。」這説明農民要求遷徙時，必須向官府申請，取得同意後，還得辦理「更籍」手續方爲有效，這顯然就是商鞅的「使民無得擅徙」的立法。再以官吏「過而廢者不能匿其舉」來説，它講的是不能掩蓋廢弛職守的官吏的過錯，今出土《秦律》中有不少關於給犯法官吏以懲處的規定，也有關於「廢官」的專門律文，如《除吏律》規定：「任廢官爲吏者貲二甲」，即不許任用「廢官」，這同《墾令》所説官吏「過而廢者不能匿其舉」的規定難道不是一致的嗎？

　　《商君書‧墾令篇》還有「廢逆旅」的作法，今出土《秦律》的法律答問部分有「可（何）謂旅人？寄及客是謂旅人」一條；抄入的《魏戶律》及《魏奔命律》中，則有不許「段（假）門逆旅」的規定，與《墾令》「廢逆旅」的作法一致。又《商君書‧墾令篇》有「壹山澤」之利和「貴酒肉之價」，使「農不能喜酣奭」的措施；今出土《秦律》的《田律》也規定農民「毋敢伐材木山林及雍隄

水」，「毋……毒魚鱉、置穽網」，還規定「百姓居田舍者毋敢酤（酤）酉（酒），田嗇夫、部佐謹禁御之，有不從令者有辠（罪）」，同《墾令》的「壹山澤」之利和使「農不能喜奭」等措施何其相似。還如《商君書・墾令篇》所説「重關市之賦」的抑商原則，在出土《秦律》中也有明顯反映。如《關市律》云：「爲作務及官府市，受錢必輒入其錢缿中，令市者見其人，不從令者貲一甲」；《金布律》也規定：「賈市居列者官府之吏，毋敢擇行錢布；擇行錢布者，列伍長弗告，吏循之不謹，皆有辠（罪）」；「有買及買（賣）殹（也），各嬰其價，小物不能各一錢者，勿嬰」；《司空律》還規定，在以役償債的過程中，官吏及「百姓」都可以用他人代替，唯有「作務及賈而負債者，不得代」；所有這一切，都同商鞅的「重關市之賦」的精神有共同處。

　　此外，商鞅是主張禁止游説之士的活動的，如《商君書・農戰篇》云：「夫民之不可用也，見言談游士事君之可以尊身也」；《算地篇》也説：「故事詩書游説之士，則民游而輕其君」。這些話，都體現出他限制游士活動的主張。今出土《秦律》中，有《游士律》的專章，其中明確規定：「游士在，亡符，居縣貲一甲；卒歲，責之。」意即游士居留於某縣而無憑證者，所在縣要受到貲一甲的懲罰；允許其居留滿一年者，更要受到誅責。⑨

　　最後，從整個出土《秦律》的內容來看，涉及到官制及地方行政機構時，除極少幾處提到郡、郡守及太守等非商鞅時之制外，其餘大都與商鞅時的秦制符合。如《史記・秦本紀》及《六國年表・秦表》，均謂孝公十二年開始「集小都鄉邑聚爲縣，置令、丞，凡縣三十一」及武王二年才「初置丞相」；今出土《秦律》涉及地方行政機構及官吏時，絕大部分都是用「縣」及「令」、「丞」等官名，「丞相」一官一次也没有出現過。又法律答問在解釋什麼叫「奇祠」時，説「王室所當祠」之外的「鬼立（位）」叫「奇祠」；又律文中對「公祠」的解釋作「王室祠」，這表明出土《秦律》應是秦國君主稱王之時或稱王之前的法令。所有這些情況也從一個側面反映了出土《秦律》在頗大程度上保留了商鞅《秦律》的內容。

　　綜上所述，可知雲夢出土《秦律》同商鞅制定的《秦律》並不完全是一回事；它們之間，既有區別，又有聯繫。二者的區別在於：一是撰寫的時間不同，二

是具體內容上有若干差別；至於二者之間的聯繫，則表現爲出土《秦律》是在商鞅《秦律》的基礎上經過發展、補充和積累而成，是商鞅《秦律》的直接延續，其基本精神和階級本質則是完全一致的；而且一般說來，他們之間的差異之處，少於共同之處。因此，出土《秦律》雖然同商鞅制定的《秦律》不完全是一回事，但是它同商鞅《秦律》的原貌是相去不遠的。從而它可以作爲研究自商鞅變法到秦始皇統一六國前的秦國歷史的重要依據，只是應當注意到其間變化發展，既不可把出土《秦律》與商鞅《秦律》完全等同，也不可把二者割裂開來，更不可把出土《秦律》所反映的情況同秦始皇統一六國後的情況不加分析地等同起來。

注　釋

①《晉書·刑法志》。

②《唐六典》注。

③《列寧全集》第 15 卷第 146 頁。

④《列寧選集》第 4 卷第 51 頁。

⑤《晉書·刑法志》。

⑥《史記·杜周傳》。

⑦《史記·秦始皇本紀》二十六年條。

⑧見《文物》雜誌 1972 年第 6 期《商鞅方升與戰國量制》一文。

⑨參閱《睡虎地秦墓竹簡》一書第 129 頁到 130 頁釋文及注。

從出土《秦律》看秦的奴隸制殘餘

　　我國自戰國開始，便進入了封建社會。然而，封建制度的確立，並不意味著奴隸制殘餘的一掃無餘。雲夢出土的《秦律》，爲我們提供了這方面的有力證據。本文試圖用《秦律》爲依據，對秦的奴隸制殘餘問題作某些探討，用以揭示當時社會現實的一個方面，而且是一個不容忽視的方面。

　　所謂奴隸制殘餘，主要是指奴隸制生產關係的殘留而言，表現爲奴隸與奴隸制剝削形式的存在。《史記‧商君列傳》云：商君之法，「事末利及怠而貧者舉以爲收孥」，《索隱》曰：「末利，謂工商也」；「怠，懶也，《周禮》謂之疲民，以言解怠不事事之人而貧者，則糾舉而收錄其妻、子，没爲官奴婢。」《商君書‧境内篇》也説：「爵吏而爲縣尉，則賜虜六」，《史記‧李斯列傳‧索隱》云：「虜，奴隸也。」這表明商鞅變法時制定的法律，就有把「事末利」及「怠而貧」者連同其妻子没爲奴隸的規定，也有給縣尉以上官吏賞賜奴隸的制度。可見奴隸的存在是合法的，奴隸制剝削的殘餘是受到地主階級法律保護的。但是，有關秦的奴隸的若干具體情況，由於史書缺載而含糊不清，今《秦律》的出土，爲我們克服了這個困難。

　　《秦律》關於奴隸的規定甚多。據不完全統計，其正式律文中講到奴隸的不下二十餘條；其法律答問部分，則有二十七條之多；在其《封診式》的一些案例中，有七則講到了奴隸或與奴隸有關。其比重之大，僅次於《秦律》中關於「盜、賊」的法律條文。這表明，關於奴隸的問題，確是當時社會階級關係中的重要問題之一。

　　秦時奴隸的名稱，按官府奴隸與私家奴隸而區分爲兩大類別。官府奴隸多冠以「隸」字，其中男性謂之「隸臣」，女性謂之「隸妾」，總稱爲「隸臣妾」。而私家奴隸，則多稱之爲「人奴」、「人奴妾」或「臣妾」、「人臣」、「人妾」。另外，還按年齡與服役種類的不同而有不同的名稱。如官府

奴隸中年紀小的叫「小隸臣妾」，成年的叫「大隸臣妾」，年老而免去其重勞
役者叫「免隸臣妾」①，在官府中服雜役、供驅使的叫「府隸」，在官府作坊
中作工的叫「工隸臣妾」，被派遣拘捕罪犯和勘驗現場的叫「牢隸臣」，在宮
廷中服役的叫「宮隸」，「宮隸有刑」者叫「宮更人」②，更番給官府服役的
女奴隸叫「更隸妾」③，配給各級官府服雜役的奴隸叫「僕、養」，暫時沒有
勞役的或只服零星勞役者叫「冗隸妾」或「冗居公者」④。奴隸的名目如此複
雜，反映出在官府服役的奴隸，種類很多，人數也不少。

　　這些奴隸，除直接從奴隸社會遺留下來的以外，其來源有如下幾種方式：

　　第一，有因犯罪而籍沒爲「隸臣妾」的。前述「事末利及怠而貧者舉以爲
收孥」的法律，便是例證。此外，在法律答問部分有因「盜」而「耐爲隸臣」
者；有因「捕貲罪」時「以劍及兵刃傷人」而「耐爲隸臣」者；有因「當耐爲
司寇」而又「以耐隸臣誣人」而「耐爲隸臣」者；有因「當耐爲隸臣」而又
「以當刑隸臣誣告人」而「刑爲隸臣」者；還有因「盜」食了官府祭祀鬼神的
供品「當貲以下耐爲隸臣」者。這裡的「事末利」者，主要是指「技藝之民」⑤，
即手工業者；「怠而貧」者，無疑是指貧苦農民。所謂「怠」，不過是污衊之
詞；至於各種因「盜」和「盜」食祭品而「耐爲隸臣」的，更不會是地主。因
此，把所謂犯人籍沒爲奴隸的法律，實際上是把農民階級中之觸犯法律者下降
爲奴隸。

　　第二，有因親屬犯罪而被沒爲奴隸的。上述「事末利及怠而貧者舉以爲收
孥」的規定，也包括了把犯罪者的家屬沒爲奴隸的內容。至於《秦律》及其法律
答問，講到沒犯人親屬爲奴者尤多。如「夫盜千錢，妻所匿三百」，其妻不知
夫「盜」者，「爲收」；「夫盜三百錢，告妻，妻與共飲食」者，「當爲
收」；本來是「隸臣」因犯罪「將城旦」者，如果逃亡，除其本人「完爲城
旦」外，還「收其外妻子」。這裡的「爲收」、「當爲收」及「收其外妻
子」，都是把犯人家屬沒爲奴隸。這些犯罪者，多因「盜」錢，顯係貧苦農
民，則其家屬也是貧苦農民無疑。可見貧苦農民確是奴隸的主要來源。

　　第三，有沒收私家奴隸而來的官府奴婢。出土《秦律》中有這樣一則關於
《封守》的案例：「某里士伍甲」有罪，被官府封其家門，沒收其全部財產，其

中包括「甲家室、妻、子、臣妾、衣器、畜產」，可見私家奴隸也在沒收之列，而且一經沒入，無疑成了官府奴婢。

第四，在戰場上不勇敢殺敵而脫逃歸家者及戰爭中投降了的俘虜，都得沒爲奴隸。如《秦律》云：「戰死事不出，論其後，又後察不死，奪後爵，除伍人；不死者歸，以爲隸臣；寇降，以爲隸臣。」這些當兵的人，無疑大部分是農民。這裡實際上包括兩種人，故這種奴隸的來源，可作兩種來源理解。

第五，用錢買來的奴隸。如《封診式》的《告臣》爰書中講到「某里士伍甲，縛詣男子丙，告曰：丙，甲臣，驕悍，不田作，不聽甲令，謁賣公，斬以爲城旦，受價錢」，後來官府果「令少内某、佐某，以市正價買丙」⑥。這顯然是官府用錢購買私家奴隸爲官府「隸臣妾」。

第六，奴隸的子女，仍得爲奴隸。法律答問有這樣一條：「女子爲隸臣妻，有子焉。今隸臣死，女子背其子，以爲非隸臣子也，問女子論何也？或黥顏頯爲隸妾，或曰完，完之當也。」這就是說，一個官府奴隸，有一個身爲自由民的妻，生有一子，該隸臣死後，他的妻不承認所生子爲該隸臣之子，因而遭到「完」爲「隸妾」的懲罰。由此可見奴隸的子女，仍得爲奴隸，即使其母是自由民也不例外。《史記・陳涉世家》載二世爲了鎮壓農民起義，「令少府章邯免酈山徒、奴產子，悉發以擊楚」，所謂「奴產子」，據《索隱》云，「猶今言家產奴也」。這種「奴產子」，既與刑徒一道在酈山作苦工，又待「免」去其奴隸身分以後方爲兵士，說明「奴產子」確是奴隸，與《秦律》正合。又《倉律》規定：隸臣妾「嬰兒之無母者各半石，雖有母而與其母冗居公者亦稟之，禾月半石」；「小隸臣妾以八月傅爲大隸臣妾，以十月益食」。這裡的「嬰兒」與「小隸臣妾」，除了來自籍沒者外，也一定包括有「奴產子」在内。

至於私家奴隸的來源，《秦律》雖涉及不多，但也可看出其來源有四：一是用錢買來的奴隸，如《封診式》的《告臣》爰書中所講到的「某里士伍甲」的奴隸，就憑「丞前某」作「中人」、「價若干錢」買來的；又如法律答問部分講到某「隸臣將城旦，亡之，完爲城旦，收其外妻子」的時候，政府立即以其妻兒子女出賣，只因其「子小未可別」，即不能離開其母，才「弗買子、母」。既然官府出賣奴隸，則買者必爲私家。二是由官府賞賜而來的奴隸。如法律答

問部分有這樣一則:「有投書,勿發,見輒燔之,能捕者購臣、妾二人」,《說文》段玉裁《注》謂「購」者,「懸重價以求得其物也」;再證以能捕「盜」者「購人二兩」等律文,更說明這裡的「購」,確是「賞賜」的意思。又前引《商君書・境內篇》所說「爵吏而爲縣尉,則賜虜六」,可見賜賞奴隸的事確實存在,表明私家奴隸確有來源於賞賜者。三是從官府借來的奴隸,如《倉律》云:「妾未使而衣食公,百姓有欲假者,假之,令就衣食焉」。這說明有些「百姓」(即地主)的奴隸是從官府借來的。四是來自私家奴隸所生子女。如法律答問中幾次提到「人奴擅殺子」及「人奴妾笞子」的事,說明私家奴隸有養育子女的,法律不許他們「擅殺」或「笞」其子女,是因爲其子女也是其主人的奴隸,屬於其主人的私產,故法律保護之。

　　從上述官府奴隸與私家奴隸的來源看,都表明秦的奴隸主要是由貧苦農民淪落而來。另外,還有《金布律》及《司空律》所規定的「有債於公及貲贖者」,如無力償還,則居於司寇以工抵債或贖罪,實際上是變相的奴隸,其主要成員更多數是貧苦農民。而貧苦農民一旦淪爲奴隸,就被當作工具和物品一樣,可以用於賞賜、買賣和出借,不僅其本人要終身爲奴,而且其子女也不能解除其奴隸身分。可見奴隸制殘餘因素的存在,給農民階級確實帶來了更加嚴重的災難,秦時農民階級與地主階級矛盾的迅速激化,未嘗與此無關。

　　從秦時奴隸的服役範圍來說,既有生產性勞役,也有非生產性勞役。官府奴隸之從事生產性勞役者,有同刑徒「城旦舂」一道服築城、舂米等勞役的⑦,有「用針爲緇繡它物」的⑧,有在官府作坊中作工的⑨,有耕種封建國有土地的⑩,有飼養公馬牛的⑪,有看管及駕駛官府車輛及飼養牛馬的「見牛者」、「車牛僕」⑫,還有在「居貲贖債」時「將司」著(即帶領、管理之意)「城旦舂」從事勞役的⑬。非生產性的官府奴隸,則有給官府傳送文書的⑭,有在官府中供驅使的「府隸」⑮,有在監獄或司法部門服雜役的「牢隸臣」⑯,還有看守囚犯的「更人」⑰,有在宮中服雜役的「宮隸」及「宮更人」。至於私家奴隸,同樣也有生產性奴隸與非生產性奴隸之分。以生產性奴隸來說,有同其主人一道去官府「居貲贖債」的⑱,有用於耕種田地的⑲,但大多數應爲家裡服雜役的非生產性奴隸,如「妾」及「敖童」,便是供嬉樂的奴隸⑳。

　　官府奴隸中的生產性奴隸與非生產性奴隸，各占多大比重，雖不甚明白，但根據「冗隸妾」的存在，表明奴隸中有無事可作者。再加上「免隸臣妾」、「冗居公者」及「小隸臣妾」這些不能從事生產或很少從事生產的奴隸，則非生產性奴隸的比重當是不小的。特別是「妾未使而衣食公」者，是一種可以從事勞動而無事可做的奴隸，可見當時的官府中出現了奴隸過剩的現象，以致不得不以出借奴隸於「百姓」的辦法，以解決這些奴隸的衣食問題。而當時的整個社會，卻是地多人少，「人不稱土」，需要招徠「土狹而民衆」的「三晉之民」來秦國生產㉑，這說明奴隸制的殘餘因素，造成了社會生產力的浪費，阻礙了社會生產力的發展。

　　奴隸制殘餘因素對社會生產力發展的桎梏作用，還可以從當時奴隸的生活狀況及勞動情緒等方面看出來。

　　以奴隸的生活來說，顯然是極其痛苦的。按《倉律》規定：一般說來，只有「其從事公」的「隸臣妾」，才可向官府領取口糧，其中「隸臣月禾二石」，「隸妾一石半」；凡「不從事公」的「隸臣妾」，「勿稟」。這就是說，奴隸是否服勞役是能否獲得口糧的前提，其目的顯然是爲了防止奴隸消極怠工。而服役的「隸臣妾」，又按其勞役類別和年齡、性別的差別而有不同的口糧標準：凡「小城旦隸臣作者，月禾一石半石；未能作者，月禾一石；小隸妾舂作者，月禾一石二斗半斗；未能作者，月禾一石」；「隸臣田者，以二月月稟二石半石，到九月盡而止其半石；舂，月一石半石」。這就是說，只有從事耕田勞役的男奴隸的口糧標準最高，每月爲二石半，但每年僅限於從二月到九的農忙季節是如此，其餘大都每月口糧爲一石半或一石。可是，當時一個勞動力正常的糧食需要量爲三石或三石多一點㉒，則奴隸的口糧標準，實際上只有其需要量的二分之一或三分之一。然而，即使是這樣低的口糧標準，還不能保證，因爲《金布律》規定：「隸臣妾有亡公器、畜生者」，得「以其日月減其衣食」三分之一以償還之。至於衣服，只有「隸臣、府隸之無妻者及城旦」，方可「稟衣」，換言之，有妻者便不在可以「稟衣」之列。即使是可以「稟衣」的「隸臣妾」，還需要繳納一定數量的衣服費，即「冬入百一十錢，夏五十五錢」；只有「隸臣妾之老及小不能自衣者」，才可以同舂米的刑徒一樣少繳納

一些衣服費㉓。總之，一般說來，奴隸是自備衣服的。糧食標準是很低的，生活是痛苦的。這種情況，從本質上反映了農民階級的苦難。

正因爲奴隸的生活如此痛苦，他們的生產積極性必然很低。所以，《工人程》規定：「冗隸妾二人當工一人，更隸妾四人當工一人，小隸臣妾可使者五人當工一人」。這既反映出對奴隸剝削之殘酷，也反映出奴隸的生產效率遠不如官府工匠，是奴隸制殘餘桎梏生產力發展的又一表現。

哪裡有壓迫剝削，哪裡就有反抗鬥爭。奴隸反抗壓迫、剝削的鬥爭，見於《秦律》者，除了消極怠工的鬥爭方式外，還用逃亡㉔、破壞生產工具㉕、對奴隸所有者和官府不講真話㉖、不服從指揮㉗和殺死奴隸所有者㉘等方式進行反抗。有的還進行告發其主人的合法鬥爭㉙，表現了奴隸反抗鬥爭的多樣性和強烈程度。

面對奴隸的反抗鬥爭，地主階級及其國家，便用加強鎮壓的辦法去對付奴隸的反抗。首先，爲了防止奴隸的逃亡，他們制定了鎮壓逃亡奴隸的殘酷法律。例如「隸臣將城旦」者逃亡，不僅其本人要「完爲城旦」，還要「收其外妻子」㉚；又如「隸臣妾係城旦舂」者逃亡，雖然「未論而自出」，也要「笞五十」並繼續完成應服勞役㉛。其次，用小恩小惠的辦法，企圖使奴隸不逃亡和忠實於其主人，如《金布律》規定：「隸臣妾之老及小不能自衣者，如舂衣」，但其中之「亡、不仁其主及官者，衣如隸臣妾」，即要多繳衣服費。其三，用扣除口糧的辦法，以防止奴隸「亡公器、畜生」㉜。其四，用不信任奴隸的辦法以防止出現事故，如《行書律》規定：「隸臣妾老弱及不可誠仁者勿令」傳送文書，便是爲此而採取的措施。其五，更爲突出的是，地主階級國家爲了維護奴隸制的殘餘以確保服役者的來源，還用法律形式規定了奴隸取贖的途徑與條件。歸納起來，奴隸取贖的途徑約有五種：一曰「人贖」制，二曰「冗邊」贖，三曰「歸爵」贖，四曰軍功贖，五曰「復」縣不「復」身。分別言之於下：

所謂「人贖」，就是「隸臣妾」以其親鄰頂替自己的奴隸身分。《倉律》云：「隸臣欲以丁鄰二人贖㉝，許之；其老當免老、小高五尺以下及隸臣妾欲以丁鄰者一人贖，許之。贖者皆以男子，以其贖爲隸臣。」這就是説，一個男

奴隸要用兩個成年男子去頂替其奴隸身分，方可贖爲庶人；一個女奴隸或一個老的和小的奴隸要贖身爲自由人，則需要一個成年男子去頂替其奴隸身分。這說明「人贖」的條件是很苛刻的，它是一種以人贖人、以多贖少、以男贖女和以強贖弱的辦法，其目的在於不使淪爲奴隸的農民輕易地擺脫其奴隸身分；另一方面，也在於保持、擴大奴隸的數量和更新奴隸的質量，以保證官府有足夠的服役者。

所謂「冗邊」贖，即一個自由人以自願戍邊五歲而不計算在應服役期之內爲條件去贖取其親屬的辦法。《司空律》云：「百姓有母及同生爲隸妾，非謫罪也，而欲爲冗邊五歲，毋償興日，以免一人爲庶人，許之。」這裡的「冗邊」，就是「戍邊」；「非謫罪也」，是說這個「欲爲冗邊五歲」的人，不是因爲自己有罪戍邊；「毋償興日」，即不計算在此人應服役期之內。這一辦法，有點像上述「人贖」制的以一個男子贖一個女奴隸的情況，即同樣是以男贖女和以強贖弱的辦法，所不同者，僅在於人贖制是無期限的，而「冗邊」贖是以五年爲期而已。這顯然是因爲戍邊特別艱苦而又迫切需要的緣故。

所謂「歸爵」贖，是以歸還爵位爲條件而贖免其親屬的奴隸身分的辦法。《軍爵律》規定：「欲歸爵二級，以免親父母爲隸臣妾者一人……許之」，即指此而言。其目的顯然在於優容有爵位的官吏和地主。

所謂「軍功」贖，是允許「隸臣」或「工隸臣」及其親屬之立有斬首軍功者，用其軍功贖免其本人或親屬的辦法。《軍爵律》云：「隸臣斬首爲公士，謁歸公士而免故妻隸妾一人者許之，免以爲庶人；工隸臣斬首及人爲斬首以免者，皆令爲工；其不完者，以爲隱官工。」這裡有兩種情況：一是立有軍功而獲得賜爵公士的奴隸，可以歸還其公士爵而免除其妻妾爲奴隸者一人，至於該隸臣本身，則仍爲奴隸；二是在官府作坊中作工匠的奴隸立了軍功，或者他的親屬立了軍功的，也可免去其奴隸身分，但仍爲工匠如故。可見「軍功」贖的目的，既在於獎勵軍功，也在於保證兵源和工匠的來源。

至於「復」縣不「復」身的辦法，是只適用於有技巧的女奴隸的辦法。《工人程》規定：「隸妾及女子用針爲緡繡它物，女子一人當男子一人」，這說明官府對有技巧的女奴隸是重視的。正因爲封建統治者更需要這種奴隸，所

以，《倉律》又規定：「女子操緝紅（功）及服者，不得贖；邊縣者，復數其縣。」這就是說，有技巧的女奴隸，是不允許取贖的；如果這種人來自邊縣，則寧可減少邊縣的服役人數，也不能免除這些人的勞役㉞。

至於私家奴隸，也是可以取贖的。它的方式是「償身免」，大約是奴隸的主人不要奴隸償還其賣身錢而免去其奴隸身分。實則，這只是一種形式，往往奴隸獲得「償身免」以後，又被其主人「復臣之」㉟。

基於上述關於奴隸取贖的途徑與條件的法律規定，說明秦的奴隸沒有貲贖制。五種辦法中，除「歸爵」贖是優容地主、官吏外，其餘都貫徹了一個總原則，反映出一個總傾向：即封建統治者千方百計地在不減少原有奴隸的情況下，通過贖免以保證官府的役源與兵源，特別是保證戍邊者與官府工匠的數量，以維護封建的剝削制度。所以，關於奴隸取贖的法律規定，決不是統治者在施「仁政」，而是出於他們統治的需要。關鍵在於封建統治者強制農民階級為自己服徭役的制度，是從奴隸制那裡直接派生出來的。因此，秦時統治者之所以承認奴隸制殘餘的存在，並用法律去維護它，就在於通過它可以保證服役者的多種來源，並使封建的徭役剝削獲得更廣泛的基礎，從而成為封建壓迫剝削制度的重要補充形式。正如列寧所指出的：「農民對地主的人身依附是這種經濟制度的條件㊱。」封建農奴制度需要對農奴「實行強制」，（著重點原有）需要「超經濟的強制」㊲；而奴隸制就是以對奴隸實行強制為特徵的，所以，「在絕大多數國家裡，奴隸制發展成了農奴制㊳。」（著重點為引者所加）所以，秦的統治者對農民階級徭役剝削的格外殘酷，是同奴隸制殘餘的嚴重存在分不開的。

綜上所述，可知秦的奴隸制殘餘是相當嚴重的。但是，秦的奴隸畢竟不同於奴隸社會的奴隸，它有著時代的特徵，主要表現如下：

首先，秦的奴隸，其社會地位略高於奴隸社會的奴隸，本質上只是一種賤民身分。

從秦的奴隸的來源說，雖如前述有六、七種之多，但從法律的角度來說，只有兩大類：一為社會罪犯，二為非罪犯。以社會罪犯來說，在法律判定其為奴隸時，又有三種情況：一是「刑為隸臣」，即受有髡、黥、劓等肉刑的奴

隸；二是「耐爲隸臣」，即「完爲隸臣」，是一種只剃去其鬚鬢而保全其容貌與身體的奴隸；三是「以爲隸臣」，即不受任何刑罰的奴隸。這三種奴隸的前兩種，除其奴隸身分外，還受有刑罰，有點類似刑徒；後一種，就僅僅是一種奴隸身分，在法律上不屬於刑徒。這是第一大類的情況。至於第二大類，則是社會罪犯的親屬、買來和没收來的私家奴隸、逃兵、戰俘和奴隸所生的子女等，這些人本身都不是社會罪犯，顯然都屬於「以爲隸臣」的類型，即都是不受刑罰而具有奴隸身分的人。在整個奴隸中，後一類恐怕是多數。正因爲奴隸中大多數是這種既非罪犯、又非服刑的刑徒，而僅僅是一種表現爲法律上的隸屬關係的奴隸，就使得這種奴隸具有不少特色：一是同服刑的刑徒不同，他們一般不受肉刑。二是在是否戴刑具和衣著方面也同刑徒不同，「城旦舂衣赤衣，冒赤氈，枸櫝欙杕之」㊴，「鬼薪白粲」之「居贖貲債於城旦」者，也「皆赤其衣，枸櫝欙杕，將司之」㊵，可見刑徒戴刑具、穿赤衣；而「隸臣妾」一般不戴刑具，不著赤衣。三是服勞役的類別與繁重程度，也與刑徒不同，刑徒一般都有固定的勞役，如城旦築城、舂舂米，鬼薪采薪，白粲擇米，司寇作工，而「隸臣妾」的勞役範圍則十分廣泛，也有不少供驅使、聽使喚的雜役，繁重程度一般比刑徒輕。四是「隸臣妾」可以「將司」刑徒，而刑徒不能「將司」奴隸。如佚名《秦律》所云：「城旦司寇不足以將，令隸臣妾將」，可見奴隸地位高於刑徒。五是奴隸中有輪番服役的「更隸妾」，有只服零星勞役的「冗隸妾」，有「妾可使」而白白「衣食公者」，更有可以當兵殺敵的「隸臣」和「工隸臣」，這表明奴隸服役的强制性，已不是十分嚴格。所有這種特點，表明秦的奴隸在社會地位上，既不同於奴隸社會的奴隸，也不同於秦的刑徒，本質上是一種賤民身分而已。

　　其次，在經濟上，秦的奴隸已不像奴隸社會的奴隸毫無私有財產之可言，而是出現了某些既有家室，又有獨立經濟的奴隸，只是後者法律上並不公開予以承認而已。

　　奴隸可以有其家產，這是秦律公開予以承認的。如《金布律》中特別提到「隸臣、府隸之無妻者」，則「隸臣、府隸」中必存在有妻者。又法律答問說：「隸臣將城旦，亡之，完爲城旦，收其外妻子」，可見當該隸臣「完爲城

旦」之前是有妻室的。正因爲有妻室的隸臣不少，所以，《屬邦律》規定：「道官相輸隸臣妾」時，收受一方「必署其已稟年日月、受衣未受、有妻無有」，把有無妻室作爲登記的内容之一，公開承認「隸臣妾」可以有其家室。

爲什麽法律規定「隸臣妾」必須注明其「有妻無有」呢？原因就在於有妻室的「隸臣」，衣服費必須由其家室供給，如《司空律》規定：「隸臣有妻，妻更，及有外妻者，責衣」。有家室的奴隸，既要自備衣服，則此種奴隸必有其獨立經濟。

這種「隸臣妾」的獨立經濟是怎麽來的呢？關鍵就在於當他們没爲「隸臣妾」時，並非男女雙方都同時没爲奴隸，而是有時男爲「隸臣」而女方仍爲自由人，有時女爲「隸妾」而男方仍爲庶人。只要男女雙方有任何一方仍爲自由人，則這樣的奴隸就有家室，也有獨立經濟。下面的兩條法律問答，就證明了這種情況：一則曰：「夫有罪，妻先告，不收。妻媵臣妾、衣服當收不收？不當收。」這顯然是夫爲奴而妻不爲奴時，夫的財產雖被没收，而妻的陪嫁奴隸與衣服不在没收之列。另一則曰：「妻有罪以收，妻媵臣妾、衣服當收，且畀夫？畀夫。」這是説當妻爲奴而夫爲自由人時，不僅夫的財產不没收，即使其妻的陪嫁奴隸與衣服也歸夫所有。這就是「隸臣妾」有家室與私有財產的由來。

至於「隸臣妾」中没有家室的，接情理説是不會有獨立經濟的。可是，事實上卻有矛盾處。如《金布律》規定「隸臣、府隸之無妻者」稟衣時，仍得繳納冬衣費一百一十錢，夏衣費五十五錢；即使是「隸臣妾之老及小不能自衣者」，仍得像「舂」這種刑徒一樣，「冬入錢五十五，夏卅四錢；其小者冬卅四錢，夏卅三錢」。這些「隸臣妾」，有的無家室，有的是老小「不能自衣」，如果毫無私有財產，又何從「入錢」呢？這就是矛盾所在。可見這些奴隸也應多少有一點私產，只是法律没有公開承認而已。

至於私家奴隸，也同樣存在有家室與獨立經濟的。法律答問有這樣的條文：「人奴殺子，城旦黥之，畀主」；「人奴妾笞子，子以骵死，黥顏頯，畀主」及「人奴妾盜其主之父母，爲盜主，且不爲？同居者爲盜主，不同居不爲盜主」。如果他們没有家室，則何有於「殺子」、「笞子」呢？假如他們没有

獨立的經濟，則「盜主」何爲？

如上所述，可知秦的奴隸，的確存在有家室的，也存在有獨立經濟的，儘管人數不多和財產有限，但同奴隸社會的奴隸毫無私有財產的情況相比，也不能不是一個變化。

其三，在法律上，秦的奴隸的生命、人身，雖然仍無保障，但已不像奴隸社會的奴隸隨時有被其主人任意刑、髡和殺死的情況了。

在《秦律》中，關於鎮壓奴隸的規定，雖然仍是殘酷的，但總的說來，任意處死奴隸的情況不多了；用奴隸殉葬的事，在《秦律》中更無痕迹了。這表明秦的「隸臣妾」，確已不像奴隸社會那樣可以隨意用奴隸殉葬和任意處死奴隸了。

至於私家奴隸，法律或多或少對黥、劓、刑、殺奴隸是予以限制的。在《封診式》中有這樣兩個例子：一是《告臣》爰書說到「某里士伍甲」，因其奴隸「驕悍，不田作，不聽甲令」，甲想斬其左趾，便將該奴隸「縛詣」官府，請求官府「斬以爲城旦」。二是《黥妾》爰書說：「某里五大夫乙」，因其「妾」「悍」，使其「家吏」將「妾」「縛詣」官府，「謁黥劓」之。由此可見，奴隸所有者刑、黥、劓、髡奴隸已經受到限制，必須經過官府並由官府行刑才是合法的了。

但是，必須指出：秦律對奴隸的主人刑、殺奴隸的限制，是很有限度的。如果出現了這種刑、殺奴隸的事，法律是對奴隸所有者予以保護的，並不許被刑、黥、髡、殺的奴隸向官府告發；即使告發，也既不受理，還不懲處；甚至還要給告發的奴隸以懲處。例如法律答問部分有幾條這樣的律文：官府把「父母」及「主」「擅殺、刑、髡其子及奴妾」而「臣妾告主」者，稱爲「非公室告」；凡「非公室告」，都在「勿聽」、「勿治」之列；「勿聽而行告，告者罪」。這難道不是當奴隸所有者已經「擅殺、刑髡」其「臣妾」時，而法律對他們予以保護嗎？因此，《秦律》對奴隸所有者擅殺、刑、髡奴隸的限制是有限度的，奴隸的生命與人身實際上仍然是沒有保障的。

根據《秦律》對有關奴隸的各種規定，我們可以清楚地看到：

第一，秦的奴隸制殘餘是相當嚴重的。不論是官府與私家，都存在頗大數

量的奴隸。而且這些奴隸並不完全都是非生產性奴隸，奴隸也有從事生產勞動的，特別是以奴隸生產手工業產品、放牧牲畜和耕種國有土地等，值得注意。這說明秦的奴隸是當時社會生產的重要承擔者之一，同封建社會中、後期的奴隸基本上是社會的奢侈品的情況是不同的。

第二，秦的奴隸的數量，肯定是不少的，但是無法計算出一個比較可靠的數字來。不過，奴隸的數量雖不少，但恐怕還不如「大小僇力本業耕織」⑪的農民人數多。農民有「租豪民之田」的⑫，有租種國有土地的，有通過國家「授田」方式而被束縛於土地的⑬，還有從事各項徭役勞動和戍邊、打仗的，等等。因此，就當時整個社會的直接生產者來說，恐怕主要應當是農民階級，而不應是奴隸。這就是說，好像不能因為秦的奴隸人數不少，而懷疑其為封建社會的性質。如果有可能確證當時的奴隸確是社會的主要生產者的話，則秦的社會性質未嘗不可以重新考慮。

第三，秦的奴隸制殘餘雖然嚴重地存在，但是，它已經同封建的生產關係融合在一起，而成了封建生產關係的附屬物，構成了封建剝削制度的一種補充形式。例如奴隸的來源，主要是貧窮破產而犯罪的農民；當他們被贖免以後，則「為庶人」，即仍舊回到農民的行列中去；他們所從事的勞役如種田、修城、築垣、戍邊、打仗和官府手工業等等，都是同封建的徭役、兵役結合在一起的，是受封建制度制約的。這就是說，秦的奴隸制殘餘，並不是獨立於封建的生產關係之外的，而是成了封建生產關係的一個組成部分。所以，表面上秦的統治者在壓迫、剝削奴隸，而本質上則是利用奴隸制殘餘去強化對農民階級的壓迫和加深對農民階級的剝削。因此，秦的奴隸數量雖然不少，但不僅不影響其社會主要矛盾仍然是農民階級與地主階級之間的矛盾這一事實；而是相反，它加深了農民階級與地主階級之間的矛盾。當時農民階級與地主階級之間的矛盾其所以迅速激化，實與奴隸制殘餘的嚴重存在有著一定的關係。因此，秦末農民起義的原因，似乎也可以從這一角度去作些探討。關於這一點，將在另文中論述，此不贅。

第四，秦的封建統治者，通過法律形式，對奴隸制殘餘多方予以保護與利用，是它之所以嚴重存在於秦時社會的重要原因。而封建統治者之所以要這樣

做，在於他們需要這種奴隸制殘餘爲其壓迫、剝削農民階級服務。因爲有了它，可以使封建地主階級對農民階級的徭役剝削與超經濟强制，更獲得廣泛的基礎和立足的地盤，有助於他們殘酷地壓迫、剝削農民階級。所以，在封建社會裡，特別是封建社會初期階段，其所以嚴重地存在著奴隸制殘餘，除了歷史發展本身的連續性之外，還有地主階級需要它爲自己服務的政治、經濟原因。因此，奴隸制殘餘的存在，並不一定構成奴隸主復辟的社會基礎，而恰恰是封建農奴制所需要的東西。

第五，基於秦的封建統治者對奴隸制殘餘多方保護與利用的事實，似乎可以證明：封建制度與奴隸制度之間、地主階級與奴隸主階級之間，是存在著共同的本性與千絲萬縷的聯繫的。正因爲如此，就使得它們之間的矛盾和鬥爭，只可能是相對的，不大可能是根本對立的和水火不容的。因此，當封建制度取代奴隸制度之際以及封建社會的初期階段，地主階級反對奴隸主階級的鬥爭，是有條件的和很不徹底的，地主階級的先進性與革命性，也是有限度的。

第六，秦的封建統治者竭力維護奴隸制殘餘，並利用它殘酷壓迫、剝削農民階級的事實，還向我們表明：新興地主階級同奴隸主階級一樣，同樣是殘忍的和剝削成性的，秦的强大和社會經濟的發展，完全是以農民和奴隸的血汗和生命爲代價換來的，是在劍與火中實現的。因此，我們不應當只以玫瑰的顏色去描繪一種新興的剝削制度和新興的剝削階級，而應當充分看到一切剝削制度與剝削階級的共同本質。

第七，封建社會保留著奴隸制殘餘，雖然是出於地主階級的需要，而且已經同封建制度合爲一體，但是，它的存在，對封建生產力的桎梏作用仍然明顯存在。因此，封建生產力的進一步發展，必然要求逐步清除奴隸制殘餘。但是，地主階級沒有必要也沒有可能這樣作，於是清除奴隸制殘餘的歷史任務，就必然落到了農民階級的身上。因此，封建社會初期階段的奴隸與農民的反抗鬥爭，必然具有清除奴隸制殘餘的偉大歷史意義。當然也不排除剝削階級的個別人物，基於本階級的長遠利益和種種政治的需要，也有可能採取某些清除或者削弱奴隸制殘餘的措施。不過，剝削階級的改革，也往往是同勞動人民的反抗鬥爭聯繫在一起的；而且它的作用與意義，也不可同勞動人民的階級鬥爭相

比擬。

注　釋

①「免隸臣妾」一稱，見《倉律》，而且與「隸臣妾」並提，又從事勞役，可見雖爲「免隸臣妾」，仍得服役。又《倉律》有「其老當免」一語，可見「免隸臣妾」是指年老而免去其重勞役者而言，但其身分仍爲奴隸，故取贖時仍需要一個成年男子去替代。

②見法律答問部分，「何謂宮更人？宮隸有刑，是謂宮更人。」

③「更隸妾」一稱，見《倉律》。《倉律》規定：「更隸妾節（即）有急事，總冗，以律稟食；不急，勿總」。意即對「更隸妾」這種人，只有當其「有急事」時，才把其服役的時間集中使用，並給稟食，否則就不集中。可見這種人服役的時間，在平時是零散的。再結合《隸苑律》所說在考課中成績好的「皂者除一更」的規定、法律答問簡文的「宮隸有刑」，是謂「宮更人」及《漢書・食貨志》所說秦時有服役者「同爲更卒」和不服役者叫「不更」等情況看，都說明這裡的「更隸妾」是輪番服役的奴隸之意。

④「冗隸妾」一稱，見《工人程律》：「冗居公者」，見《倉律》，都是暫時無事可作的奴隸。因爲「居」即「居作」，也就是服勞役；又《倉律》有「更隸妾節（即）有急事，總冗」及「不急，勿總」的規定，益知冗隸妾並非完全不服勞役。

⑤語見《商君書・壹言》，又《外內》篇所說「末事不禁，則技巧之人利」可證。

⑥後來這個奴隸是否買成，則是另一回事，從爰書看，這次可能沒有買成。

⑦見《倉律》律文。

⑧見《工人程》律文。

⑨見《均工律》律文。

⑩《田律》說到秦有國有土地，《倉律》則說有「隸臣田者」，可見這是用奴隸耕種國有土地。

⑪見《廄苑律》律文。

⑫見《金布律》律文。

⑬律名佚，疑爲《司空律》。

⑭《行書律》規定：「隸臣妾老弱及不可誠仁者勿令」傳送文書，則未老弱者及可仁誠者例外。

⑮見《金布律》律文。

⑯見《封診式》諸治獄案例。

⑰見《法律答問》部分。

⑱見《司空律》律文。

⑲《封診式》的《告臣》爰書中講到「某里士伍甲」的奴隸「丙」，「驕悍，不田作」，故甲告之，可見有以私家奴隸從事種田者。

⑳《封診式》中的《黥妾》爰書中講到的「某里五大夫乙」的「妾」，就是如此。至於「敖童」，見《傅律》及法律答問，「敖」是嬉樂的意思，「童」即奴隸的別稱。《睡虎地秦墓竹簡》釋「敖童」爲「成童」，黃盛璋先生則釋爲「大男」，可見關於「敖童」的解釋不一，姑存疑。

㉑見《商君書·徠民篇》。它講的是商鞅以後到秦昭王時期的情況。

㉒《鹽鐵論·散不足》篇云：「十五斗粟，當丁男半月之食」，則一月需粟三石，又《范勝之書》說：丁男「歲食三十六石」，也是每月三石，還有《居延漢簡》載一般戍卒每月的口糧爲「三石三斗三升少」，弛刑徒每月口糧爲三石（參閱陳直著《兩漢經濟史料論叢》第13頁）。由此可見，秦漢時一個勞動力每月的糧食量爲三石左右。唯有《漢書·食貨志》載李悝語作「食人月一石半」，可能是魏國之制與秦不同。

㉓均見《金布律》。《律》云：「隸臣妾之老及小不能自衣者，如春衣」，即按照「春，冬入五十五錢，夏卅四錢，其小者冬卅四錢，夏卅三錢」繳納衣服費。

㉔《金布律》云：老小隸臣妾之「亡，不仁其主及官者，衣如隸臣妾」；又法律答問有「隸臣將城，亡之」；「隸臣妾係城旦舂，去亡已奔」。可見奴隸逃亡者不少。

㉕《金布律》規定：「隸臣妾有亡公器、畜生者」，便屬於此種情況。

㉖《金布律》所謂隸臣妾之「不仁其主及官者」和《行書律》所謂「不可誠仁者」，均屬之。

㉗見《封診式》中的《告臣》爰書。

㉘㉙㉚均見《法律答問》部分。

㉛見《法律答問》部分。

㉜見《金布律》。

㉝《睡虎地秦墓竹簡》一書第54頁注①，把「丁鄰」釋爲「丁齡」，即成年男子，其義亦可通。

㉞《睡虎地秦墓竹簡》第54頁注④，釋「數」爲「名數」，即戶籍亦可通，故兩存之以俟考。

㉟見《封診式》的《告臣》爰書。

㊱《列寧全集》第 3 卷第 158 頁。

㊲《列寧全集》第 15 卷第 62 頁。

㊳《列寧全集》第 4 卷第 46 頁。

㊴見《司空律》律文。

㊵見《司空律》律文。

㊶《史記・商君列傳》。

㊷《漢書・食貨志》。

㊸「授田」一詞,見《田律》,它是一種封建的國有土地制。詳另文《從雲夢秦簡看秦的土地制
　度》。

《秦律》是地主階級壓迫、
剝削農民階級的工具

「法律是統治階級的意志的表現。」（《列寧全集》第 15 卷第 146 頁）封建社會的法律，是地主階級意志的表現。

地主階級是以對農民階級進行殘酷壓迫與剝削爲其存在前提的階級。因此，用法律去維護與保證地主階級對農民階級的壓迫與剝削，是地主階級的利益與意志最集中最突出的表現。這就規定了封建社會裡地主階級法律的實質，在於維護與鞏固地主階級壓迫剝削農民階級的剝削制度，以保護其生存條件。出土《秦律》爲我們提供了無可辯駁的鐵證。

㈠《秦律》是保護地主階級的私有財產
和人身安全的重要工具

一切剝削制度，都是以生產資料爲少數剝削者所私有爲其特徵的。封建社會也不例外。因此，用法律去保護地主階級的私有財產和人身安全，就成了維護封建剝削制度的首要環節。正因爲如此，當地主階級剛剛登上政治舞台的時候，就認爲「王者之政，莫急於盜賊」（《晉書·刑法志》）。所以，李悝在其《法經》六篇中，把《盜法》與《賊法》置於首要地位。什麼叫「盜」、「賊」呢？地主階級的解釋是：「竊貨曰盜」，「害良曰賊」（《荀子·修身》篇）。所謂「竊貨」，顯然是指損害地主階級私有財產的行爲；所謂「害良」，則是説危害地主階級人身安全的舉動。然則李悝把《盜法》與《賊法》置《法經》的首要位置，其目的顯然在於使用地主階級專政的暴力機器，按照地主階級意志的凝聚物——法律，去鎮壓「竊貨」的「盜」與「害良」的「賊」，藉以保護地主階級的私有財產與人身安全，使封建剝削制度得以鞏固。主張嚴刑重罰的先秦法

家韓非，也把「盜賊」作重罰的主要對象，《韓非子·六反》篇所謂「重罰者盜賊也」，即其例證。出土《秦律》也同樣貫徹了這一精神。

出土《秦律》中有《捕盜律》的名目，它顯然是整個《盜律》的組成部分之一。雖然出土《秦律》中無《盜律》的名稱，但在其他律的條款中，有講到「盜」的律文；特別是《封診式》及解釋性律文（或法律答問）中尤多。以一百八十多條解釋性律文來說，其中專講「盜賊」的就有五十多條；在《封診式》的二十五個治獄案例中，屬於「賊」者一例、「盜」者六例。這些事實，就充分反映出《盜律》與《賊律》是《秦律》的主要內容。

單以關於「盜」的律文來說，它對「盜」者、「求盜」者、匿贓者、同謀者及知情者，都有暴力制裁的詳細規定。對「盜」者，它依據所「盜」財物的多少，規定了不同的鎮壓辦法。例如，「盜一牛」，「當完城旦」；「盜過六百六十錢，黥劓以為城旦；不盈六百六十到二百廿錢，黥為城旦；不盈二百廿以下到一錢，罷（遷）之」（即罰戍邊）；「盜一羊」或「一豬」，也都有相應的懲處；甚至「盜採人桑葉，贓不盈一錢」，也得「貲徭三旬」，即罰服勞役三十天。由此可見，地主階級的私有財產是絕對不許侵犯的；即使是一錢、一羊或幾片桑葉，《秦律》也對其私有權予以保護。如果「盜」了封建國家的財物，比「盜」了地主的私有財產，鎮壓更殘酷。如官府的工匠，「盜」物「以出」，雖「贓不盈一錢」，也得以「盜」論處；即使是「盜」食了官府祭祀鬼神用的祭品，也要「耐為隸臣」。甚至《效律》還規定，官府倉庫的「禾、芻、稾積廥，有贏不備，而匿弗謁；及諸移贏以償不備，羣它物當負償而偽出之，以彼償」者，「皆為盜同法」。可見地主階級國家的財產尤其在保護之列。

為了不使「盜」者逃脫地主階級的殘酷鎮壓，《秦律》還規定了對「求盜」者、匿贓者、同謀者及知情者的懲處條款。以「求盜」者來說，《捕盜律》規定：「捕人相移以受爵者，耐。求盜勿令送逆為它，令送逆為它者，貲二甲」。這就是說，對捕「盜」者有受賄行為或執行任務不盡力時，要分別給以懲罰。如果「求盜」者「盜」，則要「刑為城旦」，或「黥」或「黥劓」，依據所「盜」財物的多少決定，同鎮壓「盜」者的辦法完全相同，謂之「求盜」「盜」者「比盜」。再以匿贓、同謀和知情者來說，法律都分別有詳細規定。

凡知其「盜」而爲「匿贓」達到一百一十錢的，便要以「盜」論處，如法律答問云：「夫盜二百錢，妻所匿百一十，何以論妻？妻知夫盜，以百一十爲盜；弗知，爲守贓」。凡同謀爲「盜」者，與「盜」同罪，例如「夫盜三百錢，告妻，妻與共飲食之，何以論妻？非前謀也，當爲收（即没爲奴婢）；其前謀，同罪」。凡直接知情或間接知情且同「與食肉」者，也與「盜」同罪，法律答問云：「宵盜贓值百一十，其妻、子知，與食肉，當同罪」；又云：「宵盜贓值百五十，告甲，甲與其妻、子知，共食肉，甲妻、子與甲同罪」。出土《秦律》的這些規定，充分反映出它鎮壓貧苦農民的殘酷性和維護地主階級利益的鮮明性。

　　從出土《秦律》中還可以看出，地主階級對五人以上的集體爲「盜」的格外重視。如法律答問云：一人「盜」一錢以上至二百二十錢以上者，只給予「遷之」的懲罰；而「五人盜」時，即使是「贓一錢以上」，也得「斬左止，又黥以爲城旦」，謂之「加罪」。可見對這種多人爲「盜」者的鎮壓是格外殘酷的。爲了更有效地鎮壓這種「盜」，法律特稱他們爲「羣盜」，較之他人犯罪，都要罪加一等。一旦有「羣盜」聚集到山林地區，統治者就立即派遣「亭校長」及「求盜人」去進行武裝鎮壓。如《封診式》的《羣盜》一目中所説「強攻羣盜人」於「某山」的話，就是明證。所謂「羣盜」，實際上是貧苦農民團結一致的鬥爭方式，往往是走向武裝起義的前奏。所以，統治者對「羣盜」鎮壓的格外殘酷，反映出他們對「羣盜」的恐懼。「羣盜」的存在，正是農民階級與地主階級之間矛盾日趨激化的標誌。聯繫到商鞅時「盜馬者死」（《鹽鐵論‧刑德》篇）及「道不拾遺，山無盜賊」（《史記‧商君列傳》）的情況，説明從商鞅制定《秦律》到出土《秦律》的撰寫，都是以鎮壓「盜賊」、維護地主階級利益爲首要目的的；也表明農民階級與地主階級之間的矛盾，自商鞅變法時起就是秦國社會的主要矛盾。

　　至於《賊律》，出土《秦律》中雖未見其名目，但從法律答問中，卻可以看出《秦律》中確有《賊律》。例如律文中多次出現「賊傷人」及「賊殺」、「賊殺人」等概念，而且把它們同私鬥而殺、傷人的情況嚴格區分，二者的懲處也不同。這就表明「賊傷」、「賊殺」與私鬥殺、傷人是不同的。然則，什麼叫

「賊傷」、「賊殺」呢？從律文所説「甲告乙盜及賊傷人」、「甲謀遣乙盜殺人」及奴隸「欲賊殺主」等話來看，説明凡因「盜」而殺、傷人及奴隸殺、傷其主人，都謂之「賊殺」或「賊傷」；凡有這種行爲的人，都謂之「賊」，要受到比私鬥而殺、傷人重得多的懲罰。由此可見，《秦律》的《賊律》主要是爲了以嚴刑鎮壓農民階級，從而維護地主與奴隸主的私有財產和人身安全的法律，它同《盜律》是緊密配合的。所以，地主階級也承認：秦法的「盜傷與殺同罪，所以累其心而責其意也」（《鹽鐵論・刑德》篇）。

從上述出土《秦律》對「盜」與「賊」的鎮壓來看，説明它確是保護地主階級的私有財產和人身安全的工具；同時，也有保護奴隸制殘餘因素的成份，因爲奴隸主的私有財產和人身安全也在保護之列，而奴隸同農民一樣，是《秦律》鎮壓的矛頭所向。

(二)《秦律》是地主階級剝削農民階級的沈重枷鎖

地主階級對農民階級的剝削，通常可分兩大部分：一是以無償勞動的形式出現的，史書上叫「徭役」；二是以實物或貨幣的形式出現的，叫做賦稅。爲了保證這種剝削得以實現，《秦律》中有強制農民階級從事無償勞動的《徭律》和強迫農民繳納租稅的《田律》與《倉律》等內容。

爲了強制農民階級爲地主階級國家服役，《徭役》首先規定：農民必須每年給官府從事一定時間的無償勞動；遲到或不到，都要受到法律制裁。如《徭律》云：「御中發征，乏弗行，貲二甲；失期三日到五日，誶；六日到旬，貲一盾；過旬，貲一甲。」這就是説，封建國家征發農民服役，必須立即應徵，不應徵者罰出二副軍甲的錢財；過期三日到五日的，要受到訓斥；過期六日到十日的，罰出一副軍盾的錢財，過期十日以上的罰出一副軍甲的錢財。由此可見，農民服役的強制性，正是通過《秦律》中的《徭律》來實現的。到秦末，「失期，法皆斬」（《史記・陳涉世家》），説明徭役剝削在不斷加深。

《徭律》還爲延長服役者的服役時間尋找了各種藉口。它規定「興徒以爲邑中之功者，令嬻堵卒歲。未卒堵壞，司空將功及君子主堵者有罪，令其徒復垣

之，勿計爲徭。」意即從事邑中修築城垣之役者，必須保證所築垣牆不倒塌過一年以上，如未過一年而倒塌者，不僅主持此項工程的官吏有罪責，原來的服役者也得再度修築此垣牆，而且不計算在每年應服徭役期限之內。還有「縣葆禁苑」及「公馬牛苑」的垣牆修築徭役，也與修築邑中城垣的辦法相同。甚至，有田地在「縣所葆禁苑」附近的人，還要在田旁修築垣牆，以防「獸及馬牛食稼」，而且同樣「不得爲徭」。此外，還有給官府運送糧食之役、戍邊之役及其他雜役，在出土《秦律》中也有反映。可見，所謂秦時農民每年「月爲更卒」(《漢書・食貨志》)的徭役規定，只是一句空話，實際上早已是「戍、漕、轉、作、事苦」(《史記・秦始皇本紀》)和「戍徭無已」(《史記・李斯列傳》)，不獨秦末爲然！

在農民服役的過程中，要受到封建國家的嚴密監督。如出土《秦律》云：「徒、卒不上宿，署君子、屯長、僕射不告，貲各一盾；宿者已上守除，擅下，人貲二甲。」這就是說，當徒、卒服役時，有署君子、屯長及僕射等官吏專門監督他們；如果監督不力，要罰出一副盾的錢財；如果服役者隨便離開勞動場所，則每人罰出二副軍甲的錢財。這表明農民服役時，實際上同奴隸的狀況差不多，是毫無人身自由可言的。

除上述各種徭役外，《司空律》還規定了一種變相的徭役制度，即以役贖罪或以役償債制。《律》云：「有罪以貲贖及有債於公，以其令日問之，其弗能入及償，以令日居之，日居八錢；公食者，日居六錢；居官府公食者，男子參，女子四。」意即凡被允許以錢贖罪和欠債於封建國家的人，得催逼其入錢及償債，對於無力入錢及償債者，必須給官府作苦工，每天抵錢八文；由官府供給口糧的人，每天只能抵錢六文；又住官府房屋的人，男子每天只能抵錢三文，女子四文。這種辦法，當時謂之「居貲贖債」，實際上是變相的徭役剝削。貧苦農民一旦陷入這個火坑，想用他人代替，也是不允許的；如果一家人同時有二人以上「居貲贖債」時，必須經常有一人「居之」；如果有「欲借人與並居之者」，則並居者「毋得除徭役」；即使遇農忙季節，「居貲贖債者歸田農」，也只給予「種時、治苗時各二旬。」很明顯，《司空律》關於「居貲贖債」的規定，對於貧苦農民是極其殘酷的一種剝削方式。反之，它對於官吏和

地主卻是百般優容的，例如它規定：凡「大嗇夫、丞及官嗇夫有罪居貲贖債，欲代者」，只要「耆弱相當」，即代替者的年紀大小與身體强弱同居貲贖債者一致，就「許之」；至於一般地主，也允許他們帶著奴隸與牛馬一同去「居貲贖債」，所謂「百姓有貲贖債而有一臣若一妾、有一馬若一牛而欲居者，許」，就是指此種情況而言。《秦律》的階級性在這裡表露得十分清楚，它對官吏與地主是給予優容的。

　　地主階級及其國家剝削農民階級的另一個重要方面，就是經濟上的榨取。由於封建的土地所有制是封建制度的基礎，所以，反映了地主階級利益與意志的《秦律》，便有《田律》的專章。《田律》及有關法律答問簡文規定：封建國家有「田嗇夫」、「部佐」、「牛長」等官吏專門管理封建國有土地，並租給農民耕種（也有由奴隸耕種的）；租給農民耕種的田地，「部佐」等官吏不得有所隱瞞，「已租諸民，弗言，爲匿田；未租勿爲匿田」①；對於「匿田」者，法律規定要給予懲處；管理田地的官吏，於每年八月之前，要向封建國家報告播種面積的頃畝數及自然災害等情況；報告時，「近縣令輕足行其書，遠縣令郵行之」；在春季，農民不得砍伐山林和壅塞隄水；種田的農民「毋敢酤酒」，即不許飲酒荒廢生產。所有這一切，都由「田嗇夫、部佐謹禁御之，有不從令者有罪」。農民一旦租種了國有土地，就得按照租種田地的多少向封建國家繳納地租，「入頃芻、稾，以其授田之數，無墾不墾，頃入芻三石、稾二石」。地租除芻、稾外，還有「禾」（即穀子），《倉律》所謂「入禾稼、芻、稾，輒爲廥籍，上內史」，即可爲證。此外，封建國家對農民的剝削還有「戶賦」，如出土《秦律》的法律答問中，就提到了「匿戶勿繇使，弗令出戶賦之謂也」。由此可見，地主階級及其國家，通過《田律》把農民嚴格束縛於土地，並賴以實現其對農民階級的經濟剝削。特別是農民對所「授」荒廢地「墾與不墾」，都必須向封建國家按田畝頃數繳納禾、芻、稾的規定，無異於是用法律這一强制手段去迫使農民作封建國家的農奴。

　　上述事實，說明秦的法律具有强制農民階級爲地主階級及其國家服役和繳租納稅的性質，是地主階級爲了殘酷剝削農民階級而套在農民頭上的沈重枷鎖。

㈢《秦律》是地主階級壓迫農民階級的暴力手段

由於地主階級對農民階級進行殘酷的徭役與租稅剝削，必然要引起農民階級以逃亡和登記戶口時隱瞞實況等方式進行反抗鬥爭。於是，地主階級國家爲了維護封建剝削制度，就通過法律的形式使用地主階級專政的暴力手段去對付農民階級的上述鬥爭方式。出土《秦律》中的《捕亡律》與《傅律》等，就是其突出的表現。

以《捕亡律》來說，其律名雖不見於正式律文，但在法律答問中多次講到「捕亡」問題，故知應有此律。顧名思義，它顯然是地主階級用以鎮壓各種逃亡者的法律。我們從法律答問中得知：「捕亡，完城旦」，即凡被捕獲的逃亡者，都給以完爲城旦的懲處。如果逃亡者「把其假以亡」，即攜帶借貸於官府的財物而逃亡者，被捕獲時要「坐贓爲盜」；即使「自出」，也得「以亡論」。如果逃亡者帶著自己的財物逃跑，且爲「耐罪以上」的逃亡者，其財物「得取」即沒收。如果逃亡者原來是「隸臣」，捕得後不僅其本人要「完爲城旦」，還得「收其外妻、子」。如果逃亡者是「隸臣妾繫城旦舂」者，「未論而自出」，也得「笞五十，備繫日」，即沒有判罪就自己回來了，還得打脊背五十下，並繼續完成應服勞役。假如是已被「赦爲庶人」的「羣盜」逃亡，要「以故罪論，斬左止爲城旦」。以逃避徭役的逃亡者來說，法律把他們區分爲「逋事」與「乏徭」兩種：所謂「逋事」，即農民「當徭」時，「吏、典已令之，即亡弗會，爲逋事」；如果服役者已經應徵出發，「已閱及敦車食若行到徭所乃亡，皆曰乏徭」；二者情況不同，懲處也不同。即使是縣一級官吏，也不允許他們把自己的子弟隱藏起來不去服役兵役、徭役。如果出現這種情況，縣「尉貲二甲，免；令，二甲」。佚名律的這一規定，更反映出官府禁止避役的嚴密性。上述事實表明，出土《秦律》中確有關於專門追捕各種逃亡者的法律——《捕亡律》。它是以嚴禁農民階級逃避徭役與租稅剝削爲目的的，也是旨在鎮壓農民與奴隸反抗鬥爭的法律。

法律答問還有若干條關於獎勵在追捕逃亡犯時立了功的人的規定。如「捕

亡完城旦」，即捕獲了逃亡的完城旦刑徒的人，「當購二兩」，即應賞給黃金二兩。「夫、妻、子五人共盜，皆當刑城旦」者，如果有人「盡捕告之」，則「人購二兩」。「有秩吏捕闌亡者」，也有賞金。如此等等，例證非一。《秦律》對告發和捕獲逃亡犯的人如此重賞，更反映出《捕亡律》的主要鋒芒是針對廣大貧苦農民的。

以《傅律》來說，他是強制農民按什伍組織登記戶口的法律。秦的戶籍制度執行得很嚴格，早在秦獻公十年，就「爲戶籍相伍」（《史記·秦始皇本紀》）；商鞅變法時，又「令民爲什伍」（《史記·商君列傳》）和「使民無得擅徙」（《商君書·墾令》篇）。今出土《秦律》中屢見什伍名稱；又人戶遷徙，必須經過地方官批准，並給辦理「更籍」即轉移戶口手續，方爲有效。法律答問簡文所説「甲徙居，徙數謁吏，吏環弗爲更籍」等語，就反映了這一情況。另外，《傅律》還有從另一角度防止農民階級在登記戶口時虛報情況的法律條文。《傅律》云：「匿敖童及占癃不審，典、老贖耐。百姓不當老，至老時不用請，敢爲詐僞者，貲二甲；典、老弗告，貲各一甲；伍人，戶一盾，皆遷之」。什麼叫「傅」呢？據《漢書·高帝紀》二年條顏師古注，認爲「傅，著也，言著名籍，給公家徭役也」，即封建國家命農民登記戶口以備徵發服役時之用。所以，農民在登記戶口時，有占不以實、未老而請老以及已老而不辦理申請手續等「爲詐僞」行爲，目的是爲了逃避徭役剝削。因此，《傅律》的上述規定，除禁止「匿敖童」即不許隱瞞家内奴隸外②，其禁止「占癃不審」和「爲詐僞」，顯然是不許農民在登記戶口時用詐老詐小和以壯爲癃等方式逃避徭役。同《捕亡律》一樣，也是旨在鎮壓農民階級以維護封建剝削制度的法律。

此外，還有《戍律》，也主要是秦的統治者用以強制違犯了法令的勞動人民去邊境地區守邊服役的法律。我們從《戍律》及其他有關律文中可以看出下面兩個要點：一是遠離鄉土到邊遠地區去戍邊的人，除守邊外，還得擔任築城、增高及修補城垣、關塞等苦役。如《戍律》云：「戍者城及補城，令嫭堵一歲，所城有壞者，縣司空署君子將者，貲各一甲；縣司空佐主將者，貲一盾。令戍者勉補繕城，署勿令爲它事；已補，乃令增塞垾塞；縣尉時循視其功及所爲，敢令爲它事，使者貲二甲」，就是明證。二是戍邊的人大都是勞動人民，而不

是以犯罪官吏及奴隸主爲主。這裡可以舉出三個重要證據：首先，上引《傅律》謂農民「占癃不審」和「爲詐僞」者，其「伍人，戶一盾，遷之」。所謂「伍人」，即同這些農民同伍的民戶；所謂「遷之」，根據《封診式》中《遷子》案例的情況，「遷蜀邊縣」、「去遷所」謂之「遷之」。因此，《傅律》的這一條律文是説凡「占癃不審」、「爲詐僞」以避役的農民，連同他們的同伍民戶都要罰戍邊。可見戍邊者主要是農民。其次，出土《秦律》云：「不當稟軍中而稟者，皆貲二甲，廢；非吏也，戍二歲；徒食、屯長、僕射弗告，貲戍一歲；令、尉、士吏弗得，貲一甲」；「軍人賣稟稟所及過縣，貲戍二歲；同車食、屯長、僕射弗告，戍一歲；縣司空、司空佐過、士吏將者弗得，貲一甲」。在這裡，《秦律》列舉了幾種人同犯等一罪而懲處不同的情況。例如，同犯了「不當稟軍中而稟」的罪，如果犯者是官吏，只「貲二甲」和「廢」免其官職；如果犯者是「非吏也」即一般勞動人民，就得「戍二歲」。又如同犯了「弗告」罪，如果是「徒食、屯長、僕射」等低級官吏，要「貲戍一歲」，如果是「令」、「尉」等較大的官吏，則止於「貲一甲」。這些事實，清楚地告訴我們：被罰戍邊的人，大都是「非吏也」和一般「軍人」，即都是勞動人民，而官吏因犯罪戍邊的爲數甚少；即使有之，也多爲低級官吏，而且戍期較短。其三，法律答問簡文云：「廷行事有罪當遷，已斷已令，未行而死若亡，其所包光詣遷所。」意即罪犯已定罪並已宣布，而其本人死亡或逃亡者，應當同他一道去遷所的家屬仍得去遷所。反之，當罪犯是「嗇夫」這種官吏時，情況就不同了。法律答問云：「嗇夫不以官爲事，以奸爲事，論何也？當遷。遷者妻當包不包？不當包。」即嗇夫犯了當遷的罪，他的家屬卻可以不隨同去遷所。由此可見，同是犯了當遷的罪，貧苦農民要連同家屬去遷所，而官吏的家屬可以不去遷所。因此，《戍律》及有關法律答問，也同《捕亡律》和《傅律》一樣，是把其鋒芒對準勞動人民的暴力手段。

㈣《秦律》是地主階級利用奴隸制殘餘
去奴役農民階級的專政武器

　　由於封建制度與奴隸制度同是剝削制度，地主階級與奴隸主階級同是剝削階級，所以，當封建制度取代奴隸制度後，地主階級不僅沒有可能徹底清除奴隸制殘餘，而且也沒有必要。恰恰相反，奴隸制殘餘因素的存在，還在一定程度上有利於地主階級對農民階級進行殘酷的壓迫與剝削。因此之故，地主階級不僅承認奴隸制殘餘的合法存在，而且往往利用它去奴役農民階級。出土《秦律》的若干規定，就充分反映了這一情況。

　　我們知道，封建社會裡的「刑徒」，實際上是一種變相的奴隸。前述大量貧苦農民，動輒被統治者「完爲城旦」、「刑爲城旦」和「黥爲城旦」，本質上就是以各種罪名把農民下降爲奴隸。此外，正式把農民沒爲奴婢的法律還屢見不鮮。商鞅就制定了「事末利及怠而貧者舉以爲收孥」《史記‧商君列傳》的法律，這裡的「怠而貧者」，顯然是地主階級對農民的污衊，是要尋找藉口把貧苦農民下降爲奴隸。在出土《秦律》中，沒農民爲奴隸的規定尤其不少。如佚名《秦律》云：「戰……不死者歸，以爲隸臣；寇降，以爲隸臣」，這是説臨陣脫逃的兵士和被俘的戰俘，都要下降爲奴隸。《封診式》還多處講到因親屬犯罪而將其妻、子籍沒爲奴隸的規定，如「隸臣將城旦，亡之，完爲城旦，收其外妻、子」；「夫盜三百錢，告妻，妻與共飲食之」者，「當爲收」。所有這些法令，都是地主階級利用奴隸制殘餘因素，去奴役農民階級的證據。

　　由於秦時地主階級對奴隸制殘餘因素的保護與利用，使農民時刻有下降爲奴隸的可能與威脅。農民一旦淪爲奴隸，就被當作會説話的工具，受地主階級及其國家的殘酷壓迫與剝削。出土《秦律》規定，凡被沒爲奴婢的農民，都得給官府從事築城、春米、種田和各種苦役，即使是年幼的小奴隸，也不能倖免。如《倉律》規定：「隸臣城旦高不盈六尺五寸，隸妾春高不盈六尺二寸，皆爲小」，然而，「高五尺二寸」的奴隸，「皆作之」，豈不是年幼的小奴隸也無例外地要服苦役嗎？除了給官府服苦役外，有時還被當作工具一樣借給地主或

賞賜給捕罪人有功者。如《倉律》云：「妾未使而衣食公，百姓有欲假者假之」；法律答問則說：「有投書，勿發，見輒燔之，能捕者購臣、妾二人」。這裡的「假」即借給，「購」即賞賜，可見奴隸地位之低下。至於女奴隸，地位又低於男奴隸，《工人程》規定：「隸妾及女子用針爲緝繡它物，女子一人當男子一人」，即只有有手藝技巧的女奴隸，才可以同男奴隸相比擬。可是，正因爲她們有技巧，就更爲封建統治者所需要，便招來了新的災難，這便是不許取贖。如《倉律》規定：「女子操緝功及服者，不得贖」。這樣一來，就使淪爲奴隸的女農民，得終身爲官府服役。其他沒有技巧的奴隸，法律雖然規定可以取贖，但取贖的條件非常苛刻，農民根本沒有可能辦到。如《倉律》規定：「隸臣欲以人丁鄰者二人贖，許之；其老當免者，小高五尺以下及隸妾欲以丁鄰一贖，許之。贖者皆以男子，以其贖爲隸臣。」這就是說，要用兩個成丁的男子方可贖出一個男奴隸，要用一個成丁男子方可贖出一個年老、年幼的男奴隸或一個女奴隸，贖者其所以必須是男子，是因爲他們也是去作奴隸。把奴隸取贖的條件規定得如此苛刻，爲的是不許淪爲奴隸的農民免去其奴隸身分。

奴隸要服苦役，可是他們的衣食條件卻極爲低劣。《倉律》規定：「隸臣妾其從事公，隸臣月禾二石，隸妾一石半；其不從事，勿稟。小城旦隸臣作者，月禾一石半石；未能作者，月禾一石。小妾舂作者，月禾一石二斗半斗；未能作者，月禾一石。嬰兒之無母者各半石，雖有母而與其母冗居公者亦稟之，禾月半石。隸臣田者，以二月稟二石半石，到九月盡而止其半石。舂，月一石半石。」這是《倉律》關於各種奴隸糧食數量的規定。封建統治者供給奴隸的糧食量，幾乎只有當時一個勞動者正常所需要量的三分之二到三分之一不等③。然而，即使是如此低的糧食標準，實際上還不能保證。因爲《金布律》又規定：「隸臣有亡公器、畜生者，以其日月減其衣食，毋過三分之」，即當奴隸損壞或丟失公器與牲畜時，必須從其應給衣食中扣除三分之一。因此，奴隸的口糧實際上經常低於法律上規定的本來就很低的標準。奴隸的牛馬不如的痛苦生活，本質上反映了農民階級的苦難。

從上述法律關於奴隸的來源、地位、生活和取贖條件等等規定來看，既說明秦時奴隸制殘餘因素的嚴重存在，也說明地主階級確在利用它作爲奴役農民

階級的補充形式。在這樣的情況下，農民階級的苦難會格外深重，農民階級與地主階級之間的矛盾就會顯得格外突出而迅速激化。

＊　　　　　＊　　　　　＊

綜上所述，表明《秦律》是地主階級壓迫剝削農民階級的工具，是地主階級利益與意志的集中表現。因此，它的鋒芒所向，主要是針對農民階級的。所以先秦法家的「法治」，是有鮮明的階級性的。他們所標榜的「刑無等差」和「法不阿貴」等等，不過是掩蓋階級壓迫的遮羞布和障眼法。實際上，它是「刑有等差」和「法唯阿貴」的。以致農民和奴隸只有給他們戍邊服役、當牛作馬和忍受飢餓的權利，沒有避役、遷徙和家人團聚的自由，連養狗、採桑、伐木、壅水和飲酒的權利也被取消，甚至他們本身連同其妻子兒女與鄰居左右，都有隨時被「刑爲城旦」和「耐爲隸臣」的實際威脅。反之，地主和官吏，他們的私有財產，受到法律的絕對保護；他們的人身安全，得到法律的可靠保障；他們有權獲得「賜爵」和土地；有權向官府借錢、借物和借用奴隸；甚至有爵的地主、官吏同無爵者犯了同樣的罪，處理上也有明顯的不同；他們同農民觸犯了同一法令，懲罰也有明顯的差別。所有這一切，難道不是「刑有等差」和「法唯阿貴」嗎？

既然從出土《秦律》中，充分反映出它的壓迫剝削農民階級的實質，那麼，這就表明，自商鞅變法之後，社會的主要矛盾確是農民階級與地主階級之間的矛盾。再從《秦律》中反映出來的農民階級不斷逃避徭役、「占癃不審」「爲詐僞」、「賊傷」「賊殺」地主、破壞「公器」和丟失官府畜口、甚至結爲「羣盜」，聚集山林，致使「亭校長」和「求盜人」，「强攻羣盜」於「某山」等等情況來看，表明這一社會主要矛盾早已逐步開始激化，秦末農民大起義的爆發是勢所必然的，它的根源是由來已久的。

注　釋

①此段簡文，《睡虎地秦墓竹簡》一書第 218 頁，把「已租」、「未租」解釋爲已收田賦和未收田租，因此，「匿田」，便變成了不上報田租收入，與鄙見不同，故注明以便查考。

②關於「敖童」的解釋，詳見本書《出土〈秦律〉看秦的奴隸制殘餘》一文注釋。

③參閱本書《從出土〈秦律〉看秦的奴隸制殘餘》一文。

關於《秦律》中的「隸臣妾」問題質疑

讀《睡虎地秦簡》札記兼與高恆商榷

　　雲夢出土的《秦律》，關於「隸臣妾」的記載不少。這些記載，大都爲史書所缺載。因此，探討這一問題，對於了解秦時社會的階級、階級關係和階級鬥爭等問題，有著重大的意義。最近，高恆在《文物》雜誌一九七七年第七期撰文，題爲《秦律中「隸臣妾」問題的探討》（以下簡稱高文），對有關「隸臣妾」的問題作了解釋和論述，提出了一些新的見解，有助於研究《秦律》中有關「隸臣妾」的問題，是一篇很有見地的好文章。然而，有關「隸臣妾」的問題很多，高文並未全部涉及；已經作出解釋的問題，也有可以補充的地方；甚至還存在個別可疑之處。我在寫了《從出土〈秦制〉看秦的奴隸制殘餘》一文後，讀到了高文，感到有些問題還有討論的餘地。爲了向高恆學習，特就有關「隸臣妾」的一些問題，談一些我的膚淺體會，希能藉此求得教益。

㈠關於秦的「隸臣妾」與刑徒的區別問題

　　在漢律中，「隸臣妾」是刑徒的一種。《漢書・刑法志》所謂：「罪人獄已決，完爲城旦舂，滿三歲爲鬼薪白粲，鬼薪白粲一歲爲隸臣妾，隸臣妾一歲免爲庶人。隸臣妾滿二歲爲司寇，司寇一歲及作爲司寇二歲，皆免爲庶人」，便是明證。

　　但是，在《秦律》中的「隸臣妾」，卻不同於《漢律》中的「隸臣妾」。其不同點，主要表現爲秦的「隸臣妾」不是刑徒的一種，而是賤民身分的奴隸。其所以說它不是刑徒的一種，在於它同刑徒有明顯的區別；至於說它是賤民身分的奴隸，在於它的身分、社會地位、生活狀況等等都同奴隸一樣，不過是會說話的工具而已。關於後者，高文已有詳細論述。因此，在這裡，只說說「隸臣

妾」與刑徒的區別。需要説明的是：「隸臣妾」與刑徒的下列區別點，並不等於這些區別點就是「隸臣妾」作爲奴隸的表現特徵。

首先，從它們的來源説，二者有明顯區別。刑徒，是因犯罪而被判處刑罰的犯人。因此，它的來源很簡單，就是社會罪犯。可是，「隸臣妾」的來源就複雜得多。高文已指出秦的「隸臣妾」有三個來源，即一是「因本人犯罪而被判爲隸臣妾」，二是「因親屬犯罪而籍没的人」，三是「投降了的敵人」①。其實，除此之外，還有三個來源：第一，是因没收私家奴隸而來的「隸臣妾」，如《封診式》中的《封守》爰書，講到「某里士伍甲」有罪，被官府封其家門，籍没其全部家財，其中包括「甲家室、妻、子、臣妾、衣器、畜產」，可見私家奴隸也在没收之列，這種因没收而來的私家奴隸，無疑是官府「隸臣妾」的一個組成部分。第二，用錢買來的奴隸，如《封診式》的《告臣》一例説：「某里士伍甲，縛詣男子丙，告曰：丙，甲臣，驕悍，不田作，不聽甲令，謁賣公，斬以爲城旦，受價錢。」後官府果「令少内某、佐某、以市正價買丙」。這顯然是官府用錢購買私家奴隸爲「隸臣妾」。第三，是在戰爭中的逃兵，如佚名《秦律》所説：「不死者歸，以殺隸臣」便是例證。第四，是奴隸的子女，仍爲奴隸。法律答問中有這樣一則：「女子爲隸臣妾，有子焉。今隸臣死，女子背其子，以爲非隸臣子也，問女子何論也？或黥顏頯爲隸妾，或曰完，完之當也。」這是説，某官府奴隸，其妻爲自由人，生有一子，該隸臣死後，他的妻不承認所生兒子爲隸臣之子，因而受到「完」爲「隸妾」的懲處。以此言之，則奴隸之子女，仍得爲奴隸，證以《史記·陳涉世家》所説「令少府章邯免酈山徒、奴產子，悉發以擊楚」一事，更説明「奴產子」確係奴隸，因爲他們既同刑徒一道在酈山作苦工，又待「免」去其奴隸身分方可爲兵士，非奴隸而何？再從《倉律》所説隸臣妾「嬰兒之無母者各半石，雖有母而與其母冗居公者亦稟之，禾月半石」及「小隸臣妾以八月傅爲大隸臣妾，以十月益食」等規定來看，表明「隸臣妾」中確有奴隸的子女，而且得定期轉爲大隸臣妾。「隸臣妾」的來源如此複雜，顯然同刑徒的純系來源於罪犯者不同。雖然「隸臣妾」中也有一部分是所謂犯人，但大多數是無罪的人，只是身分爲奴隸而已。由此可見，「隸臣妾」與刑徒，在其來源上是大不相同的。

　　其次，在有無肉刑、刑具和衣服特徵方面，二者也有明顯不同。以刑徒來說，正因爲他們都是罪犯，所以，刑徒都是受過肉刑和戴著刑具的犯人。從《秦律》中可以看出：凡城旦刑徒，或受過黥刑，或受過劓刑，或受過髡刑，或劓、黥俱全，甚至還得「斬左止」，至少也得受完刑（即耐刑）。至於鬼薪白粲等刑徒，基本上同城旦刑徒差不多，也有「耐」、有「刑」。司寇與候等刑徒，至少也得受「耐」刑。當這些刑徒服勞役時，也得戴著頸繩、木枷、脛鉗等刑具，穿著特定的紅色囚服，還有專門有人監督，如《司空律》云：「城旦舂衣赤衣，冒赤氈，枸櫝欙杕之」。不獨城旦舂刑徒如此，鬼薪、白粲也不例外。如《司空律》又云：「鬼薪白粲羣下吏毋耐者」及「人奴妾居贖貲債於城旦」者，「皆赤其衣，枸櫝欙杕，將司之」。可是，「隸臣妾」的情況，便不同於徒刑。他們中雖有受肉刑的，如「刑爲隸臣」者，便得受黥、劓、髡或「斬左止」等肉刑；至於「耐爲隸臣」或「完爲隸臣」者，就只是剃去鬚鬢而完其容體；至於「以爲隸臣」②、「舉以爲收孥」③、買來的奴隸和奴隸的親屬、子女等等，顯然是不受肉刑的，只是他們的身分爲奴隸而已。一般說來，「隸臣妾」除不受肉刑外，還不戴刑具，不穿刑徒的特定衣服，只有當「隸臣妾」又犯罪時，才被拘繫起來從事城旦勞役；或者當私家奴隸「居贖貲債於城旦」時，爲了防止他們逃跑，才「赤其衣，枸櫝欙杕，將司之」④。由此可見，在有無肉刑、刑具和衣服特徵等方面。「隸臣妾」與刑徒也顯然不同。

　　其三，在服勞役的類別、繁重程度及社會地位等方面，「隸臣妾」與刑徒也大不一樣。刑徒，一般都有固定的苦役。如城旦刑徒，要晝備寇虜，夜築城垣，日夜不息；舂，是婦女爲城旦刑徒者，因其「不豫外徭」⑤，改爲舂米；鬼薪及白粲兩種刑徒，也是按男女而分別服伐薪與擇米勞役；至於司寇刑徒，則從事備守與製作勞役。可見刑徒的勞役是繁重的，勞役的類別是固定的。而「隸臣妾」則不然。雖然「隸臣妾」也有同城旦舂一道築城、舂米的⑥，還有作工匠和種田的⑦，但多數是服多種雜役和供驅使。如《金布律》規定京城、官署及所屬機構，均按人數配備有各種「僕、養」，謂之「車牛僕」、「見牛者」，或單稱「僕」或「養」；在官府中供使喚的「隸臣妾」，則被稱爲「府隸」⑧；在宮廷裡服役的，則叫「宮隸」；「宮隸有刑」者，叫做「宮更人」⑨；

被派遣拘捕罪犯或查驗現場的奴隸，叫「牢隸臣」⑩；有時還有無事可做或勞役不多的「隸妾」，被稱爲「冗隸妾」或「冗居公者」⑪。也有些「隸臣妾」，給官府服役是輪番制的，專名之曰「更隸妾」，見於《倉律》律文。甚至有時還用「隸臣妾」爲官府傳送文書，如《行書律》規定：「隸臣妾老弱及不可誠仁者勿令」傳遞文書，可見未老弱及可誠仁者是用之傳送文書的。依此看來，「隸臣妾」所服勞役，既不如刑徒繁重，又不是固定不變，甚至有一定的靈性活。更可注意者，《司空律》規定：對於刑徒，「司寇勿以爲僕養、守官府及除有爲也」，可見刑徒是根本不能從事上述較輕的雜役的。這樣一來，「隸臣妾」由於他們多服輕役，又多在官府及宮廷服役，所以，他們的社會地位比刑徒略高，以致《秦律》規定：當隸臣妾與城旦、司寇等刑徒在一起服勞役時，「城旦司寇不足以將，令隸臣妾將」⑫，即奴隸可以管理刑徒，而刑徒不能管轄奴隸。由此可見，「隸臣妾」與刑徒在服勞役的類別、繁重程度及社會地位等方面，也同樣存在明顯的差別。

此外，在「禀衣食」和服役期限方面，也有差別（詳見後文）。總之，秦之「隸臣妾」，一般只是一種奴隸身分，而刑徒則是服刑的罪犯，這同《漢律》中的「隸臣妾」是服刑的刑徒者不同。高文雖然指出了秦的「隸臣妾」的奴隸身分，卻未說明「隸臣妾」與刑徒的區別，難免仍把他們同刑徒混爲一談。

㈡關於秦的刑徒有無刑期的問題

上面已經講了秦的「隸臣妾」與刑徒的區別。其實，還有一個重要區別，就在於「隸臣妾」的奴隸身分是終身性的，必待取贖而後爲「庶人」；而且有技巧手藝的隸妾「不得贖」⑬；「隸臣有巧可以爲工者，勿以爲人僕養」⑭，除非立有斬首軍功不能贖取⑮；連「隸臣妾」的子女仍爲奴隸；即使是年「老當免老」的「隸臣妾」，也需要有一個成年男子代替他爲奴隸才可成爲自由人⑯。所有這一切，都說明「隸臣妾」的身分是終身性。但是，秦的刑徒則不然，他們是有刑期的。由於出土《秦律》所保存的律文，沒有明確講到刑徒的刑期規定，這就需要我們去仔細推敲。

　　首先，我們可以從下面三條法律答問中得出城旦刑徒的刑期爲六歲的印象。這三條法律答問是：

　　其一：「葆子獄未斷而誣告人，其罪當刑鬼薪，勿刑，行其耐，又繫城旦六歲。」

　　其二：「當耐爲隸臣，以司寇誣人，何論？當耐爲隸臣，又繫城旦六歲。」

　　其三：「葆子獄未斷而誣告人，其罪當刑爲隸臣，勿刑，行其耐，又繫城旦六歲。」

　　這三條法律答問，當講到犯人在再次犯有誣告罪而加重刑罰時，都是在原判的基礎上，加上「又繫城旦六歲。」如果「城旦」這種刑徒不是服六歲刑，何以如此巧合呢？因此，這幾條法律答問，從側面反映出秦的「城旦」刑徒的刑期應爲六歲。

　　其次，可以從城旦刑徒已服刑三年者免爲城旦司寇的法律規定看出刑徒有刑期。《秦律》云：「司寇不踐，免城旦勞三歲以上者，以爲城旦司寇。」⑰意即如果司寇刑徒的人數不足時，可以把已經受到三年以上的城旦刑徒免去其城旦勞役，而改服司寇刑徒的勞役，叫做「城旦司寇」。這實際上反映出秦的城旦刑徒的刑期比司寇刑徒的刑期多三歲，豈不說明刑徒是有刑期的嗎？

　　其三，從刑徒服徭役有期限，可以看出刑徒也有限期。以刑徒服勞役，在《秦律》中也稱之爲「徭役」。如《司空律》云：「春城旦出徭者，毋敢之市及留舍闠外」，便是例證。既然刑徒服勞役，也可稱爲「徭役」，則《徭律》中所謂「興徒以爲邑中之功者」及「縣葆禁苑、公馬牛苑興徒以斬垣離散及補繕之」者，也是刑徒服徭役。當刑徒從事這些無償勞役時，法律規定他們築的城垣牆要保證一年以上不致倒塌，如果「未卒（歲）而堵壞」，得「令其徒復垣之」，而且「勿計爲徭」，即「復垣之」的時間不計算在他們應服的勞役期限之內。由此可見，刑徒服勞役的期限是固定的，否則，就無所謂「勿計爲徭」。

　　其四，《司空律》中有「人奴妾繫城旦春，貸衣食公，日未備而死者，出其衣食」的規定；法律答問中則有「隸臣妾繫城旦春，去亡已奔，未論而自出，

當笞五十，備繫日」的規定。這裡的「日未備」與「備繫日」，都反映出隸臣妾繫城旦舂者有固定的期限，否則，就無所謂「日未備」和「備繫日」。

依上所述，可知秦的「隸臣妾」，服役是終身的，沒有固定期限；而刑徒則是有固定刑期的，其中定為城旦的刑徒，很有可能是服六歲刑。因此，高恆所謂秦的刑徒「是没有服刑期限的終身服刑」⑱的說法，是有可疑之處的。實則，進一步來説，連高恆所賴以立論的證據，也是值得商榷的。

高恆為了論證秦的刑徒是終身服刑的，一連舉了兩個證據。第一個是用出土《秦律》中沒有關於刑徒服刑期限的明確記載為證。實則出土《秦律》並非《秦律》的全部内容，出土《秦律》中所未見的，未必為秦律所無。何況，上述的例證，都從側面反映出秦的刑徒是有刑期的呢？第二個證據是《漢書‧刑法志》中所載文帝十三年詔文。詔文云：「其除肉刑，有以易之；及令罪人各以輕重，不亡逃，有年而免，具為令。」高恆從「有年而免」四個字，悟出了漢文帝把秦的刑徒（包括隸臣妾）從終身服刑改變成了有固定刑期。如果只就「隸臣妾」來講，這個發現確是寶貴的。因為「隸臣妾」自此以後，由秦的終身服役變成了有期限的刑徒。但對於刑徒來説，則是錯誤的，因為秦的刑徒本來就是有刑期的。因此，問題的關鍵在於：漢文帝的這個詔令，到底是指隸臣妾，還是指刑徒而言？我認為這裡的「有年而免」是指「隸臣妾」而言。《漢書‧刑法志》已明白交代漢文帝之所以於十三年下這個詔令，是因為看到齊太倉令淳于公的少女「願没入為官奴隸以贖父刑罪」而引起的。儘管他的整個詔令是出於當時階級鬥爭形勢的考慮，而具體所指則為「官奴婢」問題。因此，這裡的「有年而免」，正是針對秦之「隸臣妾」是終身不免的情況説的。通過這一規定，原來就有刑期的刑徒，只要服刑期間不再犯法，就可以刑滿釋放；而對原來無期限的「隸臣妾」來説，從此也獲得了「有年而免」的好處。因此，文帝的這一詔令，是要把秦的「隸臣妾」的終身服役，改為有刑期的刑徒，使之刑期滿後便可免為庶人。所以，高恆的第二證據，只能證明「隸臣妾」由終身服役變成有期刑徒，而不能證明秦的刑徒是無刑期的。

必須指出的是，秦的「隸臣妾」與刑徒雖然不同，但也有一致之處。刑徒雖然不是奴隸身分，但在其服刑期間，要給官府服無償勞役和沒有人身自由

等，同奴隸是相似的。特別是「隸臣妾」中受有黥、劓、髡、耐等刑罰且拘繫服城旦勞役者，具有奴隸與刑徒雙重身分。史書中往往把「徒、隸」連稱，表明二者既有區別，又有聯繫。

㈢關於「隸臣妾」有無私有財產問題

奴隸社會的「奴隸不僅不算是公民，而且不算是人。」奴隸主「把奴隸看成一種物品」⑲，「是特定的主人的財產」⑳，正如《呂氏春秋·精通篇》所說「爲公家擊磬」的奴隸，也自知其「身固公家之財也」，因此，奴隸根本沒有什麼私有財產之可言。但是，秦的「隸臣妾」在有無私有財產的問題上，卻表現出比較複雜的情況。一方面，當犯人籍没爲「隸臣妾」時，他們的全部家產，包括「家室、妻、子、臣妾、衣器、畜產」都在被「封守」没收之列㉑。二世胡亥殺大臣蒙毅及諸公子時，也以其「財物入於縣官」㉒，甚至連「隸臣妾」本身也被當作物品一樣看待，可以賞賜、出賣或轉贈於人㉓。在這樣的情況下，「隸臣妾」自然是毫無私有財產可言的。但是，另一方面，卻又存在著矛盾現象。例如，《金布律》規定：「稟衣者，隸臣、府隸之毋妻者及城旦，冬入百一十錢，夏五十五錢；其小者，冬七十七錢，夏卅四錢；舂，冬入五十五錢，夏卅四錢；其小者冬卅四錢，夏卅四錢；隸臣妾之老及小不能自衣者，如舂衣。亡、不仁其主及官者，衣如隸臣妾」。這就是説，「隸臣妾」在「稟衣」時，得根據其有無妻室、年齡大小、男女性別及其對主人與官府的態度等等不同情況，分別繳納不同數量的冬、夏衣服費。而且這筆錢，是由「隸臣妾」本人繳納，而不是由官府支付㉔。那麼，如果「隸臣妾」沒有私有財產，他們的衣服費用又從何而來呢？特別是「無妻者」與老小「不能自衣者」，有什麼辦法去繳納這筆「稟衣」費用呢？因此，這是一個很大的矛盾。《秦律》的這種矛盾現象，也許正反映了這時的「隸臣妾」正在由沒有私有財產的奴隸向有私有財產的奴隸轉化的實況。換言之，這時奴隸的社會地位正在發生變化，已經不同於奴隸社會的奴隸，奴隸社會的奴隸是根本不可能擁有私有財產的。然而，地主階級的法律又不願公開承認它，所以，反映到法律上便造成了互相

矛盾的狀況，表現出複雜的性質。

事實證明，這時的奴隸地位已經發生變化，這一點是無疑問的。例如，《秦律》中提到了「更隸妾」一概念，高恆認爲，這是「定期爲官府服勞役」的奴隸㉕，如果此說不誤，則奴隸也有時間去爲自己勞動，自然也會有其私有財產。那麼，「更隸妾」的出現，便反映了奴隸的社會地位發生變化的某些訊息。

另外，《秦律》對奴隸的家室是承認的，而且這種有家室的奴隸，確實有自己的獨立經濟。《金布律》中提到「隸臣、府隸之無妻者」在「稟衣」時的應入衣服費，則「隸臣、府隸」中確存在有妻者。又《屬邦律》規定：「道官相輸隸臣妾、收人，必署其已稟年日月，受衣未受，有妻無有，受者以律贖衣食之」，在「隸臣妾」轉移地方時，必須登記其「有妻無有」，更證明「隸臣妾」中有家室者不少，而且是法律所允許的。官府爲什麼要對「隸臣」之「有妻無有」進行登記呢？關鍵就在於有無妻室關係到奴隸「稟衣」時的不同待遇。如《司空律》規定：「隸臣有妻，妻更，及有外妻者，責衣」，這就是説，只要「隸臣」有妻室，不論其妻是什麼情況，他的衣服費用都由其家庭承擔，很有可能比「隸臣、府隸之無妻者」要繳更多的衣服費。

有家室的「隸臣妾」有其私有財產，這是容易理解的。因爲當他們因犯罪而没爲「隸臣妾」時，並不是全都籍没其家室和財產。有的男方淪爲「隸臣」，而女方仍爲自由人，如法律答問所説「隸臣將城旦，亡之，完爲城旦，收其外妻子」。可見該隸臣在「完爲城旦」之前，其妻子是未没爲奴隸的。另一則法律答問説：「妻有罪以收，妻媵臣妾、衣服當收，且畀夫？畀夫。」這説明妻没爲奴，而夫仍爲自由人。男女雙方在任何一方爲自由人者，無疑是有其私有經濟的。如上述法律答問所説「妻有罪」没爲奴婢時，不僅没有没收其夫的財產，而且連女方陪嫁的奴隸與衣服也歸男方所有。反之，如果男方有罪没爲奴隸，即使同時也没收其財產，但對女方的陪嫁奴隸與衣服，仍然不予没收。法律答問所謂「夫有罪，妻先告，不收。妻媵臣妾、衣服當收不收？不當收」，即指此種情況而言。至於私家奴隸，即使男女雙方均爲奴隸，也可以有家室，如法律答問中幾次講到「人奴擅殺子」和「人奴妾笞子」，便可爲證。

這些情況表明，秦的法律不僅允許「隸臣妾」可以有其家室，而且允許他們的家室擁有獨立的私有經濟。這種情況，在奴隸社會是不允許的，至少是罕見的。秦律卻對這種情況公開予以承認，這就進一步說明這時的奴隸，的確處在變化的過程中，已經同奴隸社會的奴隸有所不同了。

㈣關於「隸臣妾」的法律保護問題

奴隸社會的「法律只保護奴隸主，唯有他們才是有充分權利的公民。」在奴隸制「國家中，奴隸主享有一切權利，而奴隸按法律規定卻是一種物品，對他不僅可以隨便使用暴力，就是把他殺死，也不算犯罪[26]。」但是，秦的奴隸，不論是官府奴婢還是私家奴妾，情況都多少有了一些變化。

以官府奴婢來說，「隸臣妾」犯了罪，未見處以死刑的；即使是逃亡犯，也只是「完爲城旦，收其外妻子」，並不是立即處死他們。至於以奴隸殉葬的規定，在秦律中已毫無痕迹。這說明秦的「隸臣妾」已經不同於奴隸社會的奴隸可以隨意被處死了。

以私家奴隸來說，「人奴擅殺子」和「人奴妾笞子，子以肎死」[27]的情況，都爲法律所不允許，這表明奴隸的子女已不在可以擅殺之列。又如《封診式》中的《告臣》與《黥妾》爰書，一則說「某里士伍甲」把其奴隸縛詣官府，請求賣給官府並「斬以爲城旦」；另一則說「某里五大夫乙」，使其「家吏」將其「妾」縛詣官府，請求官府「黥劓」之。暫不計較這些請求是否成爲事實，這些作法表明：奴隸的主人已經不能隨意地刑、殺奴隸，必經向官府申請得到許可才能對奴隸施以刑罰。更值得注意的是：即使允許對私家奴隸行刑，也不是由奴隸的主人進行，而是由官府進行。如「人奴擅殺子，城旦黥之，畀主」；「人奴妾笞子，子以肎死，黥顏頯，畀主」[28]。從這裡的「畀主」看來，可知奴隸受肉刑以後，仍歸原主所有，則行刑者爲官府甚明。這些情況，進一步說明秦的奴隸已經不許擅自刑、殺、黥、劓，其人身已多少有一點法律上的保障。

但是，秦的奴隸在法律上的保障問題，也同他們是否擁有獨立經濟一樣，

存在著互相矛盾的複雜現象，反映出它正處於變化發展之中。下面的幾條法律答問，就表現出秦時奴隸的人身在法律上並無保障的情況。現摘引如下：

> 「公室告何也？非公室告何也？賊殺傷、盜它人為公室；子盜父母，父母擅殺、刑、髡子及奴妾，不為公室告。」「子告父母，臣妾告之，非公室告，勿聽。何謂非公室告？主擅殺、刑、髡其子、臣妾，是謂非公室告。勿聽而行告，告者罪。罪已行，它人又襲其告之，亦不當聽。」「家人之論父時家罪也，父死而誧告之，勿聽。何謂家罪？家罪者，父殺傷人及奴妾，父死而告之，勿治。」「何謂家罪？父子同居，殺傷父臣妾、畜產及盜之，父已死，或告，勿聽，是謂家罪。」

根據上述法律答問，可知秦時把被害者向官府起訴的情況區分為兩類：一曰「公室告」，二曰：「非公室告」。其中的「非公室告」，又謂之「家罪」。法律規定對「公室告」與「非公室告」的處理是大不相同的。凡「非公室告」，都是告而「勿聽」、「勿治」，即根本不予受理，也不作處理，可見法律對於「非公室告」的犯者是保護的。什麼叫「非公室告」呢？法律明確規定：「主擅殺、刑、髡其子、臣妾，是謂非公室告」，又說：「子告父母，臣妾告主，非公室告，勿聽」。這就是說，奴隸所有者擅自殺、刑、髡其奴隸時，如果有人告發，叫「非公室告」，即使奴隸本人告發，也在「勿聽」之列；不僅「勿聽」，而且對「勿聽而行告」者，反而要給予懲處，即「告者罪」。由此可見，《秦律》對奴隸所有者之殺、刑、髡奴隸，實際上是予以保護的；反之，奴隸的生命和人身卻是沒有法律保障的。這同前面的情況，有明顯的矛盾處。這種互相矛盾的情況，表明秦時奴隸雖已不同於奴隸社會的奴隸，但這種變化還沒有固定化，法律對他們的保障是不鞏固的，還處在一個繼續演變的過程中。可是高恆卻過分強調了秦的奴隸與奴隸社會奴隸的不同點，說什麼「秦時的奴婢，無論私人奴婢或官奴婢，在法律上不允許擅殺、刑、髡」，奴隸「在法律上的地位與奴隸社會的奴隸有明顯區別」，「他們的生命在法律上已受到一定保護」[29]，未免言之過份。至於他所引用來證明官府不許擅殺

「小隸臣」的律文，實際上並不是爲了保護「小隸臣」的生命，而是爲了保護封建國家的財產，故不能作爲《秦律》保護奴隸生命、人身的依據。

(五)關於奴隸制殘餘對社會生產的桎梏問題

秦的統治者，通過地主階級的法律，極力維護奴隸制殘餘，目的是想利用它來作爲封建制剝削制度的補充形式，從而鞏固封建的剝削制度。例如，秦的統治者把奴隸用於封建的國有土地⑳和從事於封建的官府手工作坊勞動，就是利用奴隸制殘餘直接服務於封建性生產。其所以如此，在於他們需要用奴隸制殘餘去保證勞動人手和加强對農民階級進行封建剝削的殘酷性。以官府手工業作坊來說，他們除了强迫官府工匠從事勞動外，還把「隸臣之有巧可以爲工者」，强迫到官府作坊作「工隸臣」，而且規定：「勿以爲他人僕養」㉛，即不許私家占有這種有技巧的奴隸。女奴隸中有技巧的，一方面提高他們的勞動地位，規定「隸妾及女子用針爲繢繡它物」者，「女子一人當男子一人」㉜；另一方面，又不許他們離開官府作坊，「女子操繢紅及服者，不得贖」㉝。男奴隸在官府作坊中服勞役者雖可以取贖，但只有在參加了封建的統一戰爭並立了「斬首」軍功的人才有可能，而且被贖之後，「皆令爲工」，如果是原來受過髡、黥、劓等肉刑而身體「不完者，以爲隱官工」㉞，可見在贖免之後仍不能離開官府作坊。封建統治者就是這樣利用奴隸制殘餘去加强剝削和保證勞動人手的。

這種利用奴隸制殘餘以保證封建國家直接控制的勞動力數量的作法，在《秦律》關於奴隸取贖的途徑與條件中也體現出來。《倉律》、《司空律》和《軍爵律》規定，奴隸取贖的途徑有五種：一曰人贖制，二曰「冗邊贖」制，三曰「歸爵」贖，四曰「軍功」贖，五曰「復」縣不「復」身。關於這五種取贖奴隸身分的辦法的具體內容和作法，已在《從出土〈秦律〉看秦的奴隸制殘餘》一文中述及，此不贅。這五種辦法，除「歸爵」贖外，都貫徹了一個總原則：即既要不減少原有奴隸的數量，又能保證官府工匠及戍邊者的數量，用以維護封建的剝削制度。因爲，利用法律形式去維護奴隸制殘餘的合法存在，對於地主階

級來說，並不是多餘的，而且封建制度本身的存在與鞏固所必需的。有了它，農民階級就得無條件地去爲封建統治者服徭役。這種無償的徭役勞動，本質上同奴隸勞動是一脈相承的。有了它，還可以使地主階級對農民階級的超經濟強制更有存在的地盤，使封建的農奴制度更有生存的社會條件，因爲農奴制本身，實際上是來源於奴隸制。因此，從本質上著眼，這就是秦的封建統治者爲什麼要拚命維護與利用奴隸制殘餘的根本原因。

　　封建地主階級需要奴隸制殘餘，但是，這種奴隸制殘餘的存在，也給封建社會生產力的發展帶來阻力。因爲奴隸的來源，表面上是所謂罪犯和罪犯的家屬等等，實際上絕大部分是貧窮的農民。農民的大量淪落爲奴隸，既直接影響著封建的小農經濟的發展，也直接地激化了農民階級與地主階級的矛盾。農民一旦淪爲奴隸，就過著牛馬不如的生活，終身爲統治者服役，必然影響他們的生產積極性。《工人程》規定：「冗隸妾二人當工一人，更隸妾四人當工一人，小隸臣妾可使者五人當工一人」。這既是殘酷剝削奴隸的辦法，也反映出了奴隸勞動效率低下的實況。由於奴隸勞動效率的低下，就迫使封建統治者用擴大奴隸的數量去彌補效率，以致在官府的各生產部門，往往造成奴隸人數超過實際需要的狀況。如《秦律》中所提到的「冗隸妾」與「冗居公者」㉟，就是一種無事可做或只有部分勞役的奴隸；至於「妾未使而衣食公」者㊱，自然更是剩餘奴隸。而當時的整個社會，卻是地多人少，「人不稱土」，需要招徠「土狹而民衆」的「三晉之民」來秦國生產㊲。這一切，難道不說明奴隸制殘餘的存在，桎梏了當時封建生產力的發展嗎？

　　奴隸制殘餘對封建生產力的桎梏作用，還從奴隸的反抗與鬥爭的事實反映出來。正因爲奴隸制的剝削方式，使奴隸無法忍受，就引起了他們的不斷反抗與鬥爭。有的奴隸拒絕服役，所以，統治者有隸臣妾「其不從事」者「勿稟」的規定㊳，意在逼迫奴隸服役；有的破壞工具和殺死牲畜，「隸臣妾有亡公器、畜生者」㊴，即屬此種情況；有的以「不仁其主及官」㊵相反抗；有的以逃亡進行鬥爭㊶，更有以「奴告其主」、「人奴妾盜其主」和「臣妾牧殺主」㊷等方式進行反抗。奴隸的這一切反抗與鬥爭，標誌著他們要粉碎奴隸制殘餘對生產力的桎梏。

通過奴隸的不斷反抗與鬥爭，衝擊了奴隸制的殘餘因素；特別是秦末農民起義的爆發，在反抗封建制度與地主階級的過程中，也蕩滌著封建剝削制度的補充形式——最反動的奴隸制殘餘。成批的奴隸與刑徒，被封建統治著「赦免」以便利用他們去鎮壓起義農民，如章邯率領的幾十萬「刑徒」與「奴產子」組成的軍隊便是例證。還有一些「刑徒」與奴隸則隨著秦的統治的垮台而獲得了解放。在漢初的統治者重建了地主階級的政權以後，面對革命的農民與奴隸用自己的雙手所造成的大好形勢，無可奈何，只得以酸葡萄式的語言掩飾自己的沮喪心情，説什麼對奴隸、刑徒、「朕甚憐之」，「其除肉刑，有以易之」和「有年而免」㊸，這就是漢文帝十三年其所以下減刑優詔的由來。因此，奴隸由終身服役變成有固定刑期的一種刑徒這一巨大變化，之所以發生在西漢初期、秦末農民起義之後，這決不是歷史的偶然。換言之，西漢時期「隸臣妾」身分的這種變化，是秦末農民起義掃蕩了秦的奴隸制殘餘以後的必然結果。

注 釋

①《文物》雜誌一九七七年第七期第44-45頁。

②「以爲隸臣」見佚名《秦律》，所謂「戰……不死者歸，以爲隸臣；寇降，以爲隸臣」即是。

③語見《史記・商君列傳》。

④見《司空律》律文。

⑤《漢書・惠帝紀》注引應劭語。

⑥見《倉律》律文。

⑦分別見《均工律》與《倉律》。

⑧見《金布律》律文。

⑨見法律問答。

⑩見《封診式》部分的《告子》、《賊死》、《經死》等案例。

⑪見《工人程》及《倉律》律文。

⑫此律佚名，疑爲《司空律》。

⑬《倉律》原文是「女子操緢功及服者，不得贖。」

⑭見《均工律》律文。

⑮見《軍爵律》律文。

⑯見《倉律》律文。

⑰律名殘缺，疑爲《司空律》。

⑱《文物》雜誌 1977 年第七期第 44 頁。

⑲《列寧選集》第四卷第 49 頁。

⑳《馬克思恩格斯全集》第四卷第 260 頁。

㉑見《封診式》的《封守》案例。

㉒見《史記・李斯列傳》。

㉓參閱高恆文及其所引《秦律》。

㉔高恆文章，把這筆錢當作官府支付給「隸臣妾」的衣服費，似與律文精神不合。

㉕《文物》雜誌 1977 年第 7 期第 47-48 頁。「更隸妾」一詞見《倉律》律文。

㉖見《列寧選集》第 4 卷第 49 頁。

㉗見《法律答問》部分。

㉘見《法律答問》部分。

㉙《文物》雜誌 1977 年第 7 期第 48-49 頁。

㉚《倉律》有《隸臣田者》，《田律》有按人「按田」的封建國有土地制，可見，用奴隸種田，也是
　耕種封建的國有土地的現象之一。

㉛《軍爵》律有「工隸臣」，《均工律》有「隸臣有巧可以爲工者，勿以爲人僕養」，可以知「隸
　臣有巧」者，即可以爲「工隸臣」。

㉜見《均工律》律文。

㉝見《倉律》律文。

㉞見《軍爵律》律文。

㉟分別見《工人程》與《倉律》律文。

㊱見《倉律》律文。

㊲《商君書・徠民》篇。

㊳見《倉律》律文。

㊴見《金布律》律文。

㊵見《金布律》律文。

㊶《金布律》及法律答問部分均有關於奴隸逃亡的律文。

㊷均見法律答問部分。

㊸《漢書・刑法志》。

秦簡《編年記》與《史記》

　　《編年記》，按編年體系，記錄了上起秦昭王元年（公元前306年）、下迄秦始皇三十年（公元前217年）間的軍政大事。由於它是當時人記載的當時軍政大事，未經後人刪節和改動，又被置於秦末一個地方官吏名叫「喜」的墳墓中，其可靠程度自然是無可懷疑的。在關於秦以前的史料嚴重缺乏的情況下，它對於研究戰國後期和秦的歷史、地理與制度，有著非常重要的價值。加上《史記》中《秦本紀》、《秦始皇本紀》、《六國年表》及有關《世家》、《列傳》對秦的歷史的記載既很簡略、又有脫漏、還有互相矛盾的情況，則《編年記》所載也是印證、訂正和補充《史記》的寶貴資料。另外，它所反映的情況，還可啓示我們去認識當時某些軍事、政治事件之間的内在聯繫及其意義。總之，它的史料價值是多方面的。現將它與《史記》有關秦的記載相比照，以明其史料價值的梗概。

(一)關於可以印證《史記》者

　　《編年記》所載，可以印證《史記》者甚多。所謂可以印證《史記》，即《編年記》所載與《史記》所載完全相同或基本相同，即可印證《史記》不誤。這樣的例證如下：

　　《編年記》載秦昭王、孝文王、莊王、秦王政的世系，與《史記・秦本紀》及《六國年表・秦表》完全相同。

　　《編年記》載秦昭王「五年歸蒲阪」；《史記・秦本紀》同年條作「復與魏蒲阪」；《魏表》作魏哀王十七年（即昭王五年）「復我蒲阪」；《魏世家》同年作「秦復予我蒲阪」。可見《編年記》所載與《史記》全同。

　　《編年記》載昭王「七年新城陷」；《史記・秦本紀》同年條作「拔新城」，

與《編年記》全同。

《編年記》昭王二十一年「攻夏山」；《史記‧六國年表‧韓表》作韓釐王十年（即秦昭王二十一年）「秦攻我兵夏山」，《韓世家》同年作「秦敗我師於夏山」，幾者所載全同。

《編年記》昭王三十四年「攻華陽」；《史記‧六國年表‧秦表》作同年「白起擊魏華陽軍」；《白起列傳》作同年「白起攻魏拔華陽」；《穰侯列傳》作白起「復攻趙、韓、魏，破芒卯於華陽下」；《韓世家》作韓釐王二十三年（即昭王三十四年）「趙、魏攻我華陽」，秦救韓，「敗趙、魏於華陽之下」，幾者所載基本相同。

《編年記》昭王三十九年「攻懷」；《韓表》作魏安釐王九年（即秦昭王三十九年）「秦拔我懷」；《魏世家》同；《范雎列傳‧集解》引徐廣語，亦作昭王三十九年「聽范雎謀，使五大夫綰代魏拔懷」。可見幾者所載也基本相同。

《編年記》昭王四十一年「攻邢丘」；《史記‧秦本紀》載昭王「四十一年攻魏邢丘、懷」；《史記‧范雎列傳》則謂拔懷「後二歲拔邢丘」，按《編年記》拔懷在昭王三十九年，則攻魏邢丘確在四十一年，可見幾者所載相同。

《編年記》載昭王四十二年「伐少曲」；《史記‧范雎列傳》亦謂「秦昭王四十二年，東伐韓少曲、高平拔之」。《史記》除多出一「高平」外，餘悉同。

《編年記》昭王四十四「攻太行」；《史記‧六國年表‧韓表》作韓桓惠王十年（即秦昭王四十四年）「秦擊我太行」；《韓世家》同。

《編年記》昭王四十七年「攻長平」；《史記‧秦本紀》載同年秦攻趙，「大破趙於長平」，《六國年表》中《秦表》、《趙表》及《趙世家》、《白起列傳》均同。

《編年記》昭王五十一年「攻陽城」；《史記‧秦本紀》作同年「攻韓取陽城」；《六國年表‧韓表》及《韓世家》均同。

《編年記》載昭王「五十六年後九月昭死」；《史記‧秦本紀》作昭王「五十六年秋昭襄王死」二者同。

《編年記》載孝文王元年「立即死」；《史記‧秦本紀》作昭襄王於五十六年秋死後，「子孝文王立」，「孝文王元年」，「除喪，十月己亥即位，三日辛丑卒」，秦以十月爲歲首，十月己亥恰爲十月初一，辛丑爲初三，則孝文王在

位僅三日，與《編年記》的「立即死」正合。

《編年記》載始皇十七年「攻韓」；《史記・秦始皇本紀》亦作同年「內史騰攻韓，得韓王安」；《六國年表・韓表》及《韓世家》均同。

《編年記》始皇十八年「攻趙」；《史記・秦始皇本紀》亦作始皇十八年「大興兵攻趙」；《王翦列傳》亦作「十八年翦將攻趙」；《趙世家》同。

以上都是《編年記》所載，與《史記》全同或基本相同的例證。雖然，有些攻戰城邑的記載，或《本紀》有而《年表》缺，或《列傳》有而《世家》無，但只要其中有一條與《編年記》合，即可印證《史記》不誤。

㈡既可印證又可補充《史記》者

凡《編年記》所載，同《史記》所載部分相同及《史記》紀、傳、表互有脫漏者，則可據《編年記》印證其相同部分，也可補充其脫漏部分。這樣的例證也不少：

《編年記》稱秦昭襄王爲「昭王」，這同《史記・六國年表》及韓、趙、楚、魏諸《世家》所載相同，但較《史記・秦本紀》作「昭襄王」少一「襄」字，可見秦昭襄王，確可稱爲昭王，《六國年表》及諸《世家》不誤。

《編年記》載秦昭王「四年攻封陵」；《史記・秦本紀》同年條作「取蒲阪」，無「攻封陵」事；而《六國年表・魏表》作魏襄王十六年（即秦昭王四年）「秦拔我蒲阪、晉陽、封陵」，《魏世家》除「晉陽」作「陽晉」外，餘悉同，《史記・索隱》則謂「《紀年》作晉陽、封谷」。由此可見，《魏表》及《魏世家》和《紀年》所載，均與《編年記》部分相同，可證不誤，只是「封谷」當作「封陵」而已；《秦本紀》則漏載「攻封陵」事。

《編年記》載昭王「九年攻析」；《史記・秦本紀》只說是年「奐攻楚，取八城」；《六國年表・楚表》謂是年「秦取我十六城」，均不言「攻析」事。獨《楚世家》載是年秦攻楚，「取析十五城而去」，與《編年記》同。這既説明《楚世家》所載不誤，又證明《秦本紀》及楚表所載「八城」或「十六城」，均應包括「析城」在內。

《編年記》載昭王「廿五年攻茲氏」；《史記‧夏侯嬰列傳》曾以「擊項籍，追至陳，卒定楚」功，「益食茲氏」。按漢之茲氏在今山西汾陽，屬趙地。《史記‧秦本紀》謂是年「拔趙二城」，《趙世家》作是年秦「伐趙攻我兩城」，《六國年表‧趙表》亦同。可見茲氏屬於此年秦「攻趙二城」中之一城，既可印證《史記》所載是年秦曾攻趙，亦可補茲氏之缺。

《編年記》載昭王「廿七年攻鄧」、「廿八年攻鄢」；而《史記‧秦本紀》卻作昭王二十八年「大良造白起攻楚取鄢、鄧」；《六國年表‧楚表》作楚頃襄王二十年（即秦昭王二十八年）「秦拔我鄢、西陵」；《白起列傳》作昭王二十八年「白起攻楚，拔鄢、鄧五城」。三者均與《編年記》所載有相同部分，也有不同部分；則《編年記》此條，既可印證《史記》關於昭王二十八年「取鄢」事，又可訂正其二十八年「取鄧」，應作二十七年。

《編年記》載昭王「廿九年攻安陸」；《史記‧秦本紀》同年條作「大良造白起攻楚取郢爲南郡」；《六國年表‧秦表》作是年「白起擊楚拔郢，更東至竟陵」；《白起列傳》亦作是年「攻楚拔郢，燒夷陵，遂東至竟陵」；此外，《春申君列傳》、《魏世家》、《楚世家》及《六國年表‧楚表》，均與上述記載大致相同，即均不載是年秦攻楚安陸事。據《編年記》，則既可印證是年秦「攻楚取郢爲南郡」確是事實，又可證明攻取楚國的安陸，也是這次戰役的一個組成部分，足以補《史記》所失記。

《編年記》載昭王四十五年「攻大野王」；《史記‧秦本紀》及《六國年表》都只說是年秦攻韓，「取十城」；《韓世家》連失十城事也未載；唯獨《白起列傳》謂昭王「四十五年，伐韓之野王，野王降秦」，與《編年記》略同。故知《白起列傳》不誤，而《秦本紀》及《年表》、《韓世家》等均漏載攻野王即取十城中之一。

《編年記》載昭王四十八年「攻武安」；《史記‧秦本紀》同年條作秦「伐趙武安、皮牢，拔之」，與《編年記》部分相同，可證《秦本紀》不誤。然而，《六國年表》及《趙世家》均不載此事，顯係漏載。至於《史記‧白起列傳》，則謂昭王四十八年「王齕攻皮牢拔之」，也漏「武安」，而中華書局 1955 年版《史記》標點本，卻據《白起列傳》去訂正《史記‧秦本紀》，把《秦本紀》中的「武

安」二字刪去，今證以《編年記》，説明標點本此條，恰恰是以《白起列傳》之缺漏去訂正《秦本紀》的正確記載，誤人不淺！①

《編年記》載秦始皇十六年「自占年」，《史記・秦始皇本紀》同年作「初令男子書年」，二者都載爲始皇十六年，可證爲同一回事；而怎樣「書年」，《本紀》未作説明，據《編年記》可知爲令民「自占年」，即强制農民階級向官府自報年齡以備徵發服役。

㈢可以補充《史記》者

凡《編年記》所載，而爲《史記》的《本紀》、《年表》、《世家》及《列傳》所無者，即爲《史記》缺漏，可用《編年記》所載補充其缺漏。其例證如下：

《編年記》載孝文王之後爲莊王，而《史記・秦本紀》及諸《世家》均作莊襄王，無稱莊王者，故《編年記》關於莊王的稱謂可補其缺。

《編年記》載秦昭王六年「攻新城」，《史記・秦本紀》、《六國年表》及《韓世家》等，均不載是年秦「攻新城」事，而《秦本紀》昭王七年條，卻有「拔新城」的記載，且與《編年記》的昭王「七年新城陷」完全一致。若無昭王六年之「攻新城」，何能有昭王七年之「拔新城」？因此，《編年記》所載，是關於新城戰役的全過程，是對《史記》只記攻拔、不載始攻的很好補充。

《編年記》載昭王八年「新城歸」；而《史記・秦本紀》、《六國年表》及《韓世家》均無是年「歸新城」事。但是，《史記・白起列傳》卻載昭王十三年，白起「將而擊韓之新城」；如果昭王八年無「歸新城」事，何以昭王十三年又攻新城呢？因此，從《白起列傳》推論，昭王十三年前應有「歸新城」之事。今證以《編年記》所載，則知昭王八年確曾歸還韓之新城，《史記》實漏此事。

《編年記》載昭王十三年「攻伊闕」，「十四年伊闕」；據《編年記》載昭王「六年攻新城」、「七年新城陷」的體例，此處《編年記》「十四年伊闕」後應脱一「陷」字，即「十四年伊闕陷」。查《史記》各卷，均不載昭王「十三年攻伊闕」事，只説是年「向壽伐韓取武始，左更白起攻新城」（《史記・秦本紀》），《白起列傳》也載是年白起「擊韓之新城」，據《括地志》，謂洛州南七

十里有新城縣,「伊闕在洛州南十九里」,可見伊闕正在新城縣境內,因此,「攻新城」即「攻伊闕」。至於昭王十四年伊闕陷,卻在《史記》中有明確反映,如《秦本紀》謂是年「白起攻韓、魏於伊闕」;《六國年表》中《秦表》、《韓表》、《魏表》及《韓世家》均謂是年秦攻伊闕獲勝,這既證《編年記》的昭王「十四年伊闕」後確漏一「陷」字;又説明《編年記》的這兩條是對《史記》的很好印證和補充。

《編年記》載昭王廿四年「攻林」;而《史記・秦本紀》只説是年「秦取魏安城,至大梁,燕、趙救之,秦軍去」,不載「攻林」事;《六國年表・魏表》及《魏世家》均謂是年「秦拔我安城,兵到大梁去」(或「兵至大梁而還」),也沒有講到「攻林」。《戰國策・魏策》謂魏國確在林這個地方駐紮了軍隊,秦曾七次攻打其地。那麼昭王廿四年「攻林」,即爲其中之一次。據《括地志》云:「故安城在鄭州原武縣東南二十里」,則「攻林」在「拔安城」之後,是以知秦國此次用兵是從原武縣向東南攻魏之大梁,首先攻下了安城,接著又進攻魏國駐有重兵的林,可能在這裡受到了狙擊,又因爲燕、趙援救魏國,所以秦軍攻林不克而還,這就是「兵至大梁而還」的具體情況,是對《史記》的很好補充。

《編年記》載昭王廿九年「攻安陸」。而《史記》既無楚國有安陸之記載,又無秦國設置安陸縣的記載。今《編年記》明言昭王廿九年「攻安陸」,則確證安陸之名早在昭王廿九年之前便有了,屬於楚國重鎮;昭王廿九年設置南郡之後,安陸之名仍用未改,故《編年記》連載始皇四年十一月「喜爲安陸□史」、「六年四月爲安陸令史」及始皇二十八年「今(指始皇)過安陸」。這是對秦、楚時期歷史地理的一個重要補充。

《編年記》載昭王「卅三年攻蔡、中陽」。《史記・秦本紀》載此事作昭王「三十三年,客卿胡傷攻魏卷、蔡陽、長社,取之」;《魏世家》作是年「秦拔我四城,斬首四萬」,《六國年表・魏表》全同。但是,《史記・穰侯列傳》謂昭王三十四年「取魏卷、蔡陽、長社」,既與《紀》、《表》、《世家》不合,又同《編年記》不符,可見《史記・穰侯列傳》繫年有誤。再説《魏世家》及魏表所説「四城」,在《秦本紀》及《穰侯列傳》中只見卷、蔡陽與長社三城,今《編年記》

作昭王三十三年「攻蔡、中陽」，則知「四城」之中有「中陽」一城，《史記》漏載。又《水經・渠水注》中講到「中陽城」，説明「中陽」確係地名；《竹書紀年》載「梁惠成王十七年鄭朝中陽」，説明「中陽」確是魏地。因此，昭王三十三年攻魏取四城，除《史記》已載卷、蔡陽及長社外，還有中陽。則《編年記》此條既可正《穰侯列傳》繫年之誤，又可補中陽之缺，還可證明「蔡」即「蔡陽」而非兩地。

《編年記》載昭王三十二年「攻啓封」，也可補《史記》之缺。查《史記・秦本紀》昭王三十二年秦「相穰侯攻魏，至大梁，破暴鳶，斬首四萬，鳶走，魏入三縣請和」；《魏世家》作魏安釐王二年（即秦昭王三十二年），秦「又拔我二城，軍大梁下，韓來救，予秦溫以和」；《六國年表・魏表》除「三城」作「二城」外，餘悉同。這就是説，《史記》無大梁城名啓封的記載。《史記・韓世家》及《六國年表・韓表》均載韓釐王二十一年（即秦昭王三十二年）「使暴鳶救魏，爲秦所敗，鳶走開封」，與《史記》上述記載是一回事，則這裡的「開封」就是大梁城，也就是《編年記》所説的「啓封」。可見開封本來名爲啓封。又《金石索・金索三》有「啓封鐙」，益知啓封爲地名。然則《史記・六國年表・韓表》及《漢書・地理志》中的「開封」之名，確是因避景帝名諱而改爲開封。這是《史記》所缺載的。

《編年記》載昭王五十二年「王稽、張祿死」。張祿，即范雎，《史記・范雎蔡澤列傳》載其事迹，王稽的情況則附載於此傳。對范雎死年，《史記》隻字未提；附載王稽死年，也含糊不清。《史記・六國年表・集解》引徐廣語，謂昭王五十二年「王稽棄市」，而徐廣的根據是什麼不得而知。今據《編年記》，則確證王稽死於昭王五十二年，徐廣之説不誣；又證范雎也死於這年，可補《史記》之缺。

此外，《編年記》所載秦始皇十九年「□□□□南郡備警」、始皇二十年的「韓王居□山」、始皇二十一年的「韓王死，昌平君居其處，有（又）死□屈」及始皇二十三年「四月□文君死」等條，均爲《史記》所無，無疑都是對它的重要補充。至於這些補充的意義，容後再作説明。

㈣可以訂正《史記》者

凡《編年記》所載，同《史記》所載同一事件在內容上有出入的，都可用《編年記》去訂正《史記》之誤，也可以訂正後人對《史記》有關部分的錯誤解釋。其例證如下：

《編年記》載昭王二年「攻皮氏」。可是，《史記・甘茂列傳》、《樗里子列傳》及《六國年表・魏表》，均把秦攻魏皮氏繫於昭王元年；《史記・魏世家》則把秦攻皮氏繫於魏哀王十二年，即秦武王四年，比上述《表》、《傳》所云又早一年。因此，《編年記》此條可以訂正《史記》有關伐魏皮氏年代之誤。②且《秦本紀》漏載此事，《編年記》所載可補其缺。

《編年記》昭王四年「攻封陵」，《史記・魏世家》亦作「封陵」，唯《史記・索隱》謂「紀年作晉陽、封谷」，證以《編年記》，知《紀年》作「封谷」誤。

據《編年記》可證《史記・正義》以「新城」作「襄城」之誤。《史記・秦本紀》載昭襄王七年「拔新城」，張守節《正義》曰：「《楚世家》云：『懷王廿九年，秦復伐楚，大破楚軍，楚軍死二萬，殺我將軍景缺』。《年表》云：『懷王廿九年，秦復伐楚，大破楚軍，楚軍死二萬，殺我將軍景缺』。《年表》云：『秦敗我襄城，殺景缺』。《括地志》云：許州襄城縣古新城縣也。按《世家》、《年表》，則新字誤，作襄字。」按照張守節的意思，是說秦昭王七年曾敗楚軍於襄城，而《括地志》又認爲襄城即古新城，因此，《秦本紀》的昭王七年「拔新城」，應作「拔襄城」。實則張守節的這一解釋是錯誤的。原因在於：首先，據《史記・白起列傳》云：昭王十三年「白起爲左更，將而擊韓之新城」，可見新城屬韓，與楚之襄城非一地；其次，《括地志》云：「洛州伊闕縣本是漢新城縣」，其地「在洛州南七十里」，可見伊闕所在地也叫新城縣；其三，秦昭王七年，既可敗楚於襄城，又可拔韓之新城，可能是兩次戰役，不可混爲一談；其四，今《編年記》連載昭王六年「攻新城」、七年「新城陷」、八年「新城歸」，三處均作「新城」而不作「襄城」，確證《秦本紀》昭王七年的「拔新

城」，決非「拔襄城」之誤，張守節誤③，又可以訂正《史記・六國年表・楚表》作懷王廿九年，「秦取我襄城」之誤。

　　《史記・秦本紀》昭襄王十五年「攻楚取宛」，應爲昭王十六年攻韓取宛之誤。《編年記》載昭王「十五年攻魏」，「十六年攻宛」，是秦之攻魏與攻宛分別爲昭王十五年與十六年，而非一年事。但是，《史記・秦本紀》卻把二事合於一年，謂昭王十五年，「大良造白起攻魏取垣，復予之；攻楚，取宛」。然而，查《白起列傳》，則只説是年「白起爲大良造，攻魏，拔之，取城小大六十一」，卻無同年白起「攻楚取宛」事。又據《六國年表・韓表》，謂韓釐王五年（即秦昭王十六年）「秦拔我宛」，《韓世家》同此；張守節《正義》曰：「宛，鄧州縣也，時屬韓也」。由此可見，秦昭王十六年確曾攻韓取宛，《編年記》所載昭王十六年「攻宛」，與此正合；且此次戰役是攻韓而非攻楚。因此，《秦本紀》的昭王十五年「攻楚取宛」之説，在年代與國別上都是錯誤的，應作昭王十六年攻韓取宛。

　　《編年記》可證趙之石城又名離石，並可訂正裴駰、張守節誤以石城作燕地或魏地的説法。《編年記》載昭王二十六年「攻離石」，《史記・秦本紀》缺載此事，《六國年表》作趙惠文王十八年（即秦昭王二十六年）「秦拔我石城」，《趙世家》亦同。上述事實證明石城又名離石，屬於趙地甚明。但是，裴駰《史記・集解》引《地理志》，謂「右北平有石城縣」，意即石城在右北平；張守節《史記・正義》則引《括地志》，謂「石城在相州林慮縣西南九十里」，認爲這裡的「拔我石城」是指相州的石城縣。然而，右北平屬燕地，相州屬魏地，二者均非趙地。故胡三省《通鑒注》認爲石城即西河的離石縣。可見關於石城的位置問題，早已聚訟紛紜。今《編年記》的出土，確證石城即離石，胡氏的解釋不誤，裴駰與張守節都弄錯了。

　　《編年記》可以訂正《史記》關於伐楚攻鄧的年代。《史記・秦本紀》、《六國年表》、《楚世家》及《白起列傳》，把伐楚攻鄧、攻鄢均繫於昭王二十八年，似乎沒有問題。但是，《編年記》卻載昭王二十七年「攻鄧」，二十八年「攻鄢」，可見秦伐楚取鄢、鄧等五城的這次大戰役，實開始於昭王二十七年。《史記》漏載始攻，故推遲了一年。

　　《編年記》可以訂正《史記・秦本紀》關於擊魏華陽軍的年代。《史記・秦本紀》載昭襄王三十三年「擊芒卯華陽，破之，斬首十五萬，魏入南陽以和」；但《史記・六國年表・秦表》作昭王三十四年「白起擊魏華陽軍，芒卯走，得三晉將，斬首十五萬」；《魏表》及《魏世家》，也都繫此事於魏安釐王四年，即秦昭王三十四年；《白起列傳》也明言「昭王三十四年，白起攻魏，拔華陽，走芒卯」；可見在擊魏華陽軍的問題上，《史記・秦本紀》同《年表》、《列傳》及《魏世家》矛盾，未審孰是，今《編年記》亦作昭王三十四年「攻華陽」，足證《史記・秦本紀》誤而《年表》、《魏世家》及《白起列傳》不誤。

　　《史記・秦本紀》及《穰侯列傳》，均載秦攻齊取壽剛在昭王三十六年，唯《六國年表・齊表》作齊襄王十四年（即秦昭王三十七年）秦「擊我壽剛」，與上矛盾。今《編年記》亦作昭王三十八年「□□剛」，顯然是「攻壽剛」，證明《齊表》正確。

　　《史記・趙世家》，《六國年表・韓表》及《廉頗列傳》均謂與秦軍戰於閼與，時在秦昭王三十七年，唯《史記・秦本紀》作昭王「三十八年，中更胡傷攻趙閼與，不能取」，與表、傳矛盾。今《編年記》有昭王「三十八年閼與」，可證《秦本紀》不誤，而表、傳、世家關於與秦戰於閼與的年代有誤。

　　《編年記》載昭王卅九年「攻懷」，四十一年「攻邢丘」；而《史記・秦本紀》卻把二者合於一年，作昭王四十一年「攻魏取邢丘、懷」，其「攻懷」事較《編年記》推遲了兩年。但《史記・六國年表・魏表》及《魏世家》，均作魏安釐王九年（即秦昭王三十九年）「秦拔我懷」，《范雎列傳・集解》引徐廣語，謂秦使五大夫綰伐魏拔懷在在昭王三十九年，與《編年記》正合。因此，《史記・秦本紀》把攻魏取懷事係於昭王四十一年，是錯誤地推遲了兩年。

　　又秦昭王四十一年「攻魏取邢丘」事，《編年記》與《史記・秦本紀》均作「邢丘」，而《魏世家》作「拔我郪丘」，《六國年表・魏表》則作「秦拔我廩丘」；《史記・集解》引徐廣語曰：「或作邢丘」。今《編年記》作「邢丘」，又出土秦律的治獄案例中兩次提到戰「邢丘」，可見徐廣的解釋不誤，而《年表》及《魏世家》的「郪丘」及「廩丘」都錯誤了。

　　此外，《編年記》所載，還可以訂正如下幾個問題：

第一，關於張守節《史記·正義》以「垣」與「蒲阪」爲一地之誤。

《史記·秦本紀》載昭襄王「十五年，大良造白起攻魏，取垣，復予之」，張守節《正義》曰：「前云取蒲阪，復以蒲阪與魏，魏以爲垣，今又征取魏垣，復予之，後秦以爲蒲阪、皮氏。」按照張氏的解釋，顯然是説當秦昭王五年「復與魏蒲阪」以後，魏國便把蒲阪改名爲「垣」了；所以，自昭王五年以後「垣」與「蒲阪」便是一個地方了。今證以《編年記》，此説實誤。《編年記》載昭王「十七年攻垣、軹」，「十八年攻蒲阪」。在這裡，「垣」與「蒲阪」之名同時存在，且「攻蒲阪」還在「攻垣」之後，這就確證「垣」與「蒲阪」到昭王十七、八年仍是兩地，並未以蒲阪爲垣，則張守節所謂昭王五年秦以蒲阪予魏之後「魏以爲垣」的説法，是毫無根據的臆測。

第二，關於《史記》漏載昭王十七年「攻魏取垣」事。據《史記·秦本紀》云：昭王十五年「攻魏取垣」後，「復予之」，即把「垣」歸還了魏國；自此年後到昭王十七年前，《秦本紀》並無再次「攻魏取垣」事；但是，到了昭王十七年，突然冒出了「秦以垣爲蒲阪、皮氏」一事，殊不可解。司馬貞《索隱》認爲「爲」字當是「易」字之誤，實則「垣」既已於昭王十五年予魏，又何以易之？今查《史記·白起列傳》，昭王十六年「起與客卿錯攻垣城拔之」，可見在「秦以垣爲蒲阪、皮氏」之前，秦國確已把昭王十五年歸還給了魏國的「垣」再次攻取了，因此，才有可能把魏之垣城改爲秦之蒲阪、皮氏。今《編年記》載昭王「十七年攻垣、軹」，這就確證「秦以垣爲蒲阪、皮氏」一事，是在昭王「十七年攻垣、軹」以後不久發生的。由於《史記·秦本紀》漏載昭王十七年再度「攻魏取垣」事，才造成了上述不可解釋的矛盾現象。因此，根據《編年記》所載昭王「十七年攻垣、軹」一事，一則可以訂正《史記·白起列傳》的昭王十六年「攻垣城拔之」，應作昭王十七年；二則説明司馬貞的解釋確不足信；三則證明《史記·秦本紀》漏載昭王十七年再度攻魏取垣事。

第三，關於《史記·秦本紀》昭王十八年「攻垣」應爲「攻蒲阪」之誤。

如上所云，秦昭王十七年已再度攻魏取垣並改名爲秦之蒲阪、皮氏，則魏已無垣城甚明。但是《史記·秦本紀》卻又載昭王十八年「（司馬）錯攻垣、河雍，決橋取之」，何以魏國又有了垣城呢？爲了解釋這個矛盾，張守節《史

記・正義》説：「蓋蒲阪、皮氏又歸魏，魏復以爲垣，今重攻取之也」。然而，遍查《史記・秦本紀》、《六國年表》及《魏世家》等篇，均不載秦又以蒲阪、皮氏歸魏一事，可見張守節的解釋只是想當然耳。今據《編年記》云：昭王「十八年攻蒲阪」，然則《秦本紀》的昭王十八年「攻垣」，應爲「攻蒲阪」之誤。如果把《史記・秦本紀》的昭王十八年「攻垣」改爲「攻蒲阪」，則不僅不會發生上述矛盾，而且同昭王五年「復與魏蒲阪」後並無「攻蒲阪」之事的情況正相吻合。因此，從《秦本紀》及《編年記》所載攻戰城邑的前後情況來推斷，也説明昭王十八年「攻垣」應爲「攻蒲阪」之誤。

第四，《史記・趙世家》及《廉頗列傳》關於長平之戰的年代之誤。

關於長平之戰，《史記》諸篇互相矛盾，或謂爲昭王四十七年，有《史記・秦本紀》、《六國年表》中《秦表》、《趙表》及《白起列傳》，均可爲證；另一説爲昭王四十八年，也有《史記・趙世家》及《廉頗列傳》可證。今《編年記》作昭王「卅七年攻長平」，則《史記・秦本紀》、《六國年表》及《白起列傳》關於長平之戰的年代是正確的，而《史記・趙世家》、《廉頗列傳》關於長平之戰的年代錯誤了。

第五，《史記・秦始皇本紀・索隱》關於昌平君解釋之誤。

關於昌平君的事迹，《史記》的記載十分簡略。僅有如下四處提到昌平君其人其事：第一次出現於秦始皇九年。《史記・秦始皇本紀》云：始皇九年四月，「長信侯（嫪）毐作亂而覺，矯王御璽及太后璽，以發縣卒及衞卒、官騎、戎翟君公、舍人，將欲攻蘄年宮爲亂。王知之，令相國昌平君、昌文君發卒攻毐。戰咸陽，斬首數百，皆拜爵」。據此知昌平君在始皇九年之前便是相國，而且是秦始皇的支持者，平嫪毐叛亂有功。可是，自此以後十餘年不見於記載。到了始皇二十一年，《秦始皇本紀》突然又有「昌平君徙於郢」的記載，這是第二次出現。他爲什麼被徙於郢？昌文君是否同徙於郢？這些問題都無法回答。第三次出現，是《秦始皇本紀》謂始皇二十三年，使王翦「將擊荊。取陳以南至平輿，虜荊王。秦王游至郢陳。荊將項燕立昌平君爲荊王，反秦於淮南。」這個昌平君是不是徙於郢的昌平君？項燕爲什麼會立之爲王？昌文君的下落又怎樣？這些問題又難於回答。《秦始皇本紀》又謂始皇二十四年，「王

翦、蒙武攻荊，破荊軍，昌平君死，項燕遂自殺」，這是關於昌平君的記載的第四次出現。正因爲關於昌平君的記載如此簡略，而且疑問甚多，司馬貞在其《史記·索隱》中，便連綴關於昌平君的前後記載作了如下的一段解釋：「昌平君，楚之公子，立以爲相，後徙於郢，項燕立爲荊王，史失其名；昌文君，名亦不知也。」司馬貞的解釋，較之《史記》，除多「昌平君，楚之公子」一句外，其餘悉同。他提出的昌平君是「楚之公子」的說法，並未舉出根據，他可能是從「項燕立昌平君爲荊王」一事推論出來的，而且是把《史記》前後四次提到的昌平君當作一個人來看待的。對於《史記》的上述記載和司馬貞的這種解釋，雖有清人梁王繩在其《史記志疑》中懷疑過，但他只是提出了《史記》的《秦始皇本紀》同《六國年表》、《楚世家》、《蒙恬傳》及《王翦列傳》的矛盾，並假想了「昌平君知項燕已死，楚淮北之地盡失，難以圖存」乃「借舊將之依附，僭立爲王」的經過，仍把《史記》四次提到的昌平君當作一人看待。今證以《編年記》所載，關於昌平君其人其事便發生了可疑處。《編年記》云：始皇「廿一年，韓王死，昌平君居其處，又死□屈。」此事發生於《秦始皇本紀》所載「昌平君徙於郢」的同一年，這不僅證明昌平君確有其人，而且被徙於郢也是事實。《編年記》又云：始皇二十三年「四月，□文君死」，據《史記》推斷，此處闕字應爲「昌」字，即「昌文君死」④，可見昌文君也確有其人，並與昌平君一道被遷徙到了郢，可補《史記》之缺。然而，在這裡出現了一個新問題：即始皇二十一年「又死□屈」是指誰死於「□屈」呢？依全句來說，前云「韓王死」，接著講昌平君居於韓王死前居住之處，最後說「又死□屈」，則顯然是指昌平君死。昌平君既已於始皇二十一年死去，則《秦始皇本紀》所載始皇二十三年項燕立爲荊王的昌平君和死於二十四年的昌平君，便發生了疑問。這裡有兩種可能：一是說明《史記·秦始皇本紀》所載始皇二十三年項燕立昌平君爲荊王事及廿四年昌平君死事不實，是《史記》誤載；二是有兩個昌平君，爲相於秦、徙於郢並於始皇二十一年死去的昌平君爲一人，後來項燕立以爲荊王的昌平君爲另一人。我認爲後一種可能性較大，即前後有兩個昌平君。正因爲項燕立爲荊王的昌平君同「徙於郢」的昌平君不是一個人，所以，張守節《正義》解釋「項燕立昌平君爲荊王反秦於淮南」一句時說：「昌平也」，意即反於淮

南，就是反於昌平君的封地昌平。據此，知後一昌平君，是楚國的封君，並不
是從秦徙於郢的昌平君。這樣一來，可知《史記》四次出現的昌平君，前兩次爲
一人，後兩次爲另一人；後一昌平君，本封於楚，並未入秦；前一昌平君也未
反秦於淮南，故司馬貞的解釋可能錯誤了。另外，從情理來推測，司馬貞的昌
平君爲楚公子說也不可信。倘若昌平君確是「楚公子」，則當其有罪而貶謫
時，也決不會把他們「徙於郢」，因爲郢是楚國都城，把楚公子徙於郢，豈非
縱虎歸山？！因此，《編年記》關於昌平君的記載，既是對《史記》有關記載的印
證，又是對它的補充，還可以訂正司馬貞解釋的錯誤，更可說明清人梁玉繩假
想之不實。

㈤幾個具有啓發性的問題

《編年記》所載，除如上述可以印證、補充和訂正《史記》者之外，還有助於
我們去認識當時某些政治、軍事事件之間的内在聯繫。其例證如下：

第一，關於范雎的死因。

《史記·范雎蔡澤列傳》只說范雎因他所推薦的鄭平安及王稽相繼犯罪而
「日益不懌」，經蔡澤游說而「謝病，請歸相印」，並薦蔡澤以自代。似乎他
是死於昭王五十二年之後，而且很可能是病死。但據《戰國策·秦策三》，卻謂
王稽因激怒軍吏反叛，引起「秦王大怒，而欲兼誅范雎」。則范雎之死實與王
稽有關，而且是謀殺而非病死。《史記》載范雎事多據《戰國策》，而言范雎之死
卻與《戰國策》不同；《戰國策》本身載范雎死事，又前後矛盾。因此，范雎的死
因遂成疑案。今《編年記》云：「昭王五十二年，王稽、張祿死」。張祿，即范
雎化名；王稽被誅於昭王五十二年，范雎也死於同年甚明。從死因來說，王
稽、張祿之死相連而且同年，且置張祿於王稽之後，這就清楚地告訴我們：張
祿之死與王稽有關。這就證明《戰國策·秦策》所說「秦王大怒，而欲兼誅范
雎」的話是可信的；可見范雎也很可能是被謀殺而非病死。明白了這一事實，
既說明《史記》所載范雎與王稽之間的互相勾結的關係確是事實；也反映出「任
人而所任不善者，各以其罪罪之」的秦法，在一定程度上是執行了的。

第二，「新鄭反」與「韓王死」之間的内在聯繫。

據《史記·秦始皇本紀》、《六國年表》及《韓世家》，知韓國於始皇十七年被秦國「内史騰」滅亡，韓王安被俘，秦以韓地爲潁川郡，至於被俘的韓王下落如何，卻不明白。到了韓國滅亡後的第四年，即始皇二十一年，發生了「新鄭反」（《史記·秦始皇本紀》）的嚴重政治事件。新鄭，是原韓國的都城；所謂「新鄭反」，無疑是韓國貴族的殘餘勢力對秦統一戰爭的反撲。然而，這次政治事件與被俘的韓王有無關係，從《史記》中卻無法看出。

《編年記》的出土，爲我們弄清上面兩個問題提供了重要線索。《編年記》載始皇二十年，「韓王居□山」。這就是説，韓王安於始皇十七年被俘後，並没有被解送到咸陽，也没有被立即處死，而是被囚禁於「□山」。這個「□山」，據「昌平君徒於郢」以後也曾「居其處」的情況來看，表明「□山」很可能在當時秦的南郡境内。而當時的南郡守，正是曾經俘虜過韓王安的「内史騰」（詳見〈南郡守的經歷及其發布《語書》的意義〉一文）。因此，秦把韓王安放到南郡的「□山」軟禁起來，等於要内史騰（即南郡守騰）兼任監視韓王安的重任，是秦始皇的戰略部署之一。

到了始皇二十一年，《編年記》又説：是年「韓王死」。韓王之死，是什麼原因，《編年記》雖未説明，但我們從《史記·秦始皇本紀》得知：「韓王死」的這一年，恰是「新鄭反」的同一年。可見「韓王死」與「新鄭反」必有聯繫。據情理推斷：或是韓王安暗中策劃了「新鄭反」，或是韓國貴族利用韓王安的名義發動了反叛。正因爲如此，以致「新鄭反」失敗後，韓王或畏罪自殺，或被秦處以死刑，這就是「新鄭反」與「韓王死」之間的内在聯繫。果如此，則《編年記》的這一記載，反映了當時統一與反統一鬥爭的尖鋭性。

第三，「南郡備警」與《語書》的發佈。

秦之南郡，設置於秦昭王二十九年（公元前278年）。其所轄地區，恰是楚國郢都故地。南郡設置後，它面臨著散布於南郡境内的楚國貴族殘餘勢力的反叛和逃亡到了陳城的楚國貴族的嚴重威脅。如秦昭王三十一年（即南郡設置後的第二年），楚頃襄王便「收東地兵得十餘萬，復西取秦所拔我江旁十五邑以爲郡距秦」（《史記·楚世家》），出現了「江旁反秦」（《史記·六國年

表》)的政治事件;又如秦始皇統一六國前,「荊王獻青陽以西,已而畔約,擊我南郡」(《史記・秦始皇本紀》)。這裡的青陽即長沙。可見「江旁反秦」的事,在秦始皇時期也曾出現。今據《編年記》所載,始皇十九年「南郡備警」,這就進一步證明當時的南郡,確實處於楚國貴族殘餘勢力的威脅之中;同時也說明秦的南郡在對楚作戰中的重要戰略地位。

所謂「南郡備警」,無非是加強南郡的戰備狀況。至於如何加強南郡的戰備狀況,史無記載,《雲夢秦簡》卻爲我們提供了某些線索。秦簡中有《南郡守騰文書》十四枚簡文,是南郡的郡守名叫騰的於秦始皇二十年四月初二發布的一個《語書》。這個南郡守騰,既能於始皇二十年發布《語書》,則他擔任南郡守必在此年之前。按南郡守騰即於始皇十七年滅韓的「內史騰」,則內史騰之出任南郡守必在始皇十七年之後。今《編年記》有始皇十九年「南郡備警」的記載,則始皇以內史騰出任南郡守,很可能就在十九年。這實際上是秦始皇爲了實現「南郡備警」的戰略措施之一。

內史騰於始皇十九年出任南郡守後,顯然採取了一系列加強南郡戰備的措施。其一,就是囚禁韓王安於「□山」,《編年記》謂始皇二十年「韓王居□山」,恰在內史騰出任南郡守後的第一年,決非偶然的巧合;其次,《編年記》又載始皇二十一年「韓王死,昌平君居其處」,顯然是把這年「徙於郢」的昌平君也同樣囚禁於韓王安居住過的地方,也屬於加強戰備的措施;其三,更重要的還是始皇二十年《語書》的發佈。南郡守騰在《語書》中一再強調,他之所以發佈這個《語書》,爲的是「矯端民心,去其邪僻,除其惡俗」;爲達此目的,他特重申法律令,「令吏民皆明知之」,並嚴禁地方官吏「養匿邪僻之民」,違者要「致以律,論及令、丞」;爲了鑒別地方官吏的好壞,《語書》還把他們區分爲兩大類別,凡廉潔奉「公」、辦事認真的官吏叫做「良吏」,凡包庇壞人和爲非作歹的官吏叫做「惡吏」,聲稱要獎勵「良吏」而懲辦「惡吏」。所有這一切,難道不是爲了整肅內部,清除包庇壞人和爲非作歹的惡吏,以加強南郡的戰備嗎?因此,從本質上著眼,《語書》的發佈,實爲始皇十九年「南郡備警」措施延續和深化;而南郡守騰本人,則是始皇統一戰爭的堅決支持者和爲始皇所依重的地方官吏。

第四，關於《史記‧秦本紀》孝文王與莊襄王在位年代之謎。

《史記‧秦本紀》謂昭襄王於五十六年秋「卒」，「子孝文王立」。孝文王於同年「十月己亥即位，三日辛丑卒。子莊襄王立。這裡的「己亥」是十月初一，初三即辛丑。接著，記載了莊襄王元年、二年、三年、四年事，四年「五月丙午，莊襄王卒，子政立，是爲秦始皇帝。」由此可見，孝文王在位僅三日，莊襄王在位卻有四年。可是，《史記‧六國年表‧秦表》，卻載孝文王在位一年，莊襄王在位僅三年。總的年數雖然一致，但孝文王與莊襄的具體在位年數不同，此可疑之一；《六國年表‧秦表》其他諸王在位年代均逐年標出，唯獨莊襄王只載元年，而二年、三年只是虛占兩格，並不書年，此可疑之二。原因何在呢？秦簡《編年記》的出土，方知《史記‧秦本紀》與《六國年表》並不矛盾。《編年記》的記載是這樣：

「（昭王）五十六年後九月，昭死。……
孝文王元年，立即死。
莊王元年
莊王二年
莊王三年，莊王死。」

據此可知：

第一，《秦本紀》謂昭王五十六年秋「卒」是正確的。

第二，孝文王「立即死」，同《秦本紀》謂孝文王在位僅三日也符合；且《史記‧秦本紀》所載莊王元年諸事，與它所載孝文王元年諸事，大體一致，益知孝文王元年係虛占一年。

第三，孝文王雖在位無一年，而《六國年表‧秦表》讓他虛占了一年，與《編年記》的作法相同；

第四，莊襄王在位本有四年，因爲元年讓孝文王虛占了，所以只剩下三年。

第五，《編年記》之所以讓孝文王虛占一年，可能是爲了突出秦始皇的直系

祖先的緣故，是秦的習慣；《六國年表‧秦表》之所以同於《編年記》，正是遵循了這種習慣，正如司馬遷在序言中所自白的：「因秦紀」的緣故。

　　此外，從《編年記》中，還反映出秦時縣一級行政機構中，設有「御史」這樣的官吏，如「喜」這個人，就曾作「安陸御史」。也反映出秦的地方官制中，縣一級在令、丞之下設有各種「史」的制度，如「喜」初爲「榆史」，繼爲安陸御史，再爲安陸令史及鄢令史等，《漢舊儀》謂漢「更令吏曰令史、丞吏曰丞史、尉吏曰尉史」，證以《編年記》，則「史」本秦制，非漢所更。《史記‧項羽本紀》謂「陳嬰者故東陽令史」，可見秦時確有「令史」，與《編年記》正合。還反映出秦的兵役制度以十五周歲爲成年標準，如「喜」生於昭王四十五年，到秦始皇元年便開始登記服兵役，其間相距十六年，則始傅的年齡爲十五周歲。再從《編年記》所載昭王五十三年「吏推從軍」的話來看，説明地方小官吏也在服兵役之列；其辦法，據《史記‧秦始皇本紀》十一年條，是從斗食之吏以下「什推二人從軍」，「喜」在爲「令史」之後仍得從軍，更可證明秦存在以低級地方官吏從軍的制度。從《編年記》中反映出來的其他問題，還有不少。總之，《編年記》的史料價值是很大的，就其按年代順序記載秦的軍政大事這一點來説，它的價值幾乎不亞於《史記‧六國年表》中的秦年表；就其所涉及的秦的典章制度來説，不僅可補《史記》之缺，而且可明《漢書》關於秦制記載的不實處，具有非常重大的史料價值。本文所云，僅僅是利用它關於攻城年代與地域的記載去印證、補充和訂正《史記》的有關部分，而且還只是一個大膽的嘗試，至於對秦制的全面研討和對《史記》的深入考訂，還有俟於賢者。

　　　　注　釋

①中華書局出版的《文史》雜誌 1979 年第五輯刊有武雷的《校勘小議》一文。該文也據《編年記》
　訂正了《史記》標點本誤删「武安」二字，與拙見不謀而合。武雷引證較詳，頗可參考，特注
　明以便檢閲。

②傅振倫先生在其《雲夢秦墓牒記考釋》一文中（刊 1978 年第 4 期《社會科學戰線》雜誌），認
　爲攻皮的年代，其所以《史記‧樗里子傳》與《魏世家》及《六國年表》不同，是由於當時三正並

用，因此而異的緣故。然而，事實卻是三者都作昭王元年攻皮氏，並無因所用曆法不同而出現差異的情況。因此，僅就這一點而言，傳說未必可信。特以質疑，盼指教。

③此條，傅振倫先生在其《雲夢秦墓牒記考釋》一文（刊《社會科學戰線》1978 年第 4 期）說：「新城，《年表》作襄城，似非」，與鄙見不謀而合，特注明以備檢閱。

④此據《文物》所刊《雲夢秦簡釋文》，《睡虎地秦墓竹簡》一書已作「昌文君死」。

從《睡虎地秦簡》看秦的土地制度

關於秦的土地制度，雖然史學界一致認爲自商鞅變法之後就是地主土地私有制，但是，實際上，關於這個問題，既缺乏史料，又矛盾重重，真相並不太清楚。《雲夢秦簡》的出土，爲我們考察秦的土地制度提供了新材料，擴大了我們認識這一問題的視野。本文試圖利用《雲夢秦簡》的有關材料，結合原有的歷史文獻記載，對秦的土地制度的形態、性質和變化發展，說一點初步的看法，並對文獻中的一些矛盾作些嘗試性的解釋，以期求得教益！

㈠文獻中關於商鞅「廢井田，開阡陌」
的各種說法及其矛盾

我國奴隸社會的土地制度是井田制度。隨著奴隸制度的逐步解體，作爲它的經濟基礎的井田制度，早在春秋中、後期，就逐步在瓦解之中。地處西陲的秦國，雖然發展比較緩慢，但簡公七年（公元前 408 年）的「初租禾」①，就從側面反映了井田制度在秦國的逐步崩潰和封建土地所有制的逐步形成。到商鞅變法時，正式明令「廢井田，開阡陌」，標誌著從法律上宣布了秦國井田制度的全面破產和封建土地所有制的正式確立。所以，「廢井田，開阡陌」的法令有著重要意義。

但是，商鞅是怎樣「廢井田」的呢？「廢井田」之後，是實行的地主土地私有制呢，還是封建的國有土地制呢？或者是二者同時並存呢？對於這些問題的回答，歷史上早有分歧看法，只是未曾引起充分注意而已。因此，要探討這一問題，有必要先從關於商鞅「廢井田，開阡陌」的各種記載說起。

歷史文獻關於商鞅「廢井田，開阡陌」的記載，按時間順序，有如下幾種：

　　第一，《戰國策・秦策三》云：「蔡澤曰：……夫商君爲孝公平權衡，正度量，調輕重，決裂阡陌，教民耕戰。」《史記・蔡澤列傳》也説「決裂阡陌，以靜生民之業而一其俗」。這裡的「決裂阡陌」，是關於商鞅改變土地制度的最早記載。

　　第二，《史記・秦本紀》云：秦孝公十二年，商鞅「爲田開阡陌，東地渡洛。」同書《六國年表》同年條，作「令爲田開阡陌」，意思全同，只無「東地渡洛」一句。清人俞理初在其《癸巳類稿》卷三《王制東田名制解議》中説：「言東地渡洛，則盡秦地」，意即凡秦國土地都實行了「爲田開阡陌」之制。又《索隱》引《風俗通義》曰：「南北曰阡，東西曰陌，河東以東西爲阡，南北爲陌」，列舉了關於「阡陌」的兩種解釋。

　　第三，《史記・秦始皇本紀》云：秦「昭襄王生十九年而立，立四年，初爲田開阡陌」。此説在「爲田開阡陌」的時間上，同《秦本紀》及《六國年表》矛盾，原因不明。

　　第四，《史記・商君列傳》説：商鞅爲大良造之後三年，「爲田開阡陌封疆，而賦稅平。」在這裡，把商鞅「爲田開阡陌封疆」，同「賦稅平」的問題聯繫起來了。另外，在時間上又出現了新矛盾，據《史記・秦本紀》，孝公「十年，衞鞅爲大良造」，則其「爲田開阡陌封疆」應在孝公十三年，與上述十二年不合。

　　第五，《漢書・食貨志》引董仲舒語曰：「秦……用商鞅之法，改帝王之制，除井田，民得賣買，富者田連阡陌，貧者無立錐之地。」在這裡，第一次提出了商鞅「廢井田」之後「民得賣買」土地的問題，顯然是説商鞅實行的是土地私有制，所以造成了貧富懸殊。

　　第六，班固在其《漢書・食貨志》中概括秦制説：「秦孝公用商君，壞井田，開阡陌，急耕戰之賞……王制遂滅，僭差亡度，庶人之富者累鉅萬，而貧者食糟糠。」這一説法，同董仲舒的看法是一致的，顯然是本於董説。

　　第七，《漢書・地理志》云：秦「孝公用商鞅制轅田，開仟佰（即阡陌）」。在這裡，班固把商鞅的「廢井田」與「制轅田」等同，又出現了一個商鞅「制轅田」的新概念。什麼叫「轅田」呢？有如下三種解釋：一是顏師古

注引曹魏時張晏的解釋。張晏語曰：「周制：三年一易，以同美惡。商鞅始割列田地，開立阡陌，令民各有常制。」意即「轅田」就是商鞅廢除井田制度後的私有土地制度。二是顏師古引魏人孟康的解釋。孟康説：「三年爰土易居，古制也。末世浸廢，商鞅相秦，復立爰田，上田不易，中田一易，下田再易，爰自在其田，不復易居也。《食貨志》曰：自爰其處而已，是也。轅即爰。」按照孟康的看法，商鞅的「轅田」即「爰田」，也就是《漢書‧食貨志》所説的古代井田制下的「三歲更耕之，自爰其處」的「爰田」，其不同點，僅在於「爰土」而不「易居」。這實質上是説商鞅的「制轅田」，是一種關於荒廢土地的休耕輪種法。三是今人高亨先生的解釋。他在《商君書注釋》的序論中，認爲商鞅的「轅田」，就是《左傳》僖公十五年及《國語‧晉語三》所説的晉國「爰田」，爰與轅「當讀爲換」，「轅田」即「換田」，「換田是用錢換田，即民得買賣」②。可見高亨先生認爲商鞅「廢井田」後的土地制度是私有土地制。至於什麼叫「開阡陌」，顏師古的解釋是這樣：「南北曰仟，東西曰佰，皆謂開田之疆畎也。」

　　第八，《全後漢文》卷 46 崔寔《政論》云：「昔在聖王，立井田，分口耕耦地，各相逼適，使人饑飽不徧，勞逸齊均，富者不足僭差，貧者無所企慕。始暴秦隳壞法度，制人之財，既亡紀綱，而乃尊獎併兼之人……於是巧猾之萌，遂肆其意，上家累鉅億之貲，戶地侔封君之土……故下戶踦嶇，無所跱足。」可見崔寔也認爲商鞅「廢井田」之後，是實行的私有土地制。

　　第九，杜佑在其《通典‧食貨典》序中説：「孝公用商鞅計，乃隳經界，立阡陌，雖獲一時之利，而兼併踰僭興矣。」又《通典‧食貨一》云：商鞅「廢井田，制阡陌，任其所耕，不限多少，數年之間，國富兵強，天下無敵。」《通典‧食貨四》還説：「夏之貢，殷之助，周之藉，皆十而取一，蓋因地而稅。秦則不然，舍地而稅人，地數未盈，其稅必備，是以貧者避賦役而逃逸，富者務兼併而自若」。看來，杜佑在董仲舒與班固等人説法的基礎上，對商鞅廢井田」後的土地制度，有進一步的推演。他不僅認爲商鞅「廢井田」後是實行的私有土地制，而且認爲秦的賦稅制度與土地制度無關係，這就直接導致了同《史記‧商君列傳》所説商鞅「爲田開阡陌封疆而賦稅平」的精神矛盾。

　　第十，馬端臨《文獻通考・田賦考》引吳氏語曰：「井田受之於公，毋得鬻賣，故王制曰：田里不鬻。秦開阡陌，遂得買賣。又戰得甲首者，益田宅，五甲首而隸役五家，兼併之患自此起。民田多者以千畝爲畔，無復限制矣。」（「五甲首而隸役五家」的話，本於《漢書・刑法志》）吳氏所論雖然主要是指商鞅實行的賜爵制度與私有土地制度發展的關係，但也反映出他是私有土地說的主張者，同董仲舒、班固的看法一致。

　　第十一，《通考・田賦考》引朱熹《開阡陌辨》曰：「漢志言秦廢井田，開阡陌，說者之意，皆以開爲開置之開，言秦廢井田而始阡陌也」。他不同意此種說法，他認爲「阡陌」是原有井田之間的徑、涂、溝、洫，而「開阡陌」是「決裂阡陌」，而不是「廢井田」之後新立的阡陌。顯然在開「阡陌」的理解上，他是同意蔡澤所說的「決裂阡陌」之說的。至於在土地制度的性質問題上，他也認爲商鞅變法之後是私有土地制。

　　第十二，《通考・田賦考》馬端臨按云：「秦廢井田之後，任民所耕，不計多少，已無所稽考以爲賦斂之厚薄，其後遂舍地而稅人。」這顯然是說商鞅「廢井田」之後是私有土地制，而賦稅制度也隨之變成舍地而稅人，可見馬端臨是杜佑看法的支持者。

　　上述關於商鞅「廢井田，開阡陌」的各種說法，或互相矛盾，或解釋不一，歸納起來，反映出如下幾個問題：

　　第一，關於秦「廢井田，開阡陌」的時間與主持者的問題，存在明顯的矛盾。綜上所引述，關於秦「廢井田，開阡陌」的時間有三說：一爲孝公十二年說，二爲孝公十三年說，三爲秦昭襄王四年說。就「廢井田，開阡陌」的主持者來說，前二說謂爲商鞅，後一說謂爲昭襄王，前後不同，甚不可解。此矛盾之一。

　　第二，關於商鞅「廢井田」之後是實行的何種土地制度的問題，也存在明顯的疑問。關於這個問題，《戰國策》與《史記》都沒有明確交代，最早說商鞅實行私有土地制的，是西漢人董仲舒，他的「民得賣買」的話，就是這個意思。自此以後，班固、崔寔、杜佑、吳氏、朱熹及馬端臨等人都從其說，直到1949年後的史學界也一致持此看法，幾乎並無歧說。實則，此說是大成問題

的。一則因爲董仲舒之前，無人言及；二則董氏未舉出任何證據，他所能見到的文獻，司馬遷也應能見到，而司馬遷卻未談及；三則此說同「商鞅制轅田」說矛盾。因爲按照孟康的解釋，商鞅的「轅田」，實際上就是井田制下的「爰田」。可是，當《漢書・食貨志》講到「爰田」時，明明是指井田制下的耕作方法，而不是指私有土地制度。因此，孟康的解釋，實際上是對商鞅所實行的是私有土地制這一說法的否定。換言之，商鞅的「制轅田」，並不是廢除國有土地制而代之以私有土地制，而只是改變了井田制下的「爰土易居」而已。因此，這實質上是關於商鞅「廢井田」的具體作法問題，存在著分歧看法。此矛盾之二。

第三，關於「開阡陌」的理解問題，更存在著明顯的分歧。所謂「開阡陌」，是指廢除原有井田的阡陌而言呢，還是指「廢井田」之後新立的「阡陌」而言呢？關於這個問題，早就有兩種截然不同的理解：一是以蔡澤爲代表的一說，認爲「開阡陌」是「決裂阡陌」的意思，意即廢除原有井田制下的阡陌，打破井田制的體制；宋人朱熹，是蔡澤說的支持者，他進一步認爲「開阡陌」的「開」，並不是「開置之開」，而是決裂、廢除之意。二是張晏、杜佑等人的解釋：張晏認爲商鞅「割列田地，開立阡陌」，前半截與蔡澤說相近，而後半截則大不相同，即「開阡陌」並不是廢除阡陌，而是新立阡陌。至於杜佑，他說得更明白：他認爲商鞅「隳經界，立阡陌」和「廢井田，制阡陌」，則所廢者爲井田之經界，而「阡陌」則爲「廢井田」之後新立的田界。由此可見，在對「開阡陌」的理解上，有著明顯的矛盾，這實際上也涉及到商鞅怎樣廢井田的問題，並不單純是字義上的分歧。此矛盾之三。

第四，關於商鞅「廢井田，開阡陌」的範圍問題，根據《史記・秦本紀》所說「爲田開阡陌，東地渡洛」的話，加上清人俞理初的解釋，是秦國範圍内的所有井田，都在商鞅變法時一次廢除了；可是《史記・秦始皇本紀》又謂秦昭襄王四年「初爲田開阡陌封疆」，顯然還有井田並未被廢除，此矛盾之四。

第五，關於秦的賦稅制度與土地制度的關係問題，也有著看法不一致的地方。據《史記・商君列傳》所云「爲田開阡陌封疆而賦稅平」的話，表明當時的賦稅與土地制度有關係；可是，杜佑與馬端臨，都認爲秦制是「舍地而稅

人」，即賦稅制度與土地制度無關係。此矛盾之五。

　　過去對於上述這些由來已久的分歧與矛盾，由於史料缺乏，難於作出回答。所以，每講到商鞅變法後的土地制度，總是根據董仲舒的説法，認爲商鞅的「廢井田，開阡陌」，是廢除奴隸社會的國有土地制——井田制，而代之以封建的地主土地私有制，迴避了各種矛盾與分歧的看法。今《雲夢秦簡》的出土，給我們擴大了視野，提供了解釋這些分歧看法的條件。

㈡商鞅「廢井田」後的土地制度
是封建土地國有制與地主土地私有制的並存

　　雲夢出土的秦簡中，有頗大部分關於秦的法律，簡稱《秦律》。《秦律》中有二十多個律名，其中有專講土地制度的《田律》；還有涉及土地制度的，如《廄苑律》、《金布律》及《倉律》等；在法律答問部分，又有關於《田律》的解釋；在《語書》中，還有《田令》的名目，顯然是《田律》的發展，是補「法律未足」的。這些事實，反映出秦的統治者對於土地制度的重視，也爲我們提供了關於秦的土地制度的新材料。

　　從《秦律》中，首先，使我們獲得的強烈印象，就是秦的土地制度爲封建的土地國有制。《田律》規定：

> 「雨爲澍（澍），及誘（秀）粟，輒以書言澍（澍）稼、誘（秀）粟及垠（墾）田暘毋（無）稼者頃數。稼已生後而雨，亦輒言雨多少，所利頃數；早（旱）及暴風雨、水潦、釜（蝱）蚼羣它物傷稼者，亦輒言其頃數。近縣令輕足行其書，遠縣令郵行之，盡八月□□之。」

這是關於縣一級的官吏，要及時向封建國家的中央政府報告田畝的播種面積、莊稼的生長及旱、潦、風、蟲等自然災害傷害莊稼的情況的法律規定。如果土地不是由封建國家直接控制，如果沒有專門的官吏管理這些土地，《田律》顯然是不會作這樣的規定的。事實證明，當時的確有專門管理封建國有土地的官

吏。《田律》又云：

> 「百姓居田舍者毋敢酤（酤）酉（酒）。田嗇夫、部佐謹禁御之，有
> 不從令者有辠（罪）。」

「嗇夫」，在《秦律》中屢見不鮮，而且並不像《漢書・百官公卿表序》中所説的
秦的「嗇夫」一官，只有鄉一級政權機構中有之③，而是在縣一級行政機構中
也有之，「縣嗇夫」這一官名見於《秦律》者不勝枚舉（詳見另文）。除「嗇
夫」外，還有按照不同經濟部門而專門設置的「嗇夫」，如管理離宮禁苑者叫
「離官嗇夫」④，管理封建國家倉庫的官吏叫「倉嗇夫」或「庫嗇夫」⑤，管
理僕隸生產事宜的叫「皂嗇夫」⑥。因此，這裡的「田嗇夫」，無疑是管理封
建的國有土地的官吏。至於「部佐」，在法律答問部分講到「部佐匿者（諸）
民田」的情況，説明「部佐」也確是同管理國有土地有關的官吏。此外，還有
「田典」、「牛長」等低級官吏，均見《廄苑律》。「牛長」顯然是管理耕牛
的，則「田典」無疑也是管理封建國有土地的官吏中的一種。管理國有土地的
官吏既然如此之多，而且自「牛長」、「田典」、「部佐」到「田嗇夫」、
「大嗇夫」、「都官」及「大田」⑦等官吏，自成體系，可見其管理封建國有
土地的制度是嚴密的。這些官吏的管理範圍，不僅要掌握播種的頃數和自然災
害的面積等情況，而且要保護耕牛⑧，要監督農民從事農業生產，不准農民砍
伐「材木山林」、捕捉「魚鱉」、「壅塞隄水」⑨和酤酒作樂等；甚至連播種
何種莊稼及每畝用多少種籽等問題，都在各級田官管理之列。如《倉律》規定：

> 「種：稻、麻畝用二斗大半斗，禾、麥畝一斗，黍、荅畝大半斗，叔
> （菽）畝半斗。利田疇，其有不盡此數者，可殹（也）。其有本者，稱議
> 種之。」

這説明各級田官不僅要過問何種莊稼應每畝播種多少種籽，而且還得視土地的
肥瘠不同，允許生產者有根據實際情況確定種籽多少的方便。至於種籽的來

源，可能有兩種情況：一是「有本者」，是自備種籽⑩，至於每畝地播多少種籽，可以酌情處理。這可能是指佃種封建國有土地的農民和「受田」農民而言。二是由封建國家供給，《倉律》所謂「縣遺麥以爲種用者，殼禾以藏之」，就是指的此種情況。這可能是國家用奴隸直接耕種的土地，如《倉律》中提到的「隸臣田者」，就是屬於這種情況。

其次，我們還從《秦律》中可以清楚地看到：這種封建的國有土地，有用官府奴婢去耕種的，《倉律》關於「隸臣田者」廩食可以多於其他「隸臣妾」的規定，就是以奴隸耕種國有土地。這種用奴隸耕種的國有土地，可能仍同昔日井田制下的奴隸生產一樣是集體生產的形式。《田律》中的「大田」官和給「乘馬服牛」廩給飼料的規定，可能就與管理這種國有土地有關。國有土地，除官府用奴隸去耕種者外，還有强迫農民去耕種的。其方式大約有兩種：一是把國有土地以份地的形式「授田」給農民，二是把國有土地直接租佃給農民耕種。關於前者，《田律》的下述規定，便作了明確的回答：

> 「入頃芻、稾，以其受（授）田之數，無豤（墾）不豤（墾），頃入芻三石、稾二石。芻自黃鯀及薦束以上皆受之。入芻、稾，相輸度可殹（也）。」

在這裡，提出了一個由封建國家「授田」給農民和按「授田」的頃畝數（不論其墾與不墾）繳納芻、稾的土地與租賦制度問題。所謂「授田」，就是封建國家把屬於國家所有的土地，以份地形式强行分配給農民，土地所有權並不屬於農民。因此，從「授田」與按「授田之數」入芻、稾的法律規定看，千眞萬確地説明秦存在著封建的國有土地制。秦的統治者其所以採取這種剝削形式，是因爲舊的奴隸制的生產關係已經不適應生產力發展的需要。正如《呂氏春秋·審分》篇所説：「今以衆地者，公作則遲，有所匿其力也；分地則速，無所匿遲也。」意即把大批的勞動力用在國有土地上去從事集體的耕作勞動，則生產積極性就會很低；反之，如果把國有土地當作「份地」，分給直接生產者自己去單獨進行生產，則生產情緒就會提高。這裡講的，實際上是兩種不同的剝削

方式：前者是奴隸制的剝削方式，後者則是封建制的剝削方式。這裡的「分地」就是「份地」，也即是《田律》中的「授田」。有「授田」者，必有「受田」者。同樣是國有土地的形式，一旦把集體耕作改變成「份地」，「授田」給直接去生產者並按「授田之數」入芻、稾，就等於把奴隸制的井田制度改變成了封建的國有土地制度，被「授田」的直接生產者，就成了封建國家直接控制的農民，就不再是奴隸了。所以，《田律》的這一規定，對於說明封建的國有土地制，有著重大意義。

除了把國有土地以「份地」形式「授田」給農民外，還存在把國有土地直接租佃給農民的形式。法律答問有這樣一則，可以說明這一情況：

> 「部佐匿者（諸）民田，者（諸）民弗知，當論不論？部佐為匿田，且可（何）為？已租者（諸）民，弗言，為匿田；未租，不論為匿田。」

「部佐」是管理封建國有土地的官吏，已於前述。這些人為了把國有土地的地租收入變為他們的私有財產，便採取了「匿諸民田」的手法，即不向封建國家報告已經租給農民耕種的土地數，以便從中貪污農民所納地租。如何判斷「部佐」是「匿田」了還是沒有「匿田」呢？法律規定：「已租諸民，弗言，為匿田」；如果土地還沒有出租，就「不論為匿田」，因為他無法從「未租」的土地數中貪污地租；反之，便算是「匿田」。因此，從土地有「已租諸民」與「未租」於民的情況來看，說明這是不同於「授田」於民的另一種剝削方式，即租佃剝削制。在這裡，封建國家是土地的出租者，而貧苦農民則是土地的租佃者，這種農民實際上是不折不扣的國家佃農。且《漢書·食貨志》載董仲舒講到秦時農「或豪民之田，見稅什五」，這是地主租地給農民耕種。民間既有租佃制存在，則官府採用租佃制經營國有土地，就更不足為怪了。

其三，封建國家通過土地剝削農民的情況，也可以從《秦律》中明白一個大致輪廓。由於封建國家把國有土地同農民結合起來的方式有兩種，所以，官府剝削農民的形式也有兩種：一是如《田律》所云按「授田」給農民的頃畝數，強迫農民「頃入芻三石、稾二石」於官府，與《淮南子·氾論訓》所說「秦之時，

入芻、稾」的話正相符合，這是以賦稅形式出現的地租。正如馬克思所說的，是地租與課稅的結合⑪。另一種方式則只能是按租種土地數強制農民繳納地租，雖然《田律》中沒有明確規定這種租種土地的地租數，但《倉律》中有「入禾稼、芻、稾、輒爲屚籍，上內史」的規定，這裡較《田律》多出的「禾稼」，可能就是租種國有土地的農民繳納的地租，只是具體數字不詳而已。據《漢書·食貨志》所說：「耕豪民之田，見稅十五」，這是秦時農民租種地主私有土地時的地租率，租種國有土地的地租，可能同私家地租相去不遠，在秦始皇時期的「收泰半之賦」⑫，也許就是指這種租種國有土地的地租而言。

上述的這種封建的國有土地制度，就是從商鞅變法時「廢井田，開阡陌」開始的。結合《秦律》所反映出來的情況，我們認定：商鞅的「廢井田」，並不是以地主土地私有制全面地取代奴隸制的國有土地制，而是把本來屬於奴隸制國家所有的土地，接收過來，改變爲屬於封建國家所有，並用「份地」的形式「授田」給農民，從而以地租與賦稅相結合的方式榨取農民的剩餘勞動產品。這樣一來，土地屬於國家的形式雖未改變，但是，剝削的形態卻改變了。過去是以奴隸集體耕種「井田」，產品全部歸奴隸制國家所有；現在則以「份地」的形式「授」給或「租」給農民，由農民進行個體生產，然後向封建國家繳納定額的剩餘勞動產品，變成了封建制剝削。當然，這種改革，不是商鞅個人的主觀意願所能辦到的，而是社會發展的客觀需求決定的。正如馬克思所說：「君主們在任何時候都不得不服從經濟條件，並且從來不能向經濟條件發號施令。無論是政治的立法或市民的立法，都只是表明和記載經濟關係的要求而已⑬」。而且這種改革，也不是一紙命令能實現的，其間一定要經過變革與反變革的激烈鬥爭，《商君書·更法篇》所反映的情況，即其一班。

這種封建的國有土地制，在商鞅以後，似乎還有所發展。例如《商君傳·徠民》篇，便提出了一個「制土分民」的原則，認爲全國的土地，「山陵處什一，谿谷流水處什一，都邑蹊道處什一，惡田處什二，良田處什四」，即可耕地不能少於全部土地的十分之六。可是，當時秦國地廣人稀，已耕土地不到十分之二，荒地甚多。爲此，秦國統治者極力想把「土狹而民衆」的「三晉之民」，用「利其田宅，而復之三世」的辦法招誘過來，通過他們的力量去開墾

荒地，從而制定了「令故秦民事兵，新民給芻食」的戰略思想。《徠民》篇所提出的這個處理全國土地的原則，就是以封建的國有土地制為前提的；它所採取的給「三晉之民」以土地，並令其「給芻食」的辦法，就是《田律》中關於「入頃芻、稾、以授田之數」的規定的具體實行。由於《徠民》篇所説是商鞅死後的事⑭，可見商鞅死後，秦的封建國有土地數量增加了。再證以出土秦簡《為吏之道》後面所附《魏戶律》關於禁止「叚（假）門逆呂（旅）、贅婿後父，勿令為戶，勿鼠（予）田宅」的規定，説明凡非「假門逆旅」、「贅婿後父」者，都是可以立戶和都應給予田宅的。《秦簡》中之所以抄入這條魏國安厘二十五年的法律，表明秦國也同魏國一樣，都在實行「授田」制度。魏安厘王二十五年，即秦昭王五十五年，可見昭王時期確在推行封建國有制下的「授田」辦法。

秦的封建國有土地制，經秦朝及西漢，一直被保存下來。王充在《論衡‧謝短》篇中説：「古者井田，民為公家耕；今量租、芻，何意？」王充之所謂「古」，是指殷、周；所謂「今」是指秦、漢。在他看來，「古、今」的差別在於，一則「民為公家耕」，一則民納租、芻於官府。實則本質上二者體現了兩種剝削制度的更替，而國有土地的形式並無改變，這與商鞅以後仍保留國有土地的形式而改變了剝削性質的情況正相符合。正因為秦保留了土地國有制的形式，所以屬於封建國家所有的園地苑囿，大而且多。以始皇來説，曾「引渭水為長池，東西二百里，南北三十里」⑮，即使如此，他還「欲大苑囿，東至函谷關，西至雍陳倉」⑯。又復「廣其宮，規恢三百餘里，離宮別館，彌山跨谷，……表南山之巔以為闕，絡樊川以為池」⑰。及西漢政權建立，又全部繼承了秦的國有土地，所以，蕭何曾「為民請曰：長安地狹，上林中多空棄地，願令民得入田，毋收稾為禽獸食」⑱。結果劉邦大怒，事不得成。漢武帝時期，由於興修水利和没收富商大賈的田地，使國有土地的面積又有顯著增加。隨後「假民公田」之事，史不絶書。農民一旦被假與「公田」，就得交納比一般田租重得多的「假税」。漢代的「假公田」制度，實際上就是秦代的「租」種國有土地制度的延續。至於《漢書‧五行志》所載谷永説的「庶人受土田」及《趙充國傳》所説「田事出，賦人二十畮」，則都是計口授田之制，是秦的「授

田」制度的繼續。甚至漢及三國的「屯田」，北魏及隋唐的「均田」，都是同秦的封建國有土地制一脈相承的，以致北魏前期，官府稱耕種屯田的徙民為「新民」，被官府「計口授田」的農民，也叫「新民」⑲，同秦稱被招徠的「三晉之民」為「新民」如出一轍。因此，清楚了秦的封建國有土地制，對於理解我國封建社會前期幾百年的土地制度都是有幫助的。有人認為我國封建社會的國有土地制始於漢武帝時期⑳，今據《雲夢秦簡》，知此説不確。

　　當然，秦的土地制度，除上述國有土地制外，還有地主土地私有制。《史記・商君列傳》云：「以衞鞅為左庶長，卒定變法之令。令民⋯⋯有軍功者，各以率受上爵；⋯⋯明尊卑爵秩等級各以差次，名田宅、臣妾衣服以家次。」這説明按賜爵等級而給予「田宅」、「臣妾」（即奴隸）的制度，在商鞅時便已開始實行。這種隨著賜爵而出現的私有土地，在《商君書・境內》篇中説得更明顯。《境內》篇云：「能得甲首一者，賞爵一級，益田一頃，益宅九畝，一除庶子一人」；又説：「其有爵者乞無爵者以為庶子，級乞一人」，「其庶子役其大夫月六日」。這顯然是封建國家把國有土地賞賜給立有軍功的爵位獲得者，同時給予服役者。這些人，既獲得了土地，又有勞動力為他們生產，無疑就變成了地主。所以，前引吳氏之説也認為：「戰得甲首者益田宅，五甲首而隸役五家，兼併之患自此起」，地主土地私有制就通過賜爵制的推行而迅速發展起來。隨著地主私有制的發展，就使得封建的國有土地，日益轉化為地主階級的私有土地，於是逐步形成了「富者田連阡陌，貧者無立錐之地」及「上戶累鉅億之貲，戶地侔封君之土」，而「下戶踦嶇，無所跱足」的狀況。地主擁有大量私有土地之後，就把土地租給農民，以榨取封建地租，所以，農民「或耕豪民之田，見税十五」㉑的情況就多起來了。在這種情況下，耕種封建國有土地的農民，由於受不了來自官府的租賦、徭役剝削，便紛紛逃亡，以致「士卒之逃事狀（藏）匿，附託有威之門以避徭賦」者「萬數」㉒。到秦始皇時期，又「使黔首自實田」㉓，進一步承認了地主土地私有制的合法性，而將領之「請美田宅」如王翦者也出現了。

　　上述地主土地私有制的存在與發展情況，在出土秦簡中也有反映。《秦律》的《法律答問》部分有這樣一則簡文：

「盜徙封，贖耐。可（何）如為封？封即田千（阡）伯（陌）。頃半
（畔）封殹（也），且非是？而盜徙之，贖耐，可（何）重也？是，不
重。」

這裡的「封」，就是「封疆」，即田界，是設立於田阡陌之間的標記。《周
禮・封人》注：「畿上有封，若今時界矣。」又每百畝土地之間的田界，叫做
畔，《說文》釋「畔」爲「田界也」，段玉裁注曰：「一夫百畝，則畔爲百畝之
界也」，據簡文「頃半（畔）封也」的話，可知段玉裁的百畝之田界曰「畔」
的說法不誤，而且這種「畔」，秦又稱之爲「封」。整個簡文的意思，是給擅
自改變田界者以懲處的法律規定，其目的既是爲了防止有人侵犯封建國有土
地，也是爲了保護地主的私有土地。《語書》中，說到「吏民莫用」「法律
令」，「甚害於邦，不便於民」，「故騰爲是而修法律令、田令及爲間私方而
下之，令吏明布，令吏民皆知之」。所修「法律令」中特別提到「田令」，可
見破壞法律的狀況多與土地問題有關，反映出封建國家同私家地主在爭奪土地
的問題上已經存在矛盾。而另一方面，通過賜爵制給地主增加私有土地的法令
還在繼續推行。如《封診式》中有兩個案例說到參加過秦昭王四十一年邢丘戰役
的兵士，爲了爭奪斬首而發生鬥毆。如果當時已不實行按斬首賜爵並賜予土地
的制度，顯然是不會發生這種爭奪事件的。還有雲夢睡虎地第四號秦墓中出土
的兩件木牘，講到兩個名叫黑夫與驚的士兵，因參加攻楚的淮陽戰役，大約立
了軍功，因此，一個要求家裡人「書到皆爲報，報必言相家爵來未來？」一個
則擔心「新地入盜」、要求其母「行新地，急急」㉔。這些例子，說明直到秦
末，仍在推行按軍功賜爵並給予土地的制度。因此，地主土地私有制的迅速發
展是可以理解的。

　　由於地主土地私有制的發展，在《秦律》中反映出來的地主的情況不少。
《司空律》規定：「百姓有貲贖債而有一臣若一妾，有一馬若一牛而欲居者，
許」；《金布律》規定：「公有責（債）百姓，未賞（償），亦移其縣，縣賞
（償）」；《倉律》也規定：「妾未使而衣食公，百姓有欲叚（假）者，叚
（假）之，令就衣食焉」。這些「百姓」，既有「臣妾」，又有馬牛，還可以

向官府借用奴隸，有的還有錢借給官府，不是地主是什麼呢？《秦律》中類似這樣的「百姓」，還有不少㉕，這反映出地主的人數已相當多。此外，還有權勢不小的地主，如《封診式》中的《黥妾》爰書中，講到一個擁有五大夫爵的地主，他不僅有「妾」，還有爲他辦事的「家吏」，當他要把「妾」處以黥刑時，自己可以不出面，而叫「家吏」去辦理法律手續。還有《告臣》的案例，講到一個普通地主，使用奴隸代替他種田，當該奴隸已免除奴隸身分時，他可以「復臣之」，即再度使之淪爲奴隸。像這樣的地主，確如董仲舒所說，是「豪民」，也是漢代豪強地主階層的前身。

綜上所述，表明自商鞅「廢井田」之後，秦的土地制度確實是封建的國有土地制與地主土地私有制的並存，而且前者在開始還居於主導地位，只是由於後者在迅速發展之中，才相對地削弱了它的比重。這就是雲夢出土《秦簡》所給予我們的回答。

㈢關於商鞅「廢井田，開阡陌」諸矛盾試析

當我們明白了秦的土地制度的大致情況以後，就可以回復到前面，對商鞅「廢井田，開阡陌」的各種矛盾作出嘗試性的解釋。

第一，關於「廢井田」的年代與主持者的問題。以商鞅「廢井田」的時間來說，雖然存在孝公十二年與十三年兩說，但從《史記·秦本紀》謂孝公十二年「作爲咸陽，築冀闕，秦徙都之」來看，商鞅「廢井田」之舉，應在都咸陽之後。何況《史記·秦始皇本紀》又謂「孝公十三年，始都咸陽」，則商鞅「爲田開阡陌封疆」的年代應以孝公十三年爲正。至於昭襄王四年「初爲田開阡陌」一事，則不應是指商鞅「廢井田」事，而是指昭王時期招徠三晉之民授予荒廢土地使之「給芻食」一事而言，由於原來的荒廢地未曾開墾，所以謂之「初爲田開阡陌封疆」。

第二，關於商鞅「廢井田」的具體作法問題。根據上述秦的土地制度的狀況，可知商鞅的「廢井田」，是把原來屬於奴隸制國家的井田，收歸封建國家所有，然後將土地以份地形式「授田」給農民，並責令農民按所授土地頃數繳

納芻、稾給封建國家。這樣一來，原來通過井田制剝削奴隸全部產品的奴隸制剝削方式，就改變成了通過「授田」而剝削農民剩餘產品的封建剝削形式。於是在土地屬於國家所有這一形式未變的情況下，而土地所有制的性質郤改變了。這就是商鞅「廢井田」的具體作法。明白了這一點，就不難理解班固爲什麼把商鞅的「廢井田」與「制轅田」等同起來；也可以明白孟康爲什麼把商鞅的「轅田」同井田制下的「爰田」相提並論。問題的關鍵就在於商鞅的「轅田」，在形式上與井田之屬於國家所有這一點是相同的；也在於它的「授田」方式，同井田制下的所謂「一夫受田百畝」相近。因此，商鞅的「制轅田」，實質上是指的《秦律》中所說的「授田」制度，而決不是什麼屬於土地買賣制度的「換田」。至於董仲舒所說的「民得賣買」的土地制度，則是指的與封建國有土地制並存的地主土地私有制。由此可見，董仲舒與孟康，是各指秦的土地制度的不同方面而言，其中本無矛盾。

　　第三，關於商鞅「開阡陌」的問題，應當理解爲「決裂阡陌」與「開立阡陌」的統一過程。因爲井田是方塊田，其畝積是以方百步爲畝來計算的；又井田與井田之間有田界，若干井與若干井之間有封疆，這些田界封疆，又是同田間的縱橫道路及排灌系統相一致的。當商鞅改變井田制的剝削方式時，他也改變了畝積。許慎《説文解字・田部》云：「畮，六尺爲步，步百爲畮；秦田二百四十步爲畮。」又《太平御覽》卷 750 引僧一行《算法》云：「鞅獻三術：內一，開通阡陌，以五尺爲步，二百四十步爲畝。」《玉篇・田部》云：「秦孝公二百四十步爲畮。」由此可見，商鞅「廢井田」時，的確也改變了畝積。由於畝積的改變，必然要突破原來井田的經界。因此，在「廢井田」制而實行「授田」制時，首先就得「決裂阡陌」，即掘掉原有井田的阡陌封疆。但當重新「授田」時，又得有新的田界與田間道路，即在破舊阡陌的過程中立新阡陌。這就是古人所說的「開立阡陌」、「立阡陌」和「制阡陌」的由來。所以，蔡澤的「決裂阡陌」說與張晏、杜佑等人的「開立阡陌」說，並無矛盾，不過是各執一端而已。而朱熹不察，認爲「開阡陌」的「開」只能當「決裂」講，不能作「開設之開」講，並謂「廢井田」之後無「阡陌」，實非確論。就以董仲舒所說的「富者田連阡陌」的話來說，也説明「廢井田」之後仍有「阡陌」；今出

土《秦律》規定不許「盜徙封」，如有「盜徙封」者，「贖耐」，並謂「封」就是設在「田阡陌頃畔」的田界。這就雄辯地證明：商鞅在決裂了井田的陌阡之後，不僅田間仍有「阡陌」，而且還有專門設立的田界標誌──「封」。這就表明：所謂「開阡陌」，確是「決裂阡陌」與「開立阡陌」的統一過程，朱熹偏執一端，未免有點形而上學。

　　第四，關於商鞅廢井田，開阡陌時「東地渡洛」的問題，清人俞正燮認爲全部秦國土地都實現了這一變革，實則昭襄王時期仍在「爲田開阡陌封疆」，且招三晉之民去開墾土地，説明商鞅時並没有把秦國的全部井田都改變爲合乎新畝積的田地，「廢井田，開阡陌」，實際上有一個較長的過程。所以，直到西漢文帝時，「洛濱以東、河北燕趙及南方」，還有「舊井地」，謂之「東田」，不同於已改變畝積的秦之「西田」，隨後漢武帝時，才把這些東田全部改爲符合新畝積的田地，《漢書・食貨志》所謂「率十夫爲田一井一屋，故畮五頃」的話，就是指改「東田」畝積使之同於秦的西田畝積㉖。

　　第五，關於「舍地而稅人」的問題，如果僅就算賦而言，確係如此。但就田租、芻、稾來説，《秦律》明言「入頃芻、稾，以其授田之數」，並非舍地而稅人，且與《史記・商君列傳》所説「爲田開阡陌封疆而賦稅平」的精神符合。可見杜佑、馬端臨在這一點上，未免言之欠當！

　　總之，《雲夢秦簡》的出土，對於我們認識秦的土地制度，是有幫助的。從漢至唐連續幾百年間存在過的封建土地國有制，從這裡找到了淵源；地主土地私有制的發展和漢代豪强地主階層的形成，從這裡也可看出某些端倪；商鞅如何「廢井田，開阡陌」以及歷代史家聚訟不休的一些問題，同樣可以從這裡獲得啓示。如上所述，僅僅是提出某些問題，至於問題的解決，還有待於專家學者們的鈎沈索隱！更有待於發掘出更多的地下材料，也許可以爲我們提供更多的新證！當然，這只是一種願望。目前切實可行的辦法，只有面對《秦簡》爲我們提供的新證，廣泛地結合文獻記載，本著實事求是的科學態度，從古人的陳説下解放出來，各抒己見，百家爭鳴，總是會逐步取得一致看法的。

注　釋

①《史記‧六國年表》。

②《商君書注釋》第 5 頁，1974 年中華書局出版。

③《漢書‧百官公卿表序》云：「大率十里一亭，亭有長，十亭一鄉，鄉有三老、有秩、嗇夫、游徼。三老掌教化，嗇夫職聽訟，收賦稅⋯⋯皆秦制也」。而當它講到縣一級行政機構時，只說縣有「縣令、長」、「丞、尉」及「佐史」等官，而不及「嗇夫」，可見班固認爲秦時縣一級無「嗇夫」一官。

④「離官嗇夫」這一官名，見於《金布律》，疑「離官」應作「離宮」。

⑤「庫嗇夫」這一官名：見《效律》及佚名律：「倉嗇夫」一官：見《倉律》及《效律》。

⑥「皂嗇夫」這一官名，見佚名律：「馬勞課殿，貲皂嗇夫一盾」：又《廄苑律》有「正月大課之，最」，「爲皁（皂）者除一更」的規定，意即飼養牲畜的皂者，如果飼養得好，便可除去一次更卒之役；反之，「馬勞課殿」，便要罰款一盾。由此可見，「皂嗇夫」是管理僕隸的官吏。

⑦《田律》規定：馬牛之「稟大田而毋（無）恆籍者，以其致到日稟之。」《睡虎地秦墓竹簡》一書第 29 頁注釋③，釋「大田」爲「官名」，並引《呂氏春秋‧勿躬》及《晏子‧內篇問下第四》爲證，可參閱。

⑧《田律》中講到「乘馬服牛稟」時，其中提到「稟大田而無恆籍者」，顯然有一部分官牛，是專用於耕種國有土地的，這種官牛，由「大田」官供給飼料。

⑨見《田律》律文。

⑩關於「其有本者」一句，《睡虎地秦墓竹簡》一書第 43 頁注釋解爲「田中有作物」。但據《倉律》關於「縣遺麥以爲種用」的情況，表明由官府給予種籽的情況是存在的。因此，「其有本者」，應當是指不同於官府給予種籽的情況而言。故我認爲是指自備種籽的情況，因而「稱議種之」，即每用種籽多少，聽其自定。

⑪見馬克思：《資本論》第三卷《勞動地租》一節。

⑫「收泰半之賦」這句話，分別見《漢書‧食貨志》、《漢書‧伍被傳》及《續漢書‧郡國志》注引《帝王世紀》諸書，均謂爲始皇時之情況，唯有《淮南子‧兵略訓》認爲是「二世皇帝」時的情況。

⑬馬克思：《哲學的貧困》,《馬克思恩格斯全集》第四卷,第 12–122 頁。

⑭《商君書・徠民》篇中有「自魏襄以來」、「周軍之勝」及「長平之勝」等語,可以確證它不是商鞅的著作,而是商鞅死後的秦國執政者撰寫的。參閱高亨先生《商君書注釋》的《商君書作者考》。

⑮見《續漢書・郡國志》注引《三秦記》。

⑯《史記・滑稽列傳》。

⑰《秦會要訂補》卷 24 引《黃圖》。

⑱《史記・蕭相國世家》。

⑲見《魏書・太祖記》、《太宗紀》。

⑳賀昌羣：《漢唐間封建的國有土地制與均田制》一書第 12 頁。

㉑《漢書・食貨志》。

㉒《韓非子・詭使》。

㉓《史記・秦始皇本紀・集解》引徐廣語。

㉔《文物》雜誌 1976 年第 9 期第 61 頁。

㉕如《工律》中向官府「假甲兵」的「百姓」及佚名律中講的買「軍人稟」的「百姓」,均係地主。但是,也有不是地主的「百姓」,如《田律》、《效律》等所提到的「百姓」,一個「居田舍」種田,一個「之縣僦」,可能不是地主。

㉖詳見清人兪理初《癸巳類稿》卷 2〈王制東田名制解義〉。

從《睡虎地秦簡》看秦的賜爵制度

　　賜爵制度，這是一種不同於我國奴隸社會的公、侯、伯、子、男五等爵制的新的爵制①。舊的五等爵制，是一種按照宗法血緣關係在奴隸主階級內部如何分割土地與奴隸的一種制度，通過它把奴隸主階級內部的大小貴族的世襲政治特權與經濟利益固化起來。因此，五等爵制是奴隸社會世卿世祿制的一種政治表現形式。但是，隨著奴隸制的逐步崩潰和新興封建制度的逐步形成，新興地主階級就要求一種新的上層建築去否定奴隸主貴族的世卿世祿制，並爲維護和擴大他們的政治權力與經濟利益而開闢道路。賜爵制度就是在這樣的歷史條件下產生和發展起來的。因此，賜爵制度一開始就是作爲代表新興地主階級利益、否定舊的五等爵制的形式出現的。它的根本的特徵在於：賜爵的對象是立了軍功與事功（主要是軍功）的人，賜爵的根本條件是立軍功。獲爵者的主要權益是爵與官的合一、爵與賜田宅、食租稅的結合和爵與免役、減刑等政治特權的一致②。新興地主階級正是通過新的賜爵制度的這些原則與基本內容，去逐步實現其對奴隸主貴族的政治、經濟特權的取代過程的。

　　正因爲賜爵制度是作爲舊的五等爵制的對立物而出現的，是爲新興地主階級登上政治舞台與擴大經濟利益服務的，所以，在我國春秋戰國之際，各諸侯國都或先或後地在不同程度上創立與推行了這種制度。《左傳》襄公二十一年，載「齊莊公爲勇爵」，便是一種「設爵位以命勇士」③的制度；《韓非子‧二柄》篇亦謂齊國「田常上請爵祿而行之羣臣」，辦法是「修功行賞」；銀雀山出土的孫臏兵法《殺士》篇中，也有軍隊必須「明爵祿」的主張。這一切顯然都包含了以軍功賜爵的因素，表明齊國已有不同於舊的以奴隸主貴族的宗法血緣關係爲條件的新爵制了。《史記‧晉世家》也載晉文公曾「賞從亡者及功臣，大者封邑，小者尊爵」，顯然也帶有以功賜爵的性質。隨著新的不同於五等爵制的賜爵制的產生，許多不同於舊的公、侯、伯、子、男爵名的新爵名也出現

了。如《左傳》襄公十一年，謂「秦庶長鮑、庶長武帥師伐晉以救鄭」，「庶長」便是秦國賜爵制中的爵名之一；《墨子‧號令篇》謂「官吏豪傑與計堅守者，十人及城上吏比五官者，皆賜公乘」，「丞及吏比於丞者賜爵五大夫」，可見「公乘」、「五大夫」等新爵制的爵名也出現了；「上聞」爵是魏文侯時期的周爵名④；國大夫（即官大夫）、列大夫（即公大夫），則皆魏爵名⑤；「執帛」為楚爵名⑥；《史記‧趙世家》有「吏民皆益爵三級」之制。各種不同於五等爵制舊爵名的新爵名的出現，反映了春秋戰國之際新的賜爵制度先後在各諸侯國形成和推行的實況。

賜爵制度，雖然是當時各諸侯都在先後推行的一種制度，但是，執行得比較堅決和比較廣泛的，還是商鞅變法後的秦國。故後世談論賜爵制度的人，往往以秦國為典例。《史記‧商君列傳》開其端，《漢書‧百官公卿表序》承其緒，《續漢書‧百官志》劉昭補注引劉劭《爵制》綜其事，皆謂賜爵制為「秦制」而不及其他，似乎賜爵制度僅為秦國所獨有，實則只是此制較廣泛較長期地實行於秦而已。

從秦國到秦王朝，雖然曾大力地推行了賜爵制度，但是，史書對此制的記載卻十分簡略。在《史記‧商君列傳》中，只有「有軍功者，各以率受上爵」等寥寥數語；《史記‧秦本紀》、《秦始皇本紀》及有關列傳，只講了一些爵名與具體的賜爵事實，整個賜爵制的原則卻很少言及。《商君書‧境內篇》雖然比較集中地講到了秦的賜爵制度，但也缺乏印證而使人懷疑它的創作年代，以致不敢輕信。今睡虎地秦簡的出土，為我們弄清秦的賜爵制度提供了不少寶貴的資料，既可以補充《史記》，又可以印證《商君書‧境內篇》的某些內容，值得引起史學工作者的重視。今就如下幾個問題，談一點個人的膚淺體會：

首先，關於賜爵制度的類別與爵名問題。《史記》與《漢書》，都沒有講到秦的賜爵制有類別之分。但是，《商君書‧境內篇》（據高亨《商君書注釋》本，下同）卻謂秦的賜爵制被區分為「軍爵」與「公爵」兩大類別：「軍爵，自一級以下至小夫，命曰校徒操士；公爵，自二級以上至不更，命曰卒」。儘管這些話很難解釋，但爵有「軍爵」與「公爵」之分則是很明顯的。今出土《秦律》中，有專門的《軍爵律》一目，這就證明《境內篇》的爵有「軍爵」、「公爵」之

分的情況確是事實。

　　至於爵名，情況更爲複雜。在商鞅變法之前，秦國已有「庶長」這樣的爵名，已於前述。商鞅變法時，創立了比較完整的賜爵制，爵名肯定有所增加。但也不會立即形成像《漢書・百官公卿表序》所説的二十等爵的全部爵名。所以，在《商君書・境內篇》中，只列舉了公士、上造、簪裊、不更、大夫、官大夫、公大夫、公乘、五大夫、大庶長、左更及四更而爲大良造等爵名，較之《漢書》所列二十等爵的爵名缺少左庶長、右庶長、中更、右更、少上造、駟車庶長及關內侯、徹侯等爵名。然而，在商鞅變法的過程中及商鞅死後，在《史記・秦本紀》中，又陸續出現了左庶長、中更、右更與徹侯等爵名；據《風俗通義》，在秦滅六國之前，又出現了「關內侯」這一爵名。因此，秦的賜爵制的爵名，顯然有一個逐步發展而形成二十等爵的過程。但是，《商君書・境內篇》所載的公士、上造、簪裊、不更、大夫等爵名，並不見於《史記・秦本紀》，那麼，這些爵名是不是早就有了呢？今據出土《秦律》，其中涉及的爵名就有公士、上造、大夫、不更、五大夫等爵名，這就確證這些爵名雖不見於《史記・秦本紀》，但確係商鞅變法後就存在的爵名。以「不更」爵名來説，《左傳》成公十三年（公元前 578 年），晉伐秦，「獲……不更女父」，杜注曰：「不更，秦爵」，表明春秋末期秦國就有了「不更」這一爵名。這樣一來，就可以印證《商君書・境內篇》中所列舉的爵名，都是商鞅變法時就有的爵名，只有不見於《境內篇》的爵名才爲後來所逐步增加。

　　其次，關於賜爵的對象與條件的問題。據《史記・商君列傳》所説「有軍功者，各以率受上爵」的話，則賜爵的對象主要是「有軍功者」，賜爵的條件是立軍功。據《商君書・境內篇》，可知賜爵的對象是「百將、屯長」等軍官與兵士（包括一般兵士及「陷隊之士」）；賜爵的條件則是「斬敵首」，賜爵級數的多少也以「斬敵首」的多少爲依據，凡百將、屯長等軍官所率軍隊能「得三十三首以上」者，則「百將、屯長賜爵一級」；士兵則每人「能得甲首一者，賞爵一級」；「陷隊之士」每隊能斬首五個者，則全隊的每個士兵「人賜爵一級」。《商君書・境內篇》所云，同《史記・商君列傳》的精神是符合的。今《睡虎地秦簡》的出土，除進一步印證《商君列傳》及《境內篇》關於賜爵的對象與條

件的記載不誤外，還增加了新的內容。

出土《秦律》的《軍爵律》規定：「從軍當以勞論及賜」；又云：「隸臣斬首為公士，謁歸公士而免故妻隸妾一人者，許之，免以為庶人。工隸臣斬首及人為斬首以免者，皆令為工；其不完者，以為隱官工」。這表明賜爵的條件，是「從軍」有勞和「斬（敵）首」；凡是這樣的人，不管是平民、官吏還是奴隸或工匠奴隸，都可以賜爵。這樣的法律規定，顯然更加突出了有軍功乃得賜爵的根本原則。此其一。法律中的「從軍當以勞論及賜」的話，連語句也與《商君列傳》所說「有軍功論」及《境內篇》所說「致士大夫勞爵」等話基本相同，這就證明《境內篇》所云確是商鞅時之制，此其二。

《史記・商君列傳》云：「宗室非有軍功論，不得為屬籍」。司馬貞《索隱》云：「謂宗室若無軍功，則不得入屬籍，謂除其籍，則雖無功，不及爵秩也」。按照司馬貞的解釋，是說沒有軍功的宗室貴族，僅僅除去他們的宗族籍，並不影響他們原有爵秩。今據出土《秦律》的法律答問，可證司馬貞的這一解釋有誤。法律答問有這樣一則：「內公孫毋爵者，當贖刑，得比公士贖耐不得？得比焉。」這裡的「內公孫」，即宗室貴族的後裔；「毋爵者」，即沒有爵秩。宗室貴族的後裔中既然出現了無爵者，則「有軍功」方能賜爵這一原則對於宗室貴族也是同樣適用的。這些無爵的「內公孫」的存在，正說明他們是一些無軍功的宗室。因此，基於這一事實，表明商鞅制定的「宗室非有軍功論不得為屬籍」的法令，不僅僅是除去其宗室籍，而且決定他們不能再享有爵秩，司馬貞的所謂「雖無功不及爵秩也」的說法，似乎誤解了《史記》的原意。同時，這一情況的存在，也說明商鞅制定的這一原則確實執行了。此其三。

立軍功賜爵的原則，直到秦末仍在比較嚴格地執行，這一點也可以從秦簡中看出來。出土《秦律》的《封診式》中，有一則關於《奪首》的案例，講的是幾個在昭王四十一年參加過「攻邢丘」[7]戰役的士伍，發生爭奪所斬敵首事；另一則案例，也是講同一情況。士伍之間其所以發生爭奪所斬敵首之事，原因就在於根據立軍功賜爵的原則，斬敵首的多少直接決定他們所獲爵級的高低。又據秦簡《編年記》，當它記述一個名叫「喜」的地方官吏的經歷時，對「喜」何時從軍、幾次從軍等等，一一載入，頗為重視，其原因也與從軍有勞可以賜爵有

關。還有參加過秦末對楚的淮陽戰役的一個士兵，在其家書中，要求家裡人「書到皆為報，報必言相家爵來未來」，這顯然同立軍功賜爵的制度有關。這些事實證明，立軍功賜爵的原則，到秦末仍在執行中。此其四。

第三，關於獲爵者的權益問題。《史記・商君列傳》謂商君的賜爵制是為了「明尊卑爵秩等級各以差次，名田宅衣服臣妾以家次」。據此可知賜爵制是有「爵秩等級」的，並通過它顯示出尊卑貴賤來，可見獲爵者是有政治特權的；同時又按爵級給予「田宅」、「臣妾」（即奴隸），可知獲爵者也有經濟上的利益。《商君列傳》的這一精神，在《商君書・境內篇》中則反映得比較詳細。主要表現為如下幾個方面：一是有爵者可按爵級獲得供驅使的「庶子」。其辦法是：「其有爵者乞無爵者以為庶子，級乞一人。其無役事也，其庶子役其大夫，月六日；其役事也，隨而養之」。二是有爵者可按爵級獲得田宅，凡「能得甲首一者，賞爵一級，益田一頃，益宅九畝」。三是爵至五大夫以上，可以享受「賜稅」、「賜邑」的優待：「就為五大夫，則稅邑三百家」；爵至大庶長、左更及大良造者，「皆有賜邑三百家，有賜稅三百家」。四是爵至五大夫以上及「有稅邑六百家」者，「受客」，即可豢養家客為自己效勞。五是凡有爵者，在犯罪時可以享有各種特權，「其獄法，高爵訾下爵級」；「高爵罷，無給有爵人僕隸」等等。爵位獲得者有這樣多的權益，簡直令人駭異。今證以出土秦簡，不僅說明《境內篇》所載是可信的，而且可以進一步補充其不足：

《司空律》規定：「公士以下居贖刑罪、死罪者，居於城旦舂，毋赤其衣，勿枸櫝欙杕」；而無爵的刑徒如「鬼薪白粲羣下吏」之「居贖貲於城旦」者，則要「皆赤其衣，枸櫝欙杕，將司之」。這就是說，有「公士」爵的人與無爵的刑徒，雖然同是「居贖」於城旦，前者不穿刑徒衣服，不戴刑具；而後者則既穿刑徒衣服，又配戴刑具。可見有爵者與無爵者在犯罪判刑後的政治待遇也判然不同。

《游士律》規定：「有為故秦人出，削籍，上造以上為鬼薪，公士以下刑為城旦。」這就是說，同犯一樣的罪，在判處時，依爵位的高低而有不同。凡有上造以上爵位的人，當他們犯有投敵叛國罪時，只判為鬼薪刑徒，而且沒有肉刑；可是只有公士爵以下者，則要處以肉刑，並判為刑期較長的城旦刑徒。可

見一級爵以下與二級爵以上的人犯同一罪，懲處的輕重大不相同。

又法律答問有這樣一則：「將上不仁邑里者而縱之，何論？當繫作如其所縱，以須其得；有爵，作官府」。意即把一個犯了「不仁」罪將要「繫作」的犯人放走者，要以其本身抵繫作，直到逃亡者捕得爲止；如果縱者「有爵」，則可以不「繫作」而改爲「作官府」。這顯然也是對有爵者的優待。

至於爵至大夫的人，當其殺人時，僅止於戍邊。佚名《秦律》規定：「故大夫斬首者，遷」。所謂「遷」，據《封診式》的《遷子》爰書，是把犯者遠徙邊縣謂之「遷」，亦即「謫戍」。一個有爵「大夫」的人，犯了殺人罪，止於戍邊的懲罰；可是，一個無爵的農民，即使在登記戶口時「爲詐僞」，凡與該農民同伍的人都要罰款「戶一盾，皆遷之」⑧。由此可見，有爵「大夫」以上的人，當其犯罪時的懲處，比無爵的農民要輕得多，《秦律》的階級壓迫性質何等明顯！

縣尉有爵「五大夫」以上者，更可以擁有「私吏」或「家吏」供自己驅使。《封診式》的《奪首》案例中，有個「某里士伍甲」，是縣「尉某私吏」；又《黥妾》案例中，有個「某里公士甲」，是「某里五大夫乙」的「家吏」，乙因其「妾」「悍」，便「使甲」將該妾縛詣官府，並代乙「謁黥劓」此「妾」。這裡的「私吏」與「家吏」，都要聽命其主子，並供其驅使，也許就是《境內篇》所說的「有稅邑六百家者，受客」的「客」。以上種種，都是對《境內篇》的很好補充。

至於《傳食律》所規定的關於「有爵者」在出使時給予「傳食」的特殊待遇，更可以補《史記》及《境內篇》之不足。《傳食律》云：「御史卒人使者，食粺米半斗，醬駟（四）分升一，采（菜）羹，給之韭葱；其有爵者，自官士大夫以上，爵食之。使者之從者，食糲（糲）米斗；僕，少半斗。」又云：「不更以下到謀人，粺米一斗，醬半升，采（菜）羹，芻、稾各半石。宦奄如不更。」還說：「上造以下到官佐、史毋（無）爵者，卜及司馬御寺府，糲（糲）米一斗，有采（菜）羹，鹽廿二分升二。」這三條《傳食律》的律文，講的是各種出使者在沿途驛站停留時由官府供給的伙食標準。一般說來，使者與從者，伙食標準不同；有爵者與無爵者，伙食標準又不同。以有爵者來說，官

士大夫以上與以下、不更以上與以下及上造以上與以下，又區分爲三個等級，可見伙食標準直接決定於使者本身有無爵位和爵位的高低。這一情況，爲《史記》及《境內篇》所無，可補其缺。

第四，關於降隸贖罪與以爵低罪的問題。《商君書・境內篇》云：「爵自二級以上，有刑罪則貶；爵自一級以下，有刑罪則已。」高亨先生認爲：前者是「降爵」，後者是「取消爵位」。這一解釋，都沒有與有爵者犯有刑罪時優免特權聯繫起來。我認爲：前者屬於「降爵贖罪」，後者屬於「以爵低罪」。這樣的理解，可以從《秦律》的《軍爵律》中找到證據。

《軍爵律》規定：「欲歸爵二級，以免親父母爲隸臣妾者一人，及隸臣斬首爲公士，謁歸公士而免故妻隸妾一人者，許之，免以爲庶人」。這條法律雖然主要是講奴隸的取贖問題，但同時也體現了降爵贖罪和以爵抵罪的原則。因爲這裡的「歸爵二級」可以「免親父母爲隸臣妾者一人」，實質上就是「爵自二級以上」者可以降爵贖罪的原則的運用；「謁歸公士而免故妻隸妾一人者」，即「爵自一級以下」者可以用爵抵罪原則的體現。因此，《秦律》的這一規定，也有助於對《境內篇》的理解。

第五，關於賜爵的程序問題。所謂賜爵的程序，就是由官府給立了軍功的人賜爵時的具體步驟和作法問題。《史記・商君列傳》説：「宗室非有軍功論，不得爲屬籍」。這裡的「論」字很不好解釋。《商君書・境內篇》有「其戰，百將、屯長不得，斬首；得三十三首以上，盈論」的設法；還有「能攻城圍邑，斬首八千以上，則盈論；野戰，斬首二千，則盈論」等話。從上下文揣摩其意，則「論」有評論、評定、論定等意思。以此意去解釋《商君列傳》的「宗室非有軍功論，不得爲屬籍」的話，也是可通的。果如此，則賜爵之前，必須首先經過對爵級獲得者的軍功進行評論。那麼，怎樣具體評論呢？《商君書・境內篇》又云：「以戰故，暴首三日，乃校三日，將軍以不疑致士大大勞爵。夫勞爵，其縣過三日有不致士大夫勞爵，能其縣四尉，皆由丞尉。」這就是説：打過仗後，把斬獲的敵人首級陳列三天，由大家檢閱三天，然後作將軍的就把確實沒有疑問的，給以「勞爵」。在給「勞爵」的過程中，縣級官吏超過三天沒有確定士大夫「勞爵」者，要免去四個縣尉，由縣丞、縣尉來審判（參閱高

亨《商君書注釋》）。上述這個士大夫「暴首三日」、「校三日」和將軍致士大夫勞爵的過程來看，說明賜爵確實有一個評論、評定的階段。評論什麼呢？從評論後給予「勞爵」的情況來看，表明評論的内容主要是軍功勞績以及根據軍功勞績大小應當獲得的爵級。評論以後，接著就是「致士大夫勞爵」，即正式賜爵的階段。因此，根據文獻材料，賜爵的具體步驟是三步：一是擺出勞績事實階段，二是評比階段，三是根據評比結果正式授予爵級的階段。今據雲夢秦簡關於賜爵的記載，可證上述這個推斷大體不誤，且可補充《境内篇》關於賜爵的具體作法。

《軍爵律》規定：「從軍當以勞、論及賜，未拜而死，有罪法耐廢（遷）其後；及法耐廢（遷）者，皆不得受其爵及賜。其已拜，賜未受而死及法耐廢（遷）者，鼠（予）賜。」

又《中勞律》規定：「敢深益其勞歲數者，貲一甲，棄勞。」這兩條《秦律》簡文，爲我們提供了關於賜爵制的重要新史料。這裡的「從軍當以勞、論及賜」一句，等於概括了賜爵時的具體步驟與作法問題。這裡的「勞」，無疑就是《境内篇》所説的「勞爵」的「勞」，也就是斬敵首多少的功勞。不過，根據《中勞律》所云，「勞」的内容除斬首外，還包括從軍時間的長短在内。這一點，可補文獻所未載。至於説到「論」，法律條文中雖未説如何「論」，但據《中勞律》所云，當時存在私增「勞歲數」的情況，而法律規定對這種人，除「貲一甲」外，還要「棄勞」，即取消其勞績。以此言之，所謂「論」，應當包括核實其斬首數量和從軍年限，確有評論、評比、論定之意。一經論定之後，就進入了「賜」的階段。據簡文，「賜」的内容有兩樣：一是「爵」，二是田宅財物。否則，不會「爵及賜」並提；也不會出現爵「已拜」，而「賜未受」的情況。簡文稱賜爵曰「拜爵」，這同《史記‧秦始皇本紀》所載給戰嫪毐有功者「皆拜爵」及「遷北河榆中三萬家拜爵一級」等話一致。至於先拜爵、後賜田宅財物的程序，史書無記載。因此，根據這兩條簡文所云，對秦的賜爵制度，可以獲得如下認識：第一，秦時賜爵的步驟與作法，確可分爲三個階段，即擺出功勞、評功議賞和拜爵賜田宅財物，簡稱爲「勞」、「論」、「賜」。這是對《商君書‧境内篇》所載賜爵程序的很好印證。第二，「勞」，不僅包括斬敵首的功勞，還包括從軍時間的長短；第三，

0

0

0

0

0

賜，又分拜爵與賜田宅財物二項內容，而且是先拜爵而後賜田宅財物。這兩點是對文獻記載的很好補充。

第六，關於高、低爵的界限問題。商鞅變法時創立的賜爵制，雖然沒有後來的二十個等級，但從《境內篇》來看，也應有十幾個等級的爵名。十幾個等級中，又可區分爲幾個大等級：所謂爵「自一級以下至小夫，命曰校徒操士」，「自二級以上至不更命曰卒」，「爵大夫爲國治爵」，「爲五大夫則稅邑三百家」，大庶長以上則既有「稅邑」又有「賜邑」等規定，就反映出十幾個等級中又以上造、不更、大夫、五大夫與大庶長爲界線區分爲幾個大等。至於那一等以上爲「高爵」，則不甚明白。然而，到了秦末漢初，二十等級的賜爵制似乎不再區分爲幾個大等級，而是簡化爲高爵與低爵兩個大等級，其界線是第七級爵。如《漢書‧高帝紀》云：「其七大夫以上，皆令食邑；非七大夫以下，皆復其身及戶，勿事」，可見漢初以七大夫即公大夫爲高爵的起點。所以，劉邦曾說：「七大夫、公乘以上，皆高爵也」。漢初的這一制度，是根據秦制而來的，所謂「異日，秦民爵公大夫以上，令、丞與亢禮」⑨的話，就反映秦王朝時期是以公大夫爲高、低爵的分水嶺。

上述《境內篇》把賜爵區分爲幾大等的作法，在出土《秦律》中也有反映。《傳食律》規定：「有爵者，自官士大夫以上，爵食之」；「不更以下到謀人」，伙食標準又不同；「上造以下到官佐、吏無爵者」，伙食標準又低於「不更以下到謀人」，這就反映出上造、不更、官士大夫（可能即官大夫）是三個大等級的分水嶺；再結合《封診式》的《黥妾》一例中所講到的擁有「家吏」的五大夫，可能也是一個大等級的標誌，這與《境內篇》以上造、不更、五大夫、大庶長爲標誌的幾個大等基本相同，卻同秦末以第七級爵公大夫爲起點區分高、低爵爲兩大等的作法不盡相同。因此，從出土《秦律》所反映的賜爵制度來說，也證明商鞅創立的賜爵制，確實處在一個不斷變化發展的過程中，單以賜爵的大等級的劃分來說，就經歷了由幾個大等級到簡化爲高、低爵兩大等級的變化過程。

第七，關於爵位轉移的問題。關於獲爵者的爵位可否轉移這一點，《史記‧商君列傳》無記載。《境內篇》也無明確說明，只是在「陷隊之士」「死則

一人後」的規定裡，多少反映出以子承父爵的迹象。今《秦律》的出土，在這個問題上，爲我們提供了新的依據。

前引《軍爵律》云：「從軍當以勞、論及賜，未拜而死，有罪法耐遷其後；及法耐遷者，皆不得受爵及賜。」據此，可知有軍功應賜爵及財物的人，當其未拜爵而死，而其後嗣又犯罪當耐遷及其本人雖未死而犯法當耐遷者，都不能得到爵和賞賜。那麼，反過來說，如果其父未拜爵而死，其子又沒有犯法時，仍應能獲得爵位與賞賜。這難道不是爵可以轉移之證嗎？

又佚名秦律簡文云：「戰死事不出，論其後。有（又）後察不死，奪後爵，除伍人」。意即在戰爭中英勇不屈而犧牲者，給其兒子以爵位，後來發覺此人並未死難，便收回其兒子之爵，並除爲士伍。這種父有軍功而爵其子的制度，實際上是爵可轉移的另一種表現形式。

又法律答問有一則云：「何謂後子？官其男爲爵後及臣邦君長所置爲後太子，皆爲後子」。從「官其男爲爵後」一語來看，說明有爵者是可以用其兒子來繼承其爵位的。則賜爵制除了是以一種新的等級制取代舊的等級制之外，還是一種以新的世襲制取代舊的世襲制的制度。因此，這也反映出這樣的問題：當封建制取代奴隸制之際，地主階級的革命性是很有限的，他們會因襲許多舊的東西來爲自己的剝削階級利益服務。

綜上所述，使我們對賜爵制度的性質、目的與意義，有較爲清楚的認識。它之所以要強調立軍功賜爵的原則，其目的就在於要否定奴隸主貴族不以軍功而以宗法血緣關係而獲得的世襲特權；與此同時，又爲無特權、無爵位的新興地主階級開闢登上政治舞台的道路。因此，從本質上來說，這一制度的產生，確是適應著封建制度的形成與地主階級的出現的新需要的結果，是一種服務於地主階級的新的上層建築。當這種上層建築一經出現之後，它又反過來促進著地主階級的發展，這從獲爵者的人數及政治與經濟特權的日益增加等事實中可以獲得說明。因此，這一制度在春秋戰國之際是有一定的進步性的。但是，它的落後性甚至反動性，從它一開始就有反映。表面上它以所有立軍功者（包括奴隸在內）爲賜爵對象，實際上賜爵的對象只是立了軍功的官吏與地主，「隸臣」與「工隸臣」雖可因斬敵首賜爵爲「公士」，而所賜爵級只能用來作爲贖

取其奴隸身分的手段，並不能真正享有爵位；官吏和地主獲得的賜爵，則有分配田宅、奴隸以及享有種種政治、法律特權的實惠，因此，它只是扶植地主階級的政治槓杆；同時，它在很不徹底地否定舊的五等爵制的基礎上，卻明顯地保留了新的等級制與世襲制的因素，成了「明尊卑爵秩等級」和新的「世家」的標誌物。總之，賜爵制度一開始就具有進步性與反動性的二重性，這是地主階級的階級本質所決定的。因此，當封建制度取代奴隸制度之際，一方面固然應當看到這是一種歷史的進步，這時的地主階級也是具有一定進步性與革命性的；但另一方面，也必須看到這種進步性與革命性不僅是有限的，而且也包含了落後性與反動性的一面。

　　另外，從出土《秦律》所反映的賜爵制度同《商君書・境內篇》所載賜爵制度如此一致的情況來看，不僅說明《境內篇》所載是可信的，也說明它所記載的賜爵制確是商鞅變法時所創賜爵制的原貌，同後來的二十等爵在爵級、爵名、順序與高低爵等的劃分等方面是有差別的。從而也反映出賜爵制度確實處在一個不斷變化發展的過程中，任何形而上學的理解都是錯誤的。

　注　釋

①有人不同意我國奴隸社會實行的是五等爵制的提法。但傳統的說法，仍認爲是五等爵制，這裡姑從其說。

②參閱拙作〈試論商鞅的賜爵制度〉（刊1977年第3期《鄭州大學學報》）及《論兩漢時期賜爵制度的歷史演變》（《文史哲》1978年第1期）。

③《太平御覽》卷198〈封建部・爵門〉注，作魯襄公三年，恐誤。

④《史記・樊噲列傳・集解》引如淳語。

⑤見《韓非子・內儲說上》。

⑥《漢書・曹參傳》注引鄭氏語。

⑦出土秦簡《編年記》載昭王四十一年「攻邢丘」，《史記・魏世家》作同年「秦拔我郱丘」，《六國年表・魏表》作同年「秦拔我廩丘」，證以《編年記》知應作邢丘。

⑧見出土《秦律》的《傳律》條文。

⑨《漢書・高帝紀》。

論《秦律》中的「嗇夫」一官

　　《史記》無官制專章，故關於秦的官制，雖於它的《本紀》、《列傳》、《世家》及《年表》中多少有所涉及，但不少官名及職權範圍，多缺而不載，或載而不詳。至於《漢書·百官公卿表序》，雖對秦漢官制有概括性記載，但又詳漢而略秦，仍無以知秦時官制的全貌。其中最突出的表現，莫如「嗇夫」一官。故特作此篇，以明秦時「嗇夫」一官的梗概。

　　《史記·秦本紀》謂孝公十二年徙都咸陽後，「並諸小鄉聚，集為大縣，縣一令」；同書《商君列傳》謂秦徙都咸陽後，「集小都鄉邑聚為縣，置令、丞」；同書《六國年表》則謂孝公十二年，「初取小邑為三十一縣」，十三年「初為縣有秩史」。可見據《史記》所說，秦時縣一級行政機構只有縣令、丞及史等官，而沒有「嗇夫」。至班固作《漢書·百官公卿表序》，言及秦的地方官制時，仍未載縣一級機構有「嗇夫」一官。《序》云：

　　　　「縣令、長，皆秦官，掌治其縣，萬戶以上為令，秩千石至六百石；減萬戶為長，秩五百石至三百石；皆有丞、尉，秩四百石至二百石，是為長吏；百石以下，有斗食佐史之秩，是為少吏。大率十里一亭，亭有長；十亭一鄉，鄉有三老、有秩、嗇夫、游徼。三老掌教化，嗇夫職聽訟、收賦稅；游徼循禁賊盜。縣大率方百里，其民稠則減，稀則曠，鄉、亭亦如之。皆秦制也。」

　　據此可知：第一，秦時縣一級行政機構中無「嗇夫」一官，只有鄉一級有此官；第二，鄉嗇夫的職權範圍是「聽訟、收賦稅」；第三，縣一級除令、長外，還有丞、尉等長吏及斗食、佐史等少吏，而無「嗇夫」。今據出土《秦律》關於秦時官制的某些規定，不僅可以印證《史記》、《漢書》的有關記載，而且可

以補二者之缺漏，其中最明顯的就是「嗇夫」一官。《秦律》中所講到的「嗇夫」，至少有如下一些特徵：

第一，秦時縣一級行政機構中有「嗇夫」一官，名曰「縣嗇夫」，而且有單獨的行政系統。

《效律》規定：「入禾，萬石一積……是縣之入，縣嗇夫若丞及倉、鄉相雜以封印之」；《倉律》中也有「縣嗇夫若丞及倉、鄉相雜以印之」的話；更有佚名律（見《秦律雜抄》）云：「縣工新獻，殿，貲嗇夫一甲，縣嗇夫、丞、吏、曹長各一盾。」從這些法律規定可以清楚地看出：縣一級行政機構中確有「嗇夫」一官，且名之曰「縣嗇夫」；「縣嗇夫」與「嗇夫」並提，顯然不單是縣有「嗇夫」，倉及鄉也應有「嗇夫」①。又「縣嗇夫」之下，設有丞、吏、曹長等官，還有倉、鄉嗇夫，顯然有單獨的一套行政系統。

戰國時的楚人鶡冠子，在其所著《鶡冠子·王鈇第九》（叢書集成本）中說：「其制……五家爲伍，伍爲之長；十伍爲里，里置有司；四里爲偏，偏爲之長；十里之鄉，鄉置五師；五鄉爲縣，縣有嗇夫治焉。」清人俞理初在其《癸巳類稿》卷 11《少吏考》中引《鶡冠子·王鈇》，亦謂「楚法五家爲伍，……萬家縣嗇夫」。以此言之，則縣置嗇夫，並謂之「縣嗇夫」之制，不獨秦國有之，楚國也是一樣。可見這是戰國時的共同情況，只是史書缺載其制而已。

第二，「倉嗇夫」是專門管理糧倉的官吏，而且受「縣嗇夫」的直接管轄。

《效律》規定：「入禾，萬石一積，而比黎之爲戶，籍之曰：某廥禾若干石，倉嗇夫某、佐某、史某、稟人某。」這是説，每「萬石一積」的糧倉，都要寫明倉嗇夫、佐、史及稟人姓名，可見倉嗇夫是直接管理某一糧倉的官吏，其下還有佐、史及稟人等。一縣之內，這樣的糧倉可能不止一個。每一倉設一「倉嗇夫」，則「倉嗇夫」便不止一人。那麼，「倉嗇夫」與「縣嗇夫」的關係如何呢？據《效律》云：「倉嗇夫及佐、史其有免去者，新倉嗇夫、新佐、史主廥者，必以廥籍度之。其有所疑，謁縣嗇夫，縣嗇夫令人復度，及與朵出之；禾贏，人之；而以律論不備者。」這就是説，當新倉嗇夫及新佐、史等官吏接替去職的倉嗇夫及佐、史時，必須按照糧倉出入的糧倉賬目清理糧倉；如

果出現疑問時，便可報請縣嗇夫，再由縣嗇夫派人復查，然後按情況作出處理。既然倉嗇夫有事必報請縣嗇夫處理，則「縣嗇夫」爲「倉嗇夫」的直接上級甚明。

第三，與「倉嗇夫」同級和同性質的官吏甚多，而且大都以其所主管的經濟或業務部門的名稱命名，同管理糧倉的嗇夫叫「倉嗇夫」一樣，分別叫「田嗇夫」、「庫嗇夫」、「離官嗇夫」、「苑嗇夫」、「皂嗇夫」、「司空嗇夫」及「發弩嗇夫」等等。

「田嗇夫」一名，見於《田律》及《廐苑律》。其中《田律》規定：「入頃芻、稾，以其受（授）田之數」，即秦時實行「授田於民」的封建土地國有制（詳見本書《從雲夢秦簡看秦的土地制度》一文）；這些受田的「百姓」，「居田舍者毋敢酤（酤）酉（酒）。田嗇夫、部佐謹禁御之，有不從令者有辠（罪）。」又《廐苑律》規定：每年「以正月大課之，最，賜田嗇夫壺酉（酒）束脯」，反之「殿者，誶田嗇夫」，這就是說，田嗇夫應得的獎懲，是同他所主管的工作密切相關的。由此可見，「田嗇夫」確同「倉嗇夫」是專門管理糧食的官吏一樣，它是專門管理封建國有土地的耕作事宜的官吏。

關於「皂嗇夫」這一名稱，見於《牛羊課》。《牛羊課》，顧名思義，它是關於飼養牛羊的法律補充條文。據《廐苑律》規定：每年要對管理封建國有土地的「田嗇夫」及管理耕牛的「牛長」等進行考核，成績好的，除田嗇夫受到獎勵外，還要「爲皂者除一更，賜牛長日三旬」；反之，成績不好的，除田嗇夫要受到訓斥外，「罰冗皂者二月」。這裡的「皂者」，顯然是飼養牲口的僕役。然則《牛羊課》裡的「皂嗇夫」，就只可能是專門管理爲封建國家飼養牲口的「皂者」的官吏。

「廐嗇夫」一名，見於佚名秦律。律云：「膚吏乘馬篤、羍（羒），及不會膚期，貲各一盾。馬勞課殿，貲廐嗇夫一甲，令、丞、佐史各一盾。馬勞課殿，貲皂嗇夫一盾。」據此，知「廐嗇夫」與「皂嗇夫」的職責有相近之處，即都要對乘馬在評比中被列爲下等這類事故負責。可見「廐嗇夫」也是主管牲畜飼養特別是馬匹飼養事務的官吏。至於它同「皂嗇夫」的詳細區別，則無法弄清。

　　至於「司空嗇夫」與「發弩嗇夫」，分別見於佚名《秦律》及《除吏律》。其中佚名《秦律》云：「大車殿，貲司空嗇夫一盾，徒笞五十」，意即製造大車的工程進度與質量在考核中成績很壞時，司空嗇夫要被罰出一盾的錢財；製造大車的「徒」，則要被笞打五十棍；可見司空嗇夫是專門管理刑徒製造大車的官吏。至於《除吏律》則規定：「除士吏、發弩嗇夫不如律，及發弩射不中，尉貲二甲。發弩嗇夫射不中，貲二甲，免；嗇夫任之。」據此可知「發弩嗇夫」是專門主管發弩事宜及軍事訓練的官吏，所以，「發弩嗇夫射不中」，就得免去其發弩嗇夫的職務。

　　此外，「庫嗇夫」一名見於《效律》及佚名律；「離官嗇夫」一名見於《金布律》；「苑嗇夫」一稱見於《內史雜律》。依據上述各種嗇夫各以所管的經濟或業務部門命名的情況，則「庫嗇夫」、「苑嗇夫」及「離官嗇夫」，應是分別主管封建國家的庫藏、苑囿和離宮別館的官吏，因疑「離官嗇夫」應作「離宮嗇夫」。

　　除上述各種從事某一專門事務的嗇夫外，似乎還有主管漆園的漆園嗇夫、主管砍伐木材的「採山」嗇夫及主管開採礦石的「採鐵」嗇夫等官吏，分別見於佚名律，此不一一列舉。

　　如上可見，秦時有主管各個不同部門的專門官吏，都謂之「嗇夫」，或各冠以所主管部門的名稱，情況相當複雜。

　　第四，「大嗇夫」可能是「縣嗇夫」的另一稱呼，是管理全縣各級、各類嗇夫的官吏；而「官嗇夫」則可能是各類專職嗇夫的總稱。

　　「大嗇夫」這一名稱，見於《秦律》者甚多。從其中，我們可以看出如下情況：首先，「大嗇夫」不同於「官嗇夫」，不可混爲一談。如《司空律》規定：「大嗇夫、丞及官嗇夫有罪居貲贖債，欲代者，許之」。這雖然是講的「大嗇夫」等官吏在居貲贖債時法律所給予他們的優待，但也反映出「大嗇夫」與「官嗇夫」是不同的兩個官名，不能混爲一談。其次，「大嗇夫」是「官嗇夫」的上級。如《效律》規定：「同官而各有主殹（也），各坐其所主。官嗇夫免，縣令令人效其官；官嗇夫坐效以貲，大嗇夫及丞除」，意即各官吏之間，各有所主管的部門，各自對其所主管部門的事故負責。當官嗇夫免職時，縣令

要派人核查該官嗇夫的有關情況，如果該官嗇夫在核查有問題而被處以貲罪，大嗇夫及丞可以免罪。以此言之，則「大嗇夫」是「官嗇夫」的上級；又「大嗇夫」之所以能免於罪，是因為他在奉縣令之命去核查中，發現了該「官嗇夫」的罪行。「大嗇夫」既有權檢查「官嗇夫」的工作，更說明它是「官嗇夫」的上級。其三，「官嗇夫」為一縣之內各類專職嗇夫如「田嗇夫」、「倉嗇夫」等的總稱，這可以從「官嗇夫」所管轄的業務範圍獲得說明。《效律》規定，官府「為都官及縣效律」，其辦法是：「官嗇夫、冗吏皆共償不備之貨而入贏」，凡是「數而贏不備值百一十錢以到二百廿錢」者，諜「官嗇夫」；「過二百廿錢以到千一百錢，貲嗇夫一盾；過千一百錢到二千二百錢，貲官嗇夫一甲；過二千二百錢以上，貲官嗇夫二甲」。凡「具料而不備者」，「值過二百二十錢以到千一百錢，諜官嗇夫；過千一百錢的到二千二百錢，貲官嗇夫一盾；過二千二百錢以上，貲官嗇夫一甲」。凡「倉漏朽禾粟，及積禾粟而敗之，甚不可食者，不盈百擔以下、過千擔以上，貲官嗇夫二甲」。凡「官府藏皮草，數煬風之，有蠹突者，貲官嗇夫一甲」。凡「器職（識）耳不當籍者，大者貲官嗇夫一盾，小者除」；凡「馬牛誤職（識）耳，及物之不能相易者，貲官嗇夫一盾」。上述這一系列關於官嗇夫失職而必須給予懲處的法律規定，表明官嗇夫所主管的業務範圍甚為廣泛，涉及糧食、材料、貨物、皮革、馬牛等等，而其中每一項都是有專職嗇夫主管其事的，如糧食由「倉嗇夫」主管、土地由「田嗇夫」主管等等，已於上述。今《效律》既把如此廣泛的主管任務都置於官嗇夫的主管範圍之內，可見「官嗇夫」確是各類專職嗇夫如「倉嗇夫」、「田嗇夫」等的總稱。

　　明白了「官嗇夫」與「大嗇夫」的關係以後，則知「大嗇夫」可能是「縣嗇夫」的另一稱呼。因為按照《倉律》和《效律》的規定：一縣之內的糧食，都得由「縣嗇夫若丞及倉、卿相雜以封印之」；如果倉嗇夫對所管糧食數量有懷疑時，得「謁縣嗇夫」，再由「縣嗇夫令人復度之」。既然倉嗇夫相當於官嗇夫，則「縣嗇夫」也同「大嗇夫」一樣，是官嗇夫的直接上級。可見它們是同一官吏的不同名稱而已。正因為如此，在《秦律》中，「大嗇夫、丞」與「縣嗇夫、丞」兩種提法，曾多次出現，也同樣表明他們的地位是相同的。

第五，縣嗇夫（即大嗇夫）的職權範圍，除了管轄各級各類專職嗇夫外，還有管理戍邊事宜、傳達和執行法令以及防火、防「盜」等警戒任務。

《戍律》規定：「同居毋並行，縣嗇夫、尉及士吏行戍不以律，貲二甲」，可見縣嗇夫得管理行戍事宜。又《內史雜律》規定：「毋敢以火入藏府、書府中。吏已收藏。官嗇夫及吏夜更行官，毋（無）火，乃閉門戶」，如果出現「有不從令而亡、有敗、失火」等事故，「官吏有重辠（罪），大嗇夫、丞任之」。可見大嗇夫（即縣嗇夫）還對各類嗇夫的警戒事宜負有最後責任。再據出土秦簡《南郡守騰文書》關於「南郡守騰謂縣、道嗇夫」的話，説明直到秦始皇時期，縣、道的嗇夫還有傳達命令和執行法令的職責。又法律答問簡文云：「贖罪不直，史不與嗇夫和，問史何論？當貲一盾。」這就是説，在判處犯人以贖罪不公正時，如果史沒有與嗇夫合謀，則只罰吏而不罰嗇夫。證以《封診式》中的若干簡文，確證「令史」之類的官吏，是可以參與對罪犯的調查與審訊的。那麼，從「贖罪不直，史不與嗇夫和」的話來看，説明嗇夫不僅有傳達法令的責任，而且有審訊罪犯的權力。秦的嗇夫，其職掌較之《漢書·百官公卿表序》所説「鄉嗇夫」只是「職聽訟、收賦税」的情況要寬廣得多。

第六，秦時，不僅縣、鄉兩級行政機構中均有「嗇夫」一官，而且亭一級也有「嗇夫」一官。

《效律》規定：「官嗇夫貲二甲，令、丞貲一甲；官嗇夫貲一甲，令、丞貲一盾；其吏主者坐以貲、諼如官嗇夫。其它冗吏、令史椽計者及都倉、庫、田、亭嗇夫坐其離官屬於卿（鄉）者，如令、丞。」在這裡，明言都倉、庫、田、亭均有嗇夫，可見秦時亭一級也有嗇夫，只是史書缺載而已。

第七，秦時各級各類嗇夫的試用職務，謂之「守嗇夫」。

《除吏律》云：「有興，除守嗇夫，叚（假）佐居守者，上造以上不從令，貲二甲」，這是秦有「守嗇夫」之明證，它涉及到官制中的「守官」制度。按漢代，守官制度是普遍實行的。如《漢書·楚元王傳》謂光祿大夫劉辟强「守長樂衞尉」；《蕭望之傳》載望之曾「守少府」；同書同傳謂「蕭泰，泰山太守，入守大鴻臚」；其他如「守尚書令」、「守京兆尹」及「守太守」等等，不一而足，都是守官制度的表現。什麼叫「守」呢？如淳的解釋是：「諸官初加皆

試守一歲，遷爲眞，食全俸」，可見「守官」即試用職務，爲期一年，始轉爲正式職務。古人未說這種守官制度始於何時，今以出土秦簡證之，至少在秦時已有此制。《置吏律》規定：「官嗇夫節（即）不存，令君子無害者若令史守官，毋令官佐、史守」，這顯然是以無害令史代理空缺的官嗇夫一官的法律規定；所謂「無害者」，即《史記・蕭相國世家》所說的「文無害」，《集解》謂爲「有文無所害也」，意即要選擇比較好的官吏去接替空缺的官嗇夫，不得隨便以「官佐、史」擔任官嗇夫的試用職務。又《內史雜律》規定：「苑嗇夫不存，縣爲置守，如廄律。」苑嗇夫是專門管理封建國家苑囿的官吏，已於前述。那麼從「苑嗇夫不存，縣爲置守」的規定來看，說明縣無權設置正式的苑嗇夫，只能臨時性地任命一個試用嗇夫；而且這種試用嗇夫，當時專稱爲「守嗇夫」，可見已不是個別現象。然則漢代的守官制度，實濫觴於秦的守官、假官制度。（關於秦的守官、假官制度，詳見本書《從睡虎地秦簡看秦的若干制度》一文）

第八，「縣嗇夫」、「官嗇夫」均可簡稱爲嗇夫。

在秦簡中，各種不同的嗇夫，其前大都冠有一個相應的限制詞，如表示官位高低的叫「大嗇夫」，表示不同行政機構的嗇夫，叫「縣嗇夫」、「鄉嗇夫」、「亭嗇夫」；表示所主管的部門不同的嗇夫，叫「田嗇夫」、「苑嗇夫」、「庫嗇夫」、「皂嗇夫」等。但是，在秦簡中也存在不冠限制詞的嗇夫。這種嗇夫，並不是另外一種官名，而只是上述各種嗇夫的簡稱。如《秦律》法律答問部分有「何謂官長？何謂嗇夫？」的提問，而回答則是：「命都官曰長，縣曰嗇夫」。可見這裡的嗇夫顯然是「縣嗇夫」的簡稱。又如《效律》的「數而贏不備」條，前後都是講的如何按財物短缺多少的情況去懲辦「官嗇夫」，其中卻有一處提到「貲嗇夫一盾」而不作「貲官嗇夫一盾」，顯然這裡的嗇夫是「官嗇夫」的簡稱。由此可見，「縣嗇夫」與「官嗇夫」，均可簡稱爲「嗇夫」。

此外，「嗇夫」還是一種泛稱，或者是指相對於專職嗇夫而言的一般嗇夫。法律答問有這樣兩條規定：一曰「盜封嗇夫何論也？廷行事以僞寫印」；二曰：「嗇夫不以官爲事，以奸爲事，論何也？當遷。」這裡的「封」是指封

泥，就是盜用嗇夫之印。所以，這兩處的「嗇夫」一稱，都是指各種有印的嗇夫而言，是一種泛稱。還有《除吏律》規定：發弩嗇夫射不中，貲二甲，免；嗇夫任之。」意即發弩嗇夫的射箭技術不好，要罰二副軍甲，免除其發弩嗇夫職務，但仍要他擔任「嗇夫」，可見這裡的「嗇夫」，是對專職嗇夫而言的一般嗇夫。②

第九，「嗇夫」一官是秦時官制中的重要組成部分。

「嗇夫」一官，在秦時整個官僚機構中的重要性，可以從下面幾方面獲得説明：

首先，「嗇夫」種類的繁多和職權範圍的寬廣，是「嗇夫」在官僚機構中重要性的表現之一。

其次，「嗇夫」有印綬。法律答問中有兩條講到偽造印章的問題，一條是上面引述的「盜封嗇夫何論也？廷行事以偽寫印」；另一條是「僑（矯）丞、令何也？爲有秩偽寫其印爲大嗇夫」③。這兩條關於偽造印章的法律答問，反映出被人偽造印章的對象都是嗇夫。這就説明嗇夫是頗有權力的，有印章的，所以常常有人冒稱爲嗇夫。

其三，「縣嗇夫」的地位僅次於縣令，而高於丞尉。《金布律》在詳細規定了如何按官吏人數及官位大小給予車牛僕數量後説：「小官毋（無）嗇夫者，以此鼠（予）僕、軼。」從「小官無嗇夫者」一語看，説明「嗇夫」多是大官的助手。因疑「縣嗇夫」是「縣令」的助手。所以「縣嗇夫」的地位幾乎與令、丞相當。正因爲如此，在法律中「縣嗇夫」（或「大嗇夫」）總是置於丞之上，謂之「大嗇夫、丞」或「縣嗇夫若丞」；甚至給「有秩」的一般官吏「偽寫其爲大嗇夫」就是矯稱「丞、令」。但是，縣嗇夫畢竟只是縣令得力助手，並不等於縣令，因爲《效律》中明明把「縣令」、「大嗇夫」及「官嗇夫」三者在同一條法律中提出，這就確證「縣嗇夫」並不等於「縣令」④。

其四，「嗇夫」一官，不得空缺：「嗇夫」一官的重要性，還可從嗇夫空缺時必須立即填補的法律規定中看出來。《內史雜律》云：「官嗇夫免，……其官亟置嗇夫，過二月弗置嗇夫，令、丞爲不從令」，即官嗇夫出現空缺，所在縣的令、丞必須在兩個月內立即填補新人。這説明管理各種經濟或業務部門的

「官嗇夫」，達到了不可缺少的程度。

其五，「嗇夫」一官，自成體系：各類嗇夫之下，各設有一套屬官，如「縣嗇夫」之下有「丞」、「史」、「曹長」等官；「田嗇夫」之下，也有「田典」、「牛長」等官⑤；「倉嗇夫」之下，則有「佐」、「史」等官⑥；而各類專職「官嗇夫」，又直接受「縣嗇夫」（即「大嗇夫」）的管轄。可見各級各類嗇夫，都是不同部門的主要官吏；他們的權力不小，如法律答問所云：他們可以「不以官爲事，以奸爲事」，任意爲非作歹。這更說明嗇夫在秦時官僚機構中的特殊地位。

基於上述關於《秦律》中嗇夫一官的種種情況，我們可以獲得如下一些認識：

第一，秦時，不論縣、鄉和亭都沒有「嗇夫」一官，《漢書·百官公卿表序》只載鄉一級設嗇夫爲秦制，實屬漏載縣、亭也設嗇夫的制度。

第二，秦時，不僅縣、鄉和亭各設嗇夫，而且縣一級的嗇夫，具有特殊的重要性。其地位稍次縣令的，叫「大嗇夫」，也稱「縣嗇夫」；其下又設置各種主管某一經濟或業務部門的「嗇夫」，分別謂之「田嗇夫」、「苑嗇夫」、「庫嗇夫」、「皂嗇夫」、「廄嗇夫」、「倉嗇夫」及「司空嗇夫」等等，總稱爲「官嗇夫」。每一「官嗇夫」之下，又各設一套官吏，協助「官嗇夫」管理某一經濟或業務部門。這種「官嗇夫」一旦出現空缺，必須在兩個月內填補，不得拖延。所有這一切，都表明嗇夫一官、特別是縣級嗇夫在秦的官僚機構中占有重要地位。可是，《史記》及《漢書》對此均無記載，實屬嚴重缺漏。

第三，據秦簡《語書》所載「南郡守騰謂縣、道嗇夫」的話，可知縣一級謂置「嗇夫」一官之制，直到秦始皇時期依然如故。到了漢代，除《春秋繁露》中說到縣有嗇夫外，《史記》、《漢書》中均不見縣有嗇夫的記載。也許是漢制不同於秦，也許是史書缺載。

第四，秦時縣級嗇夫，特別是各種「官嗇夫」，各自主管某一經濟或業務部門，包括財產的保管、出納、核算，也包括採礦、伐木、製造大車等等，在交接時還有嚴格的交接手續；有一整套防止貪污、「盜竊」及損壞的獎懲條例與制度；而且《廄苑律》規定：「內史課縣」，《倉律》規定：縣裡的糧倉主管官

吏，要把「以給客」的糧食數量寫在「牒」上，上報內史；《田律》也規定：要把田裡莊稼成長及種植頃畝上報。所有這一切，都反映出「官嗇夫」的設置同封建的國有經濟有密切聯繫。

第五，秦時，關於各種「官嗇夫」的任命，縣一級只有權「爲置守」，即無權任命正式的「官嗇夫」。至於「大嗇夫」的任命，出土《秦律》雖未言及，但據任命「官嗇夫」的情況推斷，很可能是由秦的中央政權任命。又據法律答問云：「郡縣除佐，事它郡縣而不視其事者」，「以小犯令論」，可知郡縣有權任命「佐吏」之類的官吏。又《置吏律》規定：「嗇夫之送見它官者，不得除其故官佐、吏以之新官」。這就是説，「嗇夫」調動時，不允許他們把手下任職的佐、吏帶到新任上去。這顯然是爲了防止任用私人而制定的法律。因此，在嗇夫等官的任命權限問題上，反映出中央集權專制主義的逐步形成趨勢。

第六，從秦的嗇夫一官的歷史淵源來説，反映出秦的封建政權機器，有繼承奴隸制政權機構的明顯迹象。我們知道，「嗇夫」這一官名，起源甚早。《左傳》昭公十七年引《夏書》説：「辰不集於房，瞽奏鼓，嗇夫馳，庶人走」。按照郭沫若的解釋，這裡的「庶人」是從事農耕的奴隸，而「嗇夫」則是管理奴隸耕作的官吏，可見夏代早就有了管理農耕奴隸的官吏叫「嗇夫」。《儀禮·覲禮》有「嗇夫承命告於天子」的記載，按照鄭玄的解釋，「嗇夫，蓋司空之屬也」，可見隨後的奴隸制國家，在中央政權中也設置了具有天子助手性質的官吏叫「嗇夫」。《韓非子·説林下》謂晉國中行文子出亡時，遇「縣邑」裡的「嗇夫」，雖是中行文子「故人」，也毫不容情地没收了他的兩車財物。按此事發生於晉定公二十二年（公元前 494 年），可見春秋末期的晉國，在「縣邑」已設置有「嗇夫」以追捕逃亡。至於《管子·君臣上》，進一步把「嗇夫」一官區分爲「吏嗇夫」與「人嗇夫」兩類，並謂「吏嗇夫」是「任事」的官吏，而「人嗇夫」是「任教」的官吏，可見戰國時期嗇夫一官的職權範圍與類別有所發展。下至戰國末期的魏國，也有嗇夫一官的設置，如《戰國策·魏策四》載張儀因害怕別人傷害他，「因使其人爲見者，嗇夫聞見者，因無敢傷張子」，則魏國的嗇夫有點類似晉國的以治安爲職的「嗇夫」。今據雲夢秦簡，則知秦自商鞅變法後，也設置了「嗇夫」一官，而且類別繁多，職權寬

廣,地位重要,系統嚴密,又多用之於主管封建的國有經濟部門,可見秦的「嗇夫」不僅在官名上,而且在職權方面,都是直接從奴隸制的官制而來。明乎此,則封建制度與奴隸制度的聯繫性,不僅表現在等級制和奴隸制殘餘因素等方面,也表現在官制方面,這表明封建制與奴隸的對立並不是絕對的。

第七,把秦的「嗇夫」同漢代的「嗇夫」比較,呈現出秦漢官制上的明顯差別之一斑。據《漢書》所載,漢代只有鄉一級設有嗇夫,謂之「鄉嗇夫」,而縣、亭均不設嗇夫。因此,不僅「縣嗇夫」、「大嗇夫」、「官嗇夫」等官名不見了,各類專職嗇夫如「田嗇夫」、「苑嗇夫」、「倉嗇夫」等等也不見了。至於嗇夫的地位與職權,也同秦不同了。以「鄉嗇夫」來説,僅限於「職聽訟、收賦税」而已,或者是「主知民善惡,爲役先後,知民貧富,爲賦多少,平其差品」⑦;其地位則已淪爲鄉官小吏,地位低下,如鄭玄「少爲鄉嗇夫」,後「不樂爲吏」⑧,又鄉嗇夫孫性,貧窮到無錢爲其父購買單衣⑨,像爰延那樣能使「人但聞嗇夫,不知郡縣」⑩的縣嗇夫,只是特例。爲什麼漢代的嗇夫,在類別、職權與地位等方面會發生如此大的變化呢?我想其原因之一,是同秦漢社會的封建性國有經濟在整個社會經濟中的比重不同有密切聯繫的。換言之,秦時封建的國有經濟比重較大,特別是由於土地制度方面存在著封建的土地國有制,使封建國家既需要用官府奴隸去耕種國有土地,也需要把一部分國有土地以授田或出租方式給予農民耕種,以榨取租税和地租。正因爲如此,就引起了設置各種「官嗇夫」以管理國有土地、耕牛、農具、種籽以及大車的製作與維修,僕役的徵集與獎懲等等的需要,於是就有「田嗇夫」、「苑嗇夫」、「倉嗇夫」、「皂嗇夫」及「司空嗇夫」等等的設置。但是,隨著時間的推移,封建的國有土地制日益讓位於地主土地私有制,逐步出現了「富者田連阡陌,貧者無立錐之地」⑪的情況。而地主土地私有制的發展,必然是以封建的國有土地制的削弱爲前提的。因此,到了西漢時期,由於封建國有土地制的削弱達到了沒有必要另設一套專職官吏去管理的程度,雖然還有一些國有土地,有一個管理皇室私產的「少府」一類官吏就夠了。到了武帝時期,封建的國有土地雖因水利興建與「算緡線」的結果而有所擴大,但得來的土地,又在「少府」與大司農之間進行分割,仍然沒有必要同秦一樣必須設置

各類嗇夫以管理之。加上這時已有「假稻田使者」⑫之類的官吏去管理國有土地，本質上已代替了秦之「田嗇夫」。這就是漢代不設置大量「官嗇夫」的原因之一。另一方面，也許與西漢時期的「霸王道雜之」⑬的政治原制有關。由於這一原則的執行，使得專以治獄爲職的官吏，在地位上開始下降。以致秦時以傳達命令、審批罪犯和執行法令爲其重要職掌的「縣嗇夫」，失去了它存在的必要性而被取消了。

不過，這裡必須指出：以主管封建的國有經濟爲職掌的「官嗇夫」，在漢代並不是完全絕迹了。我們還可以看到某些殘留。清人俞理初在其《癸巳類稿》卷11《少吏考》中，對屬於少吏之見於《漢書》及《後漢書》裡的「嗇夫」，作了一些材料上的羅列。他所列舉的有下面一些：例如《漢書・張釋之傳》，謂上林苑中有管理「虎圈」的「虎圈嗇夫」，受上林令的直接管轄；同書《何武傳》有個「市嗇夫」名叫求商的，曾到何武弟何顯家催索市租，後被升爲郡「卒史」；還有《漢書・酷吏傳》中的「田廣明傳」，謂：公孫勇反叛時，當他到達陳留郡的圉縣後，圉守、尉「與廄嗇夫江德」等「共收捕之」⑭。這些嗇夫，多少有點類似秦時主管封建國有經濟或業務部門的「苑嗇夫」、「田嗇夫」等「官嗇夫」，這表明秦設專職嗇夫以主管各經濟部門的制度，西漢時仍有某些殘留。其實，西漢史籍中關於「嗇夫」一官的殘留，尚不止俞理初所舉及的這些例子。《漢書・丙吉傳》有「少内嗇夫」，師古注曰：「少内，掖庭主府藏之官也。」《急就篇》有「嗇夫、假佐扶致牢」之語。董仲舒《春秋繁露・止雨篇》載止雨儀式説：「令縣、鄉、里皆掃社下。縣邑若丞、令、吏、嗇夫三人以上祝一人，縣嗇夫若吏三人以上祝一人，里正父老三人以上祝一人。皆齋三日」。可見漢時縣邑也有「嗇夫」。《居延漢簡釋文》卷1有「候門嗇夫」一簡，卷3有「廄嗇夫千秋里馬敞」一簡，又有「顯美傳食嗇夫」謝橫一簡。《流沙墜簡・簿書六十》簡文云：「……始建國元年十月辛未日食時，關嗇夫□受戍卒趙彭。」又羅振玉《貞松堂集古遺文》卷13《東海宮司空鐙檠銘》中，有「工范備進，嗇夫巨倍主」之文。「漢書・外戚傳上・孝宣許皇后傳」謂其父許廣漢曾任掖庭的「暴室嗇夫」。以此言之，則漢代宮廷各部門、縣及鄉、傳舍等，都設有嗇夫，且仍有「廄嗇夫」之名，可見殘留還相當嚴重，決非一點

一滴，只是《漢書》缺載而已。但是，到了東漢，史籍中見到的關於「嗇夫」的記載少多了，除「縣嗇夫」仍普遍設置和寢廟陵墓皆置嗇夫外⑮，其他各種嗇夫就基本不見了。清洪飴孫《三國職官表》及《晉書・職官志》，也只説鄉設「嗇夫」一人。南北朝以後，連鄉設嗇夫之制也改變了⑯。「嗇夫」一官遂成了歷史的陳迹⑰。

注 釋

①《秦律》中雖無「縣嗇夫」一名稱，但從封倉時縣嗇夫問倉、鄉等級官吏一道進行的情況看，表明倉、鄉也應有「嗇夫」一官；何況倉有嗇夫謂之「倉嗇夫」，是《秦律》有明文規定的，是以知鄉也有嗇夫，應即《漢書・百官公卿表序》及列傳中所説的「縣嗇夫」。

②這裡的「嗇夫任之」一句，《睡虎地秦墓竹簡》一書第 129 頁，解釋爲「由縣嗇夫另行保舉」，似有增字釋簡之嫌。

③關於「有秩」的含義，另有《有秩非嗇夫辨》一文，此不贅述。按「有秩」，本爲有秩祿的意思，《史記・商君列傳》所謂孝公十三年「初爲縣有秩史」，即有秩祿之史，秦簡又有「有秩吏」及「有秩之吏」等提法，也説明「有秩」不是專有官名，後來才成爲固定官名。

④《文物》雜誌 1978 年第二期鄭實認爲「縣嗇夫」就是「縣令」，恐有可疑。

⑤見《廄苑律》律文。

⑥見《倉律》律文。

⑦《續漢書・百官志》。

⑧《後漢書・鄭玄傳》。

⑨《後漢書・吳祐傳》。

⑩《後漢書・爰延傳》。

⑪《漢書・食貨志》。

⑫《漢書・昭帝紀》。

⑬《漢書・元帝紀》。

⑭《漢書・田廣明傳》，說廣明捕獲公孫勇等人時，任淮陽太守；又說陳留廄嗇夫江德等人捕獲公孫男於圉。顏師古注「圉」字曰：「陳留圉縣」。但查《漢書・地理志》，只見淮陽國有圉

縣，而陳留所轄十七縣中，並無圉縣。到《續漢書・郡國志》，才載陳留郡有「圉縣」。何以言西漢時之事，而用東漢時之地名呢？顏氏之注實欠妥，應作淮陽國圉縣。

⑮關於東漢時的鄉嗇夫，除《續漢書・百官志》外，還見於《後漢書・任光傳》、《鄭宏傳》、《鄭玄傳》、《第五倫傳》、《吳祐傳》、《爰延傳》及《太平御覽》卷157《州郡部・鄉門》引《零陵先賢傳》。

關於東漢寢宙陵墓設嗇夫之制，見於《後漢書・蓋延傳》及《宗室・城陽王祉傳》。

⑯南朝時期，唯《宋書・百官志下》所載劉宋鄉官之制，似乎也是循秦、漢之制，「鄉有鄉佐、三老、有秩、嗇夫、游徼各一人」。然而劉宋以後，鄉設「嗇夫」之制無聞焉。

⑰隋、唐以後，史書雖不載設置嗇夫之制，但《太平廣記》卷343引《異聞錄・盧江馮媼傳》云：「馮媼者，盧江里中嗇夫之婦，窮寡無子，為鄉民所賤棄。元和四年，淮楚大歉，媼遂逐食於舒」，則唐仍有嗇夫之名目殘存。又《舊五代史》卷63《張全義傳》云：張全義，「濮州臨濮人。……全義為縣嗇夫，嘗為令所辱。乾符末，黃巢起冤句，全義亡命入巢軍。」據此，則唐末縣級政權仍有嗇夫之設置。

從《睡虎地秦簡》看秦的若干制度

　　睡虎地秦簡的出土，不僅有助於我們加深對秦的土地制度、徭役制度、租稅制度和賜爵制度的了解，而且有助於認識秦的官制、傳遞文書的制度、考核官吏的制度，稟給衣食的制度、管理市場的制度、戶籍制度以及地方行政系統的設置制度等等。除前四項已在有關篇章中說明外，這裡特就後面的若干制度談一點學習體會。

(一)關於縣、道並立的制度

　　出土《秦律》的《屬邦律》規定：「道官相輸隸臣妾，收入，必署其已稟年日月，受衣未受，有妻無有。受者以律續食衣之。」這條法律雖然主要是講官府奴隸在轉移所屬單位時的登記內容問題，但它涉及了「道」的行政機構。「道」究竟是什麼機構呢？出土秦簡《語書》開頭便說：「南郡守騰謂縣、道嗇夫」，據此可知「道」是同縣並立的地方行政機構，那麼「道官相輸隸臣妾」一語中的「道」，也應是指同縣並立的「道」而言，可見「道」的設置不獨始皇時有之，在此之前便已有「道」的設置了。

　　然而，這種縣、道並立的制度，在《史記》中卻無記載；在《漢書》中也講的含糊不清。例如《漢書·百官公卿表序》云：「縣令、長，皆秦官，掌治其縣，萬戶以上爲令」，「減萬戶爲長」，「皆秦制也」。在這裡，它根本沒有講到秦時有縣、道並立的制度。同書又說：「列侯所食縣曰國，皇太后、皇后、公主所食曰邑，有蠻夷曰道」，這裡雖然講到了「道」，並它並未說這些都是秦制。再據《漢書·地理志》，謂漢代有「道三十二」，也沒有講到秦有「道」多少個。因此，關於秦時有無縣、道並立的制度，在《漢書》中是含糊不清的。至於漢代，確是縣、道並立，如這裡的「有蠻夷曰道」、《漢書·文帝紀》元年條

所説「有司請令縣、道」及《續漢書・禮儀志》云：「仲秋之月，縣、道皆案比民」等語，就充分證明這一點。今出土《語書》及《秦律》都謂秦時已有「道」的設置，而且是同縣並立的一級地方行政機構，這就確證《史記》漏載這一秦制和《漢書》的記載含糊不清；還説明漢代的縣、道並立制度，也是承秦制而來。

秦、漢統治者爲什麼要實行縣、道並立的制度呢？據上引《漢書・百官公卿表序》「有蠻夷曰道」的話來看，表明凡有少數民族的地區就不設縣而設「道」以示區別。可見「道」的設置，確與統治少數民族有關。稽諸《漢書・地理志》，零陵郡有「營道」、「泠道」，廣漢郡有「陰平道」，蜀郡有「嚴道」、「湔氐道」，隴西郡有「羌道」，如此等等，不一而足。這些地區確是少數民族集中的地區，特別是「羌道」的名稱也以「羌」命名，足證「有蠻夷曰道」之説不誣。秦之南郡，歷來也是少數民族集中的地方，因此，秦在這裡設置「道」以專門統治少數民族，就不足爲怪了。

既然秦的「道」是專門統治少數民族的地方行政機構，這説明我國自古以來就是一個多民族國家，「各個少數民族對中國的歷史都作過貢獻」①，連秦的封建統治者也注意到了少數民族存在的事實，故設「道」以示區別。另外，秦於少數民族地區設「道」，也有對少數民族加强奴役與剝削的用心，如上引《屬邦律》所云「道官相輸隸臣妾」的話，便反映出「道」一級的官吏必須向秦的中央政權輸送奴隸。果如此，則秦時存在以少數民族人民爲奴隸的制度。法律答問簡文中有「可（何）謂人貉？」的提問，回答中説：「謂人貉者，其子入養主之謂殹（也）。不入養主，當收；雖不養主而入量（糧）者，不收，畀其主。」這説明「人貉」實際上是近似乎奴隸的農奴，他們要無償地給其「主人」提供糧食，否則，就要被没爲奴隸。《周禮・司隸》掌五隸之法，以「罪隸」、「蠻隸」、「夷隸」、「閩隸」與「貉隸」爲五隸。孫詒讓《周禮正義》卷65謂「貉可兼狄」；卷69謂「貉隸養獸」。由此可見，「貉」，實際上是當時對我國西北少數民族的稱呼，到魏晉時期還有人稱江南人爲「貉子」；而「人貉」，就是以少數民族爲奴隸。後來，歷代封建統治者也往往以少數民族爲奴，看來也同周秦制度的遺留有關。

另一方面，也應看到，秦的統治者對少數民族的首領，卻實行了優待拉攏

的政策。如法律答問簡文云：「可（何）謂贖鬼薪鋈足？可（何）謂贖宮？臣邦眞戎君長，爵當上造以上，有罪當贖者，其爲羣盜，令贖鬼薪鋈足；其有府（腐）罪，贖宮」。意即應當判處鬼薪鋈足及宮刑的人，如果其人是少數民族豪酋及爵在上造以上的人，就應當准許贖免。又一條法律答問簡文云：「眞臣邦君公有罪，致耐罪以上，令贖」，即少數民族的豪酋犯了耐罪以上的罪，也應准許贖免。由此可見，秦的統治者，對臣屬於它的少數民族豪酋，在法律上是給予優待的，同他們對待少數民族人民的政策是大不相同的。大約正因爲這個原因，秦能稱霸於西戎，獲得少數民族豪酋的擁護，如《史記・秦始皇本紀》載嫪毐反叛時，曾矯詔發「戎翟君公」爲兵，便是例證。

㈡關於「邑」的設置制度

上引《漢書・百官公卿表序》云：「列侯所食縣曰國，皇太后、皇后、公主所食曰邑，有蠻夷曰道」，並謂漢代有「縣、道、國、邑千五百八十七」。據此可知，縣、道、國、邑是同一級行政機構的不同名稱，而且這些似乎都是漢制。所以，陳直先生認爲：「秦代只有縣、道兩名稱，無邑之名稱。查秦代皇太后、公主等，無湯沐邑之制度。《六國年表》：始皇十六年初置麗邑，類於現今之直轄市，與此名同而性質迥別」②。今證以土《秦律》，可知秦時不僅縣、道並立，而且還有「邑」的設置，陳先生的這一說法未免以偏概全。

《史記・商君列傳》載孝公十二年「集小都鄉邑聚爲縣」，似乎自此以後無「邑」之存在。然而，事實並非如此。《秦律》中的《倉律》規定：「入禾稼、芻、稾，輒爲廥籍」，接著便說這種「廥」有「在都邑」者；《倉律》又規定：「萬石一積」的糧食收集以後，主管者要「書入禾增積者之名事邑里於廥籍」，即在造「廥籍」時，要把增積者的「名事邑里」登記上；還有《效律》也規定：「是縣之人，縣嗇夫若丞及倉、鄉相雜以封印之，而遣倉嗇夫及離邑倉佐主稟者各一戶，以餼人」。此外，《徭律》中有「興徒以爲邑中之功者」的話，法律答問中也有「將上不仁邑里者而縱之」一語，還有「其邑邦門」的說法。根據這些法律規定，表明秦在「集小都鄉邑聚爲縣」以後，仍有「邑」存

在，而且還有名爲「離邑」的「邑」。可見陳直先生謂秦「無邑之名稱」這一說法未必可信。

又《商君書・徠民篇》中有「都邑蹊道處什一」之語；《境內篇》載因軍功賜爵至五大夫者，「則稅邑三百家」，爵至大庶長、左更、大良造，「皆有賜邑三百家，有賜稅三百家」，其中「爵五大夫，有稅邑六百家者，受客」，這裡「賜邑」就是封邑，稅邑就是食租稅。且《史記・張儀列傳》謂惠王封張儀「五邑」，同書《穰侯列傳》謂自范雎用事，「穰侯乃免相國，令涇陽之屬，皆出關就封邑」。由此可見，秦確有「邑」的名稱，而且都與封郡有關。又據《左傳》莊公二十八年，「凡邑，有宗廟先君之主曰都，無曰邑。」可見都與邑的區別，就在於有無王家宗廟。這一切，都表明陳先生的說法是可疑的。

(三)關於「相」官之制

前引《屬邦律》中，有「道官相輸隸臣妾」一語。「道」既是與縣並立的地方行政機構的名稱，則「官相」應爲「道」一級的官吏名稱。又《金布律》規定：「官相輸者，以書告其出計之年，受者以入計之，八月九月中，其有輸，計其輸所遠近」，這裡「官相輸者」，顯然是官及相之管理運輸事宜者的意思，益知「相」應爲官名。還有《倉律》云：「入禾倉，萬石一積」，「縣嗇夫若丞及倉、鄉相雜以印之」；《效律》也有「是縣之入，縣嗇夫若丞及倉、鄉相雜以封印之」的規定；更有「入禾、發漏倉，必令長吏相雜以見之」的說法；可見各糧倉及鄉都有「相」這一官的設置，不獨縣、道設有「相」這一官。從「長吏相雜以見之」的話來看，可知「相」不屬於「長吏」之列。而所謂「長吏」，據《漢書・百官公卿表序》所云，是指縣的丞、尉而言，則「相」這一官的地位在丞、尉之下。從性質來說，《屬邦律》中的「道官相」是主管輸送奴隸的，《倉律》及《效律》中講到的「倉、鄉相」，則是參與主管倉庫糧食的官吏。雲夢睡虎地第四號秦墓出土的木牘中，有「相家爵來未來」一語，則「相」這種官吏，還有主管賜爵事宜的職責。這同《華陽國志》及《史記・秦本紀》所載蜀侯相陳壯的侯國相是不同的。這一情況，又爲《史記》、《漢書》所無，值得引起

注意。

㈣關於「太守」一官的設置年代

　　《漢書・百官公卿表序》云：「郡守，秦官，掌治其郡」。「郡守」又簡稱「守」，見於文獻者，有王稽「爲河東守」，「任鄙爲漢中守」等。實則郡設「守」之制，不僅秦有之，《日知錄》卷 22 還列舉了趙有吳起爲西河守，馮亭爲上黨守及魏國之蒲守，韓國有南陽假守。可見郡設郡守並簡稱爲「守」之制，是戰國中後期的共同趨勢。《漢書・百官公卿表序》又説：「景帝二年，更名太守」。這就是説，秦和漢初的郡守一官，直到西漢景帝時才改名「太守」，則在此之前無「太守」一官。今據出土《秦律》的法律答問，其中一次提到「郡守」；又發布於始皇二十年的《語書》，也稱「郡守」，可見「郡守」爲秦官之説不誤。然而，在《封診式》的簡文中，卻有一次提到「太守」；而且從這則《遷子》案例的爰書來看，其中有將犯者「以縣次傳詣成都，成都上恆書太守處」的話，查《史記・六國年表・秦表》，秦昭王六年，「蜀反，司馬錯往誅蜀守煇，定蜀」，是蜀之爲郡甚早，成都實爲郡治，今將犯者「以縣次傳詣成都」並「上恆書太守」，則此「太守」確係蜀郡郡守之別稱。在《戰國策》中，各國稱郡守類皆曰「守」，但也有稱「太守」的，見於《戰國策》者便有五次。又《史記・趙世家》也有「以萬戶都三封太守」之語。然則，「稱郡守」爲「太守」之制，並非始於西漢景帝二年。如上所云，可知戰國時期，不論秦和東方諸國，都是「郡守」、「太守」二名，同時使用，並無定制，到景帝才廢郡守之名而單稱「太守」而已。

㈤關於假守、假官之制

　　秦之郡守，又單稱爲「守」，如《史記・范雎蔡澤列傳》謂王稽「爲河東守」，同書《秦本紀》載昭王十四年「任鄙爲漢中守」，可見每郡設一郡守、簡稱爲「守」的制度，早在秦國設立諸郡的過程中便已形成。出土秦簡《南郡守

騰文書》，稱騰爲「南郡守」，而不稱南郡郡守，與此正合。

郡設「守」之外，還有「假守」之制。《史記‧秦始皇本紀》載始皇十六年九月「發卒受地韓南陽假守騰」，可見韓國有南陽郡假守名叫騰。又《史記‧項羽本紀》謂秦末有「會稽守通」，《集解》曰：「駰案《楚漢春秋》曰：『會稽假守殷通』」；而《漢書‧項籍傳》載此事，逕作「會稽假守殷通」，不再稱會稽守。由此可見，郡設「假守」之制，不獨韓國有之，秦也同樣有之。何謂「假守」呢？《漢書‧項籍傳》注引張晏語曰：「假守，兼守也」；《史記‧項羽本紀‧正義》曰：「言假者，兼攝之也」。這就是說，假守是郡守的一種兼官、試職，與正式的郡守不同。正因爲如此，韓國的南陽郡假守騰獻地於秦以後，被始皇任爲内史，正是一種提升，符合假守騰獻地有功的情況。

《漢書》所說秦的「假守」之制，不僅可從雲夢出土《秦律》中獲得證實，而且得知「假守」僅僅是「守官」、「假官」制度中的一項內容。《除吏律》規定：「有興，除守嗇夫，假佐居守者，上造以上不從令，貲二甲」；又《置吏律》規定：「官嗇夫即不存，令君子無害者若令史守官，毋令官佐、史守」；還有《内史雜律》也規定：「苑嗇夫不存，縣爲置守」。這些法律條文，反映出一個共同問題，即秦有「守官」、「假官」之制。這裡的「守嗇夫」，即「縣爲置守」的「守官」；官嗇夫去世了，只有「君子無害者」及「令史」可以「守官」，「官佐、史」及「假佐」不能「守官」，這說明擔任「守官」是有條件的。所謂「守」是什麼意思呢？從上述法律條文可以看出，它同郡守之簡稱爲「守」根本不同，是一種試用的官吏。至於「假佐」的「假」，則同「假守」的「假」相同，也是一種試用職務。如果說《除吏律》中所說的「守嗇夫」及「假佐居守者」，還可以作另一種解釋，即有「留守」、「居守」之意，則《置吏律》中所說的「守官」及《内史雜律》所說「縣爲置守」的「守」，就只能作試用職務講，而不是「留守」、「居守」之意，由此可見，後來盛行於漢代的「假官」、「守官」之制，在秦時實已有了萌芽或已初步形成。這一點，又是對《史記》、《漢書》的重要補充。

「守官」、「假官」之制肇端於秦時官制的說法，還可以從文獻中獲得印證。《漢書‧兩粵傳》載南粵王趙佗乘秦末之亂，「稍以法誅秦所置吏，以其黨

爲守、假」，顏師古注曰：「令爲郡縣之職，或守或假也」。按秦制，郡設守、縣設令。趙佗既以「守、假」爲郡、縣之官，則這裡的「守」，已不單是指「郡守」之「守」，而是試用之意。又《漢書・陳勝傳》謂陳勝等「比至陳，兵車六七百乘，馬千騎，卒數萬人，陳守令皆不在，獨守丞與戰譙門中，不勝，守丞死，乃入據陳。」劉攽注曰：「按秦不以陳爲郡，何庸有守乎？疑衍守字。又守者，非正官，權守者耳。」劉攽的看法，本於《史記・陳涉世家》同條司馬貞《索隱》。司馬貞也認爲秦無陳郡，故此處之守，「非官也」。由此可見，這裡的「守令」，即試用之縣令；守丞，即試用之縣丞，與上面顏師古說的「或守或假」的制度相同。由此可見秦末漢初郡縣的各級官吏，都出現了或守或假的制度。很顯然，這裡的「守」同單稱郡守爲「守」的意義不同了，變成了試用的「守官」、「假官」制度。故「守」、「假」官之制，實肇端於秦。

　　入漢以後，「守官」、「假官」制度更加固定化了，實行的範圍也更廣了。連中央的各級官吏也有守有假，如光祿大夫劉辟強，「守長樂衞尉」③，蕭望之曾爲「守少府」④；「華陰守丞嘉上封事」，荐朱雲「以六百石秩試守御史大夫」⑤，暴勝之荐王訢於武帝，「徵爲右輔都尉、守右扶風，上數出幸安定、北地，過扶風，宮館馳道修治，供張辦，武帝嘉之，駐車拜訢爲真」⑥。《隸釋》卷四《羊竇道碑》說他曾「守鐵官長」；同書卷8《侯成碑》謂成曾「守金鄉長」。同樣的「守官」例證，不勝枚舉。在這些記載裡，或曰以某官「守」某官，或曰「試守」某官，或曰「拜爲真」，則「守官」的含義確是試用之意，也有兼攝的因素，誠如如淳所說：「諸官初加，皆試守一歲，乃遷爲真，食全奉」。至於「假官」制度，漢代也同樣實行，如《漢書・昭帝紀》有「假稻田使」，《趙充國傳》有「假司馬」，《陳湯》有「假丞」，《曹參傳》有「假左丞相」，《王尊傳》有「假佐」，如此等等，不一而足。其中的「假佐」一名稱與《秦律》完全相同，可見是秦時「假官」制度的繼續和發展。所謂「假」，也同秦的「假守」一樣是借用的意思、攝事的意思，正如趙翼所說：「秦漢時，官吏攝事者，皆曰假，蓋言借也」，「非真假之義」⑦。

　　到了東漢，「假官」又增加了副職之意。如《續漢書・百官志》將軍條下

云：「其領軍皆有部曲，大將軍營五部，部校尉一人，比二千石；軍司馬一人，比千石。又有假司馬、假候，皆爲副貳」，即可爲證。

㈥關於「計」及「上計」制度

查《漢書·百官公卿表序》無「上計吏」之名，《本紀》及《列傳》雖有「受計」、「上計」及「受郡國計」等説法，但是否爲承秦制而來，不明；《秦會要》雖錄有兩條關於「上計」的記載，其中一條爲東漢之制而非秦制；舊版《辭源》則謂「上計」爲「漢制，郡國每歲遣詣京師，進計簿，謂之上計」，好像秦時無此制。這些情況表明，對「上計」與「上計吏」制度的認識，是相當混亂的。今雲夢秦簡的出土，有助於我們了解這一制度。

出土《秦律》中的《效律》：「計，用律不審而贏不備，以效贏不備之律貲之，而勿令償」；又曰：「計校相繆也，自二百廿錢以下，誶官嗇夫；過二百廿錢以上到二千二百錢，貲一盾；過二千二百錢以上，貲一甲。人戶、馬牛一，貲一盾；自二以上，貲一甲」。由這些法律規定看來，凡主管經濟的部門，都有專門從事經濟核算的事宜，叫做「計」，同時也是考核官吏勤惰的一種手段。

由於「計」本是計算、計簿、計帳之意，所以從事這種事宜的官吏也叫「計」，或者叫「掾計」。如《效律》規定：「官嗇夫貲二甲，令、丞貲一甲；官嗇夫貲一甲，令、丞貲一盾；其吏主者坐以貲、誶如官嗇夫。其它冗吏、令史掾計者，及都倉、庫、田、亭嗇夫坐其離官屬於鄉者，如令、丞。」這是關於各級官吏在犯了貲罪時的罰款數量，其中的「掾計者」，其罰款數量與令、丞相同，可見「掾計」已是官名。至於「尉計及尉官吏即有劾，其令、丞坐之如它官然」及「司馬令史掾苑計，計有劾，司馬令史坐之，如令史坐官計劾然」等規定；更證明以「計」命名的官吏，有的叫「尉計」，有的叫「苑計」，隨所主管部門之不同而不同，總稱謂之「官計」。

各級地方行政機構及主管經濟的部門，都要向上級報告經濟收支情況。如《倉律》規定：「縣上食者籍及它費大倉，與計偕，都官以計時讎者籍」；《金

布律》也規定：「受衣者」在「已稟衣」之後，「有餘褐十以上，輸大內，與計偕」。這裡的「食者籍」即稟給糧食的名册，縣一級機構要向大倉的主管官吏上報稟食名册及其他經典開支的情況，並得同時交上計簿，然後都官按照計簿來核查稟食者的名册。至於主管各經濟部門事宜的官吏，則向「大內」上報計簿。這樣作法，大約就叫做「上計」。故《史記‧范雎蔡澤列傳》謂河東守王稽，「三歲不上計」，是一種失職的表現。因此，至晚在秦昭王時期，已經實行這種各郡縣及經濟部門「上計」於中央政權的制度。正因爲如此，當蕭何隨劉邦入關中後，因爲收得了「秦丞相、御史律令圖書藏之」，遂使劉邦得以「具知天下阨塞，戶口多少、強弱之處」及「民所疾苦者」⑧。可見「上計」的內容不僅有經費的收支，而且還有戶口、土地、賦稅、稟食等各方面的版籍。上計時，各級地方機構及有關經濟部門的「上計吏」，不僅要帶著有關簿籍，而且要帶著有關隨員及應上繳物資，如數上繳。這種由「上計吏」攜帶上繳物資及隨員到中央機構去呈報和核算的制度，當時叫做「與計偕」。雲夢出土秦簡的法律條文，曾兩次提到「與計偕」的事：一爲《倉律》關於「縣上食者籍及它費大倉，與計偕」的記載，二爲《金布律》關於「已稟食，有餘褐十以上，輸大內，與計偕」的規定。後一個「與計偕」，顯然是説掌管稟衣食部門的官吏，在已稟衣之後，要把剩餘的褐衣達到十件以上者，連同稟簿一起上繳「大內」。這種制度，反映出秦時的財經核算及使用權限的制度是很周密和嚴格的。孫詒讓《周禮正義》説：「漢時，謂郡國送文書之使爲計吏，其貢獻之物，與計吏俱來，故謂之計偕物」。以上述《秦律》簡文證之，所謂「其貢獻之物，與計吏俱來」，並謂爲「計偕物」或「與計偕」的制度，並非始於漢代，實肇端於秦時。

到了漢代，「上計」制度有了進一步發展。在中央政權，有專門主管各郡國上計吏事務的官吏，謂之「計相」⑨；各郡國則有專門的「上計吏」、「上計掾」、「上計佐」及「上計卒吏」等官吏⑩。上計時呈報供核查的簿籍類別也增加了，例如戍卒的財物，便有「戍卒財物計」⑪；《漢書‧匡衡傳》載分割定郡內封國界線的上計簿；《續漢書‧百官志》宗正卿條有「宗室名籍」，亦在上計之列；居延漢簡中，「賦錢出入簿」等，也需上計。由此可見，漢代的上

計制度雖本於秦，但在上計的官吏的設置、上計制度的組織系統及上計的範圍等方面，均較秦有進一步的發展，表現出它在隨著中央集權專制主義制度的發展而發展的趨向。

「計」官的設置與「上計」制度的確立，意味著中央集權制的加強。所以，秦的上計制度發生於戰國時期決非偶然。當時不獨秦國有此制度，，其他諸國也先後實行了這種制度。如《新序・雜事篇》，謂魏文侯時「東陽上計，錢布十倍」；《韓非子・外儲說左下篇》謂西門豹爲鄴令，「居期年上計」；《呂氏春秋・知度篇》，謂趙襄子時，以任登爲中牟令，「上計」。由此可見，「上計」制度的產生，確與郡縣制的取代分封制及中央集權制的逐步加強的歷史過程有關聯。

㈦關於縣級的官吏設置之制

關於秦、漢縣級官吏的設置制度，《史記》、《漢書》的記載是這樣：

《史記・商君列傳》謂孝公十二年「集小都鄉邑聚爲縣，置令、丞」；同書《六國年表・秦表》也說：孝公十二年，「初取小邑爲三十一縣」，十三年「初爲縣有秩史」；同書《秦本紀》又說：孝公十二年「並諸小鄉聚，集爲大縣，縣一令」。由此可知，秦時縣級官吏有令、丞、秩史三種類別。這是商鞅時的情況。後來不久，縣一級又增加了「尉」，《史記》雖未言及，出土《秦律》證實了這一點。所以，到班固作《漢書・百官公卿表序》時，把秦、漢時期縣一級的官吏設置概括如下：

「縣令、長，皆秦官，掌治其縣，萬戶以上爲令，秩千石至六百石；減萬戶爲長，秩五百石至三百石；皆有丞、尉，秩四百石至二百石，是爲長吏；百石以下，爲斗食佐史之秩，是爲少吏」。

這就是說，秦、漢的縣一級官吏包括三大級別：一爲縣令、長；二爲丞及尉，均叫「長吏」；三爲斗食佐史之秩的低級官吏，統稱「少吏」。今證以出土秦

簡，可知秦時縣級官吏有「令」而無「長」，與《漢書》不同；有丞、有尉，與《漢書》同，但多出「縣嗇夫」、「縣司馬」、「縣司空」等官，可補史、漢之缺；「斗食佐史之秩」的「少吏」則名目繁多，有「令史」、有「治獄」、有「官佐」、有「假佐」、有「佐史」及「史」等官名，以「令史」來說，又有「令史」、「司馬令史」之分；以「佐史」來說，也有「佐史」、「司空佐史」之別，可見《漢書》所謂「斗食佐史之秩」的「少吏」及《史記》所謂「史」，都只是總稱，實際上包括許多職務與級別不同的低級官吏，可補史、漢之缺漏。今分別言之於下：

第一，縣有令，掌治全縣。

《效律》規定：「官嗇夫免，縣令令人效其官」；又曰：「縣令免，新嗇夫自效也，故嗇夫及丞皆不得除」。這是「縣令」一稱之見於《秦律》者。至於「令、丞」連稱者，不勝枚舉，可見秦時縣級確有掌治全縣的官吏叫「令」或「縣令」。但是，在出土《秦律》中卻不見「長」或「縣長」一官稱，即使是發布於始皇二十年的《南郡守騰文書》，也稱「令」而不稱「長」，更無「縣長」一稱。究其原因，也許是《秦律》殘缺的緣故，或者萬戶以上爲令、以下爲長之制出現較晚造成的。

第二，縣有丞，地位僅次於令，掌管全縣民政、經濟事務。

在出土《秦律》中和《語書》中，都是「令、丞」並提，屢見不鮮；可見「丞」的地位僅次於「令」。舉凡縣內糧倉糧食的徵集與管理（《倉律》）、封存錢物「出錢」（《金布律》）、「亞置嗇夫」以代替免去的「官嗇夫」（《內史雜律》）及鬃園在考核時的成績好壞等，令與丞都有責任，或者要同直接主管者一樣受到法律的懲處，或者需要親自參與檢查。可見「丞」也同「令」一樣，有掌治全縣民政及經濟事務的權力，這是同《漢書》所載基本相同的地方。然而，有幾個值得注意的地方：如《金布律》規定：「官府受錢者，千錢一畚，以丞、令印印」；「出錢，獻封丞、令，乃發用之」，唯獨此處不作「令、丞」而作「丞、令」，且「丞、令」均有印，似乎「丞」的地位還在「令」之上，與《史記》、《漢書》不符，殊不可解。此其一。《秦律》中的《倉律》及《效律》，一再提到縣內的糧食，需要「縣嗇夫若丞及倉、鄉相雜以封印之」，然

則這裡的「丞」是縣令下面的「丞」，還是縣嗇夫下面另外設置的「丞」？無法判斷，此其二。《倉律》與《效律》在講到「縣嗇夫若丞及倉、鄉相雜以封印之」後，又說「長吏相雜以入禾倉及發」；又加「入禾、發漏倉，必令長吏相雜以見之」，「丞」屬於「長吏」，這是《漢書》講到了的，縣嗇夫、倉鄉相也屬於「長吏」，則爲《漢書》所無，此其三。所有這些問題，還有待於進一步考證。

第三，縣有尉，爲主管縣內軍事事務的官吏。

查《秦律》中凡三處提到「尉」：一是《效律》規定：「尉計及尉官吏即有劾，其令、丞坐之，如它官然」。二是佚名律規定：「縣毋敢包卒爲弟子，尉貲二甲，免；令，二甲；輕車、趈張、引強、中卒所載傳到軍，縣勿奪，奪中卒傳，令、尉貲各二甲」；「不當稟軍中而稟者，皆貲二甲，廢」，「令、尉、士吏弗得，貲一甲」。三是《戍律》規定：「同居毋並行，縣嗇夫、尉及士吏行戍不以律，貲二甲」。根據這些法律規定，可知縣設有「尉」是很明顯的。至於「尉」的職權範圍，則與軍人稟食、監視傳遞文書和征發戍卒有關，因此，它是主管全縣軍事事務的官吏。但有值得注意者，「尉」似乎在縣嗇夫之下，而尉之下又有「計」、「尉官吏」及「士吏」等小官吏的設置，這是《史記》、《漢書》所未載的。

第四，縣有嗇夫，名曰「縣嗇夫」又稱「大嗇夫」，有印有秩。「縣嗇夫」之下，又設有各類專職主管某一特定經濟部門的「嗇夫」，分別叫「田嗇夫」、「倉嗇夫」、「苑嗇夫」、「庫嗇夫」等等。「縣嗇夫」的職權範圍，包括民政、軍事、司法及各種經濟管理；它的地位似乎在縣令之下，而又在「丞」、「尉」之上。所有這些，詳見本書〈論《秦律》中的嗇夫一官〉，此不贅述。關於「縣嗇夫」各個方面的情況在《史記》、《漢書》中幾乎涉及不多，唯《春秋繁露》有「縣嗇夫」之名。因此，這些關於「縣嗇夫」的情況，雲夢秦簡所反映者，確可補《史記》、《漢書》之缺，還有助於我們認識秦、漢官制異同的點滴表現。

第五，縣有司空，謂之「縣司空」，其職掌似乎與主管軍人稟食有關。

佚名秦律規定：「軍人賣稟稟所及過縣，貲戍二歲；同車食、屯長、僕射

弗告，戍一歲；縣司空、司空佐史、士吏將者弗得，貲一甲」。從這條法律規
定來看，確證縣級有「司空」一官之設置，且名曰「縣司空」。它的下面還有
「司空佐史」、「士吏將者」等官，如果「佐史」屬於「斗食佐史之秩」，則
「縣司空」一官，不應屬於「斗食佐史」之吏。縣司空的職掌，顯然與管理軍
人稟食事宜有關。還有佚名秦律規定：設於各縣的工官、「工師」，要向縣呈
報製作器物的情況。如果在考核中成績列入下等的，特別是「大車，殿」，要
「貲司空嗇夫一盾；徒，笞五十」。這種管理縣工、徒的司空嗇夫，可能就是
「縣司空」。據佚名秦律，同「縣司空」及「司空佐史」等主管兵士稟食事宜
的官吏，還有「邦司空」。「邦司空」可能屬於中央，不過同是屬於管理軍事
系統的官吏。所有這一切，又可補《史記》、《漢書》之缺。

　　第六，縣設「少內」機構，謂之「府中」。法律答問簡文云：「府中公金
錢私貣（貸）用之，與盜同法。可（何）謂府中？唯縣少內為府中，其它不
為。」由此可見，縣裡還設有「少內」機構，為收藏官府錢財之所。漢代「少
內」只有中央一級機構中有之，秦則縣級也有「少內」。此秦、漢官制又一不
同點。

　　第七，縣一級的「斗食佐史」之吏，應包括「令史」、「治獄」、「佐
史」、「司空佐史」、「司馬令史」、「假佐」、「史」等等小官吏。如大約
撰寫於始皇三十年的《編年記》，記載了一個名叫「喜」的地方官吏的全部經
歷，其中按先後順序提到了「喜」曾作過「榆史」、「安陸御（？）史」、
「安陸令史」、「鄢令史」及「治獄鄢」。據陳直先生考證：「榆史」即榆次
縣的小史；「御史」疑為「馭吏」，因為秦時縣一級無「御史」一官；「令
史」是縣令手下屬官；「治獄」即「治獄吏」⑫。既然「喜」先後任「史」、
「令史」、「治獄」，則「治獄」應大於「令史」，「令史」又大於「史」，
然而，幾者都屬於「斗食佐史」之「少吏」。既然直到始皇三十年，縣級的
「斗食佐史」之「少吏」還稱為「史」及「令史」等，則《史記·秦本紀》載孝
公十三年「初為縣有秩史」的話不誤；《史記·項羽本紀》謂「陳嬰者『故東陽
令史』的話，也與秦簡符合；還證明《史記·項羽本紀》後《史記·索隱》引晉灼
所云「《漢儀注》曰：『令吏曰令史，丞吏曰丞史。』」的話，正是指秦制而言。

反之,《編年記》所載的情況,也可反證《漢舊儀》下面的話有誤。《漢舊儀》云:
漢「更令吏曰令史,丞吏曰丞史,尉吏曰尉史」,似乎令史、丞史、尉史等官
名都是漢所更改,秦時均作「吏」,實則令、丞下設「史」之制,本是秦制,
非漢所更。

上述見於《編年記》的「史」、「令史」等官名,在《秦律》中更是屢見不
鮮。而且「史」,一般爲「書史」之省稱,如《內史雜律》規定:「下吏能書
者,毋敢從史之事」,即因犯罪而下於監獄的官吏,即使「能書」也不能當書
史。可見「史」爲「書史」之省稱。《續漢書·百官志》劉昭注引《漢官》,謂漢
時洛陽令手下有許多小吏,其中便有「書佐」,地位最低,當即由秦的「書
史」而來。在《秦律》中,除見「史」之外,還有「令史」,且有佚名律的「司
馬令史」之名;「令史」之外,還有「佐史」,大約是「令史」的助手,故名
「佐史」。不同部門,又有不同的「佐史」,如佚名律謂「司空」之下有「司
空佐史」。「佐史」,在《置吏律》及《傳食律》中,又被稱爲「官佐」。「佐
史」的試用職務,則被稱爲「假佐」,見於《除吏律》。所有這一切,都是《史
記》、《漢書》關於秦的官制記載中所沒有的內容,可使人們對所謂「斗食佐
史」之「少吏」究竟包括哪些官吏獲得比較具體的認識。《漢官名秩簿》云:
「斗食,月奉十一斛;佐史,月奉八斛;一說斗食者,歲奉不滿百石,計日而
食,一斗二升,故云斗食也。」據此,也反映出斗食佐史之吏,確存有不少差
別,與雲簡所云相印證,更可見斗食佐史之吏的梗概。

第八,縣有「司馬」,謂之「縣司馬」,大約是主管縣內軍馬的官吏。

佚名秦律規定:「蔫馬五尺八寸以上,不勝任,奔摯(縶)不如令,縣司
馬貲二甲,令、丞各一甲。先賦蔫馬,馬備,乃鄰從軍者,到軍課之,馬殿,
令、丞二甲;司馬貲二甲,廢。」在這裡,不僅明言縣內設有「縣司馬」一
官,而且可以簡稱爲「司馬」,看來它是主管訓練軍馬的官吏,因爲軍馬在奔
跑時不聽指揮,不能勝任戰馬的任務時,要特別加重對「司馬」的懲處。至於
「司馬」的地位,可能與「縣司空」相當。這一情況,同樣爲《史記》、《漢書》
所無,可補其缺。

(八)關於「都官」之制

　　《史記》與《漢書》，都不載秦有「都官」之制，然而，在出土《秦律》中，卻多次提到秦有「都官」。如《效律》有「爲都官及縣效律」的話；《金布律》有「都官有秩吏及離官嗇夫，養各一人，其佐史與共養」的規定；此外，還有《倉律》、《司空律》、《置吏律》及《廄苑律》都提到「都官」及其有關情況，確證秦有「都官」的設置。

　　從《秦律》中，可以看出「都官」有如下一些特徵：

　　第一，它與縣官不同，因此，在《秦律》中總是「都官」與縣官並提。⑬

　　第二，都官的職掌，是主管分布於縣内但又直屬封建的王族所有的一些經濟部門的官吏。如《廄苑律》規定：「將牧公馬牛」的「大廄」、「中廄」與「官廄」的官吏，要飼養好牲口使不致死亡。爲了監督這一任務的完成，封建國家制定了考課制度，其中「縣」與「都官」都在考課之列，足見都官有主管「公馬牛」者。又《司空律》規定：「縣、都官」用車載運鐘虡，因車不勝任而致損壞者，「皆爲用而出之」，即不要都官賠償，可見都官也主管鐘虡等器物。《司空律》還規定：「令縣及都官取柳及木柔可用書者，方之以書，毋方者乃用版」，據此，可知都官也主管木材及書寫工具。

　　第三，都官不受縣令指揮，直屬「太倉」管轄，它所主管財物也直接輸送「大内」，而且則直屬「内史」管轄。《廄苑律》規定：當封建的中央政權對廄苑飼養牲口的情況進行考核時，縣與都官都要受到考核，但各自進行考核的部門不同：「内史課縣，大倉課都官及受服者」。這裡的「大倉」即「太倉」，可見縣與都官的直接上級是不同的，由縣主管的屬於封建國家所有的廄苑、「公器」、糧食等等，直接由内史管轄；而由都官主管的器物、馬牛等等，則直屬「太倉」。這説明秦時存在兩套經濟管理系統。屬於内史者，其爲封建的國有制經濟甚明，屬於太倉的都官系統所管理的財物，可能是王室私產的性質。到了後來，管理王室私產的機構叫做「少府」，在《漢書・百官公卿表序》中，有「少府，秦官，掌山海池澤之税，以給共養」的記載，同「掌穀貨」的

「治粟內史」這一「秦官」，屬於兩個系統甚明。然而，在《秦律》中，既無「少府」這一官名，又無「治粟內史」，而只有「內史」。因疑「少府」與「治粟內史」二秦官，都比較晚出。在商鞅變法到秦昭王時期，係由太倉與都官行使「少府」之職，由「內史」行使「治粟內史」之職。我想：把「太倉」與「都官」之職掌歸於「少府」及改「內史」爲「治粟內史」，應發生於始皇統一六國時期，這同他的進一步加強中央集權是緊密聯繫在一起的。總之，這是一個十分重要的問題，它所涉及的不單單是一個官名的變化，還有待於進一步探討，我只是提出問題而已。

但是，在「都官」的統屬關係問題上，卻存在著互相矛盾的現象。《內史雜律》規定：「都官歲上出器求補者數，上會九月內史。」意即每年的九月，都官要把所管理的財物出納賬目及要求補充的數量，上報於內史。以此觀之，則「內史」又是都官的直接上級，與上述考核時的「內史課縣，大倉課都官」的情況矛盾。此其一。又《金布律》規定：「縣、都官坐效、計以負賞（償）者，已論，嗇夫即以其直（值）錢分負其官長及冗吏，而人與參辨券，以效少內，少內收責之。」這就是說，縣、都官在考核中發現其所管理財物有缺少時，要負責賠償。所賠償財物，要上繳「少內」。按「少內」一名，在《漢書‧丙吉傳》中有「少內嗇夫」，《史記‧景帝紀》中元六年有「以大內爲二千石，置左右內官，屬大內」，《集解》引韋昭曰：「大內，京師府藏」，又《索隱》曰：「主天子之私財曰少內。」由此可見，在漢代，「少內」是主管天子私財之所。秦簡既云當時縣與都官之賠償錢財都入於「少內」，又同秦時之縣屬「內史」管轄以及「都官」屬「太倉」管轄的規定矛盾。所有這些矛盾情況的出現，我想可能同當時管理國家財物及管理王室私產的兩套管理系統，區分尚不十分嚴格有關。關於這一點，下一要點中還將述及。

第四，都官所管理的財產雖然一般屬於王族所有，但形式仍以封建國家所有的「公器」、「公產」的形式出現，有時與屬於內史所有的財產的界限並不十分嚴格。如《金布律》規定：「縣、都官以七月糞公器不可繕者，有久識者靡蚩之。其金及鐵器入以爲銅。都官輸大內，內受賣之，盡七月而畢。都官遠大內者輸縣，縣受賣之。」所謂「大內」，是對「少內」而言，同「太倉」同一

性質，是主管王室私產的機構。證以《金布律》所載「隸臣妾」稟衣有多餘時，「在咸陽者，致其衣大內，在它縣者，致衣從事之縣。縣、大內皆聽其官致，以律稟衣」的規定，說明歸還多餘稟衣於「大內」同歸還多餘稟衣於縣，是一樣的。從《金布律》的這一規定中，可以看出：縣與都官所管理的財產，雖然分屬於兩個不同的系統，但這種區分並不十分嚴格，所以，稟衣有多餘時，既可歸還大內，也可歸還於所在縣。縣與都官分別處理財物價值，也可以同樣辦法，即既可輸於大內，也可輸於所在縣，由縣變賣之。由此可見，王室私有財產的形成，是有一個過程的。在開始階段，這種王室私產同屬於「內史」管轄的國有財產的區分不大，也不嚴格；但到管理機構正式區分為「少府」與「治粟內史」兩套系統以後，這種區分就嚴格了。這種變化，可能發生於秦末。到了漢代，這種區分是十分清楚的。例如漢代的「太倉」屬大司農，主管國有財產，而「大內」、「少內」都成了主管皇室私產的機構。這反映出隨著地主土地私有制的發展，王室的私產也在發展並固化，兩套管理機構的名稱與性質也逐步固化了。

第五，都官的任免，也同縣令一樣，由封建國家的中央進行，而且有一定的手續與時間。如《置吏律》規定：「縣、都官十二郡，免、除吏及佐羣官屬，以十二月朔日免、除，盡三月而止之」。秦的中央集權的逐步加強，於此也可見其一斑。

第六，都官屬於「有秩之吏」，而且還享有由封建國家配給僕、養以供驅使及給予稟食的特權。關於配給僕、養的問題，見《金布律》。《金布律》規定：「都官有秩序及離官嗇夫，養各一人，其佐史與共養；十人，車牛一兩（輛），見牛者一人。」可見都官享有官給僕役、車輛及飼養牛者的特權。關於給予稟食的特權，見於《倉律》。《倉律》關於「宦者、都官吏、都官人有事上將，令縣貸之，輒移其稟縣，稟縣以減其稟；已稟者，移居縣責之」的規定，便是例證。

根據上述秦的「都官」之制及其特徵，表明在漢代已形成定制的「少府」與「大司農」分管兩個不同系統、不同所有權的財產管理制度，在秦時早已有了萌芽，而且有一個由區分不嚴格到區分逐步嚴格的發展過程。官制的發展變

化，同封建土地所有制的發展變化之間的內在關係，於此可見其一斑。

第七，關於「都官」設置的地區及「都官」與縣的關係問題。「都官」與縣，根據《秦律》中若干律文，總是這二者並列的情況看，表明二者是平行的；相互之間，沒有什麼統屬關係。但是，什麼地方設置「都官」呢？什麼地方設縣呢？二者既然並提，又同時存在，必定在設置地區上有區別。我意以爲「都官」主要設置於「都」。「都」與「縣」的區別在於有無王室的宮殿建築。凡有王室宮殿建築的地方，就不叫「縣」，而叫做「都」。於是設置於這種特殊「縣」的官吏，便叫「都官」。驗諸史實，確有此迹象。以秦的雲陽縣爲例。秦在這裡建有宮殿，叫做甘泉宮，《史記・秦始皇本紀》張守節《正義》引《括地志》云：「雲陽城，在雍州雲陽縣西八十里，秦始皇甘泉宮在焉。」又《三輔黃圖》直稱甘泉宮爲「雲陽宮」。在這裡，不僅有宮殿，還有屬於中央的監獄，如韓非死於雲陽獄，便是例證。直到漢代，雲陽還有大獄三十六個。《漢書・平帝紀》謂「紅湖賊成重」，曾被徙於雲陽獄，可見漢末雲陽還有大獄。正因爲雲陽有宮殿，又有中央的監獄，所以，直到漢代，雲陽縣還被稱爲「都」，謂之「雲陽都」，事詳《漢書・武帝紀》元封二年六月條。顏師古注此條時說：「都，謂縣之所居在宮側者耳」。這一語道破了「都」與「縣」區分的關鍵所在。漢制係本於秦制，那麼，漢稱有宮殿之所在縣爲「都」的制度，也有可能本於秦制。事實證明，確是如此。《左傳》莊公二十八年：「凡邑，有宗廟先君之主曰都，無曰邑」，這裡雖然講的是「都」與「邑」的區別，自然也適用於「都」與「縣」的區別。正因爲秦之「都」也是一種特殊的「縣」，故在《秦律》中屢見「都」與「縣」並列，又稱其官吏爲「都官」，建於「都」之倉庫叫「都倉」，見於《效律》；「都」之所在地還有「宦者」，見於《倉律》；與「邑」連稱，則曰「都邑」，也見於《倉律》。由此可見，秦時除縣、道並立的制度外，還有「縣」、「都」並立的制度，這又是對《史記》、《漢書》的很好補充。

稱「都」的特殊縣，其官吏謂之「都官」。但是，反過來，並不是凡設置有「都官」的地方，都稱「都」而不稱縣。《內史雜律》規定：「縣各告都官在其縣者，寫其官宦用律。」意即各縣有責任告訴設在本縣的「都官」，要他們

去抄寫「都官」所必須遵用的法律。從這條《內史雜律》來看，說明掌管京師的「內史」所轄各縣，都分布有「都官」；「都官」所執行的法令，都由「內史」下達於縣，再由縣轉告設在本縣的「都官」去縣抄寫。這一情況告訴我們：雖沒有設「都」的縣，只要這裡有屬於王室私產的部門，就得設置「都官」以管理之。

由於秦存在著於特殊的縣設置「都」的制度，以致形成了若干以「都」命名的概念。如秦之咸陽，無疑是其宗廟與宮殿集中的地區，所以，《史記・商君列傳》稱咸陽爲「國都」；後世也往往稱帝王所在之地曰「都」；連管理官府財產的機構也稱爲「都內」，《漢書・王嘉傳》說「孝元皇帝，奉承大業，溫恭少敬，都內錢四十萬萬，水衡錢二十五萬萬，少府錢十八萬萬」。《全後漢文》卷 14 載桓譚《新論》曰：「漢宣以來，百姓賦錢，一歲四十餘萬萬，吏奉用其半，餘二十萬萬藏於都內爲禁錢。」「都內」機構還專門設有官吏，也名之曰「都內令」。所有這些概念，其所以都冠以「都」字，也許同秦制稱有宗廟與宮殿之特殊縣爲「都」的制度有關係，即是由此而演化出來的一些名詞。

總之，關於秦的「都官」之制，情況複雜。由於《秦律》中只是偶爾涉及此制，故關於「都」與「縣」的關係、「都官」與「縣令長」的區分、「都官」的職權範圍等等問題，還弄不很清楚。以上所述，僅僅是就《秦律》所反映的一些情況，略加解說，臆想妄說之處，必然不少，如果能引起有關專家的注意，從而著手解決之，就算達到了我以破磚而引金玉的目的！

(九)關於里設里典的制度

《漢書・百官公卿表序》只列舉了縣、鄉、亭三級的所設官名，而里設何官，則未言及。今出土《秦律》的《封診式》的《經死》爰書中有「某里典甲」的話，可見里有典，謂「里典」。又據《封守》案例爰書云：「某里士伍甲」的家室財產被官府抄沒封存時，要里典在場作證，並「訊典某某、甲伍公士某某，倘有（它）當封守而某某脫弗占書，具有罪。某某皆曰：甲封具此，無它當封者」。由此可見，里典有協助上級官吏執行封守任務的職責。又《傅律》中有

「典、老」，是監督農民登記戶口防止其作弊的官吏；法律答問部分講到農民股徭役時有「逋事」與「乏徭」的情況，而所謂「乏徭」，即在「吏、典已令」某農民服役的情況下而逃亡者之謂，可見「典」有通知農民於何時、服何役的職責。證以《韓非子·外儲說右篇》所說「誉其里正與伍老」的話，「伍老」確見於《秦律》，「里正」則未見之，卻有「里典」。然則，里有「典」，伍有「老」，確是秦時地方基層組織的官名。《續漢書·百官志五》謂「里有里魁」，可見漢代的「里典」之名，已爲「里魁」所代替。

㈩關於考核官吏的制度

關於對各級官吏進行考核的制度，在《漢書》各《本紀》、《列傳》中，屢見不鮮；在居延等地出土的漢簡中，也有反映。這種對官吏的考核，當時稱爲「課」、「考課」、「課殿最」、「考試功能」或「考績功課」。考核時，各級官吏分別進行。大抵中央官吏由皇帝及丞相主持考課；中央各部門又分別考核地方官吏；地方官吏又有州課郡、郡課縣的逐級考核制度。考課的時間，有的在歲末（見《漢書·丙吉傳》），有的於「秋冬課吏」（見《漢書·尹翁歸傳》）。考課之後，根據考課成績的好壞，決定官吏的升遷或黜陟。這種因功而得到升遷的官吏，當時謂「功次」。漢代的這套考核官吏的制度，依據「漢承秦制」去推斷，應當是繼承秦制而來。可是，《史記》、《漢書》中，卻很少涉及秦有對官吏的考核制度。《史記·蕭相國世家》有蕭何「給泗水卒史，事第一」的記載，《索隱》曰：「謂課最居第一」。由此可見，秦末確有對官吏的考核制度，只是詳細內容不明。那麼，自商鞅變法以來，是否也有此制呢？證以雲夢出土秦簡，可知自商鞅以後，秦國一直存在對官吏的考核制度。

見於《秦律》的官吏考核制度，雖不能說是此制的全貌，卻也能看出個大概輪廓。秦時關於考核官吏的制度與作法，集中體現於《效》和《效律》。統稱爲《效律》⑭。通過《效》和《效律》，我們可以看出秦的官吏考核制度的要點如下：

從考核的對象來說，據《效律》「爲都官及縣效律」的話，可知都官及縣級所有官吏是考核的主要對象。結合其他各種不同名目的律文來看，可知都官、

縣令、縣丞、縣尉、縣司馬等官，都在考核之列；特別各級各類主管經濟部門的嗇夫，如「縣嗇夫」、「倉嗇夫」、「庫嗇夫」、「廄嗇夫」、「苑嗇夫」、「離官嗇夫」、「發弩嗇夫」、「鄉嗇夫」、「田嗇夫」、「亭嗇夫」等等，是考核的重點。

從考核的內容來說，包括糧食、木材、皮革、公器等等財物之「贏」（即多餘）和「不備」（即短少），倉庫之有無鼠穴蟲害、破漏和朽敗等情況，度、量、衡等器物有無長短、大小及輕重不符合規格的現象，官吏有無貪污、盜竊、受賄、徇私及斷獄不直（不公正）等事實，器物有無標記、編號是否同簿籍符合等情形，其他如牛馬有無死亡和死亡數量，小牲口繁殖多少，牲口養的肥瘦程度，奴隸和刑徒有無逃亡和逃亡數字，有無失火、失盜事故和器物的損壞、丟失，田地有無荒廢和荒廢多少，所造器物、兵器和纂器等是否符合規格等等，都在考核之列。

從考核的類別、方式、時間與結果來說，也有明確的規定。一般說來，考核可分為兩大類別：一是「小課」，二是「大課」。小課的次數較多，似乎是按季度進行，即每季「小課」一次；「大課」則是每年進行一次。考課的方式之一是評比。如《廄苑律》規定：「以四月、七月、十月、正月膚田牛。卒歲，以正月大課之。」意即每年於四月、七月、十月、及正月各對耕牛飼養與使用的情況進行一次評比，這就是小課。其中的正月一次大評比，就是大課。對飼養與使用耕牛的考核類別、方式與時間是這樣，至於其他是否也按季度進行考核人和是否採用評比方式，因律文不全，無法明白。據估計可能考核的次數與方式是因人因物而異的。如在大廄、中廄與官廄放牧牲畜的，是每年考核一次；度、量，衡等器物，是每年校正一次，大約也是每年考核一次（見《工律》）。至於考核方式，也各不相同：要檢驗纂的好壞，就採用「飲水」的辦法；要考核財物是否短少，就採用清點倉庫和「計校相謬」的辦法。最後，則根據考核後的情況，按好壞排列名次，區分為等級，列入上等的為「最」，列入下等的為「殿」。

從考核的主持者來說，大約可區分為兩大系統：都官所主管的各個部門，包括都官本人及其所主管財物，由中央的「太倉」這個系統來進行考核；縣級

官吏及由縣主管的各個部門與財物，則由中央的「內史」來考核。《廄苑律》關於「內史課縣，大（太）倉課都官及受服者」的規定，就是例證。

　　隨著對官吏的考核而來的，是依據考核結果對官吏進行獎、懲的制度。凡考核中列入上等的，要受到獎勵；反之，列入下等的要受到懲罰。特別是連續三年在考核中列入下等的要勒令罰款，最重的是「貲二甲」的處分（見佚名律）。在考核中，逃避考核是不能允許的，如《佚名律》規定：「膚吏乘馬篤、挈（羸），及不會膚期，貲各一盾」。在考核中作弊的和冒領功勞的，雙方都要受到懲處。如《中勞律》規定：「敢深益其勞歲數者，貲一甲，棄勞」。在按考核的「最、殿」進行獎懲時，可能按不同部門、不同官吏和不同情況而有所區別。如《廄苑律》規定：在考核中列入上等的，要「賜田嗇夫壺酉（酒），束脯，爲旱（皂）者除一更（即免除一月更役），賜牛長日三旬」；列入下等的，則要「誶田嗇夫，罰冗皂者二月；以其牛田，牛減絜（即牛的腰圍小了，瘦了），治（笞）主者寸十」；其他如倉庫糧食出現短少、皮革出現蟲害、工師沒有完成製造器物的任務、駕車的不能按時出動及發現弊端不能及時報告者……等等，都要按情節輕重予以懲處，或罰款，或杖責，或免職，或減秩，或賠償，或戍邊，或訓斥。懲處的方式不一，輕重也各有不同。獎賞則有給予金二兩的，有給予一壺酒和十條乾肉的，有給假十天的，有免除更役一月的。總的說來，大都是罰重而賞輕，體現了輕罪重罰的法家思想原則。

　　除官吏外，技術性的工匠也在考核之列。如《均工律》規定：「新工初工事，一歲半紅（功），其後歲賦紅（功）與故等。工師善教之，故工一歲而成，新工兩歲而成。能先期成學者謁上，上且有以賞之。盈期不成學者，籍書而上內史。」意即工匠都規定有生產定額，新工匠在第一年內，也要完成定額的一半，第二年就要求與老工匠一樣；如果工匠教得好，能提前學好手藝的，有獎賞；反之，過期而不成的，要登記名冊進行懲罰。可見對技術性工匠的考核是很嚴格而且具體的。

　　綜觀《秦律》中反映出來的秦對官吏的考核制度，說明其辦法是多樣的，執行是嚴格的，原則是獎懲結合和以懲爲主，目的是爲了防止各種弊端的出現、保護封建國有或王有財產和提高行政系統的效率。因此，從本質上著眼，它是

秦的統治者逐步建立與加强中央集權制度在法律上的反映，同奴隸制度下各大小奴隸主在自己的封國內各自爲政的情況大不相同了。同時，也可看出前述漢代的考課制度，正是在秦制基礎上的發展。

（十一）關於稟給的制度

從居延等地出土的漢簡中，我們可以看到大量的關於由官府給戍卒、田卒、吏士及候長、燧長等等稟給衣食的簡文；在《漢書》中也有關於官奴婢「坐費衣食」，「稅良民以給之」等記載。可見邊陲地區及官府奴婢，都實行了由官府稟給衣食的制度。然而，秦時是否也有此制，史籍卻無反映。今證以雲夢秦簡，可知漢代的稟衣食制度也是本之於秦；所不同的是秦的稟衣食面，比漢更爲寬廣和稟給內容更爲多樣而已。

見於《秦律》中的稟給制度，就其稟給對象來說，據《倉律》諸律文規定，有屬於官府的「隸臣妾」、「官嗇夫」、「宦者」、「都官人」、「都官吏」、「有秩吏」和「客」；此外，還有在官府服勞役的各類刑徒，如「城旦」、「城旦舂」、「鬼薪」、「白粲」、「司寇」和「候」等。據《司空律》諸律文，由官府稟給的人，還有私家「人奴妾」之繫作於官府者，有犯罪而願以工抵債者及工匠。見於《傳食律》的「御史」、「卒人」充使者，「官佐、吏」及「卜、史、司御、寺、府」者，也在稟給之列。《佚名律》中還有各類「軍人」，都是稟給對象。由此可見，秦時由官府稟給的對象是十分廣泛的，幾乎包括所有官府奴隸、各類工匠、工隸臣、各種刑徒、現役軍人和各級大小官吏。比漢時的稟給對象似乎寬廣得多。

就稟給的內容而言，也有它的特徵。據《倉律》，「隸臣妾」與各類刑徒，是衣與食都由官府稟給。至於「有秩吏」和「軍人」，法律條文只說他們各「稟其縣」，不知是否衣、食俱由官府稟給。據雲夢縣睡虎地第四號秦墓出土的木牘，正在淮陽打仗的兩個兵士，各給家裡寫信，要求家裡人給予衣服、布匹或給錢以買布，看來好像軍人不稟給衣服。至於對待外來的賓客，似乎只給品種較好稻米，而不稟衣。但官吏們可能是衣食俱由官府稟給。因爲，作爲

「都官、有秩吏及離官嗇夫」等官吏，還由官府稟給「養各一人」、「車牛一兩（輛）」及「見牛者一人」（見《金布律》），既然連車輛、僕役都由官府無償配給，則衣、食之稟給就更有可能了。更有甚者，作爲「有秩吏」，不僅平時可以獲得稟給的衣食，因事出差時，還按《傳食律》的規定要給予「傳食」津貼，可見官吏有同時領取稟食與傳食的權利。即使當他們告假歸家超過期限時，也不扣除或退還（均見《倉律》）。由此可見，在秦的稟給制度中，貫徹了優待各級官吏的立法精神。

就稟給的數量來説，則依據不同情況而有不同規定。表現在《傳食律》關於「傳食」補貼的規定尤爲明顯。按照《傳食律》的規定，同是因事出差的人，官吏與僕役的「傳食」標準不同；有爵者與無爵者的「傳食」標準又不同；爵高者與爵低者也有差別。封建的等級制度，在享有傳食等方面也清楚地表現出來。至於官府奴隸與刑徒的稟給衣食數量，則按其性別、年齡、有無勞役和勞役輕重的不同而區分爲若干等級。如《倉律》規定：同爲隸臣妾，「其從事公」者，「隸臣月禾二石」，「隸妾一石半」；「其不從事，勿稟」；凡「隸臣田者」，每年的二月到九月，「月稟二石半」；「小城旦隸臣作者，月禾一石半；未能作者，月禾一石」；又「城旦爲安事而益其食，以犯律令論吏主者。」這是多麼清楚地按年齡、性別、有無勞役和勞役輕重規定稟食多少。特別是有無勞役和勞役輕重，是規定稟食量多少的決定性因素。這體現出秦的統治者企圖通過稟給制度的立法，以防止奴隸與刑徒的消極怠工和趨輕避重等情況，稟給制度的階級性就暴露無遺了。

在稟給糧食的質量方面，也有明文規定。《倉律》律文云：「計禾、別黃、白、青。桼（秫）勿以稟人。」所謂「秫」，《説文》釋之爲「稷之粘者」，是穀子中的上品。法律規定這種粘穀不許稟人，可能是留給王室自己享用。

稟給制度的這種剝削制度性質，不僅表現在稟食方面，也表現在稟衣方面。首先，在稟衣的質量上有差別，即使同是罪犯，奴隸與刑徒不同，刑徒要著囚服，而奴隸則否。被囚禁的重刑徒，與一般的刑徒稟衣質量也不同。據《金布律》規定，「囚有寒者爲褐衣」，即粗麻編成的衣服；而「隸臣妾、舂城旦毋用」。這裡的簡文雖有脫漏，但從上下文來看，可能是説奴隸和刑徒不用

這種「褐衣」。奴隸與刑徒稟衣時，還有一些附帶條件：一要是「無妻者」，二要是沒有逃亡過和一貫服從官府者，三要是補償一定的稟衣費用，至於補償數量的多少，則依據其性別、季節的不同而決定之。其内容詳見《金布律》。由此可見，稟給衣服的制度，也貫徹了按奴隸與刑徒的罪行輕重和平時表現好壞等因素以決定稟衣的質量與數量。目的在於以此迫使奴隸與刑徒不逃亡、對官府服從和不起來反抗。

　　至於稟給的時間，稟食是每月初一進行（參閱《睡虎地秦墓竹簡》一書第47頁注③）；稟衣則按季節，分夏、冬兩季進行，其中「夏衣以四月到六月稟之，冬衣以九月盡十一月稟衣。」無論是夏衣與冬衣，超過了這個時間界限，就概不稟給（見《金布律》）。關於稟給的單位，以奴隸與刑徒來說，在咸陽服役的，憑證券向「大內」領取；在其他縣服役的，則憑證券向所在的縣領取（律文見《金布律》，解釋則參照《睡虎地秦墓竹簡》一書第67頁的注文與譯文）。至於官吏則有固定的領取稟給的縣。以「都官」來說，其分布在各縣的和因事下到縣里的，只能向所在縣借貸，不能在所在縣領取稟給物資。即使領取了，也得把稟給數目轉到他們固定的稟給地區。關於軍人，則可能是隨其駐地而稟給，只是不得變賣其稟給物資而已。

　　與稟給制度有關聯的，還有專門的稟給簿籍。如稟食者有「食者籍」，見於《倉律》；給賓客發給糧食的，有「牒書」，也見於《倉律》；從「大田」官處領取牲口飼料的，則有「恆籍」，見於《田律》。另外，似乎還有領取衣食的「致」即憑證，《田律》、《倉律》中多處提到。

　　依上所述，秦時確實建立了一套完整的稟給制度，其稟給的對象比漢代寬廣，稟給的内容也要多，稟給的糧食數量似乎低於漢代（參閱本書《從出土〈秦律〉看秦的奴隸制殘餘》一文）。秦、漢制度的同異，於此可見一斑！

（十二）關於戶籍制度

　　關於秦的戶籍制度，《史記》記載極爲簡略。《史記・秦始皇本紀》云：「（獻公）十年，爲戶籍相伍」。此事《六國年表》未載。這大約是秦有戶籍制

度之始。接著便是《史記‧商君列傳》所載，孝公「以衞鞅爲左庶長，卒定變法之令，令民爲什伍，而相收司連坐；……民有二男以上不分異者，倍其賦。」據《史記‧秦本紀》，孝公拜商鞅「爲左庶長」，在孝公六年，則商鞅「令民爲什伍而相收司連坐」的規定，應在此年。這是《史記》提到的又一次關於秦的戶籍制度的記載。什麼叫「什伍」？司馬貞《索隱》的解釋是這樣：「劉氏云：五家爲保，十家相連也。」張守節《正義》則説：「或爲十保，或爲五保。」關於「連坐」，《索隱》則解釋爲：「收司，謂相糾發也。一家有罪，而九家連舉發；若不糾舉，則什家連坐，恐變令不行，故設重禁。」這就是説，在什伍連坐之制的問題上，早就存在五家連坐和十家連坐兩種解釋。又《商君書‧墾令》篇云：商鞅「令民無得擅徙」，可見秦還有禁止遷徙的規定。今據出土《秦律》所載，則不僅可補《史記》關於戶籍制度之簡漏，而且可釋究竟是五家連坐還是十家連坐之疑團，還可印證《墾令》篇所云「令民無得擅徙」的法令。

在《秦律》中（包括法律答問和《封診式》），多次提到「伍」、「伍人」；《屯表律》中一次提到「什伍」；法律答問兩次提到「四鄰」這一概念，又有「可（何）謂四鄰？四鄰即伍人謂殹（也）」的解釋。可見《史記》所載獻公十年「爲戶籍相伍」及《商君列傳》所説商鞅「令民爲什伍」之説不誣。據「四鄰」即「伍人」的解釋，則「伍」確爲五家所組成，五家爲伍，十家爲什，就是「什伍」組織的基本涵義。換言之，「伍」與「什」是最基層的兩級地方組織，而「伍人」則爲同「伍」之人的意思。《漢書‧尹賞傳》「鄉吏、亭長、里正、父老、伍人」句下，顏師古注曰：「五家爲伍，伍人者，名其同伍之人也。」這個解釋是符合實際的。

那麼「什伍連坐」又是怎樣「坐」的呢？據《屯表律》講到逃兵虛報功勞、弄虛作假時，「屯長、什伍智（知）弗告。貲一甲；伍二甲」。在這裡，前云「什伍」，後又云「伍」，按情理説，「什伍」應指與逃兵同「什」的人而言，後面的「伍」則是指與他同「伍」的人而言。又《傅律》講到百姓登記戶口「敢爲酢（詐）僞者」，除其本人要「貲二甲」外，「典、老弗告，貲各一甲；伍人，戶一盾」。還有法律答問也説：「律曰與盜同法，有（又）曰與同罪，此二物其同居、典、伍當坐之。」根據這些規定，可知同伍、同什的人犯

罪而不告發時，確有連坐之律，證明《商君列傳》所說「相收司連坐」之說屬實。但是，「連坐」的特徵是：不僅同伍之人要連坐，同什之人也要連坐，還有「里典」與「老」也要連坐，則連坐之範圍不限於「什伍」而已，還涉及到里的小吏，此其一。在連坐的程度上，「什」與「伍」是各不相同的，一般說來，對於與犯者同伍的人懲罰要重於同什的人，如《屯表律》所云什伍「貲一甲」者，「伍二甲」，便是例證；但對「典」、「老」的連坐懲罰卻重於與犯者同伍之人，如《傅律》所云典、老「貲各一甲」者，「伍人戶一盾」。可見同是連坐，也有輕重之不同，此其二。凡官吏與有爵者，不在連坐之列。如法律答問云：「吏從事於官府，當坐伍人不當？不當」。又云：「大夫寡，當伍及人不當？不當。」（詳見《睡虎地秦墓竹簡》一書第 217 頁釋文）前者是說作官吏的人，不應與同伍人連坐；後者是說有爵大夫以上的人，不與一般無爵的百姓同伍（參閱《睡虎地秦墓竹簡》一書第 217 頁的解釋），果如此，則大夫以上高爵的人的戶口是另外編在一起的。這是對官吏與高爵者的優待。此其三。

　　至於戶口登記的內容，根據《傅律》所云，登記戶口時，不僅要寫上姓名、年齡，而且要寫明身體是否有殘廢、疾病等情況。登記時，是由「百姓」自報情況，然後由典、老審查、核對。典、老發現不實時，要向上級官府報告，否則，典、老就要受到懲罰。隱瞞戶口，不進行登記以逃避徭役，或「敖童」不登記戶口，法律是不允許的。如果出現這種情況，「典」、「老」應處以可以贖免的耐刑。當「百姓」達到可以免役的老年標準時，也得向官府提出申請，經過准許方為有效，否則仍以「為詐偽」論處，要「貲二甲」；「典」、「老」知情不予糾舉者，要各貲一甲；與這種「為詐偽」者同伍的人，除每戶要貲一盾外，還得流放到邊陲去戍邊。由此可見，登記戶籍時，是有許多規定的，從《傅律》殘文反映出來的上述情況，充分說明登記戶籍的目的之一，在於保證官府有充分的服役者，表明戶籍制度是徭役制度和兵役制度的基礎。

　　從出土秦簡的情況來看，似乎反映出秦的戶籍有幾種不同的類別。如上面的戶籍，應當叫「傅籍」，主要為徵發徭役用的。另外，還有「弟子籍」，見於《除弟子律》。《淮南子·道應訓》云：「公孫龍曰：與之弟子之籍」，可見「弟子籍」不獨秦有之，戰國時期的諸侯國可能大都有之。這種「弟子籍」的

用途是什麼？不甚明白。從《佚名律》中「縣毋敢包卒爲弟子，尉貲二甲，免；令，二甲」的規定來看，表明能將其子弟列入「弟子籍」的，只有縣令、縣尉以上的官吏；而且被列入「弟子籍」者，可以享有免役的特權，故縣令、縣尉才把應當服役的「卒」冒爲自己的弟子而列入「弟子籍」。再從《除弟子律》中「當除弟子籍不得，置任不審，皆耐爲侯（候）。使其弟子贏律，及治（笞）之，貲一甲；決革，二甲」的規定來看，說明官吏弟子有被保舉爲官吏的權利，有不許杖責的法律保護。由此可見，「弟子籍」是關於官吏子弟的一種特殊戶口册，是官吏享有政治特權的表現之一。《秦律》中有專門的《除弟子律》，反映出秦的統治者十分重視官吏的這種特權。漢代有二千石以上官吏可以任其子第一人爲郎官的「任子」制，秦的除弟子之制及「弟子籍」，也許就是這種「任子」制的萌芽或前身。此外，宗室貴族有「宗室籍」，見於《史記·商君列傳》及司馬貞《索隱》，官吏本人，則有「官籍」，見於《史記·蒙恬列傳》；買人則有「市籍」，見於《漢書·晁錯傳》（詳見拙作《秦漢史注集》中的《秦漢史雜考十二題》的《秦、漢商買有「市籍」說》、《秦、漢官吏另有專籍說》諸條）。可惜這些情況，在雲夢秦簡中沒有明確的反映。不過，官吏的弟子尚且有專門的「弟子籍」，則宗室貴族與官吏，是不會沒有其專籍的，只是由於出土《秦律》非秦律的全部内容的緣故。

　　另一個值得注意的問題是：秦的戶籍制度中，似乎有把秦國人與東方六國人之在秦者加以區分，並分別造籍的某些蛛絲馬迹。如《游士律》中提到了「故秦人」的概念，這可與《商君書·徠民》篇中的「故秦民」及《漢書·灌嬰傳》講到秦國重泉人騎士李必、駱甲自稱爲「故秦民」的文獻記載相印證，說明秦國很早以來就把秦國範圍的老居民，專門稱之爲「秦人」或「故秦民」。反之，稱來自東方諸國的人口，必有另外的名稱。《商君書·徠民》篇稱被招誘入秦的「三晉之民」爲「新民」，還規定「令故秦民事兵，新民給芻食」，意即原有的秦國人當兵，而非秦人種田繳租，便是例證。這種稱外來人爲「新民」的作法，在《秦律》中則稱爲「臣邦人」。如法律答問云：「臣邦人不安其主長而欲去夏者，勿許。可（何）謂夏？欲去秦屬是謂夏」。這就是說，「臣邦人」是不屬於秦國的外邦人和臣屬於秦的少數民族的人民。《秦律》中還有《屬邦律》的

名目，就是講統治臣屬於秦的少數民族人民的規定。另一條法律答問則把這種「臣邦人」，又區分為兩種情況：一謂之「真臣邦」，凡「臣邦父母產子及產它邦而是謂真」，意即是父母都是臣屬於秦國的外來人以及出生於其他國家而入秦國定居者，都叫「真臣邦」；二是謂之「夏子」，「可（何）謂夏子，臣邦父、秦母殹（也）」（均見《睡虎地秦墓竹簡》一書第 227 頁釋文），即父親為臣屬於秦的外邦人而母親是秦國人所生的子女。這種「秦」與「夏」的對立，秦國與「臣邦」的分野，「故秦民」與「臣邦人」、「真臣邦」和「夏子」的區分，既可反映出秦國統治者對東方諸國及其人民的敵視、輕蔑態度，也反映出秦國統治者對少數民族和東方諸國人民之居秦國者的不平等關係，更反映出戶籍中也留下了這種階級與種族區分的烙印。

秦的戶籍制度中，還有禁止遷徙的法律規定。法律答問中還有這樣一則，耐人深思：「甲徙居，徙數謁吏，吏還，弗為更籍，今甲有耐、貲罪，問吏可（何）論？耐以上，當貲二甲。」（《睡虎地秦墓竹簡》一書第 213 頁到 214 頁釋文）意即有人要遷居，這個想遷居的人多次去請求「吏」，「吏」不予辦理更改戶籍的遷徙手續；結果這個人只得在沒有「更籍」手續的情況下遷居了，以致落個要判處耐罪或貲罪的下場。遇到這種情況，應當如何處理這個辦理戶籍遷移手續的「吏」呢？回答是：由於「吏」的這種行為使這個人的罪達到耐罪以上的，這個「吏」應罰二甲。由此可見，秦有禁止隨便遷移的規定；要遷移者必須向有關官吏申請，經過批准，辦好更改戶籍的手續方為有效；如果沒有經過允許和更改戶籍，而擅自遷居的人要受到法律的嚴厲制裁。至於「更籍」的手續怎麼辦法，是否有允許遷移的憑證等等，則不得而知。

如果說遷移時注銷原有戶籍而遷入另一地區登記戶籍者，謂之「更籍」的話；則從根本上取消戶籍上的名字，則謂之「削籍」。因為當時的戶籍都寫在竹簡上，除名時要用刀削去其名。這種「削籍」與「更籍」不同，這是一種懲罰。《游士律》規定：「有為故秦人出，削籍，上造以上為鬼薪，公士以下刑為城旦」。《游士律》此條，有不同解釋，《睡虎地秦墓竹簡》一書第 130 頁，釋「為故秦人出」，是幫助秦人出境，把「為」字作動詞講，且把「削籍」與「有為故秦人出」當作兩種不同的罪犯。我意以為這是指：凡屬秦國人之逃亡

出國境的，要削去其戶籍上的名字，即不再承認其爲秦國人；如果外逃不成，原有上造爵以上的判爲鬼薪刑徒，有公士爵以下的則要刑爲城旦刑徒。由此可見，「削籍」是一種不承認其國籍的懲罰。這同《商君書·境內篇》所説「四境之內，丈夫女子皆有名於上，生者著，死者削」的「削籍」，是兩種不同性質的「削籍」。

關於戶籍上應該填寫些什麼內容的問題，由於《秦律》簡文無言及者，故不明其詳。但據《爲吏之道》簡文末尾所附《魏戶律》來看，可知兩點：一是單獨立戶，是有條件的，凡「叚（假）門逆呂（旅）、贅婿後父，勿令爲戶，勿鼠（予）田宇」，即經商的、開客店的、作贅婿的和爲人寄父的，不許單獨立戶，不分給田地與房屋。由此可見，凡能單獨立戶的人，都是可以授田、授宅的對象。二是戶籍上需要注明祖宗三代的出身情況，如上述「假門逆旅」與「贅婿後父」，在經過了「三枼（世）之後，欲士（仕）士（仕）之，乃（仍）署其籍曰：『故某慮贅婿某叟之乃（仍）孫』」，即這幾種人，即使過了三代，還得在戶籍上寫明他們各是什麼地方、贅婿某某之曾孫。由此可見，秦的戶籍册上，有落戶縣里、個人身分及祖宗三代的出身情況等欄目。另外年齡大小、有無疾病、殘廢等，也是必備的欄目，這從《傅律》中可以清楚看出。

綜上所述，可知秦的戶籍，是徵發徭役的基礎，是授予田宅的依據，是互相糾舉監、視的工具，是區分官吏、宗室貴族、平民、奴隸乃至商賈、贅婿等等不同身分、不同地位的手段，也是實現剝削階級專政和加強中央集權制的杠桿。因此，戶籍制度的等級性和奴役性是十分清楚的，是整個剝削制度的重要組成部分之一。

(十三)關於「市」的建制與國營工商業的制度

關於秦時「市」的記載，見於《史記》者僅三條。一是《史記·秦始皇本紀》謂秦獻公「七年，初行爲市」，這是秦有「市」的最早記載。二是《史記·商君列傳》謂商鞅變法之初，「令既具，未布，恐民不信己也，乃立三丈之木於國都市南門」，這是商鞅時秦都咸陽有「市」之明證。三是《史記·呂不韋列

傳》載呂不韋曾使其門客著《呂氏春秋》一書，「布咸陽市門，懸千金其上」，「有能增損一字者予千金」，這是秦始皇時期咸陽仍然有「市」之證。除此之外，《商君書・墾令篇》有「重關市之賦」及「輕惰之民不游軍市」等話；《外內篇》有「欲農富其國者……不農之徵必多，市利之租必重」及「市利盡歸於農」等語；《三輔黃圖》載富平津西南二十五里處有「直市」，以「物無二價」而得名；《長安志》説「直市，平準物價」；《漢書・王莽傳》謂秦「置奴隸之市，與牛馬同欄」；《華陽國志・蜀志》謂秦惠王時，張若於成都縣城內「營廣府舍，置鹽鐵市官並長丞，修整里閈，市張列肆，與咸陽同制」；又《太平御覽》卷 827《資部部・市門》引辛氏《三秦記》，謂「秦始作地市與生死人交易，令云：生人不得欺死者物。市吏告始皇云：死者陵生人，生人走入市門，斬斷馬脊。故俗云：秦地市有斷馬」。睡虎地出土的漆器上，有「咸市」、「咸亭」等銘文。綜合這些文獻記載，我們可知秦國從秦獻公時起，就有「市」制的創建；孝公徙都於咸陽後，在咸陽城內也設置了專門的「市」場；除咸陽之外，富平津有「直市」，成都也有市，可見設「市」的地方不止於咸陽。就「市」的建制來説，有「市門」、有列肆；就「市」的類別來説，有買賣奴隸的「奴婢之市」，有買賣牛馬的牛馬之市，有出賣鹽、鐵的鹽鐵之市，至於所謂「地市」，則可能是買賣土地之市。就市場的管理機構來説，有「市官」、「市長」、「市丞」和「吏」；由這些官吏對商賈徵收的租稅，則謂之「關市之賦」或「市租」。然而，關於是否有以實物當貨幣的情況及市場的管理制度，卻默然無聞。今證以雲夢秦簡，不僅可以印證上述的文獻記載，而且可以補充其缺漏。

　　關於以錢與布為流通手段的法律規定。市場，是進行商品交易的場所。而進行商品交易，必須有等價物為媒介。而等價物，隨著商品經濟的發展而有不同，大體經過了由實物到金屬貨幣的發展過程。商品經濟愈發展，金屬貨幣作為流通手段的比重就會增加，以致完全取代以實物作為流通手段。因此，要了解秦自商鞅變法之後商品經濟的發展程度，有賴於對它的流通手段的情況作出估計。今從《秦律》觀之，無論是判定「盜賊」罪過的輕重、計算官吏所主管物資「贏」與「不備」的程度、奴隸與刑徒在稟衣時應當上交的費用以及「居貲

贖債」者計算工值的多少，都是使用銅錢爲計算單位；當官府允許各種罪犯以「貲贖」和官府判處犯人以「貲一甲」、「貲二甲」、「貲一盾」等罰款時，也是使用銅錢作爲贖罪與繳納罰款的手段，所謂「貲錢如律」等法律用語，就反映了這一內容。還有口賦的繳納，也是使用銅錢。這些情況表明，銅錢確是秦國使用的主要貨幣。但是，除了使用銅錢之外，還使用黃金與布作爲流通手段。法律答問中幾次提到給追捕逃亡犯有功者賞予黃金二兩的事實，就説明黃金也是流通手段（詳見《睡虎地秦墓竹簡》一書第208到209頁諸條釋文）。至於「布」，在《秦律》中反映出來的情況，並不是「刀布」之「布」幣，而是實物，即布匹。它也是流通手段之一，而且法律規定與銅錢並用。如《金布律》規定：「布袤八尺，福（幅）廣二尺五寸。布惡，其廣袤不如式者，不行」。其所以要規定每匹布的長度與寬度，目的在於統一標準，以便於作爲流通手段。每匹布與錢的兑換率，《金布律》也作了明確的規定：「錢十一當一布。其出入錢以當金、布，以律」，即每一匹布可以當銅錢十一錢使用。爲了不許商賈重錢輕布，或者重布輕錢，《金布律》還規定：「賈市居列者及官府之吏，毋敢擇行錢、布；擇行錢、布者，列伍長弗告，吏循之不謹，皆有罪」。意即對錢與布這兩種流通手段，不許有所選擇。正因爲法律嚴格規定錢與布即貨幣與實物並用，所以涉及這一內容的法律，便謂之《金布律》，「金」即銅錢，「布」即布匹。明白了這一點，就可明白秦國的商品經濟的發展程度，還沒有發展到完全排除以實物作爲流通手段的程度。

關於市場管理的制度與情況，可以獲得如下印象：首先，從上引《金布律》律文來看，秦的市場交易活動，是以十一進制爲計算方式的。由於「錢十一當一布」，又錢、布並用，自然可以想像，當布起著錢幣的作用時，爲了計算的方便起見，採用十一進制是適宜的。如甲購買乙價值一百二十錢的商品，則甲既可以付給乙銅錢一百二十，也可以付給乙十一布和銅錢十。反正布的長度、寬度是固定的，不許短少，自然也不能任意剪裁。正因爲這個緣故，見於《效律》、《金布律》及法律答問的若干律文，每當講到刑徒及奴婢稟衣時的入錢數量、查核賬目時的「贏」與「不備」數量及量刑時所依據的盜竊錢財和虧損錢財數量等等，都是以二十二錢、三十三錢、四十四錢、五十五錢、七十七錢、

一百一十錢、二百二十錢、六百六十錢、一千一百錢、二千二百錢等數字爲界限，而講到糧食及物資數量時則不使這些同「十一」成倍數的數字爲標準。由此可見，其所以每當講到錢數都以「十一」的倍數爲單位，正是由於一布相當於十一錢這一比值決定的，這說明秦的市場交易是使用十一進位制。其次，從上引《金布律》律文看，表明商賈的店鋪是排列成行的，與《華陽國志》所說「列肆」正合。管理市場的官吏叫「吏」（見法律答問簡文及《金布律》簡文），有隨時巡查商賈列肆以檢查其是否有違背錢、布並用規定情況的責任。還有「列伍長」（見《金布律》簡文），也有糾舉商賈違法行爲之責，可見商賈的列肆也是按什伍組織編制起來的。此外，市還沒有「亭」，大約是每街設一亭，亭設「校長」及「求盜」等員吏，專司巡查盜竊案件和追捕「盜賊」之職，如《封診式》的《盜馬》爰書中有「市南街亭求盜才（在）某里甲」的話，《賊死》爰書中有「某亭求盜甲告曰」的記錄，《羣盜》爰書中有「某亭校長甲、求盜才（在）某里曰乙、丙」的事實，就是明顯的證據。其三，市場設門禁，謂之市門，也稱爲「闠」，見於《司空律》。它規定舂城旦刑徒外出服役時，是不許經過市場和在市場門外停留的。如果必須經過市場時，也只能繞道而走。這說明市場是只許商賈及自由人進入的，刑徒是不許進入市場的。其四，商賈必須把要出賣的商品一一標上價格，只有小商品其價值抵不值一錢的，才允許不標價，《金布律》關於「有買及買（賣）殹（也），各嬰其買（價）；小物不能各一錢者，勿嬰」的規定，便是例證。其所以要作此規定，很可能爲了防止商賈任意抬高物價和便於「官府之吏」徵收市租。其五，從外邦來的商人，必須有證明文件，才允許從事貿易活動。法律答問云：「客未布吏而與賈，貲一甲。何謂布吏？詣符傳於吏是謂布吏。」意即從外邦來的客商，如果不首先向管理市場的官吏繳驗證明文件而擅自貿易，要罰出一甲。由此可見，秦國市場裡，不僅有本國商人，也有外邦商人，只是客商必須有通行證方可貿易。其六，不允許盜鑄錢幣。《封診式》有一佚名爰書，載「某里士五（伍）甲、乙縛詣男子丙、丁及新錢百一十錢，容（鎔）二合，告曰：丙盜鑄此錢，丁佐鑄。甲、乙捕索（索）其室而得此錢、容（鎔），來詣之。」在這裡，「丙盜鑄新錢，丁佐鑄」，均被同伍甲、乙二人捕獲告發，隨同其所鑄新錢及鑄錢模子（即錢

范）一併交給官府，可見盜鑄錢是法律所不允許的。其七，在市場進行買賣活動的人，可分兩大類別：一為私營的手工業者與商賈，二是替官府買進或賣出商品的人。《關市律》有「為作務及官府市」的話，《司空律》有「作務及賈而負責（債）者，不得代」的規定，這裡的「作務及賈」就是私營的手工業者和商賈，「官府市」就是官辦的店鋪。證以《史記‧太史公自序》謂司馬昌首「為秦主鐵官」及《華陽國志》所載張若在城都城內「營廣府舍，置鹽鐵市官並長丞」等記載，再結合《廄苑律》、《金布律》及《倉律》關於廄苑出賣死亡牛馬筋、革、角，官府出賣已經被損壞可用的器物廢料和官府所養豬雞所生的小雞、小豬等情況，都表明確有官營商店存在。

關於官府經營工商業的制度，並非僅限於「官府市」之類的產品出賣而已。更重要的，還在於由官府直接主管各種手工業品與各種商品的生產，這也構成秦的國有經濟的重要組成部分，幾乎可以同屬於官府的國有土地、國有牧場（即「大廄」、「中廄」與「官廄」）並列。那麼，秦國究竟有哪些手工業品由官府直接生產呢？根據出土《秦律》，我們可以獲得如下的印象：一是鐵礦的開採與鐵器的製作，二是漆園的種植與漆的生產；三是各種車輛的製作；四是各種兵器如殳、戟、弩等的生產，還包括甲札的製作；五是各種用具即「公器」的生產；六是稟給奴隸、刑徒和囚犯的衣服，由《金布律》所規定的「稟衣，有餘褐十以上，輸大內，與計偕」的情況來看，可能也是由官府生產；此外，還有絲織的「錦履」，據法律答問簡文，一般人是不許「履錦履」的。又據《中華古今注》云：西周時多穿麻鞋，「至秦以絲為之，令官人侍從著之，庶人不可」。則這種專供宮廷用的「錦履」，必為官府所生產無疑。另外，還有錢幣的鑄造，據《封診式》簡文，可知錢幣是不允許私人鑄造的，然則鑄錢幣的手工業，也為官府手工業的組成部分之一。根據《效律》及《金布律》規定：由官府生產的上述各種產品，都要由各自生產與主管的部門編上號碼、作上標記，並登記成各種簿籍，經常進行清點與核算，還在適當的時候，由官府拿到市場上去出賣或者作其他處理。至於直接主管生產各種產品的部門，因其品類的不同，而有不同的主管機構。一般說來，漆園的種植與漆的生產，主要由「漆園嗇夫」負責，縣裡的令、丞及佐也有一定的責任。各種大車與公器的生產，則

主要由「司空嗇夫」負責，此外，縣里的「縣嗇夫」、「丞」、「吏」、「曹長」也分擔一定的責任。鐵礦的開採與鐵器的製作，則很可能主要由採鐵嗇夫負責。此外，還有「太官」、「右府」、「左府」、「右採鐵」、「左採鐵」等機構，似乎也分管其事。總之，各個生產部門，各有一套機構，並設有專職官吏分管其事。這些機構的統屬關係，由於簡文殘缺，很難弄清楚。大體說來，在縣里的有關生產部門，都統屬於縣；不在縣者，比方說在國都咸陽或其他有宮殿所在的地方，則由「都官」統領。然後，不論屬於縣管或「都官」主管者，都直接受中央機構「內史」的統轄。也有的直統於「太倉」，還有的與「少府」發生聯繫。它們之間的統屬關係問題，十分複雜，頗不易弄清楚。它們之間統屬關係的這種複雜狀況，也許是由於屬於國有經濟與屬於王有經濟之間的區分尚不十分嚴格的緣故。關於這一點，已在《從雲夢秦簡看秦的若干制度》中的「都官之制」一目中略有涉及，此不贅述。說到由官府經營的手工業產品的生產者的問題，也同相當部分的國有土地是使奴隸耕種一樣，各種公器的製作，也有使用奴隸的。如《軍爵律》中的「工隸臣」（包括受過肉刑的和未受過肉刑的）、《工人程》中講到「隸臣、下吏、城旦與工從事者」、「用針為緙繡它物」的「隸妾及女子」以及《均工律》中提到的「隸臣有巧可以為工者」，都是以「隸臣妾」製作手工業產品的例證。除此之外，工師、工匠和刑徒，也是各種公器、兵器和大小車輛的製造者；漆園的種植與從事採礦勞役的，則主要是刑徒；二者都見於佚名秦律。總的說來，奴隸與刑徒，是秦國官府手工業的主要生產者，只是由於當時缺乏精確的統計數字，以致使我們無法知道奴隸與刑徒在整個社會生產者中所占的比重。官府為了加強對官營手工業生產的管理，還制定了若干制度與規定。質言之，約有如下幾種：一是專門對技術性工匠、工師和刑徒的考核辦法。據佚名律規定：在每年的總考核中，列入下等的，工師「貲一甲」，丞及曹長一盾，徒則罰繳縧帶二十根；如連續三年考核都列入下等，工師要「貲二甲」，丞與曹長一甲，徒則罰繳縧帶五十根。由此可見，對技術性工匠、工師及徒，有專門的考核辦法。二是各生產部門，每年有生產定額的規定，如《均工律》規定：「新工初工事，一歲半紅（功），其後歲賦紅（功）與故等」，意即新從事某一手藝的工人，第一年的

生產定額，只在正常情況的一半；到了第二年，就要求他們能達到曾作過工人的一樣水平。佚名律還有「賦歲紅（功）」的話，意即每年的產品要如數上繳。這說明各生產部門確有生產定額的規定，能否完成生產定額可能是考核内容之一。三是有以工師訓練工匠以及其訓練時間長短的規定：《均工律》規定，「工師善教工，故工一歲而成，新工二歲而成。能先期成學者謁上，上且有以賞之；盈期不成學者，籍書而上内史。」這就是說，當工師訓練工匠時，曾經作過工人的，規定一年學成；新工人要求二年内學成。能提前學成的有賞，超期不成的要把名册報内史，很可能是有罰。這一規定，說明官府很重視官府作坊的工匠提高求藝水準，目的是希望通過對新工、故工的訓練而增加產品的數量和提高質量。四是各生產部門生產什麼產品和生產多少，都有統一的規劃，不許各部門擅自變動或改變產品品種。佚名律規定：「非歲紅（功）及毋（無）命書，敢爲它器，工師及丞貲各二甲。」這裡的「非歲功」，即不屬於本年度應生產的產品；「無命書」，即沒有本朝廷的命令。不是這兩種情況而擅自生產其他器物的，工師與丞都要受到罰出二甲的懲處，由此可見，各生產部門是確有生產計劃的。五是格外重視產品的質量，這從佚名律的規定可以看出。「縣工新獻，殿，貲嗇夫一甲，縣嗇夫、丞、吏、曹長各一盾，城旦爲工殿者，治（笞）人百」，這個懲罰規定，重於對生產舊產品爲殿者，可見官府對新產品的生產要求是格外嚴格的。還有《工律》規定：「爲器同物者，其大小、短長、廣亦必等」，說明官營手工業產品都有一定的規格，以保證產品的質量。所有這一切制度與辦法，都體現出官府經營的手工業生產不僅有專門機構，有專門考核辦法，還有一整套培練工匠技藝水準、規定生產定額和試製新產品等等的統一規劃與制度。而這些情況，都爲史書所缺載，因而具有重大的史料價值。

綜上所述，表明我國封建社會自漢至唐在大都會設立固定市場於城内和坊與市截然劃分的體制，以及於市場設市門、有專門官吏管理市場、統一度量衡與物價並收取「市租」的市場管理制度，並非始於漢代，而實肇端於戰國。秦國自獻公起，特別是商鞅變法以後，就確立了這種中世紀的城市制度。因此，從我國中世紀的市場建制方面來說，也有著明顯的漢承秦制的迹象。

至於由官府經營各種手工業產品的生產體制問題，漢以後，似乎已不如秦時廣泛和嚴格。奴隸與刑徒雖然仍有在官府作坊中作工的，但數量似乎已不爲秦時多，特別是奴隸的數量是如此。漢時，官府作坊所生產的產品，大都供宮廷使用，像秦國那樣相當部分的「公器」、車輛，由官府拿到市場出賣的情況已不甚多了，充其量也只是食鹽與鐵製農具而已，而鹽、鐵在秦國也是官府經營的。這就說明在由官府生產的商品範圍與數量方面，漢代已不能同秦時比擬了。至於錢幣的鑄造，秦是嚴禁私鑄的，而漢代有一段時期是允許私鑄的。即使以鹽鐵、酒等的官營來說，也都開始於漢武帝時期，武帝之前的幾十年內是「弛商賈之律」的。根據這些情況，我們可以看到：漢武帝時桑弘羊等人所主張那一套措施和辦法，多少有點像是對秦制的恢復，無怪乎他同當時的賢良、文學之士辯論時，總是以商鞅相秦時的「外設百倍之利，收山澤之稅，國富民强，器械完飾，蓄積有餘」（《鹽鐵論・非鞅》）爲辭。總之，關於秦時爲什麼會如此重視官府經營手工業生產？漢時爲什麼又有所變化？桑弘羊等人爲什麼要恢復商鞅之制？等問題，必須要作多方面的研究之後才能作出結論，在這裡，我僅僅把這種歷史現象標舉出來，以期引起同好的重視而已！

（十四）關於傳遞文書的制度

陳直先生考證漢代傳遞文書的辦法有三種：一曰「以郵行」，謂由步遞；二曰「以亭行」，謂由亭燧遞；三曰「以次行」，謂「寫明各地點，不封函等於露布」。並謂秦始皇二十年南郡守騰發布的《語書》的「以次傳，別書江陵，布以郵行」的話，「是用郡內各地露布方式，又別寫一本，專用步遞送江陵以昭慎重」⑮。陳直先生考證很精闢，但是，證以出土《秦律》，「以次傳」未必是露布方式。如《封診式》的《遷子》爰書云：某里士伍甲之子丙，被「遷蜀邊縣」，且「令吏徒將傳及恆書一封詣令史，可受代吏徒，以縣次傳詣成都，成都上恆書太守處，以律食」。據此可知，「傳」是一種專門用以證明文書傳遞者的身分的，「恆書」則是講述犯人情況及處理辦法的；「以縣次傳」，即按沿途所經各縣一縣一縣地傳遞，同《語書》中的「以次傳」同一意思，並不一定

是露布方式。又出土《秦律》中的《田律》規定：凡有風雨水潦及蟲害傷禾稼的情況發生，「近縣令輕足行其書，遠縣令郵行之，屬八月□□之」。這裡的「輕足」傳書就是步遞，「郵行之」則不應是步遞，恐係由驛馬於驛道傳遞。果如此，則陳直先生之說，益爲可疑。

至於漢代，「以次傳」，也不是露布方式。如《史記‧淮南厲王長列傳》，謂淮南王反叛後，朝廷不加誅戮，只是遣淮南王，載以輜車，令縣「以次傳」，意在「苦之」。由此可見，按照陳先生的說法，於漢代也不合適。

《秦律》的《行書律》規定：「行命書及書署急者，輒行之，不急者，日畢，勿敢留。留者以律論之。」這就是說，傳遞的文書有急與不急兩種性質，其中的「命書」屬於急者，凡急者必須立即傳送，不得稽留。如有稽留，要受到法律制裁。

《行書律》又規定：「行傳書、受書，必書其起及到日月夙暮，以輒相報也。書有亡者，亟告官。隸臣妾老弱及不可誠仁者勿令。書廷關有日報，宜到不來者，追之。」這就是說，傳送文書及接收文書的單位，都必須登記文書發出及收到的日期，以便檢查。如果所傳文書有丟失者，應立即報告有關官府。文書的傳遞者不能使用年老及不可靠的奴隸，可見非老弱及官府認爲可以信賴的奴隸，也能傳遞文書。專門收發文書的部門，開關有日報專欄，凡有文書當到而未到者，立即派人追查。《行書律》對傳送文書的制度規定得如此詳細，說明它是加強中央集權的一種重要方式。

法律答問還講到了對發僞書者的法律懲處問題。答問云：「發僞書，弗知，貲二甲。今咸陽發僞傳，弗知，即復封傳它縣，它縣亦傳其縣次，到關而得，今獨咸陽坐以貲，且它縣當盡貲？咸陽及它縣發弗知者，皆當貲。」法律之所以對傳僞書者給予如此重的懲處，是希望能防止這種事件的出現。

特別重要的文書，由特殊的人員傳送，而且所經各縣不得加以阻攔。如佚名律規定：「輕車、趀張、引強、中卒所載傳到軍，縣勿奪。奪中卒傳，令、尉貲各二甲。」由此可見，輕車、趀張、引強、中卒四種人，是專門傳送特急重要文書的，任何人不許阻攔，顯然這也是爲了加強中央集權制度而採取的措施。這四種專門傳遞重要文書的人，其中的「引強」之名，還見於《漢書》及樂

府詩中，意即能挽强弓的人。又如《漢書‧周勃書》謂周勃「材官引强」，注引服虔曰：「能引强弓弩官也」。孟康也説：「如今挽强司馳。」漢人稱弓爲强，《樂府詩集》卷 28 烏生詩云：「秦氏家有游敖子，工用睢陽强，蘇合彈，左手持强彈兩丸，出入烏東西」可證。「材官」爲正卒之一種，見《漢官儀》。「中卒」之名，見於《商郡‧境内篇》「國尉分地，以中卒隨之」的話，朱師轍《商郡解詁定本》謂「中卒，中軍之卒。」總之，這四種人都是勁卒的名稱。這種以勁卒送傳並不許所過縣查問和「奪傳」的規定，也是秦時郵傳制度中的一項内容。

據陳直先生考證，漢代的通行證，有四種：一曰「符」，二曰「傳」，三曰「過所」，四曰「繻」。四種之中「傳」與「符」爲一類，其區別在於符有齒，而傳無齒；符分左右，而無數量。「過所」則與「傳」相近，都是以竹、木簡製成。至於「繻」，則係用絲織品製成。（見《漢書新證》第 349 頁到 350 頁）。今據秦簡，有「符」、「傳」之名，而無「過所」及「繻」之名稱，可見後二者是漢代所增。據法律答問云：「詣符傳於吏是謂布吏」，説明秦時「符傳」已經連稱，且包含有證明文件之意。又《法律答問》中還有「符券」、且與「文書」、「公璽」並列，可見「符券」已有契約之意；又有「符璽」一詞，可能是加蓋了官印的「符」；還有「亡校券右爲害」一語，這種「校券」有左、右之分，可能與漢代符分左右相同。至於「傳」，《倉律》規定：「有事軍及下縣者，齎食，毋以傳貸縣」，意即不能憑「傳」向縣借貸。《倉律》中還有「駕傳馬」一詞，即馬驛站用的馬。《倉律》還有「傳食」一詞，又有《傳食律》的專章，可見，「傳」已不單是通行憑證的意思，已由它導引出一系列的名詞。這些情況，似可補陳先生的考證，也可證漢代的郵傳制度，確係承秦制而來。

如上各目所述，僅僅是《秦律》所反映的秦的各項制度的一部分。秦簡的内容，極爲豐富，非短暫之間可以窮其底蘊。即使已經感覺到的一些制度，也有待於進一步論述和闡明。加上文字的艱深和材料的缺乏，誤解之處，必然不少。務請批評指正！

注　釋

①《毛澤東選集》第 5 卷第 278 頁。

②《西北大學學報》1977 年第 1 期《略論雲夢秦簡》文。

③《漢書·楚元王傳附劉辟强傳》。

④《漢書·蕭望之傳》。

⑤《漢書·朱雲傳》。

⑥《漢書·王訢傳》。

⑦趙翼：《陔餘叢考》卷 26,《假守》條。

⑧《史記·蕭相國世家》。

⑨《漢書·張蒼傳》。

⑩分別見《漢書·黃霸傳》、《後漢書·范式傳》、《後漢書·公孫瓚傳》及《漢書·嚴助傳》等。

⑪《漢書·景武昭成宣元成哀功臣表·衆利侯郝賢》條。

⑫參閱《西北大學學報》1977 年第 1 期《略論雲夢秦簡》一文。

⑬「都官」,是機構名稱,還是官名,是存在矛盾情況的。從「縣」與「都官」多是並列的情況看,表明「都官」應是機構名稱;但從《內史雜律》關於「縣告都官在其縣者」的話來看,「都官」又應是官名。因此,我把「都官」暫作官名理解。

⑭出土的《效律》有兩種:一是每條法律簡文之末都注有「效」字的《效》:二是在一組竹簡的第一支簡背寫有「效」字的《效律》。從內容看,《效》與《效律》基本相同,但《效律》條文多於《效》,還有個別相同條文存在個別字句不一致的情況。爲什麼內容基本相同的《效律》會重複出現於一個秦墓?爲什麼二者會有詳略之不同?爲什麼相同的條文會出現不同的字句?對於這些問題,目前還難於回答。不過,這並不影響我們對它的引用。

⑮參閱《西北大學學報》1977 年第 1 期《略論雲夢秦簡》。

秦簡《爲吏之道》中所反映
的儒法融合傾向

兼論儒法諸家思想融合的歷史演變

(一)

在春秋戰國之際，由於社會發生了封建制取代奴隸制的大變革，出現了奴隸主階級日趨沒落、腐朽和新興地主階級逐步產生、形成的新情況，所以，在思想領域也相應地發生了各種論爭與交鋒，表現爲百家爭鳴的局面。在百家爭鳴的過程中，代表新興地主階級利益的法家學派同代表沒落奴隸主階級的儒家學派之間的論爭與交鋒，表現得比較突出和鮮明。這種論爭與交鋒的結果，適應了新興地主階級利益的法家學派，日益取得了支配地位。到秦始皇統一六國後，他更以地主階級在政治上的統治地位去宣傳法家思想，用禁止「私學」、取締「黨與」、「敢藏詩書百家語者悉詣守尉雜燒之」、「有敢偶語詩書棄市」、「以古非今者族」和以法爲教、「以吏爲師」等措施，把法家學派「定（於）一尊」①，從而使法家思想的統治地位達到了高峯。

然而，即使在法家思想占統治地位的情況下，它也處在變異的過程中，純粹的法家思想並不存在。法家思想在同儒家思想的論爭與交鋒的過程中，隨著地主階級政治需要的變化發展，也必然會發生變化，會逐步地部分地否定早期法家思想而代之以新的思想内容。這種變化了的法家思想，對於早期的法家思想來說，就是一種變異，就表現出不純的狀況。這種情況，在《雲夢出土秦簡》的《爲吏之道》中，有比較明顯的反映。

《雲夢出土秦簡》的《爲吏之道》部分，像是一篇當時人寫的文章，也可能是專供官吏閱讀的書籍的一種。暫不計較它是什麼性質的簡文，單從它的内容來

看，講的全是官吏所應當具備的道德規範與行爲準則，要求官吏作到「五善」、防止「五失」，還講了官吏應注意的事項，看來它是代表官方所要求於各級官吏的守則。正因爲如此，我們可以從它這裡看出當時的法家思想所包含的一些基本內容。由於這部分秦簡中還抄入了在內容上同《爲吏之道》無直接關係的兩條魏國法律：一條叫《魏戶律》，另一條叫《魏奔命律》，都明言是「廿五年閏再十二月丙午朔辛亥」時的法律，據考實爲魏安釐王二十五年（公元前252年），即秦昭王五十五年時的法律②，因此，這部分《爲吏之道》的簡文的撰寫年代，不能早於是年，也就是說，它應是昭王末年到秦始皇三十年③之前撰寫的。它反映了這個時期的法家思想的梗概。

簡文的第一段，列舉了官吏所必須具備的道德規範與行爲準則。其文曰：

> 「凡為吏之道，必精絜正直，慎謹堅固，審悉毋私，微密纖察，安靜毋苛，審當賞罰。嚴剛毋暴，廉而毋刖，毋復期勝，毋以憤怒決。寬容忠信，和平毋怨，悔過勿重。慈下勿陵，敬上勿犯，聽諫勿塞。」

這裡所列舉的官吏必須具備的道德規範與行爲準則，固然有不少是商鞅等法家所提倡的東西，但也顯然雜入了其他學派的思想因素。例如「安靜毋苛」，就是典型的道家思想。《史記・老莊申韓列傳》謂「李耳無爲自化，清靜自正」，所以，「清靜無爲」是道家思想的重要內容。簡文中的「安靜毋苛」，同「清靜無爲」如出一轍，有著明顯的道家思想因素。如果從實質上著眼，這種「安靜毋苛」的思想，同早期的法家理論是格格不入的。法家本重變革，總是主張按照時勢發展的需要去變更古制。唯其重變革，則主張用動亂去衝擊奴隸主階級的統治秩序。所以變革和有爲，是法家思想的重要內容，而《爲吏之道》的簡文，以「安靜毋苛」去要求官吏，實與變革、有爲的法家思想不同了，反映了法家思想的變異因素。又如簡文中的「嚴剛毋暴」，也顯然同早期法家的嚴刑重罰思想不一致。《商君書・開塞》篇云：「去奸之本，莫深於嚴刑」；《外內》篇也說：要想鞏固統治，「必以重法」，「威則必嚴」；《修權》篇更說：「刑重而必」，才能使「下不欺上」。因此，早期法家總是主張嚴刑重罰的，法唯

恐不重，刑唯恐不酷。而簡文的「嚴剛毋暴」，實與法家的嚴刑重罰思想有不一致處，卻與儒家的刑、德並用及寬猛相濟的思想有近似之處。至於「寬裕忠信，和平毋怨」與「慈下勿陵，敬上勿犯」的思想，則明顯地是儒家所宣揚的一些道德規範與行爲準則。簡文把它們作爲官吏必須具備的條件，可見這時的封建君主已經不單純用早期法家對官吏的要求去要求官吏了，而是同時用儒家的某些標準去要求官吏。

接著，《爲吏之道》的簡文又把官吏的思想感情與行爲舉動概括爲如下的幾句話：即官吏要能作到「怒能喜，樂能哀，智能愚，壯能衰，勇能屈，剛能柔，仁能忍」。試看這些語言，從內容到形式，難道同道家思想和儒家思想沒有相似或相通之處嗎？老子在《道德經》中提出了「柔弱勝剛強」的辯正思想，認爲「曲則全，枉則直，窪則盈，敝則新，少則得，多則惑」，今簡文則把兩個互相對立的東西揉在一起，認爲官吏必須作到「勇能屈，剛能柔」，實際上是把老子的陰柔之術巧妙運用於統治人民的統治術。至於「仁能忍」，則明顯地打上了孔丘思想的烙印。「仁」，是孔丘思想的重要內容之一；「忍」，也是他所宣揚的東西；當他爲維護沒落的奴隸制而奔走呼號時，既以「仁」相號召，又以「忍」爲手段，要求自己作到能屈能伸，這難道與這裡的「勇能屈」、「剛能柔」及「仁能忍」等訣竅沒有相通之處嗎？

當簡文講到官吏的處世哲學時，要官吏作到「毋喜富，毋惡貧，正行修身」。這一套說教，與其說是法家思想的體現，不如說是儒家思想的翻版。孔丘不是提倡什麼「安貧樂道」嗎？儒家不是宣揚什麼正心、誠意、修身、齊家、治國平天下這一套嗎？這裡的「正行修身」，連語句也同儒家的說教如出一轍④。

《爲吏之道》的簡文還認爲：只要官吏作到了不貪財、不洩謀、不失言、不償食等，且時懷「怵惕之心」，就可以「爲人君則鬼（讀若懷），爲人臣則忠，爲人父則慈，爲人子則孝」，並謂「君鬼、臣忠、父慈、子孝，政之本也」，這同儒家所宣揚的君君、臣臣、父父、子子的綱常倫理有什麼兩樣呢？法家固然主張忠君，但「父慈」、「子孝」這一套，爲儒家維護宗法奴隸制時所特別稱道，孔丘的忠實門徒有子便說過「孝弟也者，其爲人之本與！」的

話，足證《為吏之道》把「父慈」、「子孝」作為「政之本」的思想，確有吸收儒家思想的因素存在。

《為吏之道》簡文還列舉了官吏的五大善行：「一曰忠信敬上，二曰清廉毋謗，三曰舉事審當，四曰喜為善行，五曰恭敬多讓。」這裡的「忠信敬上」，雖為法家與儒家思想所共同有的東西，但「喜為善行」與「恭敬多讓」，則是明顯的儒家的道德標準。

至於簡文講到官吏統治人民的統治術時，它提出了「施而喜之，敬而起之，惠以聚之，寬以治之」的辦法，並謂「有嚴不治」。這裡的統治術，同儒家一貫好以小恩小惠欺騙人民的作法基本相同；這裡的「寬以治之」與「有嚴不治」的說法，同法家的輕罪重罰而後可以治國的思想頗相違背。

如上所云，表明出土秦簡《為吏之道》中所反映出來的法家思想，同早期的法家思想已經產生了某些變異。這種變異主要表現為儒、法、道幾家思想的雜湊。因此，這一事實向我們表明：先秦的法家思想確實處在一個逐步變化的過程中，它在吸收儒、法、道家的某些思想以充實自己，使之成為更為完備的統治思想，以適應地主階級的新的發展了的政治需要。《為吏之道》的簡文，其所以把以法為主，雜以儒、道的思想作為地主階級官吏的道德規範、行為準則和統治術，其目的就在於此。

（二）

既然地下出土的秦簡已經證明：早在法家思想居於統治地位的時期，便已經產生了吸收儒、道等各家思想而冶於一爐的某種傾向，那麼，這是不是偶然的特例呢？事實證明，並非如此。換言之，自從地主階級取得了統治權力以後，隨著他們地位的變化，法家思想便開始相應在發生變化。這種情況，可以追溯到戰國中期。

我們知道，到戰國中期，各諸侯國都已先後實行了變法措施。在封建制度早已產生和地主階級早已形成的基礎上，取得了地主階級奪取政權的勝利。地主階級一旦奪取了政權，他們的地位就變化了，由無權變成了有權，由平民變

成了新貴，他們的目標已經由如何奪取政權轉向如何鞏固政權。因此，他們的思想也必然隨之而變化。這時代表新興地主階級利益的法家思想也在改變著。例如由主張變革到主張「置法不變」，就是這種變化的重要表現之一。《管子·任法篇》就有這樣的思想：它認爲當一個國家已經制定了「法度」、實行了法治以後，重要的在於「任法」，在於「守道要」，以達到「垂拱而天下治」；所以，「法者，天下之至道也」，必須「固守之」而「不能動也」。爲此，它以黃帝之治爲例證説：「黃帝之治天下也，其民不引而來，不推而往，不使而成，不禁而止，故黃帝之治也，置法而不變，使民安樂其法者也」。《管子》這部書，是戰國時人僞托的著作，因此，它反映的並不是春秋時期管仲的思想，而是反映了戰國時期新興地主階級的思想。它如此強調「法度」的重要性，自然是法家思想的體現。然而，它反映的法家思想中，既包含有儒家的成分，如《任法篇》所説「仁義禮樂者皆合於法，此先聖之所以一民者也」，即其例證；又包含了道家思想，如標舉黃帝、老子，又主張「垂拱而天下治」，同「清靜無爲」，思想有一致處；還有變異早期法家思想的地方，如「固守」法度、「不能動也」和「置法而不變，使民安樂其法」等等不變的思想，同早期法家所強調的「三代不同禮而王，五伯不同法而霸」，「治世不一道，便國不法古，反古者不可非」⑤及「聖人之爲國也，不法古，不修今」⑥的重變革的思想是格格不入的。爲什麼要把重變革的法家思想改變爲放棄社會變革的法家思想呢？《管子·任法》篇所提出的理由是爲了「使民安樂其法」，換言之，即爲了保持地主階級統治的安定局面。由此可見，法家思想的這種變異，正是適應了新興地主階級在已經奪取了政權以後迫切需要社會的安定以發展生產和鞏固統治的要求。它之所以把儒家的「仁義禮樂」與道家的「清靜無爲」也吸收到這時的法家思想中來，正是爲了逐步充實和完備地主階級的統治思想，以適應發展了的地主階級的政治需要。

　　《管子·任法》篇所反映出來的這種法家思想的變異情況，在申不害與韓非的著作中獲得了肯定和發展。申不害幾乎一字不差地重複《管子·任法》篇的話説：「黃帝之治天下也，置法而不變，使民安樂其法也」⑦，又一次以「置法不變」作爲求得安定局面的前提提出來了。爲什麼要安定呢？因爲只有社會安

定才能發展生產，只有發展生產才能使地主階級的政權鞏固，他所提出的「必國富而粟多」然後可以爲治⑧的思想，就正是以社會安定促進社會生產和以發展生產去鞏固社會安定爲其立論依據的。所以，申不害也抬出黃帝、老子的「清靜無爲」思想，用吸收道家思想的辦法，作爲實現法家思想由重變革到主張不變的這個轉變的理論依據。同樣，韓非也主張在已經建立了「法度」的情況下強調安定、不變的思想。他說：「凡法令更則利害易，利害易則民務變，民務變謂之變業。故以理觀之，事大衆而數搖之，則少成功；藏大器而數徙之，則多敗傷；烹小鮮而數撓之，則賊其澤；治大國而數變法，則民苦之。是以有道之君貴靜而重變法」⑨。韓非的這段話，用比喻的手法，說明了地主階級在已經取得政權、已經建立法度的情況下，爲什麼要「貴靜而重變法」的道理，是申不害「置法而不變」思想的很好注腳。他顯然是以「貴虛靜」即道家的「無爲」思想爲手段，去達到法制不變、社會安定的目的。在他看來，只有這樣，才能保住和鞏固地主階級已經取得的政權。所以，韓非的《解老》篇，也同申不害以黃帝、老子的名義來宣傳由變革到不變的思想一樣，目的在於實現地主階級專政在理論上的轉變。正是由於這個原因，才有慎到「學黃老道德之術，因發明其指意」⑩；申不害「之學，本於黃老而主刑名」⑪；韓非則「喜刑名法術之學，而歸其本於黃老」⑫；表現出法家學派與道家學派互相吸收、趨於融合的共同傾向。司馬遷之所以把申不害與韓非同老、莊合於一傳，其著眼點或在於此。

韓非的法家理論，不僅如上述滲雜了黃老之道的成分，也吸收了儒家思想的某些因素。先秦儒家講忠君、孝親，這是人所共知的。如孔丘之力主維護周天子的權威，認爲「禮樂征伐」只能「自天子出」，不能「自諸侯出」，更不允許「陪臣執國命」；在家族關係方面，他宣揚「親親」之道，兒子要孝順父母，即使是辦了壞事，也要「父爲子隱，子爲父隱」；進而發展成爲君君、臣臣、父父、子子的綱常倫理。而著名法家韓非的著作中，也包含有儒家的忠、孝思想，如《韓非子・忠孝篇》云：「臣事君，子事父，妻事夫，三者順則天下治；三者逆則天下亂，此天下之常道也」。這同儒家的綱常倫理有什麼兩樣呢？可見韓非的法家理論中，確包含有儒家的忠、孝思想。不僅如此，韓非的

宣揚忠、孝，甚至還超過儒家，他反對儒家的「父而讓子、君而讓臣」的禪讓之説，認爲這不是「所以定位一教之道也」，必須是「孝子之事父也，非競取父之家也；忠臣之事君也，非競取君之國也」⑬，這樣才能叫做忠、孝。由此可見，他不僅吸收了儒家的忠、孝思想，而且發展了儒家的這一思想。

至於呂不韋命他的門人撰寫的《呂氏春秋》，既多明顯的儒家思想，也有關於法家思想的篇章，他如道、墨、陰陽等家之言，也有採納，内容龐雜，兼收並蓄，確是不折不扣的「雜家」。這種「雜」，本質上同韓非的以法爲主、兼收儒、道一樣，是先秦諸子百家思想在地主階級專政的統一需要下，逐步趨向於融合的一種初級形式，也是企圖創立地主階級的新的統治思想的一種嘗試。但是，由於它不是以法家爲主去吸收其他諸家思想，以致同當時法家思想的統治地位不相容；同時法家的「法治」之弊又未充分暴露，從而導致《呂氏春秋》的這種嘗試，只能以失敗而告終。

基於上述情況，表明法家思想早在戰國中、後期，確已開始變異，表現爲它正在吸收和採納儒、道等家思想中適合鞏固地主階級統治需要的部分，用以充實和完備法家思想的傾向；同時，也出現了不以法家思想爲主幹的各家思想簡單拼凑的「雜家」。這一切，都反映出一個共同的狀況：以儒法融合爲主的諸家思想趨於冶爲一爐的情況有了萌芽。秦簡《爲吏之道》中所反映的儒、法融合情況，並不是個別的偶然的現象。

（三）

肇端於戰國中、後期和繼續於秦王朝時期的儒、法等諸家思想逐步融合的**趨勢**，到西漢前期，獲得了驚人的發展，成了這時思想界的突出表現。

儒、法等諸家思想的進一步融合的趨勢，其所以急劇發展於西漢前期，除了有其歷史淵源的一面外，秦末農民大起義的爆發，有著決定性的作用。封建社會的主要矛盾——農民階級與地主階級之間的矛盾的激化，是引起秦末農民起義的根本原因。由於秦末農民大起義的爆發，直接推翻了秦王朝的殘暴統治，也猛烈地衝擊了整個地主階級，使他們聞風喪膽，言之色變，以致建立了

西漢政權的地主階級，仍然心有餘悸，惴惴不安，唯恐陳勝、吳廣起義的再起。因此，渴望能鞏固統治的西漢地主階級，迫切需要以「亡秦」爲鑒去尋找鞏固統治的策略。於是陸賈的《新語》，賈誼的《新書》，舉凡《治安策》、《過秦論》，紛至沓來，各陳其鞏固統治的辦法。既然被秦始皇「定（於）一尊」的法家思想，並未能使得秦的統治長治久安，於是在法家思想之外另覓新的統治思想就顯得格外迫切。

但是，新的統治思想，並非一蹴而成。它需要有所比較，有所取捨，有所溶鑄，有所論述，才能形成一個新的思想體系。然而，這個新的統治思想的體系終於形成了。這便是在戰國中、後期及秦王朝時期儒、法等諸家思想逐步融合的基礎上，陸賈、賈誼承其緒，叔孫通、張蒼等人致其用，至董仲舒而總其成的新的儒家思想，或者說是以儒爲主、揉合法、陰陽等家思想而溶鑄成的新的統治思想。漢武帝的「罷黜百家，獨尊儒術」措施，正同秦始皇把法家思想「定（於）一尊」一樣，把這種新的統治思想定於一尊，取代了法家思想的統治地位。

正因爲西漢前期，是這種新的統治思想的形成時期，所以，在這時的思想界往往表現出「雜」和「亂」兩大特徵。所謂「雜」，就是同一個思想家的思想內容，既有儒家的成分，也有法家的因素，甚至還雜有其他各家的思想，表現出既非儒又非法的混雜現象。所謂「亂」，就是同一個統治者，往往既鄙儒又尊儒；既好刑名之言，又除去法家的某些法律；表現出互相矛盾、彼此牴牾的狀況。例如，重視總結「亡秦」的經驗教訓的劉邦，一方面有「安事詩書」和鄙視「儒生」的言行[14]；另一方面，又欣賞陸賈的「文武並用，長久之術也」[15]的議論；也聽信曾在秦王朝任過博士的儒者叔孫通的「儒者難與進取，可與守成」[16]的建議；還親去孔廟，以太牢祀孔子。又如「本好刑名之言」[17]的文帝，既下令「盡除」去秦的「收孥相坐律令」，又開「舉賢良方正」之科[18]，頗徵用儒者。景帝「不任儒」者[19]，可是，他所重用的晁錯，既「曾學申商刑名於軹張恢生所」，又曾「受尚書」於老儒「伏生所」[20]；他又推崇黃老之學和一再以秦法過重而主張減刑。還有漢武帝，既一反黃老之學，卻又重用和優容「學黃老言，治官民好清靜」[21]的汲黯；還推崇儒術，廢黜百家，表現出「內

多欲而外施仁義」的二重人格㉒。所有這些帝王，都在政治上表現出互相矛盾的傾向，其根源就在於這時正處於探索地主階級新的統治思想的過程中，「霸王道雜之」㉓的原則，規定了他們的政治措施的複雜性，本質上這是儒、法、道諸家思想的融合在政治上的反映。

　　表現在西漢前期的著名思想家身上，也同樣有雜、亂的特徵。以叔孫通來說，他本是秦的儒者，但在劉邦手下制定朝儀時，卻有「五帝異樂，三王不同禮」及「禮者，因時世人情為之節者也」的近乎先秦法家的觀點；並能以實際行動「採古禮與秦儀雜就之」而定漢儀，並不固守儒家成見；還對不同意他這樣作的「魯諸生」，斥責為「不知時變」的「真鄙儒」㉔；可見叔孫通的思想主張，已經不是先秦那樣的儒家，而是受了法家思想的影響從而帶有新儒家傾向的儒者了。再以賈誼為例，他是李斯的弟子吳公的學生，從師承關係來說，應屬於法家學派；他的《過秦論》雖然認為秦的滅亡是由於「仁義不施」，反對單憑「法治」的「暴虐」之政，但又認為「並兼者高詐力，安危者貴順權」，必須根據攻與守的不同形勢而採取不同的政策與辦法，並不完全否定「尚詐力」的法家思想；然而，他的其他主張，實多孔孟的儒家思想，如提倡忠君、宣揚禮儀德教和重視明君臣父子之義等等屬之；也雜有黃老、刑名、陰陽諸家的某些因素。因此，賈誼既不是法家，也不是純粹的先秦儒家，而是根據漢初形勢的需要而融合了諸家思想的新儒家。出身於「名有口辯」㉕的近乎縱橫家者流的陸賈，其所著《新語》，既多儒家思想，又雜有道家成分，是先於賈誼帶有新儒色彩的人物。以儒者著稱的公孫弘，也曾「言刑名事」㉖。至於人所共知的董仲舒，雖被後世視為「純儒」，實則也是以儒為主，兼採法、陰陽諸家之說以立論而成一新的思想體系，也非先秦時期的儒家㉗。因此，綜而觀之，西漢前期的思想家比之先秦的諸子百家來說，都表現有思想內容的「雜」與「亂」的特徵，其原因都與當時的思想家，正在根據地主階級新的政治需要，綜合儒、法，採納道家、陰陽等各家學說而創立新的統治思想有關。這一過程，是對先秦諸子百家思想的揚棄、取捨、改造、提煉和溶鑄的過程，本質上是對先秦諸子百家思想的否定。所以，西漢前期的思想家，既有儒家的東西，也有法家的因素，但本質上既非儒、又非法，而是地主階級的新的統治思想的

創立者。如果說是儒家，也是新儒家，而不是先秦時期的儒家的簡單再現。

至於在西漢時期曾經興盛一時的黃老之道，也已不是先秦時期的道家思想。從馬王堆出土的《十大經》看，已充分證明這時的道家思想，確實雜入了不少法家的因素；按照司馬談在《六家要旨》中所說的道家，是「因陰陽之大順，採儒、墨之善，撮名、法之要」⑳而成的一個龐雜的思想體系，顯然同先秦的道家不同了。因此，道家思想的盛行於西漢前期，也可視爲地主階級試圖創立新的統治思想的另一種表現形式。因爲它的「清靜無爲」思想，特別符合了漢初統治者希望安定以發展社會生產的需要，故能興盛一時。但它較之以揉合儒、法爲主的新的統治思想，有著一定的消極因素，故很快爲董仲舒的新的儒家思想所否定。

（四）

如上所述，從戰國中、後期開始到西漢前期，先秦時期的各個思想流派，確在隨著歷史的發展而發展。由於這些思想流派本質上都是代表剝削階級利益的和爲剝削制度辯護的，所以，地主階級有可能利用它們來爲自己的利益服務。因此，在地主階級專政已經確立的情況下，一些失去了存在的階級基礎的其他流派的思想家，也有可能向地主階級靠攏或轉化。這樣一來，各家思想的逐漸趨於合流，不僅是必要的，而且是可能的。歷史事實也充分證明了這一點。

所以，自從地主階級奪取了政權以後，他們就要以各種方式去創造出一個鞏固統治的思想武器來。從戰國中、後期以法家思想爲主去吸收其他各家思想的融合形式，到西漢前期以儒家思想爲主去吸收其他各家思想的融合形式，就是這一過程的反映。因此，自戰國中、後期以後，以儒法爲主的各家思想之間的對立與爭鬥，已逐步削弱；特別是到了西漢前期，儒法之間的融合代替了鬥爭而成爲主流。歷史事實表明：儒法之間的對立與論爭，只存在於春秋戰國之際這一特定歷史時期，它決不是一個超階級、超時代的概念；而且儒家、法家與道家的思想內容也在變化發展，西漢以後的儒、法、道，都已不同於先秦時

期的儒、法、道；同時以儒、法融合爲主的諸家思想的逐步接近是當時歷史的
共同趨勢；西漢前期的黃老之道，是雜湊諸家的一種新的思想形式，反映了各
家思想融合的另一種形式，也不是什麼「道表法里」的法家思想；董仲舒的儒
家思想，也不是先秦儒家思想的簡單復活。因此，很有必要從歷史的真實出
發，去揭示從戰國中、後期到西漢前期諸家思想逐步趨於融合的實況。然而，
這一任務是十分艱巨的，我的膚淺的體會，不過是一塊引玉之磚而已！

注　釋

①均見《史記・秦始皇本紀》。

②參閱《文物》雜誌 1976 年第五期季勛同志的《雲夢睡虎秦簡概述》。

③因爲《爲吏之道》這部分簡文被發現於雲夢睡虎地第十一號秦墓中，該墓墓主係死於始皇三十
　年，有《編年記》爲證。

④按《墨子》也有《修身篇》，總之，講「正行修身」這一套的，並不是早期法家的思想。

⑤《史記・商君列傳》及《商君書・更法》。

⑥《商君書・壹言》。

⑦《太平御覽》卷 638《刑法部》引《申子》。

⑧《太平御覽》卷 638《刑法部》引《申子》。

⑨語見《韓非子・解老》篇，其中的「貴靜」二字，《太平御覽》卷 638 引《韓子》作「貴虛靜」。

⑩《史記・孟子荀卿列傳》。

⑪見《史記・老莊申韓列傳》。

⑫同上。

⑬《韓非子・忠孝篇》。

⑭見《史記・酈食其列傳》及《陸賈列傳》。

⑮《史記・陸賈列傳》。

⑯《史記・叔孫通列傳》。

⑰《漢書・儒林傳序》。

⑱《漢書・文帝紀》。

⑲《漢書・儒林傳序》。

⑳《漢書・晁錯傳》。

㉑《漢書・汲黯傳》。

㉒《漢書・汲黯傳》。

㉓《漢書・元帝紀》。

㉔《漢書・叔孫通傳》。

㉕《史記・陸賈列傳》。

㉖《西京雜記》卷 3。

㉗參閱《歷史研究》1977 年第 3 期鍾肇鵬的《董仲舒的儒法合流的政治思想》一文。

㉘《史記・自序》。

從《秦律》的刑罰類別
看地主階級法律的實質

　　春秋末期，晉國有刑鼎的鑄造，鄭國有刑書的制定。及乎戰國時期，各國統治者更是「明法審令」，從事法律的制定。魏國李悝於魏文侯時著《法經》（《唐律疏議》），魏惠王時惠施又作《國法》（《呂氏春秋・浮辭》篇）；楚國屈原作「憲令」（《史記・屈原列傳》）；趙國則有《國律》（《晉書・刑法志》引張斐《律序》），韓國申不害也作《刑符》（劉臻《孟子注》）；此外，燕國則有《奉法》的出現，秦國也有《秦律》的制定。這些事實雄辯地證明：隨著封建生產關係的確立和地主階級的形成，必然要求有適應封建經濟基礎的上層建築爲它的鞏固與發展服務，從而就決定了各國地主階級紛紛制定法律的熱潮。因此，從經濟基礎決定上層建築的原理來看，戰國時期各個封建國家制定的法律，本質上都是爲了把新興地主階級的利益與意志通過法律形式而凝固下來，它們既是地主階級壓迫剝削農民階級的工具，又是維護封建剝削制度和保護地主階級利益的手段。雲夢《秦律》的出土，有助於我們認識地主階級法律的這一根本實質。

　　關於《秦律》的階級實質，不僅在《田律》、《倉律》、《徭律》、《戍律》、《傅律》及《捕盜律》、《捕亡律》等等法律專章中有鮮明的表現，而且從刑罰的類別上也清楚地表現出來。前者已有專篇論述，這裡只談表現在刑罰類別上的階級性。

　　我們知道，在奴隸社會，奴隸主爲了鎮壓奴隸，使用過五種刑罰，謂之「五刑」，分別叫墨刑、劓刑、宮刑、刖刑與殺刑。五刑中實際上只有兩大類別的刑罰：一曰肉刑，墨、劓、宮、刖均屬之；二曰死刑。所以社會罪犯。在奴隸主階級專政之下，不是被摧殘身軀而成殘廢，就是喪失生命。奴隸制刑罰的極端殘酷性，表現了奴隸主對奴隸的殘酷階級壓迫和奴隸的非人地位這一特

徵。對於奴隸主階級，則是「刑不上大夫」和「公族無宮刑」（《太平御覽》卷六四八《刑法部・宮刑門》）。換言之，奴隸社會的刑罰，是赤裸裸鎮壓奴隸階級的手段。

隨著奴隸反抗奴隸主階級的鬥爭的激化，奴隸制的刑罰制度同奴隸制一起瓦解了。代之而起的新興地主階級，變得更加狡猾了。他們爲了欺騙被壓迫被剝削的農民階級，同時也爲了同奴隸主貴族進行某些鬥爭，便宣布了「刑無等差」和「法不阿貴」的原則。在這樣的口號下，似乎地主階級法律對地主與農民都是一樣的。實際上這完全是一些騙人的説教，地主階級以另外的手法繼續維護著剝削階級不受法律制裁的特權地位。這種手法的重要表現之一，就是對刑罰類別的擴大。雲夢《秦律》的出土，爲我們提供了這方面的依據。

在雲夢出土的《秦律》中，不僅仍然保留了奴隸社會的墨、劓、宮、刖、殺五刑刑名，而且更加複雜了，以墨刑來説，《秦律》謂之「黥」刑；宮刑，《秦律》謂之「腐」刑，刖刑有鋈足、斬左止（趾）等名目；殺刑則稱爲戮、磔、殺、生埋、棄市等。這説明秦國地主階級的刑罰，完全繼承了奴隸社會的刑罰，又一次證明封建制與奴隸制之間存在著千絲萬縷的聯繫，這兩種制度的對立並不是水火不容的。但是，另一方面，地主階級的刑罰，也有超出奴隸社會刑罰的地方。以出土《秦律》來説，除上述諸刑名外，還有「貲」（即罰款）、笞、䙴（遷）、耐、髡等刑名，更有候、司寇、鬼薪、白粲、城旦舂等刑徒名。這就是説，從刑罰類別上來説，除了仍然保留了奴隸制度下的肉刑與死刑外，另外增加了贖刑、流刑與徒刑。有的則是較輕的肉刑，如笞刑；耐刑與髡刑則是屬於象徵性的肉刑。這種刑罰類別的擴大與增加，一方面表明封建地主階級的法律逐步以流刑、徒刑和較輕的肉刑取代了黥、劓、宮、刖等殘酷摧殘罪犯肉體的重肉刑，這些變化本質上是奴隸主完全占有奴隸和封建地主不完全占有農民這一特徵在法律上的反映。因此，這是一個歷史的進步。另一方面，這種刑罰類別的增加，也意味著地主階級在「刑無等差」和「法不阿貴」的幌子下獲得免受與減輕刑罰的途徑。因此，這也是一個騙局，是地主階級法律的階級實質更隱蔽的所在。

在這裡，需要指出的是，秦的統治者增加的耐（即完）、髡、笞等肉刑，

雖然有其殘酷性，但已不同於使奴隸和刑徒喪失勞動能力和摧殘其軀體的劓、刖等肉刑了。因爲所謂「耐」，只是剃去罪犯的鬍鬚，而保全其軀體的完整，故又稱之曰「完」刑。《文選》載王粲詩，有「許歷爲完士，一言猶敗秦」之語，足見文獻也證明秦有完刑。髡刑只是剃去頭髮，也不傷害其軀體。笞刑之重者，雖然可使犯者致殘，但一般笞數較少的笞刑，還不至於斷手斷足。因此，這些肉刑名目的增加，意味著動輒摧殘軀體的肉刑在減少中，多少包含了一點進步性的因素。

　　所謂「流刑」，即後世之流放、貶謫，在《秦律》中謂之曶（遷）或「遷之」。所謂「徒刑」，即按社會罪犯所犯罪過的輕重而分別判處一定期限的苦役，《秦律》中的司寇、鬼薪、白粲、城旦、舂等刑名，就是代表不同期限徒刑的名稱。有了這兩種刑罰，地主階級不僅可以從這裡獲得大量的戍邊者和服役者，而且不至於像奴隸社會一樣動輒處以肉刑或死刑，使社會喪失勞動力。所以，流刑與徒刑的出現，既是一種歷史的進步，也是受封建生產方式制約的維護地主階級利益的狡獪手段，目的在於保證地主階級有爲他們創造物質財富的勞動人手。

　　特別值得注意的，是「贖刑」的出現。關於秦之贖刑，《秦律》有明確規定：如《傅律》云：「匿敖童」及「占癃（癃）不審，典、老贖耐」；《司空律》也規定：「有罪以貲贖及有債於公，以其令日問之，其弗能入及償，以令日居之」。所謂「贖耐」，即應處以耐刑者，可以贖免其刑；所謂「貲贖」，即以金錢或財物贖罪。因此，秦時確有「贖刑」存在。

　　至於贖刑的取贖方式，大約有三種：

　　一曰「貲贖」，即以向官府繳納一定數量的財物而免罪的辦法。可以用貲取贖的刑罪範圍，據《司空律》的下述規定，似乎不限於耐罪可贖，而是從耐罪（最輕的肉刑）開始直到死刑均可以贖。《司空律》云：「公士以下居贖刑罪、死罪者，居於城旦舂，毋赤其衣，勿拘櫝杕杖」；又曰：「葆子以上居贖刑以上到贖死，居於官府，皆勿將司，所弗問而久繫之」。從這些規定中，可以清楚地看出：贖罪的範圍，包括從最輕的肉刑——耐罪開始直到死罪。所以，律文中屢見「贖刑」、「贖遷」、「贖宮」、「贖黥」、「贖鬼薪鋈足」乃至

「贖死」等等提法。至於如何用貲贖罪，由於缺乏這樣的法律條文，尚無法明白。但從本質上著眼，罰款應是貲贖的一種。《秦律》中關於官吏犯罪「貲一盾」、「貲一甲」以至於「貲二盾」、「貲二甲」者不少，所謂「貲」，即罰款，這種罰款表面上用盾、甲等軍器計算，實際上可能用相當於一副軍盾或一副軍甲的金錢交付，因爲盾和甲的製作有精粗之分，價格也有高低之別，無法以盾、甲作爲罰款的定準。被罰者一旦完成了交納罰款的任務，他的罪也就消除了。因此，這種罰款的「貲罪」，實質上也是贖刑的一種。

　　二曰扣祿減稟贖。它是以減少秩祿和稟衣食的方式去賠償損失，所以名之曰扣祿減稟贖，實際上是貲贖的另一種表現形式。如《金布律》規定：「縣、都官坐效、計以負償者，已論，嗇夫即以其直（值）錢分其官長及冗吏，而人與參辨券，以效少内，少内以收責之」；「官嗇夫免，復爲嗇夫，而坐其故官以貲賞（償）及有它責（債），貧窶毋（無）以賞（償）者，稍減其秩、月食以賞（償）之，弗得居；其免也，令以律居之。」這就是說，縣、都官因考核、上計發現其所管財物有短缺時，必須依數賠償，由少内負責收責。情節比較嚴重的，官吏還得受到免職處分。但當官吏缺少，因上述原因免職的官吏，仍需要他們任職而又無法賠償時，則用減少其秩祿與月食的辦法去抵償。只有當官吏免職時，才用以工償債的辦法去抵償。由此可見，這種扣祿減稟制度，是爲官者償還臟物、臟款的一種辦法，本質上是貲贖的另一種表現形式。

　　三曰役贖。所謂役贖，即以服役的形式去償付貲贖的款項。《司空律》規定：「有辠（罪）以貲贖及有責（債）於公，以其令日問之，其弗能入及賞（償），以令日居之。日居八錢；公食者，日居六錢。居官府公食者，男子參，女子駟（四）。」意即犯了貲贖罪及欠了官府的債的人，如果無法繳納贖金和無力償還，就可以用服役於官府的方式去抵消，每服役一天可以抵消八文錢；吃官府稟食的，每服役一天只能抵消六文錢；連住房也屬於官府者，每服役一天男子只能抵消三文、女子四文。這種辦法，當時謂之「居貲贖債」，服役時間的長短，大約以勞役日值可以償還貲贖金額或欠債數量爲準。所以，役贖實際上是貲贖的另一種表現形式。

　　既然《秦律》中有贖刑的規定，那麼是不是所有的人犯了罪都可以用錢贖買

呢？回答是否定的。首先，既然需要納金才能贖罪，則無錢和缺少資財的貧苦農民是無法享受這個權利的；其次，扣祿、減稟贖，顯然只有官吏才有可能享受；其三，法律還明確規定，可以享受贖刑權利的人是有條件限制的。法律答問有這樣一則；「真臣邦君公有罪，致耐罪以上，令贖」，意即凡少數民族豪酋犯法至於「耐罪以上」者，均可以用錢贖免，而少數民族人民是不包括在內的。還有一條法律答問云：「內公孫毋爵者當贖刑，得比公士贖耐不得？得比焉。」這就是說，沒有爵位的宗室貴族，當他們犯罪時，可以同有爵「公士」以上的人一樣享受贖刑的權利。因此，根據這兩條法律答問，說明贖刑並不是人人可以享受的，只有少數民族的豪酋、無爵宗室和有爵「公士」以上的人才可以享受。因此，一般人犯罪和少數民族人民犯罪，不僅沒有條件去納金贖罪，即使有錢也不包括在可以贖免之列。特別是「盜賊」犯，法律就明確規定不許贖免，即使贖免時也只許贖免到一定的限度：如法律答問云：「何謂贖鬼薪鋈足？何謂贖宮？」其回答是：「臣邦真戎君長、爵當上造以上，有罪當贖者，其爲羣盜，令贖鬼薪鋈足；其有腐罪，贖宮。其他辠（罪）比羣盜者亦如此。」這就是說，即使是少數民族的豪酋和上造爵以上的人，本來有罪是可以贖免的，如果他們犯了「羣盜」罪，就只能贖免到判處爲鬼薪刑徒並斷其足的程度，不能全部贖免，凡是罪與「羣盜」相同的都按這個辦法處理。由上可見，贖刑的享有者，是有條件的，只有地主、官吏及擁有爵位的人才可以享受贖刑，它是對地主、官吏及爵位擁有者的一種優待。因此，贖刑的本質，在於以形式上的法律平等掩蓋著實質上的不平等。先秦法家所標榜的「刑無等差」和「法不阿貴」，只是不折不扣的騙局。

贖刑的這種欺騙性，不僅表現在貲贖方式上，也同樣表現在役贖方式上。《司空律》規定：「大嗇夫、丞及官嗇夫有辠（罪）居貲贖責（債），欲代者，耆弱相當，許之」；又說「居貲贖責（債）者，或欲藉（借）人與並居之，許之，毋除徭戍」；還說：「百姓有貲贖責（債）而有一臣若一妾，有一馬若一牛，而欲居者，許。」這就是說，凡官吏及地主以役贖罪時，即允許他們用身體强弱與年齡大小相同的人代替，也允許他們用他人一同服役抵債，還允許他們帶著自己的牛馬與奴隸去服役抵債。這顯然是對官吏與地主的優待。反之，

貧苦農民犯罪以役贖時，他們既無法用他人代替，更沒有牛馬與奴隸代役。因此，從表面上看，好像對所有的役贖者都同等待遇，實際上卻存在著嚴重的不平等。役贖制同貲贖制一樣，都有利於地主、官吏與有爵者，而不利於貧苦農民。

至於因犯罪沒爲「隸臣妾」的人，取贖的條件十分苛刻，已於前面專篇述及；有手藝技巧的奴隸，法律還明文規定不許取贖。因此，決不是所有的人都能享受贖刑的優待，贖刑規定的階級性是很清楚的。

如上所述，地主階級的刑罰較之奴隸主階級的刑罰，雖然有其歷史進步性的一面，但這種進步性是很有限的。反之，它以僞善的貌似公正的外表形式，掩蓋著它殘酷鎮壓農民階級的反動本質，具有更大的欺騙性。如果把他們所標榜的「刑無等差」和「法不阿貴」，說成是真實的客觀存在，便從根本上否定了地主階級法律殘酷鎮壓農民階級和千方百計維護封建剝削制度的性質。

「有秩」非「嗇夫」辨

讀《睡虎地秦簡》札記兼與鄭實商榷

《文物》1978年第2期，載鄭實《嗇夫考》一文。該文結合《秦律》中有關「嗇夫」一官的簡文，廣泛引用了歷史文獻中關於「嗇夫」的記載，集中地對「嗇夫」一官的歷史淵源和發展過程作了某些考證，是一篇頗有見地的好文章。然而，該文也存在不足之處。例如《秦律》中有關「嗇夫」一官的簡文，該文並未充分運用，以致對「嗇夫」一官的各種特徵，缺乏充分的分析；又在文獻引用方面，似乎也局限於清人俞理初在其《癸巳類稿》卷十一《少吏考》中所述的範圍；在提法上，也存在個別可疑之處，如說秦的「縣嗇夫」（即「大嗇夫」）就是縣令的同義語和「有秩」等於「嗇夫」等等屬之。爲了向鄭實求教，也爲了通過學術性的討論以弄清問題，這裡僅就「有秩」是否就是「嗇夫」的問題，談一點個人的膚淺看法。

鄭實是「有秩即嗇夫」這一看法的主張者。他在文章中說：「有秩」與「嗇夫」，應該連續爲「有秩嗇夫」。因爲「有秩嗇夫」，「是一種官吏」，故「不應分讀成有秩、嗇夫」。因此，他肯定地指出：「有秩就是嗇夫」。由此出發，他認爲「歷代（給史書）作注解的人，似乎都沒有搞清楚」（引文重點均爲我所加，下同），例如中華書局出版的標點本《後漢書》把有秩嗇夫分讀成「有秩、嗇夫」就是錯誤的。由此可見，鄭實確是「有秩即嗇夫」說的主張者。我卻認爲：鄭實的「有秩即嗇夫」說，是存在可疑之處的。「有秩」與「嗇夫」是兩個官名，二者既有聯繫，又有區別，不能完全混爲一談。試略論之於次。

鄭實的「有秩即嗇夫」說，並沒有確鑿的證據。爲此，有必要先考察鄭實所賴以立論的證據。

鄭實認爲「有秩即嗇夫」的證據，主要有如下幾個：

　　第一，鄭實以《漢書・張敞傳》顏師古注及王先謙《漢書補注》爲證。《漢書・張敞傳》説：「敞本以鄉有秩補太守卒史」，顏師古注曰：「鄉有秩者，嗇夫之類也」；王先謙《補注》曰：「《續志》：有秩百石，掌一鄉人。劉注引《漢官》云：鄉戶五千則置有秩，見倉頡碑、殽坑君神祠諸碑。」在鄭實看來：因爲《張敞傳》「不提嗇夫單講有秩」；又有顏氏所説「鄉有秩者，嗇夫之類也」的話；還有王先謙也只講到「有秩」而不及「嗇夫」；於是他斷言：這裡的鄉有秩就是鄉嗇夫。實則鄭實對顏注及王氏《補注》有誤解。顏氏雖然把「鄉有秩」同「嗇夫」一官聯繫起來了，但他加上了「之類」二字，意即「鄉有秩」與鄉嗇夫是同類的官吏，並無把二者完全等同之意。同樣，王氏《補注》只是説「鄉有秩」一官名，還見於倉頡碑等材料，也没有説，「鄉有秩」就是「鄉嗇夫」。恰恰相反，王氏引《漢官》「鄉戶五千則置有秩」的話，正在於説明「鄉有秩」與「鄉嗇夫」有區別。至於有些史料之「不提嗇夫單講有秩」，更説明「有秩」與「嗇夫」是有區別的。因此，鄭實所引上述材料，不能作爲「有秩即嗇夫」的證據。

　　第二，鄭實又以「《後漢書・百官志五》更只是説：鄉置有秩、三老、游徼」的話爲依據，認爲在這裡，是以「鄉有秩」代替了「鄉嗇夫」，從而得出有秩即嗇夫的結論。按：《後漢書・百官志五》的原文是這樣：「鄉置有秩、三老、游徼。本注曰：有秩，郡所署，秩百石，掌一鄉人；其鄉小者，縣置嗇夫一人。皆以知民善惡，爲役先後，知民貧富，爲賦多少，平其差品。」接著，就講三老及游徼的職權。據此，可知「鄉有秩」與「鄉嗇夫」不是一回事，二者是有區別的。其區別在於：「鄉有秩」爲「郡所署」，而「鄉嗇夫」則爲縣所置。爲什麼會有這個區別呢？原因是由於鄉有大小。據劉昭補注引《漢官》所云「鄉戶五千，則置有秩」的話，可知當時的鄉有大有小，大鄉由郡署「有秩」一人；反之，小鄉由縣置「嗇夫」一人。因此，「鄉有秩」與「鄉嗇夫」雖然在職權範圍方面是同性質的官吏，但二者在鄉的大小及任命者方面都有不同，從而顯示出「有秩」與「嗇夫」有地位上的高低之別，二者顯然不能混爲一談。由此可見，鄭實根據《後漢書・百官志五》所載此條得出的《有秩就是嗇夫》的結論，實誇大了二者一致方面而忽略了二者的區別方面，似有曲解史料

之嫌。

　　第三，鄭實根據李賢注《後漢書·仲長統傳》附《昌言·損益篇》的「身無半通青綸之命」句所引《十三州志》及《禮記》鄭玄注的話，得出了有秩與嗇夫應當連讀、是一個官吏名稱的結論。實則《十三州志》所說的「有秩、嗇夫，得假半章印」及《禮記》鄭玄注所說的「綸，今有秩、嗇夫所佩也」等語，從語法上來說，「有秩」與「嗇夫」既可連讀爲一個官名，也可分讀爲兩個官名。如謂只能連讀，未免有些武斷。如果結合上述「鄉有秩」爲郡所署而「鄉嗇夫」爲縣所置的情況來看，則此處之「有秩嗇夫」，恰恰應當分讀爲「有秩、嗇夫」，而不應當連讀爲「有秩嗇夫」，《後漢書》標點本關於此條的分讀法是正確的。這說明鄭實的這一條證據，尤其缺乏說服力。

　　第四，鄭實又據《秦會要》卷23《方域·郡縣》條所引《藝文類聚六》及《太平御覽》引苗恭《十四州記》中的「鄉則有秩，今嗇夫是也」的話，作爲他的「有秩即嗇夫」說的確證。實則這一條證據，也存在疑問。查影印本《藝文類聚》卷6《郡部》引苗恭《十四州記》，並無「鄉則有秩，今嗇夫是也」的話；又影印本《太平御覽》卷157《州郡部·敍郡門》，也引了《十四州記》同條，除作者苗恭作黃恭外，也無「鄉則有秩，今嗇夫是也」的話。只有《太平御覽》卷157《州郡部·鄉門》引黃恭《交廣錄》，有「鄉則有族，今嗇夫是也」的話。近人徐復對《秦會要》進行《訂補》時，也沒有對《秦會要》上述引述之誤作出訂正與補充，仍然保留了《藝文類聚六》及《太平御覽》引苗恭《十四州論》等書名及「鄉則有秩，今嗇夫是也」的話。而且在《秦會要訂補》中，「鄉則有族」變成了「鄉則有秩」，「今嗇夫是也」變成了「令嗇夫是也」，還以「黃恭」作「苗恭」，以《交廣錄》爲《十四州記》。所有這些變動，究竟是所據版本的不同造成的呢，還是出於誤引，均已不甚明白，難於判斷。如果「鄉則有秩」確係「鄉則有族」之誤，則鄭實所賴以立論的本身就化爲烏有了，據此而得出的結論自然是不可信的。由此可見，鄭實的「有秩即嗇夫」說的唯一的一條孤證本身，也存在不少疑問。

　　如上所述，表明鄭實的「有秩即嗇夫」說，是缺乏根據的。反之，如果把「有秩」與「嗇夫」作爲兩個官名看待，既看到二者之間的聯繫，又承認二者

之間的區別，卻有不少的證據，而且還能顯示出「有秩」這一官名由泛指到專稱的發展過程來。

《史記・商君列傳》說：孝公十三年，「初爲縣有秩史」。這是「有秩史」這一名稱的最早出現。這裡的「有秩史」是指一種官吏還是若干種官吏的總稱呢？單從這句話尚無法判斷。根據雲夢出土秦簡，證明秦時縣級行政機構中除設令、丞外，還有不少以「史」命名的官吏，如「卜史」、「令史」、「佐史」等。以此言之，則所謂「有秩史」，應是包括「卜史」、「令史」、「佐史」等等官名在内的一個綜合性的泛稱，並非指某一固定的官吏名稱。又按「秩」，有秩祿之意，那麼「有秩史」，正是《漢書・百官公卿表序》中所説的「百石以下，有斗食、佐史之秩，是爲少吏」的諸有秩吏。又《續漢書・百官志五》劉昭補注「鄉有秩」條時，引《風俗通》云：「秩則田間大夫，言其官裁及秩耳」，這説明這些官吏之所以名之曰「有秩」，確有剛剛進入有秩祿之官行列的意思。故清末人王國維在其《流沙墜簡考釋》中也説：「漢制，計秩自百石始，百石以下，謂之斗食，至百石則稱有秩矣」，可謂道破了「有秩」官名由來的底蘊。

《史記・范雎列傳》載范雎説秦昭王時，有「今自諸有秩以上，至諸大吏，下及王之左右，無非相國之人者」的話。這裡的「自諸有秩以上，至諸大吏」，是指所有官吏而言。如果説「諸大吏」是指高級官吏而言，則「諸有秩」是指剛剛進入有秩祿之列的低級官吏而言。可見這時「有秩」仍是泛稱，而非某一固定官吏的專稱。

「有秩」由泛稱變成某種固定官吏的專稱，可能發生於秦末漢初。《漢書・百官公卿表序》謂秦、漢鄉級機構的官吏説：「鄉有三老、有秩、嗇夫、游徼。」「有秩」與三老、嗇夫、游徼並列，説明它已成爲單獨的官名，而不再是諸有秩之吏的泛稱了。至於《百官表序》敍述這些官吏的職掌時，其所以只講了三老、嗇夫與游徼，而不及「有秩」者，是因爲「有秩」同嗇夫同職而異稱的緣故。關於這一點，可從前引《續漢書・百官志五》關於鄉官的記載中獲得説明。既然秦昭王時的「有秩」還是泛稱，到了秦末漢初就成了單獨的官名，可見這一變化發生於秦末漢初。

到西漢景帝時，「有秩」作爲單獨官名的情況更明朗化了。《漢書·景帝紀》云：元年七月詔曰：「吏受所監臨以飲食免，重；受財物賤買貴賣，論輕。廷尉與丞相更議著令。」於是，在景帝授意下，「廷尉信謹與丞相議曰：吏及諸有秩，受其官屬所監、所治、所行、所將與其飲食，計償費勿論；它物若買故賤、賣故貴，皆坐贓爲盜，沒入贓縣官……」。這是關於一些管理官府經濟部門的官吏因貪污而給予懲罰的法律規定。這裡提到的「有秩」，都是指管理各監、治、所的官吏而言。因爲這種官吏的人數不少，故總稱爲「諸有秩」。因此，這裡的「有秩」，已由凡有秩祿之官的泛稱，明顯地轉變成了某種固定官吏的專稱了。

到了東漢，「有秩」與「嗇夫」的區別更加明顯了。《續漢書·百官志五》劉昭補注引《漢官》，講到雒陽令下的官吏名稱及員數時，既列舉了「鄉有秩、獄吏五十六人」，又舉出了「斗食、令史、嗇夫、假五十人」。在這裡，「鄉有秩」與「嗇夫」並舉，顯然表明「有秩」不等於「嗇夫」。如果確如鄭實所說「有秩就是嗇夫」的話，那麼爲什麼要「鄉有秩」與「嗇夫」並設呢？結合前引《漢官》所說「鄉五千戶則置有秩」的話，可知這裡其所以「鄉有秩」與「嗇夫」並存，關鍵在於雒陽令下所轄鄉有大小之分，而「鄉有秩」只設於大鄉，其秩祿與地位比只設於小鄉的「嗇夫」爲高。因此，到東漢時期，「有秩」與「嗇夫」，更加明顯地區分爲兩個官名了。不過，另一方面，也說明「鄉有秩」與「鄉嗇夫」仍有一定共性，這就是它們都是以「主知民善惡，爲役先後，知民貧富，爲賦多少，平其差品」爲職責的官吏。

值得注意的是，《續漢書·百官志五》劉昭補注引《漢官》，還講到河南尹員吏中，有「諸縣有秩三十五人」。這裡的「有秩」。顯然不是指「鄉有秩」，而是指縣一級的「有秩」官。可是，無論是《史記》、《漢書》及《續漢書》，均沒有講到縣一級機構中有「嗇夫」。這就是說，即使「鄉嗇夫」在職掌上相當於「鄉有秩」，在縣一級機構卻沒有「嗇夫」相當於「有秩」。因此，就整體而言，進一步表明「有秩」非「嗇夫」，二者是既有聯繫又有區別的兩個不同的官名，不應完全混爲一談。

如上所云，表明「有秩」之名，始於商鞅變法時期，其本意是剛剛進入有

秩祿之官的意思。因此，這時它只是泛稱，而不是專有官名。到秦昭王時，「有秩」仍是有秩祿的低級官吏之意。到秦末漢初，鄉隨其大設置「有秩」一官與三老、嗇夫、游徼並列，開始成爲專有官名。隨後，各監、治、所的官吏都謂之「有秩」，大鄉設「有秩」，縣也設「有秩」，表明「有秩」成了固定官名。以「鄉有秩」來説，其職掌雖與「鄉嗇夫」相同，但其地位與秩祿都比「鄉嗇夫」爲高；至於縣級「有秩」官，則無同它同性質的「嗇夫」與之匹敵。故「有秩」與「嗇夫」是既有聯繫又有區別的兩個官名，不可混爲一談。但是，必須指出：雖然自秦末漢初以來，「有秩」已逐步成了某一固定官吏的專稱，而其作爲有秩祿之官的涵義還是存在的。例如李翕《西狹頌》中，有「衡官有秩」的題名；《敦煌漢簡校文》中，則有「敦煌步廣尉曲平望塞有秩候長」的簡文；《漢印文字徵》裡，則有「有秩獄吏富納」印，《續錄》卷十一《嚴舉碑》陰，也有「鹽官有秩」的題名（參閱陳直先生《漢書新證》所引。）如此等等，不一而足。既然「衡官」、「鹽官」、「獄吏」、「候長」之前可以冠以「有秩」，或可附上「有秩」，則「有秩」之仍然包含有秩祿之意是很明顯的了。

　　在雲夢出土的秦簡中，我們可以獲得關於上述「有秩」的涵義及「有秩」非「嗇夫」説的新證。茲列舉其有關簡文如下：

　　第一，法律答問簡文云：「僑（矯）丞、令可（何）謂殹（也）？爲有秩偽寫其印爲大嗇夫」。意即替「有秩」寫其印爲大嗇夫，就是偽稱縣的丞、令。按「大嗇夫」爲官名，從其職掌與地位看就是「縣嗇夫」的異名，這在《秦律》簡文中灼然可見。這一條法律答問把「有秩」與「大嗇夫」列在一起，則「有秩」也應是官名。其地位雖在「大嗇夫」之下，但也有其印，可見「有秩」是有一定權威的官吏。

　　第二，《秦律·金布律》規定：「都官、有秩吏及離官嗇夫，養各一人，其佐史與共養。」按：「都官」一名，在《秦律》中屢見不鮮，從它常與「縣」並列而稱爲「縣、都官」的情況看，「都官」好像是機構的名稱；但從《内史雜律》所説「縣各告都官在其縣者，寫其官之用律」的話來看，則「都官」又像是官名。至於「離官嗇夫」則是《秦律》中多次提到的各種專職嗇夫如「倉嗇夫」、「庫嗇夫」、「田嗇夫」、「皂嗇夫」、「廄嗇夫」等等「官嗇夫」中

的一種，顯然是官名。在這條簡文中，「有秩吏」同「都官」與「離官嗇夫」並列，說明「有秩吏」也是官名，而且同「離官嗇夫」是不同的二個官名。由此可見，「有秩吏」不能同「嗇夫」劃等號這一點，是顯而易見的。

第三，法律答問簡文還說：「有秩吏捕闌亡者，以畀乙，令詣，約分購，問吏及乙可（何）論殹（也）？當各貲二甲，勿購。」在這裡，前云「有秩吏」，後云「吏」，則「有秩吏」的涵義也包含有「有秩之吏」的意思。再查《秦律·倉律》簡文，確有「令有秩之吏、令史主，與倉□雜出之」的規定，可見「有秩吏」，確是「有秩之吏」的省稱。而「有秩之吏」，顯然包含著有秩祿的官吏的意思，可見這時的「有秩吏」一稱，尚非某一固定官吏的專稱，是對前引文獻的很好印證。

第四，《秦律·倉律》又規定：「月食者致稟而公使有傳食，及告歸盡月不來者，止其後朔食，而以其來日致其食；有秩吏不止。」這裡的「有秩吏」又是泛稱。當這種官吏「告歸盡月不來」及因「公使有傳食」時，也不停止發給其應得稟食。這說明「有秩吏」不僅有固定的秩祿，而且可以享受稟食及出差時享受傳食的雙重優待。由此可見，這種「有秩吏」在秦時確是比較重要的官吏。

綜上所述，可知所謂「有秩」，其最初的涵義是對無秩祿而言，即剛有秩祿之官的意思。因此之故，凡屬這種剛剛進入有秩祿之列的低級官吏，都被泛稱為「有秩吏」或「秩之吏」，也就是《史記·商君列傳》所說的「初為縣有秩史」。到秦昭王時，「有秩」與「有秩吏」仍是泛稱，尚未固定為某一官吏的專稱。「有秩」由凡有秩祿之吏的泛稱演變成固定的官名，大約發生於秦末漢初。故《漢書·百官公卿表序》述及秦、漢鄉官時，把「有秩」與「嗇夫」、「三老」、「游徼」等固定官名並列，顯示出幾者之間有所區別。景帝時，把主管各監、治、所的官吏叫「有秩」，更說明「有秩」已成為某特定官吏的名稱。自西漢到東漢，就其整個鄉官制度的情況來說，凡主管五千戶以上大鄉「知民善惡，役先後，知民貧富，為賦多少，平其差品」的官吏，叫做「有秩」或「鄉有秩」，由郡任命，其職掌雖與「鄉嗇夫」相同，但二者在鄉的大小與任命者方面都有所不同，從而顯示出「有秩」與「嗇夫」既有聯繫，又有

地位上和秩祿上的高低之別，是不能完全混爲一談的。這就是「有秩」同「嗇
夫」的區別及「有秩」這一名稱的涵義的簡略演變過程。

（此文原載《文物》1979 年第 3 期，收入此集時略有補充與修改）

論秦、漢時期的「亭」

讀《睡虎地秦簡》札記

㈠問題的提出

關於秦、漢時期的「亭」，史書記載十分簡略，而且矛盾不少。歸納起來，約有如下一些情況，頗有可疑之處：

第一，關於「亭」的統屬問題。《漢書·百官公卿表序》在敍述秦、漢時期縣以下的地方行政系統時說：「縣令、長，皆秦官，掌治一縣。……大率十里一亭，亭有長；十亭一鄉，鄉有三老、有秩、嗇夫、游徼。……縣大率方百里，其民稠則減，稀則曠，鄉、亭亦如之。皆秦制也。」《史記·高祖本紀》劉邦「爲泗水亭長」條下張守節《正義》云：「秦法，十里一亭，十亭一鄉；亭長，主亭之吏。」可見東漢人班固與唐人張守節，都認爲秦的縣以下地方行政系統是鄉、亭、里三級機構。而且是以縣統鄉，以鄉統亭，以亭統里。據班固所記，不僅秦時的「亭」直接受鄉的統轄，西漢時期也同秦制一樣，是以鄉統亭，亭是地方行政單位的一級。到了東漢，情況也同秦和西漢一樣。《續漢書·百官志五》在敍述縣以下的地方行政系統時，也依次列舉了鄉、亭、里三級行政單位，顯然也是以縣統鄉、以鄉統亭和以亭統里的意思。又同書《百官志五》「列侯所食縣爲侯國」條本注曰：「功大者食縣，小者食鄉、亭，得臣其所食吏民」，益見「亭」同「鄉」一樣是地方行政單位，而且有其直接統屬的「吏民」與土地。後之治秦漢史者，大都據《漢書》及《續漢書志》，把秦、漢時期的「亭」視爲直接受鄉管轄的一級地方行政單位，清人俞理初在其《癸巳類稿》卷十一《少吏考》中，還推衍出了「一里百家」和「千家亭長」的說法，對於「以鄉統亭」之說深信不疑。然而，關於秦、漢時期「亭」的統屬關係，

並非沒有疑問。以《漢書・百官公卿表序》來說，當它列舉西漢時期縣、道、國、邑、鄉、亭的總數時，謂全國有「鄉六千六百二十二，亭二萬九千六百三十五」，這顯然同「大率……十亭一鄉」的比例不符合，其中即使有些鄉不足十亭，也不會相差如此之大。再以《續漢書・百官志五》來說，它在「亭有亭長」條下的本注中說：亭長「承望都尉」，意即亭長並不直接統轄於鄉，而直接受都尉的管轄。又同書劉昭補注引應劭《風俗通》曰：「國家制度，大率十里一鄉」，意即漢代的地方行政系統中，在「鄉」與「里」之間不存在「亭」一級行政單位，即以縣統鄉，以鄉統里。還有「千家亭長」之說，也同樣可疑。據《續漢書・百官志五》，「里」下有什、伍。所謂什、伍，即五家爲伍，十家爲什，一里管十什，故曰「一里百家」，如果按《漢書・百官公卿表序》所說的「十里一亭」和「十亭一鄉」去推算，則每亭千家，每鄉萬家，這顯然同秦、漢時每縣所統僅萬戶左右的情況不符合。由於以縣統鄉、以鄉統亭和以亭統里的說法存在著上述許多矛盾，所以，顧炎武在其《日知錄》卷二十二中，提出了漢制是「以縣統鄉，以鄉統里」的說法，可惜他並未作詳細論證，以致沒有引起人們的注意。今人王毓銓，在一九五四年的《歷史研究》第二期，撰寫了《漢代「亭」與「鄉」「里」不同性質不同系統說》一文，正是在上述一系列矛盾的基礎上，結合設「亭」制度的歷史沿革、亭長的主要職責以及漢代名籍中有「鄉里」而無「亭」的記載等等情況，認爲漢代的「亭」不是地方行政系統中的一級，它不受「鄉」的統轄，而是自成一個系統。自此說正式提出後，似乎沒有引起史學界的充分注意，以致一些歷史教科書及史學論文，仍然依從舊說，認爲是以鄉統亭，「亭」仍與鄉、里並列而當作地方行政系統中的一級。因此，關於秦、漢「亭」的統屬問題，仍然是一個疑問。

第二，關於「亭」的設置地區問題。根據前引《漢書・百官公卿表序》所說，「亭」既是秦、漢時期地方行政系統中的一級機構，則主要應設置於鄉村。但是，關於這一點，也同「亭」的統屬關係一樣，存在著互相矛盾的情況。如《續漢書・百官志五》謂郡治所在的「正門有亭長」，則亭長不僅鄉村有之，全國各郡國的治所也有亭的設置。又《後漢書・陳寔傳》謂寔曾「爲郡西門亭長」；《水經・谷水注》謂偃師城門前面石人胸前銘文曰「門亭長。」還如

《續漢書・百官志四》「城門校尉」條下劉昭補注引蔡質《漢儀》曰：「雒陽二十四街，街一亭；十二城門，門一亭」，可見城裡確實設有「亭」的機構，而且不是按戶口多少設置，而是按街道及城門的數量設置，每街或每門設一亭，這同「十里一亭」的制度頗不符合。因爲每一城門所在地決不可能有十個「里」，而每一街道則不一定限於十個「里」。然則城市設「亭」的制度，也同《漢書・百官公卿表序》所述鄉、亭、里制矛盾。再說這種城市設亭之制，是否本於秦制呢？設於城市的「亭」，同設於鄉村的「亭」，是不是同一性質的機構呢？《漢書・百官公卿表序》及《續漢書・百官志》都沒有回答這些問題，此可疑之二。

第三，關於「亭」的官吏的設置問題。《漢書・百官公卿表序》謂秦、漢的「亭」都設置有「亭長」，亭長之外，未言及有其他員吏的設置。如《漢書・百官公卿表序》作「亭有長」；《續漢書・百官志》作「亭有亭長」；《居延漢簡釋文》中有「破胡亭長」、「亭長二十四人」、「亭長舒」、「亭長歐等八人」等等簡文；此外，《後漢書》諸列傳中，提到「亭長某」及某人曾爲某亭亭長者多條，都是亭設長叫亭長的明證，似無可疑。但是，根據史書的其他記載，似乎除「亭長」之外，還有其他員吏，說明在亭的員吏設置方面，也存在明顯的歧異。如《史記・高祖本紀》謂劉邦在秦末曾「試爲吏，爲泗水亭長」；又說：「高祖爲亭長，乃以竹皮爲冠，令求盜之薛治之」，《漢書・高帝紀》所載與此相同。這句話的意思是這樣：亭長劉邦曾命令他手下的「求盜」到薛這個地方給他製造竹皮冠。這就是說，在「亭長」之下，還有「求盜」這種員吏的設置，超出了《漢書》及《續漢書志》所載「亭有長」的範圍。正因爲存在這個差異，及致引起後人對《史記・高祖本紀》所說的「求盜」有兩種不同的解釋：一是應劭的解釋，他肯定亭長之下有「亭卒」，即是「求盜」，而且只有一人。《史記・集解》引應劭曰：「求盜者，舊時亭有兩卒，其一爲亭父，掌開閉掃除；一爲求盜，掌逐捕盜賊」；《漢書・高帝紀》同條下顏師古注引應劭語作「求盜者，亭卒」，都是亭長下設「求盜」一種員吏的明證。二是清人俞正變的解釋。他在《癸巳類稿》卷十一《少吏考》中說：「（應）劭意高帝任亭卒，代長求盜，實則高帝任亭長，其職當求盜也」。按俞氏之意，「亭長」即「求

盜」，換言之，亭長之下，別無他吏。由此可見，在秦、漢亭的官吏設置問題上，早就存在著互相矛盾的記載和解釋，此疑問之三。

第四，關於「亭長」的職權範圍問題。《漢書·百官公卿表序》講到秦、漢的鄉、亭、里時，只講了鄉一級地方官吏的職掌，沒有講到亭長的職掌，但從它作為一級地方行政機構來說，其職責恐怕主要是民事行政。《居延漢簡釋文》中，有關於記載「第二亭長舒」以代田倉庫所存糧食給吏卒充食的簡文若干枚，這說明保管與支付糧食等民政事宜，確屬於亭長職權範圍內的事。但是，更多的記載，卻與此不同。如《史記·高祖本紀》謂劉邦為亭長，「常繇咸陽」，又說：「高祖以亭長為縣送徒驪山」，這說明秦之亭長有給縣押送犯人去咸陽服役的職責，而且這種職責的本身也是亭長服役的一種表現形式，所以劉邦要「常繇咸陽」。亭長的這種職役，就已經超出了管理地方上的民事行政範圍。又《續漢書·百官志五》則說：「亭有長，以禁盜賊。本注曰：亭長主求捕盜賊」，這說明東漢的亭長，主要職責是防止和追捕「盜賊」，與一般的民事行政不同。劉昭補注引《漢官儀》說：「亭長課巡徼。尉、游徼、亭長，皆習設備五兵。五兵：弓弩、戟、楯、刀劍、甲鎧。鼓吏赤幘行滕，帶劍佩刀，持楯被甲，設矛戟，習射。設十里一亭，亭長、亭候；五里一郵，郵間相去二里半，司奸盜。亭長持二尺板以劾賊，索繩以收執賊。」這裡的「二尺板」，即長度為二尺的書寫法律條文的版牘；所謂「以劾賊」，即如章告劾，也就是嚴格按法律規定懲辦「盜賊」。亭長在巡徼時，除了手裡拿著「二尺板」外，還拿著繩索，隨時用以捆綁他們發現的所謂「盜賊」。這樣看來，亭長的唯一職責是巡邏各地，以防止和追捕盜賊，藉以維持社會治安。它同縣裡的「尉」、鄉里的「游徼」，屬於同一性質的官吏。從這裡的「十里一亭」與「五里一郵」等話，還可以看出，「亭」與「郵」有一定關係。至於漢代設置於城內街道裡與城門處所的亭，其亭長的職責恐怕主要是看守城門、監視來往行人和巡視街道的低級官吏，本質上與禁盜賊的亭長職權沒有差別。就上述漢代亭長職權範圍的種種情況來說，是不是秦時的亭長與漢代的亭長有職權的不同呢？換言之，史籍中只見漢代亭長有防止與追捕盜賊及兼任郵傳的記載，是否說明秦的亭長無此職責呢？此疑問之四。

㈡雲夢出土秦簡中的新證

由於秦、漢史籍的缺乏，上述這些矛盾，長期無法解釋。一九七五年冬，在湖北省雲夢縣出土了大批秦簡，其釋文已發表於一九七六年《文物》雜誌的第六、七、八期及文物出版社出版的《睡虎地秦墓竹簡》一書。在這批秦簡中，有若干處提到了秦的亭及亭的官吏和職責等，雖不能完全解釋上述史籍中的種種矛盾和疑難，卻不失爲一個重要的補充，具有重大的啓發意義。現將有關的幾條秦簡一一摘引如下，以便於同文獻對照而作出説明：

(1)（標目爲作者所加，下同）《效律》簡文云：

「官嗇夫貲二甲，令、丞貲一甲：官嗇夫貲一甲，令、丞貲一盾。其史主者坐以貲、詎如官嗇夫。其他冗吏、令史椓計者，及都倉、庫、田、亭嗇夫坐其離官屬於卿（鄉）者，如令、丞。」（《文物》）1976 年第 7 期，《睡虎地秦墓竹簡》一書第 123-124 頁）

(2)《封診式》簡文云：

「《盜馬》爰書：市南街亭求盜才（在）某里曰甲，縛詣男子丙，及馬一匹，騅牝右剽；緹覆（復）衣，帛里莽緣領褎（袖），及履，告曰：丙盜此馬、衣，今日見亭旁，而捕來詣。」（《文物》1976 年第 8 期，《睡虎地秦墓竹簡》一書第 253 頁釋文）

(3)同上：

「《賊死》爰書：某亭求盜甲告曰：署中某所有賊死、結髮、不智（知）可（何）男子一人，来告。即令令史某往診。令史某爰書：與牢隸臣某即甲診，男子死（屍）在某室南首，正偃。某頭左角刃痏一所，北

（背）二所，皆從（縱）頭北（背），衺各四寸相耎，廣各一寸，皆刍中類斧，噕（腦）角出（頗）皆血出，柀（被）汙頭北（背）及地，皆不可為廣衺；它完。……男子死（屍）所到某亭百步，到某里士伍丙田舍二百步。……訊甲亭人及丙，智（知）男子可（何）日死，聞謷（號）寇者不殹（也）？」（《文物》1976 年第 8 期，《睡虎地秦墓竹簡》一書第 264--265 頁）

(4)同上

「《羣盜》爰書：某亭校長甲、求盜才（在）某里曰乙、丙，縛詣男子丁，斬首一，具弩二、矢廿，告曰：丁與此首人強攻羣盜人，自晝甲將乙等徼循到某山，見丁與此首人而捕之。此弩矢丁及首人弩矢殹（也）。……」（《文物》1976 年第 8 期，《睡虎地秦墓竹簡》一書第 255 頁釋文）

(5)《金布律》簡文曰：

「賈市居列者及官府之吏，毋敢擇行錢、布；擇行錢、布者，列伍長弗告，吏循之不謹，皆有辠（罪）。」又曰：「又買及買（賣）殹（也），各嬰其賈（價）；小物不能各一錢者，勿嬰。」（《文物》1976 年第七期，《睡虎地秦墓竹簡》一書第 57 頁。）

(6)法律答問部分簡文云：

「求盜追捕辠（罪）人，辠（罪）人格（格）殺求盜，問殺人者為賊殺人且鬥殺？鬥殺人，延行事為賊。」（《文物》1976 年第 8 期；《睡虎地秦墓竹簡》一書第 179-180 頁釋文）

從上引秦簡簡文，我們可以看出如下情況：

第一，秦時的「亭」級機構，直接受命於縣，似乎不歸「鄉」級機構統轄，可證以鄉統亭之論不可信。以第一簡來説，「都倉」、「庫」、「田」、「亭」並列，可見「亭」同田、庫、倉是屬於同級的機構。而田、庫、倉等機構，都是在縣一級的官吏如「縣嗇夫」及「官嗇夫」直接管轄下的機構，這從其他許多《秦律》簡文中可以清楚地看出（參閱本書《論〈秦律〉中的「嗇夫」一官》一文）因此，「亭」也應屬於縣級機構直接管轄下的機構。又如第三簡所云，某亭的「求盜甲」，當他發現某署有人被人賊殺致死時，他直接向縣級機構報告，而不向「鄉」報告；當縣裡聽到報告後，即派「令史」去查驗屍體，「令史」是縣級的官吏而不是鄉一級的官吏，更可説明「亭」直接受縣的管轄。由此看來，秦時的「亭」，並不像《漢書·百官公卿表序》所説是統轄於「鄉」的一級機構。「亭」既不統屬於鄉，則「十亭一鄉」之説，便不能成立。換言之，即「鄉」與「里」之間，並無「亭」一級地方行政機構，可證應劭所謂「國家制度，大率十里一鄉」的説法是正確的。

明白了這一點，再去考察文獻記載，就可獲得新解。如《史記·高祖本紀》所説的劉邦為「亭長」時，曾「為縣送徒驪山」，也是「亭」受統於縣的具體表現。又如《漢書·朱博傳》云：博「少時給事縣為亭長」，也説明亭長直接受縣的管轄。此外，漢代的亭長，可以直接提升為郡一級的「功曹」，如《漢書·朱博傳》謂博以亭長「稍遷為功曹」；《後漢書·王忳傳》，謂「縣署忳為大度亭長，仕郡功曹，州治中從事」；同書《陳寔傳》謂寔「為郡西門亭長，尋遷功曹，後為縣長」；這些都可證明漢的「亭長」地位較高，故可由「亭長」而直升郡功曹，如果像《漢書·百官公卿表序》所説，亭只是鄉下的一級機構，則亭長何能如此超級升遷呢？何況《十種山房印舉》中，還著錄了「修故亭印」、「召亭之印」及「都亭印」三通，表明亭長是有印綬的官吏，決非鄉下機構所可能的。

第二，秦時的城市街道，都沒有「亭」。如第一簡所説的「亭」，顯然同倉、庫等機構一樣同設於縣治所在地。至於第二簡，則明言「市南街亭」，所謂「市」是指市區，「南街」是指市區南面的街道，這是「亭」設置於城市街道裡的明證。然則漢代的洛陽二十四街，每街設一亭及十二城門每門設一亭的

制度，確是繼承秦制而來。

　　「亭」，既設於城市的街道，而且是每街一亭，則「亭」的設置並不是按戶口的多少，同按戶口設置的「鄉」、「里」組織是是不同的，應屬於另外一個系統。既然如此，則《漢書・百官公卿表序》及《續漢書・百官志五》劉昭補注引《漢官儀》等書說的「十里一亭」，更爲可疑，證明王毓銓的懷疑是確有根據的。不過，秦簡中並未說鄉村中也設有「亭」，根據《史記・高祖本紀》所云，秦時鄉村是確實有「亭」的，那麼，秦時城市的「亭」與鄉村的「亭」，是否屬於不同類型呢？這是秦簡未能解決的矛盾之一。

　　第三，秦時的「亭」，在官吏設置方面，不僅有「亭長」，而且還有「嗇夫」、「校長」、「求盜」等的設置，大約統稱爲「亭人」與「亭吏」。如上引第一簡，都倉、庫、田、亭都設置有嗇夫，而且「亭」的「嗇夫」叫「亭嗇夫」，這一情況，不僅漢代史籍中沒有反映，秦的史籍也無記載，是對秦、漢史籍關於「亭」的官吏設置的很好補充。

　　前引六簡，有五簡涉及亭的「校長」、「求盜」有向縣級機構報告案情的責任，有發現被盜贓物時立即拘捕盜者及追收贓物報案的責任，有在市內「徼循」的責任，還有當「盜賊」逃亡時去追捕「盜賊」的責任。這同《史記》、《漢書》及《續漢書志》中所講到的「亭長」的職責在於「禁盜賊」、「捕盜賊」、「司奸盜」、「課巡徼」等職責相同，也同《漢書・朱博傳》所說博爲亭長時「捕搏敢行」的情況一致，可見這些史籍所載「亭長」的職權範圍，是不誤的。至於簡文中提到的秦有「校長」一官，也可從文獻獲得印證。《漢書・彭越傳》載越手下百餘人請越爲長，越與人約，多後至，越乃「誅最後者一人，令校長斬之」。《通鑒》胡注曰：「校長，一校之長」。則秦時軍隊中亦有校長之設置。秦有「校長」一官，確是事實。但到了漢代，校長只見於園陵令下。《續漢書・百官志二》「太常」條下謂「先帝陵，每陵園各令一人，六百石，本注曰：掌守陵園，案行掃除。丞及校長各一人，本注曰：校長，主兵戎盜賊事。」由此可見漢代史籍中雖然在「亭」內無設「校長」的記載，却在陵園下設有此官，而且其職掌也是「主兵戎盜賊事」，同秦簡中所說的「亭校長」的職責相同，益見「校長」本是與「亭長」同類性質的官吏。入漢以後，

亭已不設「校長」，以致校長僅被保留於陵園令下的官吏設置中而已。

　　至於秦時的「亭嗇夫」根據秦簡中「庫嗇夫」、「田嗇夫」、「倉嗇夫」等各自主管某一經濟部門的情況（參閱本書《論〈秦律〉中的「嗇夫」一官》一文），則「亭嗇夫」也應是主管亭內所屬經濟部門的官吏，證以中國科學院所編《居延漢簡甲編》中所收關於「第二亭長舒受代田倉」以亭長以倉庫糧食給吏卒的若干簡文，表明秦時「亭嗇夫」主管經濟部門的職權，在漢代仍有殘留，也體現了「漢承秦制」的一個側面。但是，必須指出的是，見於秦簡的「亭」，似乎除「防盜」之外，並無「郵傳」的職責。這是秦簡未能解決的矛盾之二。

　　第二簡有「市南街亭求盜在某里曰甲」的話，第三簡有「某亭求盜甲」的記載，第四簡有「某亭校長甲、求盜在某里曰乙、丙」等語，據此，可以清楚地看出秦時的「亭」除設置「嗇夫」外，還設置有「校長」與「求盜」。而且「校長」似乎只有一人，而「求盜」至少在二人以上。這不僅可補《史記》、《漢書》所缺載，而且可以印證《史記‧高祖本紀》所說高祖「令求盜之薛治之」的話確係秦制，還可以訂正清人俞理初關於亭長即「求盜」說法之誤。至於應劭所說「亭長」之下有兩「亭卒」，一曰「亭父」，一曰「求盜」的說法，雖與秦簡所載不完全相同，卻大體近似。

　　第三簡還有「亭人」一詞，依據全簡上下文來看是指在亭供職的人。因為簡文中所說被人賊殺致死的男屍，離「某亭百步」，「到某里士伍丙田舍二百步」，所以需要「訊甲亭人及丙」，向他們了解死者被殺時有無號叫等情況。這裡的「離某亭百步」，是說死者距亭舍所在地有百步遠，則這裡的「亭人」，是指在亭舍裡供職者的總稱。第五簡所稱在市內巡邏的人叫「吏」，從這種「吏」的職責看來與亭內的「求盜」有共同處，或許也是亭內供職者的泛稱。《續漢書‧百官志五》劉昭補注引應劭《風俗通》云：「亭吏，舊名員弩，改為長，或謂亭父」，則「亭吏」、「亭父」等，確是亭的供職者的泛稱。至於校長，則可能是與「亭長」同性質的官吏。

　　此外，證以《史記‧高祖本紀》所載劉邦「為泗水亭長」一事，則亭設亭長，也是秦時制度。雲夢出土秦簡中雖無「亭長」的記載，並不能說明秦無亭

長之名稱。

第四，秦時「亭」的職權範圍，相當廣泛，但主要是追捕盜賊、維持治安，加强地主階級的統治的機構。

如上所云，我們可以得出如下的認識：

關於秦、漢的「亭」，不論在統屬關係方面、設置地區方面，還是在亭內官吏的設置與職權方面，都是一脈相承的。因此，所謂「漢承秦制」，在「亭」的組織機構方面也同樣表現出來。

雲夢出土的秦簡，關於「亭」的一些簡文，既可以印證秦、漢史籍關於「亭」的記載，也可以補充這些記載，還有助於判斷後人關於秦、漢史籍解釋的正確與否，具有重要的史料價值。

雲夢出土的秦簡關於「亭」的記載，還顯示出來秦、漢制度的差別來。以亭的設置員吏來說，秦有「亭嗇夫」和「亭校長」，而漢無之；漢代的「校長」一官名，只保留於陵園令之下，雖然其職掌與秦時的「亭校長」有近似處，但畢竟已不同於秦制。又以「求盜」來說，秦亭均有設置，漢代史籍中卻無此名稱。由此可見，在「漢承秦制」的前提下，也存在漢改秦制的側面，切不可把「漢承秦制」絕對化起來。

㈢秦漢之「亭」爲
「防盜」、「捕盜」告警及郵傳機構說

既然秦，漢的「亭」，據上述雲夢秦簡所載，得知它在統屬關係上，不統屬於鄉，而統屬於縣，《漢書·百官公卿表序》所説「十亭一鄉」之説有錯誤。又得知它僅設於城市街道，不見鄉村有設亭的簡文。還得知它有「防盜」、「捕盜」及巡邏街道的職責，其他則無反映。然而到了漢代，史籍中明言鄉村也有「亭」的設置，這種鄉村的「亭」，是否同城市的「亭」不同呢？又漢代史籍中，往往把「亭」與「郵」聯繫在一起，除「防盜」、「捕盜」等職能外，顯然還有「郵傳」的性質，那麼秦代的「亭」是否也有這種職能呢？關於這些問題，試就史籍所載作一些膚淺的探討。

　　前云劉邦所在的「泗上亭」，就是秦代鄉村也設有「亭」的明證。既然秦代鄉村也設有「亭」，那麼它同設於城市的「亭」有無差別呢？換言之，這種設於鄉村的「亭」，是不是每十個「里」（指鄉、里組織之「里」）設置一個「亭」呢？事實證明，並非如此。《史記‧白起列傳》載「武安君既行，出咸陽西門十里，至杜郵，引劍自刎」。這個「杜郵」，《水經‧渭水注》作「杜郵亭」，而且其方位在咸陽「磁石門西」外，可見《白起列傳》所說的「杜郵」，就是《水經注》所說的「杜郵亭」。這個「杜郵亭」恰恰設置於咸陽城西門外十里的地方，這一事實，說明至晚在秦昭王時期就在城外的鄉村設置了「亭」的機構，而且是設置在驛路旁，其距離是十里路設一亭；亭名帶上一個「郵」字，正反映秦時的「亭」就附帶有郵傳的性質。另外，《漢書‧項羽傳》謂項羽「欲渡烏江，烏江渡長檥船待」，也證明「亭」確設於交通渡口處。由此可見，「十里一亭」之制，秦時確已有之，《漢書‧百官公卿表序》所說秦制「十里一亭」是正確的，只是這裡的「里」，是指道里的遠近而不是指「鄉」里組織的「里」。按照這樣去解釋《漢書‧百官公卿表序》中的「十里一亭」之說，則在本文開始所提出的許多史料中的矛盾現象都可迎刃而解。

　　到了漢代，這種於驛道兩旁每隔十里距離設一亭的制度，依然如故。故《居延漢簡釋文》中，有關「亭」及「亭長」的簡文，多次出現「第二亭長舒」，此外還有「第六亭長呂延壽」、「第七亭長」和「第十亭長」等提法（見中國科學院編《居延漢簡甲編》）。這些「亭」及「亭長」，都以編號稱呼，可見這些「亭」是依次設置於居延地區的驛道兩旁的，否則，決不可能依次排列。《居延漢簡釋文》還有「□縣河津門亭」及「□門亭鄣河津金關毋苛止」等殘簡，也反映出河津渡口等水上交通要道處，確實設置有亭，同秦代於烏江渡口設亭如出一轍。至於漢代設置於驛道兩旁及水路交通要道的「亭」，是否也是十里一亭呢？關於這一點，前引《漢官儀》所說「設十里一亭，亭長亭候，五里一郵，郵間相去二里半」的話，已經反映出也是每十里距離設一亭。又《急就章》云：「亭長、游徼，皆督察奸非者，十里一亭，亭有高樓，所以候望也」，更進一步說明漢亭的設置也是每十里距離設一亭，亭有高樓，具有瞭望塔的作用。

　　正因爲「亭」在鄉村是設置於驛道兩旁和水路交通要道處所，所以，見於史籍中的「亭」，多是官吏及行旅停留之所。因而漢代的「亭」也同秦一樣，以「防盜」、「禁盜」爲職而兼有「郵傳」的性質。如《漢書・王莽傳》中謂「大司空士夜過奉長亭，亭長苛之，告以官名，亭長醉曰：寧有符傳耶？士以馬箠擊亭長，亭長斬士，亡，郡放逐，（亭長）家上書，莽曰：亭長奉公，勿逐！」顯然這裡的亭長，設於城內，有檢查來往行人、官吏之職權。又如前引《漢官儀》已提到「十里一亭」、「五里一郵」的事，是「亭」與「郵」有明顯的關係。《漢書・平帝紀》云：「宗伯得因郵亭書言，宗伯請以聞」，顏師古注曰：「郵行書舍，言爲書付郵亭」。《漢書・循吏・黃霸傳》謂霸「使郵亭鄉官，皆畜雞豚」，又說他執法嚴格，「吏出，不敢舍郵亭，食於道旁」，這裡「郵亭」連稱，則亭的郵傳性質更明。《漢書・召信臣傳》說信臣「躬耕勸農，出入阡陌，止宿離鄉亭」，顏師古注曰：「言休息之時，皆在野次」，這反映出設於鄉村之亭，在正常情況下本是官吏休息之所。西漢如此，東漢也是一樣。《後漢書・王忳傳》所說的「斄亭」，就是王忳出任郿縣令時經過的地方，也是某女子之夫涪令「之官過宿」之所，還是「過客」所經的地方。《後漢書・韓康傳》載桓帝徵召韓康出仕時，使者之車與韓康所乘柴車，都必須經過「亭」的所在地。同書《劉寵傳》也說寵「當出京時，欲息亭舍」，這一切，都說明亭設置於驛站之旁，是官吏往來與行旅停留止宿之所，具有郵傳的性質。故《續漢書・百官志五》劉昭補注引應劭《風俗通》曰：「漢家因秦，大率十里一亭。亭，留也，蓋行旅宿會之所館。」

　　另外，在邊境地區，也設有「亭」，往往與「亭燧」並稱，另或者「亭鄣」並列，這種「亭」，自然在郵傳、防盜等性質外，還具有告警的職能，而且這種制度起源甚早，王毓銓先生文已詳爲論述，此不贅述。

　　由於秦、漢的亭，具有如此重要的作用，所以，史籍中留下了許多關於亭的名稱。如《史記・高祖本紀》的「泗水亭」（或作「泗上亭」），《漢書・項羽傳》有「烏江亭」，《漢書・溝洫志》謂黃河堤上有「遮害亭」，《漢書・地理志》謂上黨郡銅鞮縣有「虒亭」，會稽郡上虞縣注有「仇亭」，鄞縣注有「鎮亭」等，《後漢書・王忳傳》有「大度亭」及「斄亭」，《仇覽傳》有「蒲亭」等

等，不一而足。至於見於《續漢書・郡國志》的亭名，更是指不勝屈。這一事實，也從一個側面反映出秦、漢的亭確設於交通要道，地位重要。

有人以《史記・淮陰侯列傳》所載韓信「常數從其下鄉南昌亭長寄食」一事，當作「鄉下設亭」及亭統於鄉的證據，其實這裡的「下鄉」，並非鄉名，而是縣名。《集解》引張晏曰：「下鄉縣，屬淮陰也」。至於「鄉亭」連稱者，也無鄉下之亭的意思，正如秦簡稱城市之亭曰「市南街亭」一樣。不能作爲鄉下有亭和以鄉統亭之證。

總之，秦、漢的「亭」，不論設於城市街道者，或設於鄉村者與邊地者，其職能是基本相同的，並不存在什麼城內之亭、城外之亭等不同類型的根本差別。但是，也必須指出：漢代的「亭」，特別是設置於鄉村驛道兩旁的「亭」，由於它的「郵傳」的性質越來越突出，自然會使得本來地位較高而且有印綬的「亭長」，地位會日趨下降，特別是東漢時出現了這種現象。如《後漢書・劉寵傳》謂寵免職歸家時，所經驛站的「亭長」，需要「整頓灑掃以待劉公」；《後漢書・韓康傳》也載韓康經過的地方，亭長要「發人牛修道橋」；同書《趙孝傳》同樣載「孝出郵亭，亭長以爲有長者客過」，連忙「掃除亭舍」。這些情況，都説明「亭長」已陷入這些送往迎來的雜務之中，自然會影響其身分的卑賤，故《後漢書・逢萌傳》載萌因感到執楯迎候拜謁的低賤而擲楯哀嘆，説什麼「大丈夫，安得爲人役苦？」足見「亭長」的身分確有下降的迹象。據清人俞理初在其《癸巳類稿》卷十一《少吏考》中考證，到了唐代，各官署都設有亭長，專門掌管門戶啓閉和傳布禁令，實際上等於兵驪。像上述東漢時期「亭長」要擔負灑掃、迎降等雜務，則唐代亭長的卑微情況，漢代已見其端倪了！

了解秦、漢「亭」的上述性質以後，也許有助於我們理解後世小說中所説的一些情況。如送別友人，往往要送至「十里長亭」，距離恰爲「十里」，也許就是「十里一亭」之制的遺留。又如若干地名，有什麼「十里鋪」、「二十里鋪」、「三十里鋪」等等，屢見不鮮，其所以這些地名都以相距十里的距離來命名，也許正是驛站距離以十里爲一站的緣故，那麼與秦、漢的「十里一亭」也不無關係。又由於設「亭」之地，往往成了行旅聚集之所，故而成了後

世鄉村集鎮的所在地。

　　明白了秦、漢「亭」的職能以後，有助於我們了解封建專制主義對勞動人民實行殘酷統治的情況。據《漢書·百官公卿表序》所云，「鄉」一級行政機構有「游徼」，其職權是「徼循，禁賊盜」，是鎮壓勞動人民的劊子手。再加上分設於全國各城市及驛道、水路交通要道的「亭」，也專司「督察奸非」、追捕「盜賊」之職，則地主階級政權對勞動人民防範的嚴密和統治的殘酷，就可想見一斑了！

秦的奴隸制殘餘與秦末農民起義

讀《睡虎地秦簡》札記

(一)從奴隸制殘餘看秦末農民起義的原因

　　關於秦末農民起義的原因，當時人馮劫把它歸結爲「戍、漕、轉、作、事苦，賦稅大也」①；漢代的政治家，則多以秦始皇與秦二世的虐政暴斂爲辭，特別是「發閭左之戍」和「收泰半之賦」，使民不堪忍受；董仲舒則從商鞅變法後的徭役、租賦、高額地租剝削和殘酷的刑法等方面，論證了農民亡逃山林、轉爲盜賊的原因②。這些説法雖然都有一定道理，但是，他們都未能察覺到所有這一切情況的出現，都同當時的奴隸制殘餘有密切的聯繫。

　　關於秦的奴隸制殘餘問題，過去由於史料缺乏，很少爲人所注意。清末人沈家本在其《沈寄簃遺書》中，直謂漢之隸臣妾、爲「秦所無」。連奴隸制殘餘存在的事實也不承認，自然更不會從這一角度去考察它與秦末農民起義的關係。然而，秦有嚴重的奴隸制殘餘存在，卻是千眞萬確的事實。《史記・商君列傳》云：商君之法，「事末利及怠而貧者，舉以爲收孥」，《索隱》謂「舉以爲收孥」，「即糾舉而收錄其妻子，没爲官奴婢」。《商君書・境内篇》也説：「爵吏而爲縣尉，則賜虜六」，《史記・李斯列傳・索隱》謂「虜，奴隸也」。還有《史記・陳涉世家》謂二世曾「令少府章邯免驪山徒、奴產子」爲兵。《漢書・王莽傳》載王莽改制時説：「秦爲無道，厚賦稅以自供奉，……又置奴婢之市，與牛馬同蘭（欄），制於民臣，顓斷其命，姦虐之人，因緣爲利，至略賣人妻子。」這些有限的文獻記載，已經表明秦自商鞅變法以來，就有把貧苦農民及從事「末業」者下降爲奴隸的法律；也有爵至縣尉，便可獲得六個奴隸的規定；還有以奴產子服苦役的情況；更有奴隸買賣與掠人爲奴婢的事實。可

見秦的奴隸制殘餘，自商鞅變法時起到秦末止，都是存在的。

　　更爲重要的，還是 1975 年冬從湖北省雲夢縣睡虎地秦墓中出土的秦簡，爲我們提供了秦有嚴重的奴隸制殘餘的鐵證。秦簡中的《秦律》律文，有涉及奴隸的若干條文；屬於《秦律》的法律答問及《封診式》兩部分簡文，也有關於奴隸的若干記載。根據這些簡文，可知秦的奴隸可分爲官府奴隸和私家奴隸兩大類別。其在官府者，男曰「隸臣」，女曰「隸妾」，合稱爲「隸臣妾」；其在私家者，則多謂之「人奴」、「人妾」。其中男性謂之「臣」，女性謂之「妾」，合稱爲「臣妾」或「人奴妾」。從這些奴隸從事的勞役性質說，雖然有生產性勞役與非生產性勞役之分，但不論屬於官府者還是屬於私家者，都以生產性奴隸爲主，他們被强迫從事種田、築城、舂米、飼養牲畜、在官府作坊中作工以及服各種雜役。從奴隸的數量來說，雖然不如當時的「黔首」人數多，但數量肯定是不少的，這可以從奴隸在當時生產中的重要性看出來。如有的地主，在對奴隸實行了「償身免」以後又「復臣之」；官府則在規定奴隸取贖的幾種方式中，主要是「人贖」制，即必須以他人去頂替奴隸服役時，才允許奴隸取贖。這些情況，也說明當時的奴隸在生產中有不可缺少的一面。從奴隸的來源說，其中官府奴隸雖有多種來源，但主要是因犯罪籍没而來的奴隸。而這些社會罪犯，又多係貧苦農民，例如各種因「盜」、與「盜」同謀、知「盜」不報和與「盜」同食者，不僅其本人要「刑爲隸臣」或「耐爲隸臣」，其妻子兒女也要没爲奴隸。至於私家奴隸之來源於賣身爲奴者及官府賞賜者，自然也多係貧苦農民③。這些事實，雄辯地證明秦時有嚴重的奴隸制殘餘存在，決不是漢之「隸臣妾」爲「秦所無」，而是秦的「隸臣妾」比漢更多。

　　由於秦時奴隸制殘餘的嚴重存在，就不可避免地要給當時的封建制度的各個方面打上奴隸制殘餘因素的深刻烙印。這主要表現在旨在扶植軍功地主的賜爵制度上；表現在作爲農奴的「庶子」身分上；也表現在殘酷的徭役剥削上，特別是謫戍制度上；還表現在殘酷的刑罰制度上。兹分別述之於次：

　　商鞅變法時，適應著秦國新興地主階級的要求，把春秋戰國之際各國用以賞賜軍功的新爵制完備起來，在秦國確立了一套按軍功賜爵的制度。由於這種制度不承認舊的奴隸主貴族的世襲特權，就爲新興的地主通過立軍功登上政治

舞台開闢了道路。但是，這種新的軍功賜爵制，是從舊的奴隸制下的封爵制脫胎而來的，也就不可避免地要留下奴隸制的某些色彩。例如它一開始就分成若干等級，見於《商君書・境內篇》者，便有十多個爵級，後來還發展到二十個等級④。不同爵級的獲得者，還可以獲得不同量的政治與經濟特權，從而很快成了一批取代舊貴族的新貴族。特別值得指出的是，這批新的軍功地主，除了有土地、住宅、輿服、爵位、官職以外，還可以按等級獲得不同數量的奴隸，正如《史記・商君列傳》所說的：賜爵制的原則是要「明尊卑爵秩等級各以差次，名田宅臣妾衣服以家次」。新興的地主而擁有奴隸，又成了高踞於勞動人民之上的貴族，豈不是從形式到內容都同奴隸主有近似之處嗎？

這種既有政治、經濟特權，又有兵權的軍功地主，除了同奴隸主貴族一樣奴役國家賞賜給他們的「臣妾」以外，還可以利用奴隸制殘餘的存在，無止境地加強對農民階級的剝削。我們知道，在奴隸制度下，奴隸給奴隸主作苦工是無償的，因為奴隸本身只是奴隸主手裡的會說話的工具，他們無需對自己的工具付出勞動代價。因此，奴隸主對奴隸的剩餘勞動的剝削，本質上是以一種強迫奴隸從事無償的徭役勞動的形式實現的。在奴隸社會的初期階段，由於有奴隸制殘餘的存在，地主階級及其國家，就會利用奴隸主強迫奴隸以無償勞動的形式為自己提供剩餘勞動的剝削方式一樣，去強迫農民為地主提供無償的剩餘勞動。這樣一來，不論是封建國家還是軍功地主，都會以強迫農民為自己服無償勞役為主要剝削形式。於是表現在封建國家對農民的剝削上，就是徭役制度的興起和徭役的繁重；表現在軍功地主對農民的剝削上，就是以農奴身分出現的「庶子」制度的實行。從本質上著眼，秦時對農民階級殘酷的徭役剝削與軍功地主土地私有制下的「庶子」制，都不過是變了形的奴隸勞動而已。

關於「庶子」制，《商君書・境內篇》是這樣記載的：「其有爵者乞無爵者以為庶子，級乞一人。其無役事也，其庶子役其大夫，月六日，其役事也，隨而養之。」又說：「能得甲首一者，賞爵一級，益田一頃，益宅九畝，一除庶子一人。」《漢書・刑法志》也說：秦時「功賞相長，五甲首而隸五家」。根據這些記載，可知「庶子」是不折不扣的農奴。他們給軍功地主提供的剩餘勞動，是以無償的徭役勞動形式出現的。以至他們為自己勞動和為軍功地主勞

動，在時間上是劃分得一清二楚的。因此，這種「庶子」所承受的是徭役地租形態的剝削。而這種徭役地租形式，本質上又是從奴隸主強迫奴隸給自己從事無償勞動的形式直接轉化而來的。另外，這種「庶子」的人身是很不自由的，他們是隸屬於一定的軍功地主的；甚至在「庶子」的來源上，也同奴隸一樣是來源於國家對軍功地主的賞賜。可見「庶子」也是可以供賞賜的對象。綜合「庶子」的這些特徵，表明他們確是農奴身分，同奴隸的身分十分接近，是奴隸制殘餘給封建生產關係帶來的明顯影響。這種「庶子」在當時的秦國有多少人，因缺乏記載而無法明白。如果按每斬首一級乞庶子一人的規定計算，自秦惠王時期到秦始皇時期，有明確斬首數字的，前後累計不下一百多萬⑤。因此，秦的「庶子」數量也至少在一百萬以上，約占當時全國人口總額的百分之五到十。這麼龐大的「庶子」數字的存在，說明當時的農民階級處於農奴地位者比重之大，也說明奴隸制殘餘的存在是何等嚴重地加深了農民階級的苦難。

　　奴隸制殘餘的存在，對封建國家剝削農民階級的徭役制度，也發生了深刻影響。首先，就徭役剝削量而言，秦時大有增加。據董仲舒說：「古者……使民不過三日」，但商鞅變法之後，農民的「力役」負擔，「三十倍於古」⑥。可見秦時農民階級的徭役負擔量，比奴隸制度下的自由民負擔的無償勞役量要大得多。其次，就徭役的類別來說，有一般的徭役，還有特別艱苦的戍邊徭役。而戍邊徭役之中，又可分為「徭戍」與「謫戍」兩種類型。雲夢出土《秦律》中的《除吏律》規定：「駕驕除四歲，不能駕御，貲教者一盾，免；賞（償）四歲繇（徭）戍。」這是關於駕驕經四歲仍不能駕御時，要給國家戍邊四年以償還之的規定。如果是社會罪犯而被罰充戍邊者，便叫「遷」或者「謫戍」。這種人一旦被強制戍邊，就是終身制，如出土《秦律》的《封診式》部分簡文中，有《遷子》爰書云：「某里士伍甲告曰：謁鋈親子同里士伍丙足，遷蜀邊縣，令終身無得去遷所」。這裡的「遷」，就是「謫戍」，被遷者「終身無得去遷所」，即謫戍為終身制。戍邊徭役變成了終身制，同奴隸的終身不得自由有什麼區別呢？其三，從服役者的年齡標準來說，秦時服役者的成年標準為十五周歲，雲夢秦簡《編年記》所載昭王四十五年十二日「喜產」及始皇元年「喜傅」兩條材料，雄辯地證明喜這個人是在年滿十五周歲這年登記服役的⑦。一

個十五周歲的農民，身體遠遠沒有發育成熟，卻被秦的統治者強迫服役，簡直同奴役牲畜沒有差別。其四，從徭役的繁重程度來說，也是駭人聽聞的。雲夢秦簡中的《徭律》規定：徵發農民服役，謂之「興徒以爲邑中之紅（功）」，同徵發刑徒服役沒有差別；在服役過程中，必須保證工程質量，「令結（婞）堵卒歲」，就是質量標準，如果不到一年就倒塌了，得「令其徒復垣之」，而且多費的時日，「勿計爲徭」，即不計算在應服徭役的時間内。特別是《司空律》規定的「居貲贖債」式的徭役勞動，係以勞役抵償債務。一經「居貲贖債」，就得同奴隸與刑徒一道從事共同的苦役，連居住食宿都在官府，不得擅自離開。即使是農忙季節，「居貲贖債者歸田農」，也只給予「種蒔、治苗時各二旬」。如果一家之内有二人以上「居貲贖債」時，經過允許，方可「出其一人」，但還必須保證輪流交換。可見繁重的徭戍和「居貲贖債」的勞役，簡直就是變相的奴隸勞動。其五，爲了防止農民服役者的逃亡避役，還制定了各種嚴酷的法律以約束之。雲夢秦簡的《徭律》規定：「御中發徵，乏弗行，貲二甲；失期三日到五日，誶；六日到旬，貲一盾；過旬，貲一甲」，這就是對不去服役者和遲到者的懲處條例。而且這種懲罰，還越來越重。到秦末，變成了「失期，法皆斬」，「亡亦死」⑧，簡直不把服役農民當人看待。農民在服役過程中，還要受到各級官吏的監督，如佚名《秦律》規定：「徒卒不上宿，署君子、敦（屯）長、僕射不告，貲各一盾。宿者已上守除，擅下，人貲二甲。」可見不上工或上工後隨便離開一下，都是絕對不允許的，服役農民是根本沒有自由可言的。所有這一切規定的殘酷性和強制性，都同奴隸制殘餘對封建徭役制度的影響是分不開的。

　　秦的刑罰的殘酷，是盡人皆知的事實。但是，它之所以殘酷，主要不應從秦始皇與秦二世等人的個人性格上去找原因，而應從整個歷史環境去找原因。秦的刑罰的類別，名目繁多，但總的説來，它的各種肉刑與死刑，都是從奴隸社會的五刑演變而來。在這一點上，可以説秦時封建地主階級的刑罰制度，直接導源於奴隸主對奴隸的酷刑嚴罰。再如農民階級犯罪時，據雲夢秦簡，「盜一牛」，「當完城旦」；「盜過六百六十錢，黥劓以爲城旦」；「五人盜」，即使是「贓一錢以上」，也得「斬左止，又黥以爲城旦」。至於「刑爲隸

臣」、「耐爲隷臣」、「黥爲隷臣」和「以爲隷臣」的懲處規定，比比皆是，致使農民動輒變成刑徒和奴隷，這自然更是奴隷制殘餘在刑罰上的表現。

如上所述，可知秦時農民階級所負擔的「戍、漕、轉、作、事」等繁重的徭役勞動，「發閭左之戍」與「收泰半之賦」的殘酷剝削，「赭衣塞路」，「囹圄成市」的殘酷刑罰，軍功地主擁有「臣妾」和役使「庶子」的薰天氣焰，謫戍制度的慘絕人寰等等，莫不同當時的奴隷制殘餘有密切的聯繫。

㈡從奴隷制殘餘看秦末農民起義參加者的身分特徵和主要反對目標

正因爲秦末農民起義的原因，同當時社會上的奴隷制殘餘有密切關係。所以，反映到秦末農民起義的參加者和主要反對的目標等方面，也同樣表現出奴隷制殘餘所帶來的特徵。

一般説來，秦末農民起義的參加者主要是農民階級，但也有相當數量的奴隷參加起義；農民階級中，也有接近於奴隷身分的階層參加；因犯罪而成爲刑徒的人，參加起義者不少；甚至這次起義的最初發難者和領導者，大都是「吒隷之人」或「卒隷之徒」；他們所主要反對的，則是陷他們於奴隷境遇的殘酷的徭役剝削制度。

大家知道，秦末農民起義的首先發難者和領導者，是以陳勝、吳廣爲首的一批「謫戍」者。

説到陳勝、吳廣率領的九百個頂天立地的農民英雄的身分特徵，頗有需要澄清的必要。《漢書・陳勝項籍傳》謂「秦二世元年七月，發閭左戍漁陽九百人」，似乎這些人只是一般的「徭戍」農民，其實不然。《史記・陳涉世家》是這樣説的：「二世元年七月，發閭左，適戍漁陽九百人」，這裡較《漢書》多一「適」字，所謂「適」，與「謫」通，即有罪之人。所謂「謫戍」，就是上引雲夢秦簡中所説的以罪犯終身戍邊的制度。由此可見，陳勝、吳廣率領的九百人，並不是一般的「徭戍」農民，而是「謫戍」的遷徙之徒。在這裡，《史記》與《漢書》雖然只有一字之差，卻相差很大。那麼何者可信呢？我認爲《史記》可

信而《漢書》誤省。其證據有三：《史記‧秦始皇本紀》太史公引賈誼《過秦論》語謂陳涉起義者爲「適戍之衆」，賈誼以當時人言當時事，自然是可靠的，此其一證。又《史記‧儒林列傳序》講到陳涉起義時，也作「陳涉起匹夫，驅瓦合適戍，旬月以王楚」，此其二證。這就是説，《史記》所載與賈誼所説，都是「適戍」而不是一般農民的戍邊，則《漢書》確有誤省「適」字之嫌。再説《漢書‧晁錯傳》載晁錯於文帝時上的「守邊備塞、勸農力本」疏，也説秦時開始以戍卒守邊，後來因爲「秦民見行，如往棄市」，才改行「以謫發之，名曰謫戍」。當他概述秦的謫戍對象時，曾指出：「先發吏有謫及贅婿、賈人，後以嘗有市籍者，又後以大父母、父母嘗有市籍者，後入閭取其左」，則當時以「閭左」充「謫戍」，確是事實，與《史記》所載「發閭左適戍漁陽」正相符合，可以確證《史記》不誤，而《漢書》所載卻自相矛盾。

　　明白了陳勝、吳廣所率領的九百人是「謫戍」者以後，有助於我認識這些人的身分特徵。首先他們的階級地位是「閭左」。關於「閭左」的解釋雖然衆説紛紜，這裡没有必要去作詳細考證，但有一點卻可以肯定：晁錯既把「閭左」這種人同「贅婿」和有市籍的「賈人」並列，説明「閭左」的社會地位同這些人相近。而「贅婿」這種人，據賈誼説是「家貧子壯則出贅」⑨，實際上是貧苦農民之抵押於富室爲債務奴隸者；有市籍的「賈人」，在當時被稱爲「遷虜」或「不軌之民」⑩，也有點類似乎戰俘奴隸的身分。「閭左」既與這幾種人並列，表明他們的身分相同或近似，則把農民階級中身分特別低下者稱爲「閭左」是完全可能的。其次，他們是同有罪的人一道被强制去戍邊的人。有罪的人屬於廣義的刑徒，而刑徒是同奴隸相近的一種特殊階層。因此，根據這兩個特點，可以確定陳勝、吳廣率領的九百個「謫戍」者，是當時農民階級中的最低層，很有可能是軍功賜爵制下的農奴——「庶子」。除陳涉起義年中有謫戍之徒外，在漢、楚義軍中也同樣有之。《史記‧酈食其列傳》云：「沛公麾下騎士，適酈生里中子也」，《集解》引服虔曰：「言其里中子，適作沛公騎士」。又同書同傳載「楚人拔滎陽，不堅守敖倉，迺引而東，令適卒分守成皋」，可見楚、漢義軍中均有謫卒。正因爲如此，所以，賈誼《新書‧過秦論》中稱陳涉起義的參加者都是些「甕牖繩樞之子，甿隸之人而遷徙之徒也」；

《漢書·刑法志》也説「卒隸之徒，還爲敵讎」，意即參加秦末起義的人大都是「卒隸之徒」。這裡的「甕牖繩樞之子」，是言其貧窮；「阽隸之人」、「遷徙之人」和「卒隸之徒」，是説他們的身分低下，同奴隸、農奴和刑徒等相近的人。所以，「適戍」者九百人首先發難，正是秦有奴隸制殘餘這存在這一事實，給這次農民起義在參加者和主要反對目標方面所帶來的特徵。

除了「謫戍」者以外，還有奴隸與刑徒直接參加了這次起義，而且是鬥爭最堅決的骨幹力量。關於奴隸之參加這次起義者，當時稱爲「蒼頭軍」。《史記·陳涉世家》謂陳涉起義後，其「故涓人將軍呂臣，爲蒼頭軍起新陽」。《史記·項羽本紀》也説「陳嬰者，故東陽令史，居縣中素信謹，稱爲長者，東陽少年殺其令，相聚數千人，欲置長，無適用，乃請陳嬰，嬰謝不能，遂强立嬰爲長，縣中從者二萬人。少年欲立嬰便爲王，異軍蒼頭特起。」這些記載。兩次提到起義軍中的「蒼頭軍」。爲什麼叫「蒼頭軍」呢？根據《史記·索隱》引韋昭語，謂「軍皆著青帽，故曰蒼頭」；《史記·集解》引應劭曰：「蒼頭特起，言與衆異也。蒼頭，謂士卒皁巾，若赤眉、青領，以相別也」。又《史記·集解》引如淳語曰：「（蒼頭），魏軍兵卒之號，《戰國策》魏有蒼頭二十萬」。根據這些解釋，「蒼頭軍」之名，戰國時已有之；其所以戴青帽，是其身分低微的標幟，《續漢書·輿服誌》云：「皁衣羣吏，春服青幘」，便可爲證。正因爲這些「蒼頭」身分低微，與一般農民不同，所以謂之「異軍」。因此，這些「蒼頭軍」很可能是由奴隸組成的軍隊。據雲夢秦簡《軍爵律》，官府的工匠奴隸的確可以當兵，而且允許其斬敵首賜爵以贖免爲平民，則戰國時魏國有由奴隸組成的蒼頭軍，是不足爲怪的。又據《禮記疏》，謂「漢家僕隸謂蒼頭，以蒼巾爲飾，異於民也」，則稱奴隸爲蒼頭，確是當時的習慣。故《漢書·霍光傳》謂其兄子禹，曾「使其蒼頭奴上朝謁」，蒼頭與奴連稱，益知「蒼頭」確是當時奴隸的別稱。《初學記》卷19《奴婢第六》引《風俗通》謂河南龐儉，因饑荒失父，後以錢買得「老蒼頭」，「便是牛馬」，最後又云「買奴得翁」，益知「蒼頭」爲奴的另一稱呼。故《漢書·貢禹傳》注引孟康語釋「蒼頭廬兒」語來説：「漢名奴爲蒼頭，非純黑，以別於良人也。」又《漢書·蕭望之傳》有「仲翁出入，皆從蒼頭廬兒」，顏師古注曰：「官府之給賤役者

也。」《晉書・石崇傳》謂崇「有蒼頭八百人」，可見晉代還稱奴隸曰「蒼頭」。既然如此，則上述呂臣與陳嬰所率領的「蒼頭軍」，確是由奴隸組成的軍隊。奴隸的大量參加起義，顯然同秦的奴隸制殘餘有直接關係。在鬥爭過程中，這些由奴隸組成的義軍，愛憎分明，格外英勇，如殺害陳勝的叛徒莊賈，就是由呂臣領導的蒼頭軍給他以嚴懲的。因此，奴隸參加起義的本身，就意味著義軍是以反對人身奴役和爭取人身自由的為鬥爭的主要目標的。

至於刑徒之參加起義者，數量尤多。《漢書・高帝紀》謂劉邦曾為沛縣送徒驪山，「徒多道亡，自度比至皆亡之」，於是他決定「皆解縱所送徒」，他自己也從此逃亡到芒碭山區暗中組織起義。這批被他解放的刑徒，當即「有十餘人」願急追隨他一同起義。等到他正式起義時，他已擁有「諸亡在外者」數百人，可見劉邦起義的基本羣衆是逃亡的刑徒。又如《史記・黥布列傳》謂黥布本名英布，因少時「坐法黥」，才稱為黥布，可見他是刑徒。當他被「論輸驪山」服役後，曾同「驪山之徒數十萬人」中的「徒長、豪傑交通」，暗中組織了一批人。後來便「率其偶，亡之江中為盜賊」，陳勝起義後，他也「聚兵數千人」起義，可見黥布領導的義軍，也主要由逃亡刑徒組成。還有《史記・項羽本紀》載項羽之叔項梁「嘗有櫟陽逮捕，乃詰蘄獄掾曹咎，書抵櫟陽獄掾司馬欣，以故事得已」。但不久，項梁「又殺人，與（項）籍避仇於吳中」，起義後，擁有八千餘人。這說明項梁等人也是逃亡的刑徒。刑徒之參加農民起義者如此之多，而刑徒又多是所謂「犯罪」農民，據雲夢出土《秦律》所載，刑徒與奴隸雖不能完全混為一談，但也有著許多共同的地方。因此，這一情況的出現，也說明是奴隸制殘餘帶來的影響，也賦予了這次起義以反人身奴役為主要目標的特徵。

此外，還有陳勝這個人，《史記・陳涉世家》說他個人的家庭出身，是「少時嘗與人佣耕」的雇農。實則這種「佣耕」者，同後世靠出賣勞動力過活的自由出雇的雇工不同，他們的人身是不自由的，故《史記・張耳陳餘列傳》稱這種雇工為「佣奴」；又《漢書・周勃傳》謂勃子周亞夫之「子為父買工官尚方甲楯五百被可以葬者，取佣苦之，不與錢」。由此可見這時的「佣耕」、「佣工」，也是一種不自由的受人役使的地位低下的貧苦農民，實與農奴無異。然

則陳勝之所以成爲秦末農民起義的堅强領導者，也與當時農民階級缺乏人身自由的主要苦難有關。

㈢從奴隸殘餘看秦末農民起義的歷史作用

由於奴隸制殘餘的嚴重存在，規定了秦末農民起義的參加者多奴隸、刑徒、佣奴、庶子及謫戍之徒，也規定了秦末農民起義所主要反對的是封建制度中保存下來的殘酷的人身奴役制。因此，最後也決定了這次起義，具有反對奴隸制殘餘、掃除人身奴役制的巨大歷史作用。

首先，這次農民起義，有力地掃蕩了奴隸制殘餘。上述一系列奴隸、刑徒的起義過程，實際上是奴隸、刑徒的自我解放過程。隨著奴隸、刑徒自我解放而來的，必然是奴隸人數的減少。因此，入漢以後，奴隸制殘餘雖然還是存在，但在比重上較秦是降低了；官府的工匠、公田的耕種，也已經不再像秦那樣主要由奴隸來進行了；奴隸的「人贖」制，在漢代史籍中也不見了。特別值得指出的是，西漢的統治者也採取了某些解放奴婢、不許任意殺死奴婢和把奴婢列入刑徒並允許刑滿免爲庶人等措施。如《漢書‧高帝紀》載高祖五年五月，剛剛統一全國，便立即下令解放奴婢，把「民以饑餓自賣爲奴婢者，皆免爲庶人」。西漢統治者之所以發布這個詔令，一方面是由於大量的奴婢在秦末農民起義中已經獲得了解放，他們只得承認這個事實；另一方面，也是由於他們看到了廣大勞動人民反對奴隸制殘餘的強烈要求，不得不採取一些清除奴隸制殘餘的措施，藉以緩和矛盾。又如文帝即位後的十三年，因「太倉令淳于公有罪當刑，……其少女……上書曰……妾願没入爲官婢，以贖父罪，使得自新。書奏天子」，文帝遂下令曰：「……其除肉刑，有以易之，及令罪人各以輕重不亡逃，有年而免，具爲令」，接著便由丞相張倉等人便制定了「罪人獄已決，完爲城城旦舂，滿三歲爲鬼薪、白粲，鬼薪、白粲一歲爲隸臣妾，隸臣妾一歲免爲庶人。隸臣妾滿二歲爲司寇，司寇一歲及作如司寇二歲，皆免爲庶人」⑪的法律。從此以後，隸臣妾由秦的終身服役變成了刑徒的一種，有了刑滿可以免爲平民的希望⑫，這顯然也是清除奴隸制殘餘的一個措施。至於像董仲舒所

主張的「去奴婢，除專殺之威」⑬，更是關於清除奴隸制殘餘和提高奴隸地位的呼聲。事實也證明，西漢統治者確實制定了不許殺死奴婢的法令，而且獲得了比較嚴格的執行。如《漢書‧王子侯表》謂邵侯順，以「天漢元年，坐殺人及奴凡十六人……免」。同書《景武昭宣元成功臣表》，謂蒲侯蘇昌的嗣侯夷吾，於「鴻嘉三年坐婢自贖爲民，後略以爲婢免」。諸如此類例證不少，此不悉舉。這一切，都說明通過秦末農民起義之後，奴隸的人數有所減少，地位有所提高和狀況有所改善。

其次，打擊了奴隸主色彩濃厚的軍功地主，使作爲農奴的「庶子」數量大爲減少，自由農民的人數大爲增加。

秦的軍功地主，是一種既有官，又有爵，還有土地、奴隸和庶子的農奴主，是一批取代了奴隸主貴族的新權貴，是殘酷奴役勞動人民的吸血鬼，還是主張對勞動人民實行血腥鎮壓的「法治」國家的支柱，更是秦末社會「殺人之父，孤人之子，斷人之足，黥人之首」⑭的慘象的製造者。因此，毫無疑問，這些軍功地主是秦末農民起義的主要打擊對象。陳涉起義後，當時「諸郡縣苦秦吏者皆刑其長吏以殺之，以應陳涉」⑮，以致「方二千里」內，都「家自爲怒，人目爲鬥，各報其怨而攻其讎，縣殺其令丞，郡殺其守尉」⑯，形成了一個大規模地對軍功地主的懲罰高潮。在這樣的形勢下，秦的軍功地主，雖然有的因爲對秦二世打擊「積功勞世以相傳」的「天下累世名貴人」即軍功地主的措施不滿，而參加到起義軍的行列中去，但更多的軍功地主，或被義軍殺死，或被趕跑，其中有不少便逃亡到了深山險阻地區，憑險而守，負隅頑抗，直到西漢政權統一全國後，還在下令安撫他們，要求他們「各歸其縣」，答應給予「復政爵田宅」⑰的優待，讓他們恢復軍功地主的地位。可見這批軍功地主受到的打擊不小。由於軍功地主受到了打擊，力量削弱了，西漢統治者在恢復賜爵制度時，也不能不作一些改變，一則減少了軍功地主的特權，除賜爵「通侯」的人可以擁有「庶子」之外，秦的每斬首一級可以「乞庶子一人」的制度被取消了⑱；一則把「賜民爵」提到重要地位藉以欺騙農民⑲，因而出現了「庶子」人數的減少和自耕農民人數的增加的明顯傾向，以致漢代的史籍中，「隸左」這種農奴身分的人已經不見了；「庶子」只見於《漢書‧百官公卿表

序》中一處，而且只有「通侯」有之，其他爵級的人都不給「庶子」了。反之，「五口之家」的和「耕織」結合的自耕農民家庭，卻被西漢統治者一再提到，認爲發展這種小農經濟是「政之本務」。這一變化的產生，自然都同奴隸制殘餘的被逐步清除是分不開的。

其三，由於秦末農民起義對人身奴役制的巨大衝擊，西漢時期的徭役制度也發生了頗大的變化。以服役者的成年標準來說，秦和西漢時期都是十五周歲爲服役者的成年標準，但從景帝時開始，便把服役者的成年標準提高到了二十歲，昭帝時又提高到二十三歲，從而形成了以二十三歲始役的漢代定制[20]。以戍邊制度的方式來說，西漢文帝時採取了募民徙邊和賜爵的辦法，改變了秦時的強迫戍邊制[21]。以謫戍者的年限來說，秦時是終身制的，已於前述，漢代高后時期，開始改爲「一歲一更」[22]，並且形成了定制。以謫戍制的徵發對象來說，秦時包括「諸亡命」、「吏有謫」、「贅婿」、「賈人」、「嘗有市籍者」、「大父母、父母嘗有市籍者」及「閭左」八種人[23]。到了漢代，漢武帝之前無發謫戍邊的記載，武帝天漢年間始「發七科謫」，據張宴的解釋，也只有「吏有罪」、「亡命」、「贅婿」、「賈人」、「故有市籍」、「父母有市籍」、「大父母有市籍者」等七種人，較秦時明顯地少了「閭左」一種人，可見「閭左」不再是「謫戍」的對象了。還有秦的鄉、里、及「亭」等機構的官吏，原來是要服役的，如《史記‧秦始皇本紀》十一年有王翦「以斗食以下什推二人從軍」的記載；雲夢秦簡《編年記》也有昭王五十三年「吏推從軍」和始皇十三年曾擔任「治獄職」的喜「從軍」的簡文；《史記‧高祖本紀》有泗水亭長劉邦「嘗繇咸陽」及「爲縣送徒酈山」的記載；《史記‧項羽本紀》也有「故諸侯吏卒，異時繇使屯戍過秦中」的情況。甚至變化還表現在稅制方面。例如，秦無納資代役的情況存在；但是，到了漢代，出現了每個成年人每年出錢三百錢以代替戍邊三日之役的「更賦」制度。這種以錢代役制度的出現，也未嘗不是減輕徭役剝削的又一表現。上述情況，還說明秦的低級官吏要服一定的徭役。但是，到了漢代，劉邦便明文規定：「舉民年五十以上有修行、能率衆爲善，置以爲三老，鄉一人；擇鄉三老一人爲縣三老，與縣令丞尉以事相教，復勿徭戍」[24]，可見像鄉三老以上的官吏便免去了徭戍的任務。這一系列關於徭

役制度方面的變化，其所以大都發生於漢初及西漢前期，無疑同秦末農民起義的反對人身奴役制有關；至於鄉官的免去徭戍，恐怕也與秦末起義軍的參加者中多縣鄉里的小吏不無關係㉕。

其四，嚴刑酷法的廢除和「雜霸王道而用之」的政治指導原則，也是西漢前期出現的新情況。《漢書・高帝紀》載劉邦入關中後，曾於元年十一月，與父老約法三章，即「殺人者死，傷人及盜抵罪，餘悉除去秦法。」同書《惠帝紀》載惠帝四年三月，「省法令妨吏民者，除挾書律」。《高后紀》也說高后元年詔曰：「前日孝惠皇帝言：欲除三族皋妖言令，議未決而崩，今除之」。《文帝紀》也載文帝元年十二月，「盡除收帑相坐律令」。據《漢書・刑法志》，文帝十三年曾下令「其除肉刑，有以易之，及令罪人各以輕重之亡逃，有年而免，具爲令」，於是遂有減刑及隸臣妾一歲、二歲均可免爲庶人等法律的制定。景帝時又有笞刑減等的規定。這一系列的減輕刑法和廢除秦代若干苛法的措施，其所以接二連三地發生於秦末農民起義之後，難道不是西漢統治者鑒於秦末農民起義的爆發而企圖緩和階級矛盾嗎？難道不反映出當時勞動人民之痛恨秦的苛法嗎？何況西漢統治者自己也承認：他們之所以這樣作，是由於「父老苦秦苛法久矣」（《漢書・高帝紀》）和「懲惡亡秦之政」（《漢書・刑法志》）呢！因此，亡秦苛法的廢除，是秦末農民起義掃蕩了奴隸制殘餘後的副產物。以司寇、鬼薪、白粲、城旦舂等刑徒來說，他們的刑期也有縮短的迹象。據考，秦的城旦舂爲六歲刑，司寇爲三歲刑，詳見拙作《關於秦律中的隸臣妾問題質疑》。但到了漢代，城旦舂變成了四歲刑，司寇變成了二歲刑，刑期的縮短，也是奴隸制殘餘被逐步清除的表現之一。

隨著秦的苛法的廢除，秦代的任法不任人的法治制度，也相應地發生了變化。於是西漢地主階級的政治家們，便紛紛出來研究秦所以亡的原因，企圖制定出文武並用、威德同施的統治辦法去取代秦的高壓政策。從而在思想意識形態方面，便動搖了定於一尊的法家思想體系，主張根據新情況創立出兼收各家思想之長的新的思想體系，於是「雜霸王道而用之」的「漢家制度」即政治指導原則便產生了，昔日思想禁錮的狀況也打破了，地主階級政論家自由爭論問題和提出措施的局面也形成了，終於帶來了西漢前期七十年的社會空前安定的

新局面。基於這一切社會生產關係的變化和上層建築領域裡的變革,不僅挽救了秦末瀕於破產的社會經濟,也爲西漢前期社會生產的迅速恢復與發展提供了條件,「文景之治」的景象出現了!

　　總之,西漢前期社會階級關係的變化,統治者對各項制度的改革以及獎勵的小農、提高奴婢地位、降低軍功地主的特權標準等等措施,都同秦末農民起義反對奴隸制殘餘的總傾向有或多或少的聯繫,從而構成了秦末農民起義對當時歷史發展的巨大推動作用的重要組成部分。

注　釋

①《史記·秦始皇本紀》。

②《漢書·食貨志》。

③參閱本書有關篇目。秦簡釋文,見《文物》1976 年第 6、7、8 期,及《睡虎地秦墓竹簡》一書。下同。

④參閱拙作《試論商鞅的賜爵制度》,刊 1977 年《鄭州大學學報》第 3 期。

⑤每次斬首的具體數字,見《史記·秦本紀》及《秦始皇本紀》。參閱田昌五著《中國古代農民戰爭史》第 45-46 頁,上海人民出版社出版。

⑥《漢書·食貨志》。

⑦參閱本書的《關於秦時服役者年齡問題的探討》一文。

⑧《史記·陳涉世家》。

⑨《漢書·賈誼傳》。

⑩《史記·貨殖列傳》。

⑪《漢書·刑法志》。

⑫參閱《文物》1977 年第 7 期,高恒的《秦律中「隸臣妾」問題的探討》及本書的《關於秦律中的「隸臣妾」問題質疑》一文。

⑬《漢書·食貨志》。

⑭《史記·張耳陳餘列傳》。

⑮《史記·陳涉世家》。

⑯《史記‧張耳陳餘列傳》。

⑰《漢書‧高帝紀》。

⑱《漢書‧百官公卿表序》已無按賜爵級數給予「庶子」的記載了。

⑲參閱拙作《論兩漢賜爵制度的歷史演變》，1978 年《文史哲》第 1 期。

⑳參閱本書的《關於秦時服役者年齡問題的探討》一文。

㉑關於徙民實邊及賜爵的辦法，見《漢書‧食貨志》，參閱《論兩漢賜爵制度的歷史演變》一文。

㉒《資治通鑒‧漢紀》：高后五年（公元前 183 年，「初令戍卒歲更」，胡三省注曰：「秦虐用
　其民，南戍五嶺，北築長城，戍卒連年不歸而死者多矣。至此，始令一歲而更。」此條實本
　於《史記‧漢興以來將相名臣年表》。

㉓綜合《史記‧秦始皇本紀》所載及《漢書‧晁錯傳》所載，即可知秦時謫戍有八種人。

㉔《漢書‧高帝紀》。

㉕如劉邦以亭長起義，蕭何《沛公吏掾》，夏侯嬰「為沛廄司御」，任敖「少為獄吏」，酈食
　其為陳留郡「里監門吏」，都屬於秦的縣以下的低級官吏，都參加了劉邦領導的起義軍，便
　可為證。

見於《秦律》中的訴訟、
審訊和量刑制度

　　關於《秦律》的主要內容、刑罰類別和特徵、刑罰名稱和階級實質等問題，已在有關篇中作了簡略論述，這裡只就秦的訴訟、審訊和量刑等法律程序作些說明。

(一)關於起訴的方式、類別和受理機構的規定

　　在《秦律》中雖然沒有「起訴」、「訴訟」等法律用語，但有接近於「起訴」的概念，當時謂之「告」、「辭」。

　　見於《秦律》中的「告」或「辭」，約有四種表現形式：一曰「賞告」。即當有人違犯了法律規定時，凡與該犯人同伍及同室的人出來告發其犯罪行為者，都叫「賞告」。這就是《史記‧商君列傳》所說的「其告奸者，與斬敵首同賞」一類起訴方式；也是法律答問中關於「捕亡完城旦」者「當購二兩」等規定所提倡的告發方式。二曰「自告」或「自出」。法律答問中不乏這種「自告」或「自出」的規定。所謂「自告」或「自出」，即由社會罪犯本人自己出來告發，相當於今之「投案自首」。三曰「告」或「辭」。《封診式》的《覂（遷）子》爰書中所說的「某里士五（伍）甲告曰」、「覂（遷）丙如甲告」及法律答問中之「子告父母，臣妾告主」等等，都是屬於「告」的例證。至於「辭」，見於法律答問之「辭者辭廷」一簡，《說文》釋「辭」為「訟也」，意即訴訟者向廷訴訟①。因此，這裡的「告」與「辭」，是被害者向有關司法機關告發之意。四曰「縛詣告」。它屢見於《封診式》簡文。即「里典」、「求盜」、「亭校長」、「家吏」等低級官吏或專門追捕「盜賊」、督察奸非的員吏，當他們捕獲了社會罪犯或者知情之後，由他們出面將犯人押送到官府告發

其犯罪行爲。這種起訴，有點類似於後來的「公訴」。

　　上述由被害者向官府起訴的「告」與「辭」，又按其不同情況被區分爲「公室告」與「非公室告」兩大類別。所謂「公室告」，按照法律答問的解釋，凡「賊殺傷、盜它人爲公室」，即原告是告發其被盜、或被「賊殺傷」者，叫「公室告」。如果是「子盜父母，父母擅殺、刑、髠子及奴妾，不爲公室告」。換言之，就是「子告父母，臣妾告主」，都叫「非公室告」②。由此可見，所謂「公室告」與「非公室告」，是根據原告屬於什麼人和所告罪犯屬於什麼性質等因素來區分的。爲什麼要作這種區分呢？關鍵在於官府依據這種區分，以決定其是否接受原告的起訴。具體説來，如果屬於「公室告」的類型，官府立即受理，即起訴成立；如果屬於「非公室告」的類型，根據法律答問部分的簡文，是明確地規定「勿聽」、「勿治」的，即官府不予受理，起訴無效。如果告者屬於不予受理的「非公室告」的類型，當其起訴無效後仍然堅持控告者，則「告者罪」，即控告者反而有罪。因此，《秦律》把原告的起訴區分爲「公室告」與「非公室告」兩大類別這一事實，充分反映出《秦律》的如下階級實質：第一，在於通過允許起訴與不許起訴的類別劃分，達到嚴懲一切「盜」竊他人財物和謀殺或傷害他人性命的社會罪犯的目的，藉以保護私有制度和剝削階級。第二，也在於通過這種類別劃分，取締「子告父母」和「臣妾告主」這類訴訟，藉以維護宗法等級制度和奴役與被奴役的隸屬關係，保持家長對子女和主人對奴隸的政治特權地位，以鞏固「尊卑貴賤各以差次」③的社會統治秩序。因此，《秦律》的剝削階級性質，在其關於起訴類別的劃分上也有清楚的反映。

　　除了把起訴區分爲「公室告」與「非公室告」之外，《秦律》還有關於「家罪」的規定，它使家長、奴隸的主人及「葆子」等人犯罪身死者，享有免於起訴的特權。法律答問云：「家人之論，父時家罪殹（也），父死而謯（甫）告之，勿聽。可（何）謂家罪？家罪者，父殺傷人及奴妾，父死而告之，勿治。」又云：「葆子以上，未獄而死若已葬，而謯（甫）告之，亦不當聽治，勿收，皆如家罪④。」這些規定，進一步反映出《秦律》在關於起訴類別劃分上的剝削階級性質。儘管這一規定中包含了對已死罪犯免予追究的合理因素，但

這不是主導的方面，因爲它不適應於「葆子」以下和家長以外的其他社會罪犯之身死者。

在起訴的受理機構方面，《秦律》也作出了一系列規定。法律答問簡文曰：「辭者辭廷，今郡守爲廷不爲？爲殹（也）」。這就是説，當告者向官府起訴時，郡守之廷也算是可以受理起訴的機構。法律答問簡文又云：「辭者不先辭官長、嗇夫。可（何）謂官長？可（何）謂嗇夫？命都官曰長、縣曰嗇夫。」意即提出起訴的人，不得先向都官及縣嗇夫提出控告。不過，縣級政權機構，也有權受理按法律提出的訴訟。在《封診式》中，有不少原告及「縛詣告」者，都是向縣級政權機構提出起訴。如《有鞫》及《覆》二爰書中，均有「敢告某縣主」的話；《封守》的「鄉某爰書」也説：「以某縣丞某書，封有鞫者某里士五（伍）甲家室、妻、子、臣妾、衣器、畜產」；《告臣》爰書中，説到某原告起訴後，「令令史某診丙」；《經死》爰書中，也有「即令令史某往診」的話。這一切，都説明縣級政權機構是受理起訴的重要機構。不過，這裡有一個值得注意的情況：即這些《封診式》中所反映的縣也可以受理起訴的規定，同法律答問所説的「辭者辭廷」，「不先辭官長、嗇夫」的規定矛盾。爲什麼會出現這種互相矛盾的法律規定呢？我想：這可能是由於這條法律答問比較晚出的緣故。換言之，在郡級機構出現之前，起訴的受理機構主要是縣、都官。當郡一級機構出現之後，郡自然也是受理起訴的機構。於是才出現「今郡守爲廷不爲」的疑問以及「不先辭官長、嗇夫」的新規定。

(二)關於審訊罪犯的若干原則與規定

在原告提出的起訴獲得相應官府的受理以後，接著就進入對該社會罪犯的審訊過程。在審訊的過程中，根據《封診式》簡文所反映出來的情況，可以看出審訊社會罪犯時一些必須遵循的審訊原則和具體作法：

一曰不許拷打被告的原則。用現代的法律術語來説，就是不允許對罪犯採取逼供的方式。《封診式》簡文云：

　　「治獄，能以書從迹其言，毋治（笞）諒（掠）而得人請（情）為
上；治（笞）諒（掠）為下；有恐為敗。」⑤

這就是說，審訊社會罪犯時，凡能根據其口供的線索去追查，而不使用拷打的
辦法便能獲得犯人犯罪真情的，算上等；凡是採用拷打逼供方式的，算下等；
凡是在審訊過程中採取的方式使犯人感到恐懼的，就算失敗。由此可見，這則
關於《治獄》的簡文，講的確是審訊社會罪犯時一條必須遵循的原則：即不許對
社會罪犯進行威逼、恐嚇和拷打以逼供。這說明剝削階級制定的法律，也已經
初步意識到了逼供的不可靠性。那麼，要怎樣審訊社會罪犯才能既不用笞掠逼
供而又能獲得受審訊者的真實情況呢？《封診式》的《訊獄》簡文所載，為我們提
供了生動的說明。簡文云：

　　「訊獄□□凡訊獄，必先盡聽其言而書之，各展其辭，雖智（知）其
訑，勿庸輒詰。其辭已盡書而毋（無）解，乃以詰者詰之。詰之有（又）
盡聽書其解辭，有（又）視其它毋（無）解者以復詰之。詰之極而數訑，
更言不服，其律當治（笞）諒（掠）者，乃治（笞）諒（掠）。治（笞）
諒（掠）之必書曰：爰書：以某數更言，毋（無）解釋，治（笞）訊
某。」⑥

在這裡，不僅規定了審訊社會罪犯的程序必須是依據原告所舉被告罪狀，傳訊
被告，各方對質，弄清真相，而後判決；也規定了審訊社會罪犯的方法，必須
是讓原告、被告各方都把話講完，作為供辭，然後認真分析供辭，找出矛盾，
逐條追問，令受審者自己作出解釋，直到受審者理屈辭窮，真相畢露時為止。
在原告、被告「各展其辭」和追問受審者的過程中，切不要每當發現矛盾就立
即追問，以防干擾他們的訴述。還規定只有在受審者已經理屈辭窮而仍然狡猾
抵賴和出爾反爾時，才允許笞掠，並把笞掠的原因和情況記錄下來以備查考。
《封診式》把這樣的審訊程序與方法，當作「訊獄」的一般原則固定下來，反映
出剝削階級的法律也企圖堅持實事求是的原則，剝削階級分子也多少懂得要重

案情分析和反對逼供的重要性。這是《秦律》關於審訊制度的規定中進步性的鮮明表現。

二曰重證據和重調查研究，不輕信口供和反對主觀臆斷的原則。

上述《訊獄》簡文，反映出秦的統治者很重視社會罪犯的口供。但是，與此同時，也重視有關案情的人證、物證，並爲取得人證、物證而規定了受理機關必須對所審案件進行現場調查和函件調查。這從《封診式》簡文可以獲得說明。檢閱《封診式》簡文，我們可以看出當時審訊者對社會罪犯進行調查研究的方式有兩種：一曰現場調查，二曰函件調查。所謂現場調查，即審訊機關派出人員到被告作案的現場進行查驗，或對原告所起訴的有關情節進行實況檢驗。所謂函件調查，即由起訴受理機關向被告的原籍所在機構或知情機構發出機關對機關的函件，以詢查被告的有關情況。分別言之於次：

關於現場調查，《封診式》簡文中的《賊死》、《經死》、《穴死》、《出子》等案例的記錄⑦，生動地反映出審訊機關對所受理案件進行現場勘查的實況。在現場調查的過程中，一般的作法是這樣：首先，由縣令派遣「丞」或「令史」之類的官吏，率領著有專門偵訊技術與經驗的「牢隸臣」、「牢隸臣」妻女、「隸妾數字者」和醫生等人員，一同赴現場查驗。隨從人員的多少與性質，均視案情的需要而定。例如要判斷是否屬於「出子」（即流產）情況時，就派多次生育過子女的「隸妾」參加勘查活動；如果要判斷死者是否犯有「癘」病等情況時，就派醫生跟隨。其次，到達現場之後，要一一查看死者的屍體情況，特別注意作案人留下的足迹、手痕和其他物品，還要對現場的各種狀況、周圍環境、知情人的口供等等，一一予以留心與勘查。其三，在現場調查過程中，如果遇到重大疑難，需要判斷時，還得取出樣品，當場進行化驗。例如在《出子》案例中，爲了判明原告的嬰兒是否屬於流產，不僅要仔細檢查胎兒的性別、頭髮的生長和胎衣等等情況；還要派有經驗的「隸妾」檢查流產者陰部出血和創傷等情況；更要將死嬰放入一盆水中搖蕩以仔細辨認死嬰的成長情況是否同已經懷孕時間的長短相符合等等。由此可見，秦時的審訊制度中確實存在現場勘查的制度。

關於函件調查，在《封診式》簡文的《有鞫》一目中，有明顯的反映。《有鞫》

簡文云：

> 「敢告某縣主：男子某有鞫,辭曰：士五（伍）,居某里。可定名事理,所坐論云可（何）,可（何）罪、赦、或覆問毋（無）有,遣識者以律封守,當騰,騰當為報,敢告主。」⑧

這是一個原籍在甲縣而在乙縣犯罪的「男子某」被審訊時,爲了核實他的供辭和查明他的歷史,由乙縣審理機關發向甲縣的函調文件。所以,函件的內容,一開頭即點明受函單位——「敢告某縣主」；接著說男子某被審訊（「有鞫」）,供稱：他是士伍出身,居住在某縣某里（「辭曰：士伍,居某里」）。現請核實他的姓名、身分、籍貫（「可定名事理」）,曾犯過何罪（「所坐論云何」）,判過何種刑罪或經赦免（「何罪、赦」）,還有無其他犯罪行爲（「或覆問無有」）,現派出熟悉情況的人依法查封看守其家財（「遣訟者以律封守」）,據實登記（「當騰」）,將登記的情況回報（「騰當爲報」）。由此可見,這是由乙縣遣人送往甲縣以查明原籍甲縣的「男子某」的函件。同樣性質的函件,還有《告臣》爰書中所載由「丞某」向被告奴隸丙的原籍「某鄉主」發送的函件,它也請求奴隸丙的原籍「鄉主」核實奴隸丙所供稱的姓名、身分、籍貫等等,並要求「某鄉主」收到此文書後作書面回報（「到以書言」）⑨。因此,這顯然是另一種調查的方式。

根據上述審訊機關要對所審訊案件的現場進行仔細勘察的情況；還要對審訊對象的供辭與歷史等等,用文書的形式向有關機關查明的例證；均表明秦的法律審訊制度中,的確貫徹了審訊者不敢輕信犯人口供而重人證、物證的求實精神。

三曰允許被告上訴和進行復審的原則。即在當社會罪犯在初審判決後,仍不服罪者,允許其上訴並要求復審。

對社會罪犯的審訊階段,是量刑、判刑的基礎。因此,務必要求審訊的嚴密性和準確性。允許犯人上訴並進行復審的制度,就是爲了防止錯判、重判而採取的措施。根據出土《秦律》,說明秦的統治者制定的法律審訊制度,已經包

含有允許犯人上訴和要求復審的因素。如法律答問簡文云：

　　　　「以乞鞠及爲人乞鞠者，獄已斷乃聽，且未斷猶聽殹（也）？獄斷乃
　　　聽之。」⑩

這裡的「以」，應爲「已」字之誤字；這裡的「乞鞠」，從簡文上下文來看，顯然是請求復審之意。又《史記‧夏侯嬰列傳》云：「高祖爲亭長，重坐傷人。告故不傷嬰，嬰證之。後獄覆，嬰坐高祖繫歲餘，掠笞數百，終以是脫高祖。」《集解》引鄧展曰：「律有故乞鞠，高祖自告不傷人。」又《索隱》曰：「案《晉令》云：獄結竟，呼囚鞠語罪狀，囚若稱枉，欲乞鞠者，許之也。」根據劉邦與夏侯嬰訴訟的這段故事及鄧展、《晉令》的解釋，都說明秦末存在「乞鞠」之制，與簡文所云精神符合，故益知「乞鞠」應是請求復審之意。明白「乞鞠」的含義以後，就不難看出秦簡所反映的秦的復審制度，一般有兩種方式：一爲犯人自己請求復審，二爲犯人的親屬或他人代爲請求復審。這就是「已乞鞠及爲人乞鞠者」一句的解釋。《晉書‧刑法志》謂漢代罪人判爲二歲刑以上者，准許「以家人乞鞠」，這說明漢代的這一制度正是繼承秦的審訊制度而來。再從簡文中「獄已斷乃聽，且未斷猶聽也？獄斷乃聽之」的話來看，表明請求復審的犯人，必須在初審結束並已作出判決之後才允許其提出復審要求，否則不予受理。這同《晉令》所說「獄結竟，呼囚鞠語罪狀，囚若稱枉，欲乞鞠者，許之也」的話，是基本一致的。如上所述，可知秦的法律審訊制度中，確已包含有允許犯人在初審判決結束後有權上訴並要求復審的因素，當時稱爲「乞鞠」。這種「乞鞠」制度的制定，不論其執行情況如何，對於防止錯判等現象的發生，無疑是有其積極意義的，而且也影響到了後來的法律制度，如《晉令》中就保存了「以家人乞鞠」的制度。這也不能不是《秦律》的進步因素之一。

　　四曰取締「告不以實」的原則。在審訊社會罪犯的過程中，不僅要弄清被告是否有罪和罪行的輕重問題，而且要識別原告一方有無告不以實的情況。爲了防止出現「告不以實」的情況，《秦律》還針對「誣告」、「州告」和「告不

審」等情況作出了「反坐」的規定。

　　法律答問簡文中，屢見「誣人」、「州告」及「告不審」等術語，而且還對這些術語作了解釋。以「州告」來說，法律答問簡文云：「可（何）謂州告？州告者，告罪人，其所告且不審，有（又）以它事告之。勿聽，而論其不審。」⑪由此可見，所謂「州告」，就是原告一方反覆地、一而再地以不實之辭告發他人。其處理辦法是：除不予受理外，還得懲辦原告以「告不審」之罪。這是對「州告」的「反坐」規定。至於「誣告」與「告不審」，法律答問簡文也有明確的界說與處理辦法。例如「甲告乙盜牛若賊傷人，今乙不盜牛、不傷人，問甲可（何）論？端爲，爲誣人；不端，爲告不審⑫。」從這裡可以看出：「誣告」與「告不審」，都是告不以實，即所告與事實不符。既然如此，爲什麼又劃分爲兩種類型呢？二者的區別何在呢？根據這則簡文所載，「誣告」與「告不審」區分的關鍵在於前者是有意的，即「端爲」；後者是無意的，即「不端」。由此可見，故意地不以實告與無意造成的控告不實，是區分「誣告」和「告不審」的唯一標誌。用當時的術語來說，就是「端爲」與「不端」的區別。因此，「端爲」的「誣告」，又稱之爲「端告」。如「甲盜羊，乙智（知），而端告曰：甲盜牛，問乙爲誣人，且爲告不審？當爲告盜加臟⑬。」又如「甲告乙盜牛，今乙盜羊，不盜牛，問可（何）論？爲告不審⑭。」由此可見，「端告」即「誣告」，它同「告不審」的區別在於一個是知情而不以實告和一個是由於不知情而告不以實，同前面講的有意與無意之分是一致的。

　　《秦律》其所以把告不以實的情況區分爲「州告」、「誣告」（即「端告」）及「告不審」幾種類型，其目的在於根據不同情節給予不同的懲罰，即藉以決定反坐罪的輕重，以防止這種情況的出現。其中「州告」的懲罰與「告不審」同樣懲處，而「誣告」者懲處較重。這種「反坐」的制度，且重點打擊「誣告」者的規定，自然有利於維護起訴的嚴肅性，是《秦律》已逐步臻於周密的體現之一。

　　五曰保護剝削階級利益和維護宗法等級制度的審訊原則。前面已經說明，在起訴階段，如果是「子告父母，臣妾告主」這些情況，官府不予受理。反

之，如果是父母告子，主告臣妾，則不僅立即受理，而且在審訊中，也不同於其他類型的起訴之必須經過審訊才能判決定罪，而是不必經過審訊，官府立即按被告父母及主人的要求判決。如法律答問簡文云：「免老告人以不孝，謁殺，當三環之不？不當環，亟執勿失⑮。」意即達到了免役年齡標準的老年人告其子女不孝，請求官府判處死刑時，是否可以按照古時判死刑者實行「三宥」的程序處理呢？回答是：不實行「三宥」程序，立即拘捕，不使逃亡⑯。由此可見，《秦律》對子女不孝敬其父母者的懲罰是十分嚴格的，而且官府的判決是尊重被告父母的請求的。同樣的例證，還在《封診式》的《黥妾》、《告臣》與《告子》、《覇（遷）子》等爰書中有表現。一般說來，只要奴隸的主人和有不孝行爲的兒子的父母向官府起訴，官府不僅立即受理，而且總是按照被告的主人或父母的要求判處被告。例如《告子》爰書中說某里士伍甲告其親子丙「不孝」，「謁殺」，官府果然立即派令史與牢隸臣各一人去逮捕丙。又如《覇（遷）子》爰書中所說某里士伍甲請求「鋈親子……丙足，覇（遷）蜀邊縣，令終身毋得去覇（遷）所」，官府果然作了這樣的判決，一如其父所請求者。這些例證，雄辯地證明：在《秦律》中，主告其奴和父母告子，主與父母的方面，都是受到法律的格外保護的，甚至連判決也是基本按他們的請求辦理的。這反映出《秦律》保護剝削階級利益和維護宗法等級制度的精神實質。

特別值得指出的是，法律答問中有一則關於「家罪」的簡文。簡文云：「家人之論，父時家罪殹（也），父死而誧（甫）告之，勿聽。可（何）謂家罪？家罪者，父殺傷人及奴妾，父死而告之，勿治。」⑰由此可見，所謂「家罪」，是指一家庭内部的父家長對其家人所犯的罪行。《秦律》之所以對「家罪」特別作出規定，同時限制家人在其父家長死去之後對其所犯罪行進行告發的權利，即使有人告發之，也在「勿聽」、「勿治」之列，這明顯地是維護父家長制統治尊嚴的立法。父家長有對其家人濫用權威、任意殺傷人及奴妾、而可以不受到法律制裁的特權，於此灼然可見。

從上述《秦律》關於審訊社會罪犯時的若干原則與規定看來，既表明《秦律》的剝削階級性質十分明顯，也表明它已具有一定的科學性和完備性，是我國古代法律的一個重要發展階段。

㈢關於量刑的原則與作法

隨著對社會罪犯進行審訊的結束而來的，是對被告作出判決。根據《秦律》，判決一般可分爲兩大類別：一是宣布無罪。即經過審訊階段的訊問和查證落實以後，證明被告無罪者，作此宣判。如《封診式》中的《毒言》爰書，説有人告發「丙有寧毒言」，當官府對被告丙進行了訊問與調查以後，證明丙並無「毒言」，於是就作出了「丙而不把毒，毋（無）它坐」的結論，實際上就是宣布丙無罪。另外，法律答問中還有關於「勿論」的判決不少，也等於是宣判無罪。另一類是宣判有罪，並根據其案情的大小和罪行和輕重，確定其應判刑罰的等差。這個判定刑罰輕重的過程，就是量刑的過程。因此，所謂「量刑」，就是在對社會罪犯進行審訊的基礎上，根據罪犯所犯罪行的輕重與性質決定刑罰輕重的判決過程。

通過法律答問簡文，我們可以看出《秦律》的若干關於量刑時必須遵循的原則：

首先，是「議爵」的原則。即同犯某一罪行的不同人，依其爵的高低與有無爵級等差別而確定不同的刑罰。故簡稱曰「議爵」。例如犯了「將上不仁邑里者而縱之」這一罪，如果犯者是一般人，則「當繫作如其所縱，以須其得」；反之，如果犯者是「有爵」者，就可以改判爲「作官府」，同居貲贖債者一樣，不戴刑具，還有一定的行動自由⑱。又如同是觸犯了什伍連坐之律，按《秦律》規定：同伍的人是必須連坐的，可是，法律答問中卻有這樣的説明：「大夫寡，當伍及人不當？不當。⑲」這就是説，有爵大夫以上的人，不與一般無爵者同編於一伍之內，則有爵大夫以上的人可能不在什伍連坐之列。又《法律答問》還有「宦及智（知）於王、及六百石吏以上，皆爲顯大夫」的説明⑳，也同樣可以看出有爵者與無爵者是不同的。這些情況説明，有爵與無爵以及爵的高低，確是量刑時必須考慮的因素之一。

其次，是「議官」的原則。即犯有同一罪行的不同人，依據犯者是否爲官吏而判處不同的刑罰，故簡稱爲「議官」。按照《秦律》規定：凡與犯者同伍的

人，如果知情不報，必須連坐。可是，法律答問又說：「吏從事於官府，當坐伍人不當？不當㉑。」這說明現任官吏，是不與同伍人連坐的。又《法律答問》講到一般人犯了「當䙴（遷）」罪時，如果在判決後該犯人死亡，其妻室應作「當包」處理，即仍應去流放地區，謂之「其所包當詣䙴（遷）所」㉒；反之，如果是「嗇夫」之類的官吏犯了「當遷」罪，則這個「當遷」者之妻室就應作「不當包」處理，即此「嗇夫」的家屬不在一同流放之列㉓。這些法律規定，充分說明當人們同犯某一罪時，有官者可以輕罰，而無官必須重懲。有官與否是決定量刑輕重的又一因素。

其三，是「議病」的原則。即社會罪犯所犯罪行相同，而依據犯者是否有「癘病」而判處不同的刑罰，故簡稱曰「議病」。《法律答問》有這樣三條簡文：一曰：「甲有完城旦罪，未斷，今甲癘，問甲可（何）以論？當䙴（遷）癘所處之，或曰當䙴（遷）䙴（遷）所定殺」；二曰：「城旦、鬼薪癘，可（何）論？當䙴（遷）癘䙴（遷）所」；三曰：「癘者有罪，定殺。定殺可（何）如？坐定殺水中之謂殹（也）㉔。」根據這些簡文，說明同犯了應判城旦、鬼薪罪的人，如果是犯有癘病的人，就立即流放到邊境地區去，而且在那裡立即處死。這是《秦律》關於量刑原則中的「議病」條款，它表明當時對麻瘋病犯者採取消滅其肉體的殘酷辦法。

其四，關於重罰「盜賊」及逃犯的原則。即「盜竊」犯、「賊殺」人犯及逃亡犯的輕罪重判原則。

論述先秦法家法治思想者，都謂商鞅、韓非等人有輕罪重罰的原則，似乎對所有人都適用。實則從《秦律》反映出來的情況看，輕罪重判的原則，並不包括所有犯人，而僅限於「盜竊」犯、「賊殺」人犯與逃亡犯等，尤以「盜竊」犯中屬於五人以上行「盜」者為最。為了便於比較，並從比較中發現輕罪重判究適用於那些人的問題，特據《秦律》中關於「盜竊」犯同貪污或虧損財物犯等列表以之。（表見下頁）

◆關於盜竊犯同貪污或虧損財物犯的量刑比較表

所犯罪行輕重情況	盜竊犯量刑情況	貪污或虧損財物犯量刑情況
贓或虧損 1 錢以下者	貲徭三旬	無懲罰
贓或虧損1錢以上到110錢者	遷之	無懲罰
贓或虧損 110 錢以上到 220 錢者	遷之	許官嗇夫
贓或虧損 220 錢以上到 660 錢者	黥爲城旦	貲官嗇夫一盾
贓或虧損 660 錢以上者	黥劓爲城旦	貲官嗇夫一盾或一甲，止於貲二甲

　　從上表可以看出：各級官吏因貪污或管理財物不善而造成財物虧損時，儘管其造成的實際損失與盜竊犯盜竊的財物數量相同，但量刑的輕重卻判然不同。這充分反映出對盜竊犯的懲罰，重於對貪污犯或虧損財物犯的懲罰。由此可見，在造成國家或個人財物損失同等的情況下，法律對盜竊犯實行重罰制度。

　　如果罪犯同爲盜竊犯，盜竊財物的數量也相同，只是參與盜竊活動的人數不同，懲罰也大不相同，詳下表：

五人盜者		不盈五人盜者	
罪行輕重	量刑情況	罪行輕重	量刑情況
贓 1 錢以上者	斬左止，又黥爲城旦	贓 1 錢以上到 220 錢者	遷之
		贓220錢以上到660錢者	黥爲城旦
		贓 660 錢以上者	黥劓爲城旦

　　如上表，可知《秦律》體現了對五人以上集體行盜者，實行格外的重罰制度的精神。

　　《秦律》對賊殺傷人和謀殺人者的輕罪重判制度，則可以從下列簡文中獲得說明：

「甲謀遣乙盜殺，受分十錢，問乙高未盈六尺，甲可（何）論？當磔㉕。」

「臣妾牧殺主。可（何）謂牧？欲賊殺主，未殺而得，為牧㉖。」

「求盜追捕罪人，罪人挌（格）殺求盜，問殺人者為賊殺人且鬥殺？鬥殺人，延行事為賊㉗。」

如上例一所說，犯人雖未親手殺人，但因主謀教唆而判處死刑；如例二所說，臣妾謀殺其主，雖未成為事實，但因有殺主意圖，也構成罪惡；如例三所說，犯者同追捕者相鬥而鬥殺追捕者，雖然事實是鬥殺人，但按法律成例要以賊殺人罪論處。這些簡文，都反映出《秦律》對賊殺傷人犯和謀殺犯，也有輕罪重判的精神。其目的自然是為了維護剝削制度和鞏固統治秩序而重懲賊殺傷人犯及謀殺犯。

至於《秦律》對諸逃亡犯的輕罪重判制度，從下表中可以獲得回答：

各種不同的逃亡犯	罪行輕重情況	量刑情況
人臣謀遣人妾盜牛者逃亡	逃亡出國境，不成	城旦黥之
隸臣妾繫城旦舂者逃亡	逃亡，未論而自出	笞五十，備繫日
攜帶借用公物逃亡者	逃亡，被捕獲，逃亡不成	坐臟為盜
隸臣妾城旦逃亡者	逃亡	完為城旦
隸臣逃亡者	帶領城旦逃亡	完為城旦，收其外妻子
羣盜赦為庶人而逃亡者	帶領囚犯逃亡	以故罪論，斬左止為城旦
鬼薪、白粲逃亡者	因受大夫甲的鞭打而逃亡	大夫事於官府，須亡者得；鬼薪、白粲則在追捕之列

於上表可以看出：這些逃亡犯大都是奴隸或刑徒。不論他們逃亡的原因是什麼，也不管他們的逃亡成功與否，還不看其是否自出，都得在他們原有的刑罰基礎上再加判重刑，從而體現出《秦律》對各類逃亡犯的輕罪重罰制度。

如上所述對盜竊犯、賊殺人犯和逃亡犯的輕罪重罰原則，鮮明地體現出《秦律》滲透了剝削者；對被剝削者的階級專政精神，其目的在於維護剝削制度和鞏固階級統治。因此，所謂輕罪重判的法治思想，並不適用於所有犯人。

其五，關於對有意製造「冤案」、「假案」者實行嚴懲的原則。即對辦案人員之故意弄虛作假而造成冤案或放走犯人者，要實行重罰的原則。《秦律》把這種情況稱爲「治獄不直」及「縱囚」。法律答問簡文云：「甲有罪，吏智（知）而端重若輕之，論可（何）殹（也）？爲不直」㉘；又云：「論獄〔何謂〕不直？可（何）謂縱囚？罪當重而端輕之，當輕而端重之，是謂不直。當論而端弗論，及傷其獄，端令不致，論出之，是謂縱囚。」㉙由此可見，所謂「治獄不直」是辦案人明知其所審訊罪犯罪行的輕重，而有意弄虛作假，或重罪輕判，或輕罪重判。而所謂「縱囚」，是對應該論罪的犯者有意不予論罪，或者故意減輕案情，使之構不成犯罪行爲。以此觀之，「縱囚」也是「治獄不直」的一種表現形式，不過是更爲嚴重的「治獄不直」而已。

由於審訊社會罪犯的複雜性，造成錯判、誤判的情況是難免的。因此，《秦律》又對有意製造的「治獄不直」與「縱囚」情況同無意造成的錯判、誤判情況，作了明確的區分，稱後者爲「失刑」。法律答問簡文云：

「士五（伍）甲盜，以得時直（值）臧（贓），臧（贓）直（值）百一十，吏弗直（值），獄鞫乃直（值）臧（贓），臧（贓）直（值）過六百六十，黥甲爲城旦，問甲及吏可（何）論？甲當耐爲隸臣，吏爲失刑罪㉚。」

「士五（伍）甲盜，以得時直（值）臧（贓），臧（贓）直（值）過六百六十，吏弗直（值），其獄鞫乃直（值）臧（贓），臧（贓）直（值）百一十，以論耐，問甲及吏可（何）論？甲當黥。爲城旦；吏爲失刑罪，或端爲，爲不直㉛。」

這兩則簡文，是說審訊盜竊犯甲的「吏」，由於在捕獲甲時未對其所盜作出估

價，到審訊時才予所盜財物以估價，因而發生估價的誤差，並影響了對盜竊犯甲的量刑程度，或當重而判輕了，或當輕而判重了。對待這種情況怎麼辦呢？《秦律》明確規定：一方面對盜竊犯甲要依據實況重新判決；另一方面對辦案致誤的吏，要看其是有意致誤還是無意致誤。如果是前者，則「爲失刑罪」，如果是後者則爲「不直」罪。由此可見，辦案人員之故意作弊和無意致誤，是區分治獄「不直」罪與「失刑罪」的標誌。

《秦律》如此詳細地對治獄「不直」、「縱囚」和「失刑罪」等情況作出規定，目的是爲了決定對這些「治獄吏」的懲處的輕重。故法律答問簡文又云：

> 「廷行事吏爲詛僞，貲盾以上，行其論，有（又）廢之㉜。」

這就是説，依照成例，凡「吏」弄虛作假，其罪在應罰一盾以上者，除依法執行外，還得撤職永不錄用。這種「爲詛僞」之「吏」，自然主要是指治獄「不直」和「縱囚」之「吏」，故《史記・秦始皇本紀》三十四年條有「適治獄吏不直者築長城及南越地」的記載。由此可見，《秦律》確有對治獄「不直」及「縱囚」者實行重罰的精神，目的在於維護法律的嚴肅性和打擊冤假錯案的製造者。所以，這一量刑原則，也從一個側面反映出《秦律》的進步性和合理性。

㈣《秦律》所反映的法律制度的階級與時代的局限性

秦的法律制度，表現在起訴、審訊和量刑判決等制度方面，雖然都有它的明顯的科學性、進步性與合理性等因素；但是，它作爲剝削階級國家的法律制度，也同樣存在著明顯的落後性、殘酷性和階級與時代的局限性。這些局限性，除了在上述它是維護剝削階級利益與剝削制度、保護私有財產制度、保障父家長的特權地位和鞏固宗法等級制度等等方面之外，還有下面一些值得注意的本質性特徵：

第一，《秦律》是王權的凝聚物，又是王權的護身符，因而是封建專制主義的法律表現。

　　我們知道，當商鞅「改法爲律」時，《秦律》中並無「令」的名稱。然而，隨後不久，就有《墾草令》、《墾令》與《靳令》等名目出現，以致秦國君王的意旨就成了新的法律。隨著王令的不斷發布，《秦律》的内容也就隨之而不斷增加，於是就發生了《律》與《令》的關係問題。特別是當《令》與《律》有不同時，這種矛盾就會明顯地表露出來。一開始，《律》的地位還是神聖的，《令》只是《律》的補充和發展，所謂「前主所是著爲律。後主所是疏爲令」㉝，就多少反映了這種關係。然而隨著時間的推移，《令》的重要逐步增加了，漸漸地變得凌駕於《律》之上了。法律答問簡文爲此提供了證據。簡文云：「可（何）爲犯令、法（廢）令？律所謂者，令曰勿爲，而爲之，是謂犯令，令曰爲之，弗爲，是謂法（廢）令殹（也）。廷行事皆以犯令論㉞。」又曰：「法（廢）令、犯令、遷免、徙不遷？遷之㉟。」前一簡文的精神是：凡令與律矛盾者，以令爲準；如果不執行令而執行律，就得以「犯令」論處。後一簡文是說：凡犯了「犯令」、「廢令」罪的官吏，即使已經免職或調任，也要追究其「犯令」、「廢令」的罪責。這樣一來，《令》的地位便顯然在《律》之上了。這種律、令地位的變化，反映出王權的強化過程。《令》的作用的神聖化，實際上是王權的神聖化。由於王權高於一切，所以代表王的意旨的「令」也是不可違犯的。因此，《秦律》和它的解釋性律文即法律答問以及《封診式》，都不過是王權的凝聚物，同時它又反過來起著維護王權的作用，是專制主義在法律上的表現。後來，這種專制主義的法制思想，支配著我國封建社會皇權的神聖不可侵犯性達二千多年，起著禁錮人們的頭腦和扼殺人民羣衆的言論與人身自由的反動作用。

　　第二，司法隸屬於行政，治獄承命於官府，是秦時法律制度的要害所在。

　　我們知道，法律制度的觸角要伸及到人類社會的各個方面，要涉及到所有人羣的切身利益，自然也要涉及到國家政權行政系統的各種人員。如果司法機構同時又是行政機構，或者政府的行政官吏同時又是受理案件、審訊犯人的司法長官的話，就會發生司法隸屬於行政的情況，其結果必然是司法人員聽命於行政官吏，而無單獨行使其司法的權力；同時也會使行政官吏超越於國家法律的約束力之外，影響和破壞法律制度的貫徹實行。但是，從《秦律》來看，表明它正是這種司法隸屬於行政、治獄承命於官府的法律制度。

　　前引《法律答問》簡文中的「辭者辭廷」的規定，就表明當時的「郡守」就是「廷」的化身，這從「今郡守爲廷不爲？爲殹（也）」的一問一答中獲得説明。這就是説，「郡守」這種行政長官，同時又是受理起訴、審訊和判處罪犯的司法長官。在《封診式》簡文中，更是屢見「縣令」、「縣丞」、「令史」之類的行政官吏，同時又是主持受理起訴、審訊犯人和進行調查勘驗以作出判決的司法官吏；即使鄉級的「鄉主」、里級的「里典」，也都干預司法事務。這進一步説明當時的行政系統與司法系統幾乎是一致的。這樣，就必然產生司法隸屬於行政和治獄聽命於官府的現象。《語書》簡文所載南郡守騰向全郡的縣、道嗇夫發布命令，而且大談他「修法律令、田令及爲問私方而下之」的情況，充分體現出秦的「郡守」對法律制度的干預。也正因爲司法隸屬於行政和治獄聽命於官府，所以，南郡地區的地方官，有公然「不從令者」㊱的情況出現，表明法律制度的遭到破壞，正與此有關。還有《史記·張耳陳餘列傳》中所講到的范陽令某，在他作范陽令十年中，曾「殺人之父，孤人之子，斷人之足，黥人之首、不可勝數」，更證明一縣之令，就是一縣的最高司法長官，與秦簡所反映的情況正相符合。

　　秦的這種司法隸屬於行政，治獄承命於官府的制度，被漢代繼承了下來。所以，漢代郡守、縣令，有權管理一郡或一縣之內「兵、刑、錢、穀」事宜。甚至這種司法系統與行政分工不明的情況，還影響及於整個封建社會。

　　第三，不許嚴刑拷打被告和反對逼供的不徹底性，也是秦時法律制度的一個嚴重缺陷。

　　前面已經説到，《秦律》有反對「笞掠」犯人的規定。但是，與此同時，《封診式》的《訊獄》簡文，又有關於犯人「詰之極而數訑，更言不服，其律當笞掠者，乃笞掠」的規定，這自然爲審訊者笞掠犯人留下了後路。事實證明，社會罪犯在審訊過程中因嚴刑拷打而屈招的情況，是確實存在的。李斯之獄就是一個生動的實例。大家知道，當秦的丞相李斯遭到趙高的誣陷而下獄後，趙高便派遣親信百般拷打威逼李斯，迫使李斯「自誣」；然後又派人冒稱二世派去的御史，去試探李斯是否會推翻「自誣」之辭，結果又遭到一場毒打。在趙高等人的百般逼供、作弄之下，使李斯再也不敢改變「自誣」之辭，以致當二世

真正派去御史核實時，李斯還是「自誣」如故，終於鑄成了「腰斬」李斯於咸陽的慘局㊲。像李斯這樣貴爲丞相的人，尚且逃脫不了屈打成招的厄運，何況其他一般的平民百姓呢？「腰斬」李斯這樣的大案件，尚且可以通過拷打逼供的方式實現，那麼其他小案，就更不待說了！因此，《秦律》關於不許拷打犯人和反對逼供的規定，是並未徹底執行的。由此可見，在剝削制度下，一些表面上頗爲合理的法律規定，實際上只不過是騙人的粉飾之辭而已！

第四，刑無等差的虛偽性和消滅有病犯人肉體的落後性，是秦的法律制度的階級與時代的局限性的突出表現。

關於「刑無等差」的說教，幾乎是先秦法家所一致標榜的崇高原則，並以此給他們的法治思想塗上一層誘人的色彩。實則通過《秦律》的具體內容，處處可見其刑有差等的印記。以判刑的輕重來說，有爵者與無爵者、有官者與無官者，雖然罪行相同，而判處可以大有差別。起以訴之應否受理來說，主告其奴與父告其子，則在必須受理之列，而且連判處刑罪也全依告者的要求；反之，若是奴告其主和子告其父，則在「勿聽」、「勿治」之列。可見在訴訟的權利方面，因階級、地位等等的不同而大有差別。表現在應當流放犯人的處理方面，也因有官與無官、有爵與無爵而有不同。一般的流放犯人，其家屬是必須隨從流放的；而有官有爵者當流放時，其家屬則可以不在流放之列。同樣的例證，還可以舉出不少。這一切，都說明《秦律》的具體內容，確實反映出顯明的刑有差等的情況，決不是先秦法家所自詡的什麼「刑無差等」。《秦律》的剝削階級性質，在這方面是暴露相當清楚的。

至於秦的法律制度的落後性，也從多方面反映出來。死刑的磔、殺、戮、棄市等類別，肉刑的斬左趾、鋈足、宮、黥、黥劓等，無一不說明它的殘酷性。廣大勞動人民犯罪，動輒被下降爲奴婢；各色判刑的刑徒，也過著慘無人道的生活，這些也是其殘酷性的表現。而這些殘酷性，又同它的落後性是聯繫在一起的。而它的落後性的另一突出表現，還在於把犯有「癘病」的犯人，雖然其刑罪根本達不到判處死罪的程度，但也無例外地一律遷之邊境，並在那裡立即處死。這種以消滅其肉體的野蠻辦法去對待患有疾病的犯者作法，雖然與當時的醫藥不發達有關，但其落後性與不人道性，也是很明顯的。

注　釋

①參閱《睡虎地秦墓竹簡》一書第 192 頁注文及釋文。

②見《睡虎地秦墓竹簡》一書第 196 頁簡文。

③《史記・商君列傳》。

④《睡虎地秦墓竹簡》一書第 197 頁。

⑤《睡虎地秦墓竹簡》一書第 246 頁注及譯文。

⑥《睡虎地秦墓竹簡》一書第 246 頁釋文及注、譯。

⑦《睡虎地秦墓竹簡》一書第 264 至 275 頁的釋文及注、譯。

⑧《睡虎地秦墓竹簡》一書第 247 至 249 頁釋文及注、譯。

⑨《睡虎地秦墓竹簡》一書第 259 至 260 頁釋文及注、譯。

⑩《睡虎地秦墓竹簡》一書第 200 至 201 頁釋文及注、譯。

⑪參閱《睡虎地秦墓竹簡》一書第 194 頁釋文及注和譯文。

⑫《睡虎地秦墓竹簡》一書第 169 頁釋文及注、譯。

⑬同上書第 170 頁釋文及注、譯。

⑭《睡虎地秦墓竹簡》一書第 171 頁釋文及注、譯。

⑮《睡虎地秦墓竹簡》第 195 頁釋文。

⑯同上書第 195 頁注文及譯文。

⑰《睡虎地秦墓竹簡》一書第 197 頁釋文。

⑱《睡虎地秦墓竹簡》一書第 178 釋文。

⑲《睡虎地秦墓竹簡》一書第 217 頁釋文。

⑳《睡虎地秦墓竹簡》一書第 233 頁釋文。

㉑《睡虎地秦墓竹簡》一書第 217 頁釋文及注、譯。

㉒《睡虎地秦墓竹簡》一書第 177 頁釋文及注、譯。

㉓《睡虎地秦墓竹簡》一書第 177 頁及 178 頁釋文及注、譯。

㉔均見《睡虎地秦墓竹簡》一書第 203 至 204 頁釋文。

㉕《睡虎地秦墓竹簡》一書第 180 頁釋文。

㉖《睡虎地秦墓竹簡》一書第 184 頁釋文及注、譯。

㉗《睡虎地秦墓竹簡》一書第 179 至 180 頁釋文及注、譯。

㉘《睡虎地秦墓竹簡》一書第 166 頁釋文及注、譯。

㉙《睡虎地秦墓竹簡》一書第 191 頁釋文及注、譯。

㉚《睡虎地秦墓竹簡》一書第 166 頁釋文。

㉛《睡虎地秦墓竹簡》一書第 165 頁釋文及注、譯。

㉜《睡虎地秦墓竹簡》一書第 176 頁釋文及注。

㉝《史記・酷吏・杜周列傳》。

㉞《睡虎地秦墓竹簡》一書第 211 至 212 頁釋文。

㉟《睡虎地秦墓竹簡》一書第 212 頁釋文。

㊱《睡虎地秦墓竹簡》一書第 15 頁釋文及注、譯。

㊲詳見《史記・李斯列傳》。

《睡虎地秦簡》中幾種稱謂
的涵義試析

　　在秦簡中，屢見「士伍」、「葆子」、「百姓」、「客」、「邦客」、「臣邦人」和「相邦」等稱謂。其中有的雖然也見於史書，但歷來解釋各不相同；有的則根本不見於史籍，僅見於秦簡，如「葆子」、「邦客」和「臣邦人」等屬之。既然如此，則見於史籍者有著印證與豐富史書所載的作用；不見於史籍者，則可以從秦簡中反映出來的情況，弄清其基本涵義，以補史書之缺漏。本文正是爲了這個目的，謹就見於秦簡的這些稱謂的涵義，作些嘗試性的粗略說明，以求教於同好！

㈠關於「士伍」

　　「士伍」一詞，屢見於秦、漢史籍。雲夢秦簡中，尤多「士伍」一詞。然而，關於「士伍」的解釋，則諸說紛紜，莫衷一是。最早對「士伍」一詞作出解釋的，是東漢時的衞宏。他在其《漢官儀》一書中，認爲秦制「無爵爲士伍」，意即「士伍」是對無爵者的稱呼。次則是東漢末年人李奇，他認爲「有爵者奪之使爲士伍」①，意即「士伍」是對曾經有爵而因故被奪爵者的稱呼。曹魏時的如淳，也認爲「嘗有爵，而以罪奪爵，謂之士伍」②，同李奇的看法相同。再次是唐人顏師古，他在李奇、如淳等人看法的基礎上，認爲「奪其爵令爲士伍」的人，其所以「謂之士伍者，言從士卒之伍也」③，意即「士伍」是曾有爵因故被奪後之爲兵卒者的稱呼。此外，還有明人董說和清人沈家本，都認爲「士伍」就是刑徒的一種④。今人劉海年，根據雲夢秦簡中所提到的有關「士伍」的各種情況，訂正了上述各種關於「士伍」的解釋。他認爲「士伍」應有這樣一些特徵：「一、傅籍之後至六十歲免老的男性；二、無爵或曾

有爵而被奪爵者；三、非刑徒與奴隸。」根據「士伍」的這些身分特徵，他認爲「士伍」實爲「無爵或被奪爵後的成丁」⑤（重點爲引者所加）。換言之，他認爲「士伍」一稱，並沒有固定的階級内容，其中既包括地主，也包括農民；既不是兵士，也不是刑徒的一種，更不是奴隸。因此，「士伍」這個概念，相當於當時史籍曾經廣泛使用過的「庶人」或「庶民」⑥。我認爲劉海年的這些看法是正確的，它確是從雲夢秦簡中所反映出來「士伍」的身份特徵的概括。

　　爲了説明劉海年説法的正確性，我想在這裡補充一個關於「士伍」就是「庶民」的直證材料。

　　《漢書・丙吉傳》説：「元帝時，長安士伍尊上書，言臣少時爲郡邸小吏，竊見孝宣皇帝以皇曾孫在郡邸獄。是時治獄使者丙吉，見皇曾孫遭離無辜，吉仁心感動，涕泣悽惻，選擇復作胡組養視皇孫。吉常從臣尊，日再侍，臥庭上」等情。這個「長安士伍尊」究爲何人呢？查《漢書・王尊傳》所載王尊事迹、爲官時間、及曾爲「獄小吏數歲」與後因事免官情，與上正合，因疑同丙吉一道曾侍候過孝宣帝於獄中的「郡邸小吏」尊，就是王尊。既然如此，則《王尊傳》所説的關於王尊坐事免官後的情況，正可説明「士伍」究竟是什麼人。《漢書・王尊傳》謂王尊自年十三「爲獄小吏數歲，」以後，曾歷任過「守屬監獄」、「郡決曹史」、「幽州刺史從事」、「遼西鹽官長」、「安定太守」、「益州刺史」、「東平相」等官，因獲罪東平被劾，「尊竟坐免爲庶人」，時正在元帝時。同一個王尊，前云「士伍尊」，此又云「坐免爲庶人」，則「士伍」與「庶人」同一涵義，連當時人也是承認這一點的。故知劉海年的「士伍」即「庶人」説，是正確的。

　　不過，劉海年並未注意到秦簡中也有關於「士伍」與「男子」並提的情況。例如《封診式・□捕》爰書：「男子甲縛詣男子丙，辭曰：甲，故士五（伍），居某里，迺四月中盜牛，去亡以命。丙坐賊人□命。自晝甲見丙陰市庸中，而捕以來自出。甲毋（無）它坐。」又《奸》爰書有「某里士五（伍）甲詣男子乙、女子丙，告曰：乙、丙相與奸」的話；《□□》爰書也有「某里士五（伍）甲、乙縛詣男子丙、丁及新錢百一十錢、容（鎔）二合」等語。在這

裡，三份爰書都是「士伍」與「男子」並提；又《□捕》爰書中的「男子甲」，特點明他本是「故士伍」；如果「士伍」與「男子」沒有區別，又何以如此呢？因此，這三個例子，都說明「士伍」與「男子」是有區別的。既然如此，那麼區別何在呢？是不是可以這樣理解：「男子」相當於「庶人」、「庶民」，「士伍」既與「男子」有區別，則「士伍」不等於「庶民」，從而懷疑劉海年的說法呢？我認爲不能因此而否定劉說的正確性。因爲上述秦簡中的「男子」並不等於「庶人」或「庶民」，而似是私家奴隸的一種別稱。例如《告臣》爰書云：「某里士五（伍）甲縛詣男子丙，告曰：丙，甲臣，橋（驕）悍，不田作，不聽甲令。謁買（賣）公，斬以爲城旦，受買（價）錢。訊丙，辭曰：甲臣，誠悍，不聽甲。甲未賞（償）身免丙。」在這裡，奴隸的主人爲「士伍」，而奴隸丙稱「男子」，表明「男子」好像是奴隸的別稱。又《均工桎》規定：「隸妾及女子用箴（針）爲緡繡它物，女子一人當男子一人，」這裡的「男子」與「隸妾」之類並列，雖然是就其勞動的價值量而言，但也間接反映出「男子」似是奴隸的別稱。以此推之，則上述三例都是「士伍」捕捉奴隸之與人通奸、盜鑄及賊殺人者向官府告發，故原爲「士伍」身分而現爲「男子」身分的人，需要點明其原來身分，「甲，故士伍」的話，就是這樣來的。因此，「士伍」與「男子」在同一爰書中並提，的確意味著二者有區別。因此，這些例證，不能否定劉海年的結論。

(二)關於「百姓」

「百姓」一詞，據郭沫若的考證，在奴隸社會是指奴隸主而言。那麼，見於秦簡的「百姓」又是什麼身分的人呢？

第一，有擁有奴隸、牛馬和家財的「百姓」：

《倉律》規定：「妾未使而衣食公，百姓有欲叚（假）者，叚（假）之，令就衣食焉，吏輒被事之。」這是向官府借用未成年的女奴隸的「百姓」。

《金布律》有「公有責（債）百姓未賞（償），亦移其縣，縣賞（償）」的規定，可知「百姓」中有把財物借貸給官府的，則這種「百姓」之富有可知。

《司空律》規定：「百姓有貲贖責（債）而有一臣若一妾，有一馬若一牛，而欲居者，許。」這是既擁有私家奴隸，又有私人牛馬的「百姓」。

《内史雜律》規定：「有實官縣料者，各有衡石贏（累）、斗甬（桶），期踰。計其官，毋叚（假）百姓。」這是說不要把官府的斗桶、權衡借給「百姓」使用。需要借用斗桶、權衡的「百姓」，無疑有較多的家財，否則是用不著這類東西的。

《效律》規定：「上節（即）發委輸，百姓或之縣就（僦）及移輸者，以律論之。」意即朝廷徵發運輸勞役，「百姓」有到縣裡去雇車、雇人的，或者把自己運輸任務轉給他人的，都要依法論處。這種「百姓」既有力雇車、雇人，恐不可能是貧苦農民。

像上面提到的百姓，既像奴隸主，也像地主。反正他們是屬於富有的剝削階級成員。

第二，有屬於貧苦農民的「百姓」：

《田律》規定：「百姓居田舍者毋敢醢（酤）酉（酒），田嗇夫、部佐謹禁御之，有不從令者有罪。」按《田律》有關於「入頃芻，以其受田之數，無墾（墾）不墾（墾），頃入芻三石、稾二石」的規定，這說明秦國存在授田於民的國有土地制度。因此，這裡的「居田舍」的「百姓」，很可能是耕種這種國有土地的農民。

又《金布律》規定：「百姓叚（假）公器及有責（債）未賞（償），其日踐以收責之，而弗收責，其人死亡，……令其官嗇夫及吏主者代賞（償）之。」這種「百姓」缺乏器物，又負有官府的債務，且與「隸臣妾」之丟失「公器」者並舉，還受官嗇夫等官吏的直接管轄，因此，也很可能是貧苦農民。

《工律》規定：「其叚（假）百姓甲兵，必書其久，受之以久。入叚（假）而毋（無）久及非官之久也，皆没入公，以齎律責之。」這種向官府領用武器的「百姓」，到期要繳回官府，如有差錯還要賠償，可見這些「百姓」是一般當兵的農民。

《司空律》也規定：「百姓有母及同牲（生）為隸妾，非適（謫）罪殹（也）而欲冗邊五歲，毋賞（償）興日，以免一人為庶人，許之。」這種「百

姓」，既有母及親姐妹在官府爲「隸妾」，又須自己親身去戍邊，則他們屬於貧苦農民無疑。

又《傅律》云：「百姓不當老，至老時不用請，故爲酢（詐）僞者，貲二甲。」這是說在登記成年男子的服役名册時，沒有達到免老標準及雖已達到年齡而無申請手續者，如果不進行登記，就是一種弄虛作假的行爲，要受到懲罰。由此可見，這種「百姓」是不折不扣的服役者，也應屬於貧苦農民。

第三，不能確定身分的「百姓」：

如《田律》所云「百姓犬入禁苑中而不追獸及捕獸者，勿敢奪；其追獸及捕獸者，殺之。」這裡的「百姓」，既可能是地主，也可能是農民。

又如《金布律》規定：「百姓市用錢，美惡雜之，勿敢異。」還有法律答問所云：「百姓有責（債），勿敢擅强質，擅强質及和受質者，皆貲二甲。」這兩處提到的「百姓」，也是一種泛稱，無法確定其身分是什麼。

如上所云，可知從秦簡中反映出來的「百姓」一詞，已不像奴隸社會那樣專指奴隸主而言，而是一個內涵比較龐雜的概念。它既可稱呼擁有奴隸的人，也可稱呼有牛有馬和比較富有的人，還可稱呼當兵服役的一般平民。這說明戰國時期，「百姓」這一概念的階級內涵已在發生變化，表現出比較複雜的狀況。這也許是隨著社會性質的變化給舊概念逐步賦與了新的內涵的緣故。

㈢關於「葆子」

見於《秦律》中的「葆子」一詞，有如下幾則：

第一，《司空律》規定：「葆子以上居贖刑以上到贖死，居於官府，皆勿將司。」

第二，法律答問簡文曰：「葆子以上，未獄而死若已葬，而誧（甫）告之，亦不當聽治，勿收，皆如家罪。」

第三，「葆子□□未斷而誣告人，其罪當刑城旦，耐以爲鬼薪鋈足。耤葆子之謂殹（也）。」

第四，「葆子獄未斷而誣告人，其罪當刑爲隸臣，勿刑，行其耐，有

（又）毄（繫）城旦六歲。」

第五，「葆子獄未斷而誣告人，其罪當刑鬼薪，勿刑，行其耐，有（又）毄（繫）城旦六歲。」

這些簡文提到的「葆子」，到底是什麼身分的人呢？《睡虎地秦墓竹簡》整理小組認爲：「葆」，通「保」，「葆子疑即任子」，並引《漢書・哀帝紀》「除任子令」條注引應劭所説「任子令者，《漢儀注》吏二千石以上，視事滿三年，得任同產若子一人爲郎」等話爲證⑦。果如此，則「葆子」實爲郎官的同義語，意即被保舉或保任爲郎官的官吏子弟。

從上述諸簡中「葆子」所享有的特權來看，也證明葆子即任子之説是不誤的。第一簡説明「葆子」有罪當刑時，可以享受贖刑的優待；又當他們以給官府服勞役抵償贖金時，也不像刑徒那樣有人監督，可見他們雖然犯了罪，還是有人身自由的。第二簡説明「葆子」犯罪而身死者，享有免受起訴的特權，即使有人告發，「亦不當聽治」，「勿收」即不拘捕其家屬，同「家罪」一樣處理。什麼叫「家罪」呢？法律答問有明確的回答：「家罪者，父殺傷人及奴妾，父死而告之，勿治。」由此可見，所謂「家罪」，就是關於家長或奴隸的主人犯罪身死後可以免予起訴的規定。「葆子」犯罪身死與家罪同，表明「葆子」犯罪死後也同樣享有免受起訴的特權。至於第三、四、五條簡文，都是講的「葆子」犯了罪尚未判決而又犯有誣告罪時，應「當刑城旦」、「當刑隸臣」及「當刑鬼薪」者，都「勿刑，行其耐，又係城旦六歲」，即一律不加刑罰，只施以耐刑和拘係城旦勞六年而已，這顯然是在量刑時對「葆子」減輕刑罰。由此可見，「葆子」又享有重罪輕罰的特權。

根據這些特徵，説明「葆子」確不是一般平民，與二千石以上官吏的子弟身分是相符合的。因此，這些情況進一步證明「葆子」即「任子」之説，是可信的。

再説秦有《除子弟律》，規定「當除弟子籍不得，置任不審，皆耐爲候」。這説明官吏的子弟有專門的「弟子籍」，官府可以根據弟子籍給官吏的子弟以一定的官位。這種被保任的子弟，很可能就是「葆子」。

「葆子」既爲「任子」，則盛行於漢代的任子制，實始於秦國商鞅變法

後。換言之，漢代的任子制也是繼承秦制而來。任子制，既是關於二千石上官吏可以保舉子弟一人爲郎官的規定，具有鮮明地固化軍功地主利益的性質，那麼，軍功地主的特權化過程，在秦國商鞅變法後就已經開始了，無怪乎到了漢代就形成了勢力相當雄厚的豪强世族地主階層。

㈣關於「相邦」

《漢書·百官公卿表序》云：「相國、丞相，皆秦官，金印紫綬，掌承天子，助理萬機。秦有左右。高祖即位，置一丞相；十一年，更名相國。」據此，知秦自悼武王二年置丞相後，相國與丞相之名往往互見，均爲秦之同一官名。又據《秦會要訂補》卷14《職官》，知丞相與相國爲同一官名的情況，不僅見於秦國，也見於戰國時的東方諸國。清末人王國維在其《觀堂集林》卷18《匈奴相邦印跋》一文中，又認爲「六國執政者均稱相邦」，並引秦有相邦呂不韋的戈文及魏有相邦建信侯的劍文爲證。既然是同一官名，爲什麼既名「丞相」，又稱「相國」，還號「相邦」呢？實則是初名「丞相」，後改「相邦」，「相國」之名則爲「相邦」所改。雖然《史記·穰侯列傳》、《范雎蔡澤列傳》及《秦始皇本紀》均有「相國」之名，卻不能作爲秦昭王及秦始皇時期有「相國」之證據。因爲《史記》的這些「相國」，都是司馬遷按照高祖十一年「更名相國」的漢制，爲避高祖劉邦名諱而改「邦」爲「國」的。因此，「相國」之名，實始於漢初而不始於秦；《漢書·百官公卿表序》以「相國、丞相」都當作「秦官」理解，也是以漢制代替秦制；至於《戰國策》及《呂氏春秋》中所見的「相國」之名，很可能也是漢人據漢制而改易。

秦有「相邦」而無「相國」之名，可以從地下出土實物的銘文中獲得確證。據《吉金圖錄》卷下，有「廿一年相邦冉之造，雍工師葉」的戟銘文，陳直先生考證這裡的二十一年爲秦昭王二十一年，「冉」爲魏冉即穰侯⑧。但《史記·穰侯列傳》謂魏冉此時正是復相於秦的時候，接著還說：「昭王三十二年，穰侯爲相國」，昭王「三十六年，相國穰言客卿竈欲伐齊取壽剛」，同秦國出土戟文之稱魏冉爲「相邦」者不同。因此，知《史記·穰侯列傳》之「相

國」係司馬遷據漢制改易而來。又《吉金圖錄》卷下還有「四年，相邦樛斿之造，櫟陽□上造□」之戈銘，據陳直先生考證，此四年爲秦始皇四年，相邦樛斿疑即昭王五十一年條之將軍摎⑨，是秦始皇四年仍名「相邦」，而無改易。再據《小校經閣金文》卷 10 載有呂不韋戈銘，其文曰：「五年，相邦呂不韋造，詔吏圖、丞戠、工寅」，這是秦始皇五年呂不韋所造之戈，《史記·秦始皇本紀》謂「相國呂不韋」，同書《呂不韋列傳》謂「莊襄王元年，以呂不韋爲丞相」，「太子政立爲王，尊呂不韋爲相國」，然則這裡的「相國」之名，也應爲司馬遷據漢制改易而來，本應爲「相邦」。

今據雲夢出土秦簡，更可證明「相邦」之名，本是戰國時執政者之通稱。如秦簡《爲吏之道》簡文末尾附有《魏戶律》有「廿五年閏再十二月丙午朔辛亥，○告相邦」語。這裡的二十五年，爲魏安釐王二十五年，相當於昭王五十五年；這裡的「告相邦」即魏王命令相邦之意。由此可見，秦昭王時期，不僅秦國有「相邦」之名，魏國也有「相邦」之稱，確證王國維氏所考不誤。陳直先生只説「相邦即相國，西漢以避高祖諱改稱相國」⑩，卻未指出秦時本無「相國」之名，只有「相邦」之稱，後來見於《史記》中之秦昭王時及秦始皇時之「相國」，均係司馬遷據漢制所改，這未嘗不是陳氏之疏忽！

至於漢代避高祖劉邦之名諱之方式，也並非拘泥於一格。改「相邦」爲「相國」，是避劉邦名諱的第一種方式。改「相邦」爲「相封」，是避高祖名諱的第二種方式，如「匈奴相邦」，在《史記·匈奴列傳》中則改爲「相封」，封有封疆之意，改邦爲封，音、形、義均通，王國維早已指出這一點。第三種方式，是省去「邦」字，如《史記·建元以來侯者年表》翕侯趙信條，謂趙信「以匈奴相降」；又如《漢書·匈奴傳》把《史記·匈奴列傳》中的「相封」改爲「匈奴相」，都是例證。陳直先生的《史記新證》有關條目，未能點明王國維的見解，未免不是疏漏。

伍關於「客」和「邦客」

在《秦律》簡文中，屢見關於「客」和「邦客」的記載。由於《商君書·境

內篇》有「爵五大夫，有稅邑六百家者，受客」的記載；又有「有爵者乞無爵者以爲庶子，級乞一人，其無役事也，其庶子役其大夫月六日，其役事也，隨而養之」的規定；《漢書‧刑法志》還有「魏有吳起，秦有商鞅，皆禽敵立勝，垂著篇籍……功賞相長，五甲首而隸五家」的說法；因而有人認爲見於秦簡中的「客」與「邦客」，就是這種「庶子」和被賞賜給軍功地主的「客」，本質上是「束縛在軍功貴族領地上的依附農民」⑪。這種說法是否可信呢？還有賴於我們對秦簡中凡涉及「客」與「邦客」的簡文作出具體分析。

　　秦簡中涉及「客」和「邦客」的簡文，約有如下幾條：

　　第一，《倉律》規定：「稻□禾孰（熟），計稻後年。已獲上數，別粲、穤（糯）秔（黏）稻。別粲、穤（糯）之襄（釀），歲異積之，勿增積，以給客，到十月牒書數，上內史。」

　　第二，法律問答簡文云：「盜出朱（珠）玉邦關及買（賣）於客者，上朱（珠）玉內史，內史材鼠（予）購。」

　　第三，同上簡文又云：「客未布吏而與買，貲一甲。可（何）謂布吏？詣符傳於吏是謂布吏。」

　　第四，同上簡文云：「可（何）謂旅人？寄及客是謂旅人。」

　　第五，同上簡文云：「者（諸）侯客來者，以火炎其衡厄。」

　　第六，同上簡文還說：「邦客與主人鬥，以兵刃、投（殳）挺、拳指傷人，擊以布。可（何）謂擊？擊布入公，如貲布，入齎錢如律。」

　　上述第一簡，說的是關於區別不同稻類而分別儲藏以備使用的規定。這裡的「以給客」，是用以供賓客使用之意。可見這種「客」，決不可能是供役使的「庶子」及「受客」之「客」。

　　第二、三、四、五諸簡中的「客」，都有來自秦國以外的諸侯國及多從事商賈貿易活動等特徵；他們與秦國人之間沒有隸屬關係；只要把他們的「符傳」即通行證交給秦國官府查驗，就可以進行他們的貿易活動。因此，這種「客」同寄居者一樣，都被稱之爲「旅人」。由此可見，這種「客」實際上就是從諸侯國來秦國從事商賈之業的「邦客」，顯然也不是「庶子」及「受客」之「客」。

第六條簡文，提到「邦客與主人鬥」，似乎「邦客」得從屬於一定的主人，實則並非如此。因爲當「邦客」用兵刃、棍棒及拳指等打傷了主人時，並不像法律答問中其他關於鬥毆者那樣要受到嚴厲處分，而只是「擊以布」，即官府給「邦客」以罰布的處分，以表示對被打傷者的安撫而已。如果説「邦客」的身分是隸屬於主人的依附者，則「邦客」打傷了主人，將要同奴隸打傷其主人一樣嚴懲，是決不會如此優容「邦客」的。由此可見，這裡的「邦客」，與上面來自諸侯國的客商是同一身分的人，這裡的「主人」是指相對於客籍的外來人而言的，並不是役使「邦客」的主人。

如上所述，可知見於秦簡中的「客」和「邦客」，並不是「庶子」及「受客」之「客」這種依附者，而是身分自由的來自秦國以外的外邦人。這同《史記・李斯列傳》所説的「諸侯人來事秦者」的「客」，具有同樣的身分特徵，只是有或從事於政治活動與或從事於經濟活動的區別而已。因此，恐不能把秦簡中的「客」和「邦客」，都當作受秦人奴役的依附者看待。

㈥關於「臣邦人」

田人隆把秦簡中的「臣邦人」，理解爲供「軍功貴族役使的封建依附農民」⑫，其説至當，現就涉及「臣邦人」的簡文作補充分析如下：

涉及「臣邦人」及「臣邦」、「真臣邦」等概念的簡文，有如下若干條：

第一，「臣邦人不安其主長而欲去夏者，勿許。可（何）謂夏？欲去秦屬是謂夏。」（法律答問）

第二，「真臣邦君公有罪，致耐罪以上，令贖。可（何）謂真？臣邦父母產子及產它邦而是謂真。可（何）謂夏子？臣邦父、秦母謂殹（也）。」（同上）

第三，「使者（諸）侯、外臣邦，其邦徒及僞使不來，弗坐。何謂邦徒、僞使？徒、吏與偕使而弗爲私舍人，是謂邦徒、僞使。」（同上）

第四，「可（何）謂贖鬼薪鋈足？可（何）謂贖宮？臣邦真戎君長，爵當上造以上，有罪當贖者，其爲羣盜，令贖鬼薪鋈足，其有府（腐）罪，贖宮。

其它罪比羣盜者亦如此。」（《法律答問》）

第五，「有故秦人出，削籍，上造以上爲鬼薪，公士以下刑爲城旦。」

第六，「邦亡來通錢過萬，已復，後來盜而得，可（何）以論之？以通錢。」（《法律答問》）

第七，「告人曰邦亡，未出徼闌亡，告不審，論可（何）殹（也）？爲告黥城旦不審。」（同上）

根據上面的這些簡文，首先我們可以明白「邦」字的涵義就是「國」的意思，如第六、第七簡的「邦亡」及前引《魏戶律》的「告相邦」均可證。「臣」是臣屬的意思。因此，「臣邦」是指臣屬於秦國的諸國而言。所以，第三簡把「使諸侯」與「外臣邦」並列，更說明「臣邦」是臣屬於秦的屬國而言。「臣邦」既是指臣屬於秦的屬國而言，則「臣邦人」是指秦的屬國之民之在秦者甚明。

在秦國境內的「臣邦人」，從其血統上講，可以區分爲兩種情況：一叫「真臣邦」，二叫「夏子」。二者的區別在於：「真臣邦」的父母雙方都是臣邦人，這種人不論其出生在秦國境內還是出生於「臣邦」地區，都叫「真臣邦」；而「夏子」，則是男性爲臣邦人與女性的秦國人結合後所生育的子女，即「秦人」與「臣邦人」的混血種，其出生地自然在秦國。這是上引第二簡和第五簡簡文所給我們的印象。

「真臣邦君公」與「臣邦真戎羣長」，則應是指「真臣邦人」和「臣邦真戎」的首領而言。前者，大約是臣屬於秦的屬國的貴族子弟之質居在秦者，後者可能指臣屬於秦的少數民族的豪酋。例如《史記・秦始皇本紀》謂秦始皇九年四月嫪毐作亂時，就曾「矯王御璽及太后璽以發縣卒及衞卒、官騎、戎翟君公」等爲亂，這裡的「戎翟君公」，同簡文的「臣邦真戎君長」酷似。正因爲這些「真臣邦君公」及「臣邦真戎君長」是臣屬於秦的屬國之貴族子弟和少數民族豪酋，所以當他們犯法時，可以享受贖刑的優待，與一般的「臣邦人」不同。由此可見，「臣邦人」（包括「真臣邦」與「夏子」），是指臣屬於秦的屬國之民及少數民族人民之在秦國者，他們與「故秦人」有國籍不同和種族不同的差別。

　　這種「臣邦人」同秦國統治者及「故秦人」的關係怎樣呢？一般說來，是奴役與被奴役的關係。因爲根據第三簡簡文，當秦人出使「諸侯」及「外臣邦」時，可以攜帶屬於他們的「私舍人」性質的「徒」與「吏」一同出使，這種人被稱之爲「邦徒」、「僞使」。他們往往在出使中逃亡，不再隨出使主人返回秦國。這種人既被稱爲「邦徒」，則是「臣邦人」之爲秦人「私舍人」者。他們的身分與「徒」相同，其爲服雜役、供驅使者甚明。又第一簡簡文，直稱「臣邦人不安其主長而欲去夏」，則臣邦人被固定的主人役使甚明。他們的「不安其主長」，正是他們不堪奴役的反映。當他們要求離開秦國到秦的屬國去時，法律規定「勿許」，顯然是不允許「臣邦人」自由行動，則「臣邦人」的身不自由和受奴役的情況便十分清楚了。

　　然而，這種「臣邦人」是怎樣到秦國去的呢？依據有限的史實記載，可知約有三種來源：一是來源於秦國統治者的招徠：《商君書·徠民》篇云：秦國地廣人稀，「人不稱土」，而「三晉地區」，「土狹而民衆，其宅參居而並處；其寡萌賈息民，上無通名，下無田宅」，所以有人建議「利其田宅，而復之三世」，以引誘三晉之民西入關中，然後「令故秦民事兵，新民給芻食」，則秦國可以富強。據高亨先生考證，這是秦昭王時期的事。元人馬端臨在其《文獻通考》裡指出：秦「誘三晉之人，耕秦地，優利其田宅，而使秦人應敵於外，大率百人則五十人爲農，五十人習戰，」看來秦昭王是採納了這個招徠三晉之民的建議的，只是人數不詳而已。這是秦國「臣邦人」的第一個來源。其次，是通過戰爭，把大批戰敗國的居民掠歸關中或秦國境内。《左傳》僖公二十二年，謂秦曾把「諸戎人」遷之伊川；《史記·樗里子列傳》載秦惠王八年，因伐曲沃，「盡出其人，取其城地入秦」；《史記·秦本紀》謂秦昭王二十年，因爲「魏獻安邑，秦出其人」；《華陽國志》卷 3《蜀志》臨邛縣條謂「郡西南二百里，本有邛民，秦始皇徙上郡實之」；《史記·張耳陳餘列傳》載秦末章邯攻邯鄲，「皆徙其民河内」；《史記·貨殖列傳》稱這種被强制遷徙的人爲「遷虜」。這些記載，都反映出一個共同情況，即秦在對東方及西北地區的戰爭中，的確擄掠了大批人口，並把他們强迫遷徙到秦國範圍内。這自然是秦國「臣邦人」的重要來源。最後，是秦國統治者强迫少數民族地區以輸送奴隸與

犯人的方式，把大批少數民族人民輸入秦國，如出土《秦律》的《屬邦律》規定：
「道官相輸隸臣妾、收人，必置其已稟年日月，受衣未受，有妻無有。」按
秦、漢之制，均於少數民族地區設「道」，以區別於沒有少數民族的縣，可見
《屬邦律》所規定的情況，確是秦國統治者奴役少數民族人民的鐵證。又《法律
答問》有「人貉」一簡，謂「其子入養主之謂」人貉，孫詒讓《周禮正義》卷 65
說「貉可兼狄」，則「人貉」確係出身於少數民族的奴隸。這種人，自然也屬
於「臣邦人」之列。

　　如上所述，秦之「臣邦人」，不僅是「軍功貴族役使的封建依附農民」，
也有可能包括相當數量的「遷虜」，「人貉」和「隸臣妾」，還是種族上受岐
視、經濟上受剝削和政治上受壓迫的被奴役者。

注　釋

①《漢書・景帝紀》注引李奇語。

②《史記・秦本紀・集解》引如淳語。

③《漢書・景帝紀》顏師古注。

④董說的看法，見《七國考・秦刑法考》：沈家本的說法，則見於《沈寄簃遺書・歷代刑法考》。

⑤劉海年的看法，見《文物》雜誌 1978 年第二期的《秦漢「士伍」的身分與階級地位》一文。

⑥參見《文物》1978 年第二期劉海年文。

⑦參閱《睡虎地秦墓竹簡》一書，第 86 頁注⑪。

⑧參閱陳直著：《史記新證》第 17 頁，天津人民出版社 1979 年 4 月版。

⑨參閱陳直著：《史記新證》第 17 頁，天津人民出版社 1979 年 4 月版。

⑩參閱陳直著：《史記新證》第 56 頁。

⑪見《中國史研究》1979 年第二期田人隆的《「閭左」試探》一文。

⑫見《中國史研究》1979 年第二期田人隆的《「閭左」試探》一文。

秦代經濟立法原則及其意義

　　法律，是統治階級意志的表現。封建社會的經濟立法，其本質不外乎通過法律的暴力手段，去維護封建的國有經濟、皇室財產和地主階級的私有制度，並藉以實現其對勞動人民的經濟剝削。但除此以外，也有其注重經濟效益、加強經濟管理、強調經濟核算和防止經濟弊端的合理部分。本文試以雲夢秦簡的《秦律》簡文爲例，略述秦代的經濟立法原則的合理部分。

㈠關於國有經濟與皇室經濟
分開管理與核算的立法原則及其意義

　　我們知道，在奴隸社會的「溥天之下，莫非王土，率土之濱，莫非王臣」①的思想指導下，王室的財產同整個國家的財產是合而爲一的。然而，至秦則不然，早在商鞅變法後不久，就產生了把國有經濟與王室（或皇室）經濟分開管理與核算的萌芽，到秦漢時期開始明朗化。

　　據《漢書‧百官公卿表序》，得知秦、漢國有經濟與皇室經濟已有比較明顯的兩套管理系統。如秦王朝中央設治粟內史，「掌財貨」；漢代因之，景帝時改爲大司農，從此沿而不變。其糧錢的保管機構，則爲「太倉」。這是主管國家財政的機構。與此同時，秦漢時期中央還設「少府」，與治粟內史並列，「掌山海池澤之稅，以給供養。」應劭曰：「少府所管，名曰禁錢，以給私養，自別爲藏。少者小也。」顏師古也説：「大司農供軍國之用，少府以養天子也。」由此可見，少府所管是皇室財產，不同於大司農所管爲國有經濟。這表明國有經濟與皇室經濟分開管理與核算已經制度化了。但是，這種區分，並非始於秦王朝，實肇端於商鞅變法後不久，只是當時這種畫分尚不十分嚴格而已，雲夢出土的《秦律》簡文可以充分證明這一點。

　　《秦律》中經常提到秦國中央設有「內史」，主管經濟；全國各地的若干縣，設令、長及丞，也有主管經濟的職責。縣令長之下，設「縣嗇夫」又叫「大嗇夫」，「縣嗇夫」之下，又設各類專職嗇夫，如倉嗇夫、田嗇夫、苑嗇夫、廄嗇夫、庫嗇夫、司空嗇夫、發弩嗇夫等，統稱爲官嗇夫，都直接受縣嗇夫（即「大嗇夫」）管轄，其所管部門的財物收支、質量、數量、移交、封存及盈虧等情況，都必須向上級報告並接受其監督、檢查和核實②。這說明從中央到地方已初步形成了一套管理國家經濟的行政系統。

　　與此同時，在秦律中也可以看到管理王室財產的另一個系統的萌芽，這便是同「內史」並列的「太倉」、「大內」、「少內」等機構及其下屬的「都官」。這一情況，可從下列事實獲得說明：首先，在《金布律》、《司空律》及《效律》中，屢見「都官」與縣級機構並列，如「縣、都官以七月公器不可繕者」、「縣，都官用楨、栽爲棚牏」、「令縣及都官取柳及木柔可用書者方之以書」及「爲都官及縣效律」等法律條文，就是如此；這些縣與都官並列的情況表明「都官」不同於縣級機構。其次，「都官」不受縣令指揮，直屬「太倉」管轄。如《廄苑律》講到官府對廄苑飼養的牲畜進行考核時，明確規定：「內史課縣，太倉課都官及受服者」，由此可見，縣級機構由「內史」管轄，而「都官」由太倉管轄。其三，上繳其所管財物時，縣上繳內史，而「都官輸大內」，《金布律》對此有明確規定。這些情況說明：從內史到縣令丞及官嗇夫，同從「太倉」、「大內」到「都官」，是兩個平行的主管經濟的行政系統。所謂「大內」，是對「少內」而言，據《史記‧孝文本紀》中六年條《索隱》曰：「主天子之私財曰小內。小內，則屬大內也。」所謂「小內」之「小」，即前云「少府」之「少」。「小內」既屬「大內」，則「少內」、「大內」都是主管天子私財的機構，即「少府」之類機構的前身。

　　不過，在秦國，上述兩套管理系統尚不完備，也未固定化。首先，在機構名稱方面的區分未定型化。以「太倉」來說，到秦、漢時已屬於主管國家經濟的機構，而在秦國則爲主管王室經濟的機構。這時雖有「少內」、「大內」之名，卻無「少府」之稱。主管國有經濟的「治粟內史」之名也未出現。其次，從所管理財產的性質來說，公與私的界限並不嚴格。故屬「大內」、「少內」

及「都官」主管的財物，在法律中也往往被稱爲「公器」或「公馬牛」、「公車牛」，有《效律》、《廄苑律》及《司空律》可證。其三，由「都官」主管的財物，一般雖上繳於「太倉」和「大內」，但《金布律》有「都官遠大內者」，可以「輸縣，縣受賣之」的規定，同時又得「以書時謁其狀內史」。這表明這兩個系統之間並沒有截然區分。其四，由縣主管的廩食帳目，則不上內史而上於「太倉」，有「縣上食者籍及它費太倉」的《倉律》可證；廩衣有剩餘，則輸大內而不輸內史，《金布律》可證。其五，都官主管的器物需要補充時，則上報「內史」而不上報「太倉」及「大內」，《內史雜律》可以證之。反之，凡賠償的財物，則不入「內史」而上繳「少內」，有《金布律》可證。所有這一切，都說明前述兩個管理系統的區分尚不嚴格，僅僅處在萌芽階段。

上述關於國有經濟與皇室經濟分別管理與核算的立法，本質上是奴隸制下的國有經濟制度逐步解體並向私有經濟制度過渡的產物。因此，這一經濟立法之所以肇端於商鞅變法之後，正標誌著國有經濟思想的逐步動搖和私有經濟觀念的逐步確立。它之所以區分不嚴格，正由於它是過渡形態的緣故。它之所以嚴格和明朗化於秦漢王朝，正反映出封建的私有經濟制度的確立和發展。因此，從上層建築領域的這一變化，也可反證社會形態畫分的界限。

(二)關於官府直接經營與管理國有經濟的
責任制立法原則及其意義

秦的社會經濟，從其所有制形態來說，既存在私有制，也存在國有制，這無論在土地、牲畜、器物、手工業、商業乃至奴隸的占有狀況等方面都是如此。法令對於二者雖然都是保護的，但對國有制經濟，有格外重視的迹象。法令對它不僅分別制定了主持其生產的機構與系統的法規，也分別制定了如何管理與核算的條例，而且有明顯的經營與管理的責任制立法原則，這在對國有土地、國有牧場與國家倉庫的經營與管理方面表現得尤爲突出。

以對國有土地的經營與管理來說，國家設有專門官吏主管其事。從《田律》「百姓居田舍者毋敢酤酒，田嗇夫、都佐謹禁御之，有不從令者有罪」的規定

看，得知「田嗇夫」與「部佐」等官都是專門主管國有土地的官吏。從主管範圍來說，國有土地的播種面積和未播種面積的具體數字、下雨多少和雨後作物的生長情況、水旱蟲災對作物損傷情況、每畝土地播種不同作物的下種數量、移動田界以及各種有損國有土地耕作的行爲等等，都在其管轄範圍之內③，他們都要對所管轄範圍內出現的差錯負責。這顯然在國有土地的經營與管理方面，存在責任制的立法精神。

在牲畜的管理與使用方面，也存在同樣情況。飼養國有牲畜的牧場，依據其大小與所屬部門的不同，被稱之爲「大廄」、「中廄」及「宮廄」。被飼養的牲畜，一律謂之「公牛馬」。直接的放牧與飼養者，或叫「隸臣妾」，或謂「皂者」。其主管者，有「廄嗇夫」與「都官」；其下似乎還有「牛長」及「大田」等官，分別主管耕牛飼養及「乘馬服牛」的飼料發放等事。法律分別規定了關於牲畜管理與使用的職責：因放牧與飼養不良而造成牲畜死亡者及因役使過分、而使牲畜減肥者，要追究主管者、飼養者、使用者的責任。這無疑又是牲畜管理與使用方面的責任制立法精神的體現。

至於在國家各類倉庫財物的管理方面，更明顯地存在管理責任制的立法原則。爲了確保國家的糧食不受損失，《倉律》對糧倉的入倉、貯藏、支出、盤點、封存及盈虧等等管理事務作了詳細的規定。入倉時，全部糧食要詳細由倉嗇夫登記入帳，並且上報內史。入倉後，由縣嗇夫、丞及倉、鄉主管人員共同封存，並寫上每一糧倉的儲糧數量、糧食品種及主管該糧倉的嗇夫的姓名。凡倉嗇夫免職時，必須驗收其所管糧倉所儲糧食的數量及質量，然後再予封存。出倉時如主管該倉的人員換人，必須先驗收而後出倉，糧食所在地的地方長吏，也必須共同參加入倉及出倉事務。《效律》還規定：如果糧食因漏水而使糧食霉爛達百石以下，倉嗇夫要受到斥責；損壞百石以上到千石者，要罰出一甲罰款；過千石者，要罰二甲；其他有關管理人員還得共同負責賠償。所有這些規定，無一不體現出秦律關於國家糧食的管理責任制立法原則。

由此可見，凡國家糧倉、土地、牲畜及其他財物，都以法律的形式確定了管理的責任制。它不僅分工明確，責任具體，措施周密，而且實行罰款與賠償等經濟制裁手段和縣令、丞、官嗇夫與眾吏的連坐辦法，以保證經濟管理責任

制的順利實行。這無疑會對國有土地、牧場的經營和對糧食、物資的管理帶來積極的後果，至少也有利於防止各級官吏的貪污盜竊和減少因管理不善帶來的經濟損失。商鞅變法以後秦國之所以能迅速富強起來，應當說國家經濟管理方面的責任制立法是有其作用的。

㈢關於手工業與商業方面的保護外商、強化市場管理、統一產品規格、重視技術工匠和培訓技術新工的立法原則及其意義

從《商君書》裡，我們可以看到大量的關於重視農戰、抑制工商的言論，似乎秦國的手工業與商業無關緊要，不受重視。然而，從《秦律》中所反映的事實，不僅說明官府重視國營手工業與商業的發展，而且也重視保護私營手工業與商業的存在。爲了促進官私手工業與商業的發展，對其經營方式、貨幣類別的鑄造權利、度衡量的標準、市場的管理、價格的確定、商品的規格以及各種手工業產品的製作程序、生產定額等等，都作了相應的規定。今摘其立法原則略加闡述：

第一，關於保護外邦商人的立法

所謂「外邦」，係指秦國以外的諸侯國和邊境的少數民族政權而言。在當時的歷史條件下，這些地區到秦國從事貿易的商人，就屬於外邦商人，當時名之曰「客」、「寄」、「邦客」或「旅人」，分別見《法律答問》部分的有關簡文。這些外地商人來秦貿易時，秦的法律對他們作了兩個方面的規定：一是加強管理，二是給予優惠。總的來說，對外邦商人的合法貿易活動是給以保護的。所謂加強管理，包括如下幾個方面的內容：首先，外地商人入秦貿易時，必須經過檢查，有憑證方能入境。這可以從《法律答問》關於「何謂亡券而害？」的解釋中得到說明。這裡的所謂「券」，即憑證；「亡券」，即丟失憑證。外商丟失憑證就會造成危害。其次，外商入境，必須作安全與衛生檢查。同上簡文云：「諸侯客來者，以火炎其衡軛。」意即來自諸侯國的商人，必須以火熏其車上的衡軛，爲的是防止外商的馬匹身上的病蟲（即細菌）附著在車

的衡軛上而帶入秦國。其三，外商正式到市場貿易時，必須先到官府進行登記。《法律答問》指出：「客未布吏而與賈，貲一甲。何謂『布吏』？」回答是「詣符傳於吏是謂『布吏』」。這就是說外邦商人，必須首先把「符傳」（即憑證）交給官吏檢查後才能開始貿易活動，否則要罰出「一甲」。其四，不准外商把秦國的貴重物資攜出秦國。《法律答問》有「盜出珠玉邦關及賣於客者，上珠玉内史」的規定，意即有把珠玉等貴重物資賣給外邦商人者，官府沒收其珠玉。上述幾方面的規定，都是有關外商管理事務的。管理的目的不在於限制外商，而在於保證外商的合法貿易。與加強對外商管理的同時，又明文規定給予他們以優惠待遇。首先，外商在辦了「布吏」手續後，就允許他們進入市場自由貿易。其次，外商的生活需要可以受特殊照顧。如《倉律》規定：「別粲、糯之釀，歲異積之，勿增積，以給客」，也就是說，把利稻與糯稻區別開來，每年分別貯藏，專門用來供給賓客，自然也包括外賓、外商，可見連喝什麼酒、吃什麼飯也考慮到了。其三，外商違反了秦的法律，除必須按秦國法律給以懲罰外，在量刑方面也有優待。《法律答問》指出：「外邦與主人鬥，以兵刃、殳梃、拳指傷人，擊以布。何謂擊？擊布入公，如貲布，入齎錢如律。」意即外商和秦國人發生毆鬥致傷時，對外商僅罰出醫療費用，不作刑事處分。上述内容，表明秦律確包含了保護外邦商人的立法精神。綜觀秦國歷史，它的經濟的開發，正當的興革，都與外邦人有密切的關係，甚至連重要官吏也不乏外邦人，應當說這些都同《秦律》保護外邦商人的立法有關。

第二，關於強化市場管理的立法。

秦在保護與發展官私手工業與商業的同時，對市場的管理也制定了一系列法規。首先，明確貨幣種類，禁止私鑄錢幣和提倡錢、布並用。爲了確保錢布並用，《金布律》規定了每一「布袤八、幅廣二尺五寸」的規格，如「布惡，其廣、袤不如式者，不行。」其次，市場設置專門的官吏，《金布律》上說到的「列伍長」與「吏」，都是專門管理市場的官吏；《封軫式》的《盜馬》等爰書中，有「市南街亭」，還設有「校長」與「求盜」等人，專司追捕「盜賊」。市場有門禁，刑徒不許隨便進入市場。其三，統一度量衡標準和隨時檢查物價。關於度量衡的制度，《效律》有明確規定，此不贅述。至於檢查物價，《金

布律》規定，市場的商品必須用標籤標明價格，只有不到一錢的小商品例外。這樣作的目的，無疑是爲了防止商人哄抬物價，擾亂市場。其四，規定錢、布比值和確立十一進位制。《金布律》規定：「錢十一當一布。」在這裡，不僅說明錢幣與布的比值是 11:1；而且反映出計算方法上的十一進位制④。所有這些規定，都反映出一個共同的原則：即强化對市場的管理。這，除了有利於商品經濟的發展外，還可避免不法商賈的操縱物價、私鑄錢幣等弊端。

第三，關於統一產品規格和關於計劃生產的立法

在關於官府手工業的法規中，有兩點特別值得注意：一是關於統一產品規格的立法，二是關於官府手工業作坊實行計劃生產的立法。關於前者，《工律》規定：「爲器同物者，其大小、短長、廣亦必等。」這無疑是統一產品規格的立法。關於後者，《秦律十八種》中的佚名律規定：不屬於本年度應生產的產品，又没有朝廷的命書，而擅自決定生產其他器物者，其工師與丞都都要罰出二甲。由此可見，每個官府手工業作坊所生產的產品，在品種方面都有規定，非經官府批准不得變動。這說明官府手工業作坊，是按國家有關部門的生產計劃和指標進行生產的，多少有些屬於官府直接經營的因素。然則，關於計劃經濟的立法，正是它們的國營性質所決定的。秦的官私手工業與商業並存的格局，從本質上反映出官府的計劃經濟與民間的無計劃的商品生產的巧妙結合。

第四，關於重視技術工匠和培養技術新工的立法

在有關官府手工業的法律中，尤其發人深思的，有重視技術工匠和培養技術新工的立法。《均工律》規定，手工業作坊的工匠被區分爲「新工」和「故工」（即老工匠）兩種，此外還有專門從事傳授技術的「工師」。「新工」與「故工」，由於技術水準不同，故每年每人的生產定額也不同。《均工律》規定：「新工初工事，一歲半功，其後歲賦功與故等。」新工的生產定額是逐步增加的。提高「新工」與「故工」的生產技術的辦法是「工師善教之」，即對他們進行技術培訓。培訓的期限，也視原有水準的不同而不同。「故工一歲而成，新工二歲而成。」在固定的期限內，如能提前完成學習任務者，官府有獎賞；反之，滿期未學成者，要登記名冊上報內史，大約是爲了懲罰他們或者作出其他處置。所謂「能先期成學者謁上，上且有以賞之。盈期不成學者，籍書

而上內史」的規定，就是指此而言。細讀此條法律，其重視提高生產技術的精神十分明顯。另外，在技術者和無技術者的使用上，也有明顯的差別。如《工人程》規定，有刺繡技巧的官府女奴及一般婦女，允許他們獲得同男子一樣的待遇。《均工律》又規定：「隸臣有七巧可以爲工者，勿以爲人僕、善養。」意即不許他們去從事趕車、烹飪等雜役。毫無疑問，這些立法對於提高生產技術、發揮有技巧奴隸的作用和發展官府手工業生產，將會起重大作用。秦始皇統一六國後，能在短期內完成若干巨大的土木工程和製造出像兵馬坑所顯示的如此衆多的精良的車馬、武器等等，未嘗與這樣的立法原則沒有關係！

㈣關於國家財物的收入、支出、統計、計帳、上報及核算等財會立法原則及其意義

在秦律中，我們可以看到詳細的、周密的關於財會立法的內容。如果從其立法的原則著眼，不外乎嚴格簿籍記帳制度，強化會計審核手續，確立支付標準，制定憑證制度，實行上計辦法，最後達到健全財政、防止貪污浪費和有計畫地開支的目的。試分述於次：

第一，關於嚴格簿籍記帳制度的立法

凡屬國家財物和皇室財產，不論其屬於內史還是屬於大內主管，都有相應的財物登記簿籍，當時謂之計帳。如糧食的入倉、各種武器的數量和品種、國有牧場的牲畜和領取牲畜飼料、官府隸臣妾的人數、性別、年齡大小和有關隸臣的廩衣、廩食等等均有計帳。總之，不論土地、人口、物資、牲畜、產品等均有簿籍，凡財政的生產、分配、貯藏、支付、盈虧等等也各有計帳。即使是同一個縣的不同部門，也各有其財會人員，當時謂之「計」，可見也各有自己的計帳。簿籍、計帳類別的紛繁，反映出官府對計帳制度的重視。詳見《秦漢史探討》一書的《秦漢的上計制度》一文的《戰國和秦的上計制度》一目所述，此不贅。

第二，關於會計審核手續的立法

簿籍、計帳是經濟審核的基礎，建立各種簿籍、計帳，爲的是強化財會審

核制度，要强化財會審核制度，必須明確財政經濟的核算單位、記帳方式和預算結算辦法。大體説來，每一個縣的財政收支，每年有總的結算；縣尉及縣司馬之下，也各有會計人員（詳後），自然也各是一個核算單位；各個手工業作坊，既各有計帳，自然也是作爲基層核算單位而存在的。以國家糧倉的管理來説，據《倉律》所載，收入的糧食每萬石爲一積，有「廥籍」，足見每一糧倉就是一個核算單位。糧食入倉時，還要區分不同類別。這樣分開核算，便於發現問題和明確責任。爲了便於核算，法律對記帳的方式也作了規定；例如官府所入的稻子之在穀子成熟以後者，則「計稻後年」，即這筆稻子的收入記在下一年的帳上⑤。又《金布律》規定給隸臣妾發放冬衣時，過時未領取者，後計冬衣來年」，而這年的冬衣數放入下一年的帳内。這都説明記帳的時間，有一個統一的下限，目的是爲了便於結算。其他物資收支的記帳，也遵循同一原則。只有官府手工業作坊上繳產品時，才固定記在當年的產量帳目内。這種分出方、入方的記帳方法和統一記帳的時間下限等規定，明顯地反映計帳的科學性和年終結算制度的存在，這同現代的會計學原理頗有一致之處。至於手工業作坊的產品其所以必須記在當年帳目上而不許移記下年，大約與核算諸作坊是否完成了計畫中的產品數量有關。

　　在簿籍、記帳的基礎上，除了每一經濟核算單位需要進行核算外，還需要將帳目、簿籍上報有關部門審核。如《倉律》規定：「縣上食者籍及它費太倉，與計偕，都官以計時讎食者籍。」意即各縣把需要領取口糧的人員名册和其他費用連同當年的帳簿一同上報太倉後，都官還得在每年結算時核對領取口糧人員的名册。這顯然是爲了弄清有無作弊或不實之處。這種由上級機構審核計帳的作法，當時謂之「計校」，屢見於《效律》。所以，《效律》是關於財經審核的專門法律。

　　在財經的核算制度中，除了有年終的結算之外，還有每年年初的預算制度。如《倉律》規定，分別貯存的粢稻和糯稻釀的酒，當用「以給客」時，「到十月牒書數，上内史」，即必須在每年的十月即歲初用牒寫明所需數量，上報内史。這種在年初上報某種物資所需數量於内史的制度，顯然帶有財經制度上的預算的作用。

上述關於各種物質分別立帳、並將各部門所需物質數量上報內史的預算制度，無疑是爲了加强國家財政開支的計畫性，以便量入爲出，防止虧空。

第三，關於收支憑證和支付標準的立法

爲了健全財會制度，秦律規定了各種財經收支的憑證制度。如《田律》有關於主管「乘馬服牛」的「大田」官向官府領取飼料時，要憑官府發給的領取憑證——「致」的規定。又《金布律》規定：「縣、大內皆聽其官致，以律廩衣。」這裡的「官致」，就是官府發的統一憑證。即享受廩衣待遇的人，可以憑證券向大內領取衣服；同樣，《金布律》又規定「縣都官坐效、計以負償者，已論，嗇夫即以其值錢分負其官長及冗吏，而人與負辨券，以效少內，少內以收責之。」這裡的「辨券」，就是賠償的負債證明，即財會人員有罪賠償時，各持應該賠償的證券到少內去繳納，少內則憑證券之數取之。這些立法，對於防止貪污盜竊國家財物，無疑是必要的和合理的。

爲了防止開具憑證的單位從中作弊，秦律還對應當支付的標準作了規定。如《倉律》依據隸臣妾的年齡大小、男女性別及勞作輕重等規定了不同的廩食數量。《金布律》對廩衣的用料也作了具體的限制。當有關部門向官府領取衣服及用麻數量時，其憑證必須依據這些具體的支付標準計算。這樣就防止了虛報冒領之弊。而且在審核時，這些憑證與支付標準的規定，就成了判別開支是否合理的依據。

第四，關於「上計」制度的立法

所謂「上計」制度，即全國各地區、各部門逐級向上級報告有關財政收支、人口、土地、戶籍等的數量與狀況的一種制度。其所以叫做「上計」，是由於從事財政的記帳與核算的人員叫做「計」的緣故。向上呈報財政收支情況，就成了「上計」。從事上報任務的財會人員，便成了「上計吏」。因此，「上計」制度，本質上就是財政會計制度。據出土《秦律》，知此制形成於戰國時期。至少有如下一些主要特徵：

首先，任何部門，都設有從事財經核算的會計人員。如《效律》有「令吏椽計」，便是令下面的會計；縣司馬之下，也同樣有會計，叫做「司馬令史苑計」，所有這些會計人員，或簡稱爲「計」，也可統稱「官計」⑥。由此可

見，《秦律》重視財會人員的設置，本質上是重視財經會計制度的反映。

　　其次，會計人員在帳目上出現差錯或者貪污盜竊國家財物，要受到嚴懲，其直接上級也要連坐。《效律》規定，會計帳目不符合實際、或盈餘數超過規定和不應出帳而出了帳，得按其數量折合錢數，除了如數賠償外，還得按錢數多少給以不同的罰款。凡是在計算中錯算一戶人口或一頭馬牛，就算是「大誤」，應同差錯超過六百六十錢以上者同罪。如係自己發現了錯算，可減罪一等。至於「計有劾」即會計有罪，其長官如縣尉、司馬令史、縣令、丞與會計連坐，《效律》不乏其規定。

　　其三，其他官吏，凡財經方面出現問題者，都要受到不同程度的懲處。其論罪的依據是：「爲都官及縣效律：其有贏、不備、物值之，以其價多者罪之，勿累。」意即在核驗財物時發現超出和不足，應按物估價，按其中價值最高者論罪，而不是把各種物品的估價加在一起論罪。其論罪的範圍是：「官嗇夫、冗吏皆共償不備之貨而入贏。」意即某一部門的財物出現不足或多餘，由該單位所有官吏共同賠償其不足部分和上繳其多餘部分。

　　其四，一切有關財經會計的帳目，都要上報中央「內史」。《倉律》有「入禾稼、芻稿」要「上內史」的規定；《均工律》有把學徒新工造名冊「上內史」的要求；《內史雜律》有關於都官所主管的經濟部門的器物需要補充時，必須於每年九月造冊「上會」於「內史」的規定。各級會計機構與人員，都需要接受雙重管轄：一重是接受本地區本部門的主管官吏的管轄，二重是接受中央有關部門對它們的垂直管轄。這就是說，財會機構與人員，對於某一地區或部門來說，具有相對的獨立性。這大約是爲了防止各地區或部門的主要官吏夥同會計人員貪污舞弊。

　　如上各目所述，秦的經濟立法除了有其維護剝削制度和保護剝削階級經濟利益的本質屬性外，在如何健全經濟法制、提高經濟機構的管理職能、重視經濟效益、發展社會生產、杜絕各種經濟弊端等方面，都採取了若干科學的合理的措施，制定了必要的法規，保證了國家各級經濟機構職能的發揮和運轉的效率。其結果，不僅直接加強了中央集權的經濟制度，也帶來了農業、手工業與商業等發展，爲秦國的迅速富強創造了條件，從而保證了統一六國的重大政

治、軍事任務的實現。

注 釋

①《詩‧小雅‧北山》。

②參閱拙著《雲夢秦簡初探（增訂本）》中的〈論《秦律》中的「嗇夫」一官〉一文。

③參閱同上拙著中的〈從雲夢秦簡看秦的土地制度〉一文。

④參閱同上拙著的〈從雲夢秦簡看秦的若干制度〉一文的〈關於「市」的建制與國營工商業的制度〉目。

⑤見《睡虎地秦墓竹簡》中的《倉律》簡文，本文所引《秦律》，均見此書。

⑥參閱拙著《雲夢秦簡初探（增訂本）》中的〈從雲夢秦簡看秦的若干制度〉一文的〈關於「計」及「上計」制度〉目；亦見本書的〈秦漢上計制度述略〉一文。

（原載《學術研究》1986年第二期。發表時，多有刪削，弄得許多地方辭意不明。收入本書時，略有增加，但並未恢復原稿字數；至於在此基礎上所作的論述部分，更未恢復原稿面貌，以免篇幅過大。）

評〔日〕堀毅著《秦漢法制史論考》

　　由法律出版社於 1988 年 8 月出版的日本學者堀毅所著《秦漢法制史論考》
一書（以下簡稱堀毅書），近 28 萬字，由《睡虎地秦墓竹簡概要》、《〈漢書・
刑法志〉考證》、《秦漢鄉官考》、《睡虎地秦簡〈編年記〉考》、《秦漢刑名考》、
《秦漢寬刑考》、《秦漢徭役考》、《秦漢盜律考》、《秦漢物價考》、《秦漢賊律
考》、《漢律溯源考》、《唐律溯源考》及《秦漢法制研究的歷史和現狀》共 13 篇從
法制史角度研究雲夢秦簡的論文組成，書末附有《有關雲夢秦簡的資料與著述
目錄》及作者簡歷。蒙堀毅先生惠我一册，收到之日，立即展誦，頗有感於該
書作者對秦漢法制史的一些考證與論述，既有新意，又有疑團。爲了促進中日
學人之間的文化交流，願撰此書評，既以略抒讀後之感，又以稍示質疑問難之
意。如此，定能增進我們之間的真誠的學術友誼！

（一）

　　評論一部學術著作的質量高低，最基本的一條，就是要看其在材料發掘、
研究方法和論證結果等方面，有無超出前人和同時代同行學人已有論著的地
方。所謂「超出」，指的是在前人及今人研究同一問題的基礎上有所推進、補
充、發揮，以及有新問題的提出與新領域的開拓等等。只要在這些方面有其一
點或一個側面，就應當承認其爲「超出」，不一定要面面俱備，更不能要求新
説的完善無缺。事實上很難出現這樣的創舉。至於行文的風格如何、措詞的優
美與否以及敍述的方法是否得當等等，雖然也很重要，但畢竟不是關鍵所在。
對通過翻譯而來的外國學者的論著，尤其不應過多的苛求。這就是我在評論堀
毅先生論著時所遵循的原則。

　　用這一原則去衡量，我認爲堀毅先生的這一論著，至少有如下一些立意較

新之處：

第一，關於確定重點方面所表現出來的新的構思：

我們知道，睡虎地秦簡（以下簡稱秦簡）的出土和整理公布，給戰國和秦漢史的研究帶來了無與倫比的福音。由於其内容的高度原始性、可靠性和豐富性，深爲學人所重視。於是利用秦簡探討戰國、秦漢時期各種制度的論文，一時如雨後春筍，形成了「秦簡熱」。但應該指出，秦簡的主要内容是秦律，因而秦簡的主要價值，應當表現在對戰國、秦漢法制史的研究方面。這就是説，充分利用秦簡所提供的新資料，去探討秦律的淵源、秦律和刑名類別和刑罰體系、秦律所反映的立法原則和法制思想、秦律的本質特徵、秦律與漢律的關係以及秦律在中國古代法制史上的地位等等，才算抓住了秦簡研究的核心問題。這樣才能更好地顯示出秦簡的作用所在和更深入發掘秦簡内涵的巨大價值。然而，自 1976 年秦簡公布後，研究它的論著雖然不少，卻缺少專門從法制史角度去研究秦簡者，儘管也有一些關於法制史的論文問世，仍顯得有些分散和單薄。直到 1985 年 5 月才有栗勁同志的《秦律通論》問世，初步充實了從法制史的角度研究秦簡的單薄。不過，栗著屬於綜合性論著，偏重於把他人的研究成果系統化，又把有關官制與國家職能方面的一些内容收入其中，還不乏空洞的理論闡述，對有關法制史方面的内容卻缺少深入的發掘。這就是説，對秦律的研究仍然是不夠的。因此，從迫切需要加強對秦律的研究著眼，堀毅書可謂真正抓住了核心問題，並能從法制史的角度對秦律中的盜律、賊律、刑名類別、刑罰體系、立法原則、漢律和唐律等同秦律的淵源關係等等方面去論述秦律在中國乃至世界法制史上的地位，得出了李悝《法經》是真實存在的、商鞅制定的《秦法經》直接來源於魏國的李悝《法經》、蕭何制定的《九章律》基本承於秦律、《漢書・刑法志》刪略了從春秋到秦之前若干法典的編纂過程與情況，致使人們懷疑李悝《法經》的存在、魏明帝時修改的舊律有許多地方符合秦律等等有關法制史的結論，從而證明了《晉書・刑法志》所説的中國古代法制史經歷了由李悝《法經》到商鞅《秦法經》，到漢初蕭何《九章律》，再到曹魏明帝太和三年的刑法改革這樣一個一脈相承過程的真實性。因此，堀毅先生的秦簡研究，在確定研究重點方面，確有牢牢抓住秦簡的主要内容，並從法制史的角度去探討秦律内

涵的新構思。

　　第二，關於秦漢刑罰名稱、類別、刑期、刑罰體系和變化發展過程的新見解：

　　關於秦漢刑名的研究，過去主要是根據《漢舊儀》、《漢書・刑法志》及《史記》、《漢書》的有關注釋。可是，這些材料關於秦漢刑名的記載既在刑期方面有矛盾，又在諸刑名的涵義方面有不同理解。特別是由於秦律的散佚，使人們只能依據《漢律》去推斷秦律，或者逕把《漢舊儀》中所説《秦制》云云，當作秦律的真實情況，以致陷於矛盾重重之中而不能自拔。於是，各依據自己的理解去作解釋，從而產生了言人人殊，莫衷一是的狀況。例如《漢舊儀》把秦制的「髡鉗城旦、舂」説成五歲刑，「完城旦、舂」爲四歲刑，「鬼薪、白粲」爲三歲刑，「司寇」爲二歲刑，「戍罰作」與「復作」均爲一歲到三月刑；而《史記・秦始皇本紀》如淳注及《漢書・惠帝紀》應劭注，都認爲「髡鉗城旦、舂」爲四歲刑；關於「完城旦、舂」，《周禮・秋官・掌戮》鄭司農注及《北堂書鈔・刑法部・刑徒》均作三歲刑；今人則有據秦簡而謂秦的刑徒無刑期者。又《漢舊儀》所載「秦制」中無「隸臣妾」刑名，《漢書・刑法制》才第一次出現此刑名。在秦漢刑徒服勞役方面，傳統的解釋都認爲每一種刑徒的勞役內涵是固定的，如「城旦」築城，「舂」舂米，「鬼薪」取薪，「白粲」擇米，「司寇」監視盜賊與邊寇，「戍罰作」即「戍罰」，意爲戍邊，「復作」爲女徒作於官府。至於「髡鉗」、「完」是附加在各類刑名之上的附加刑，在《漢舊儀》所載及《漢書・刑法志》中，均不見附加肉刑如斬趾、黥、劓、刑等於上述各種刑名之上者，而秦簡所見律文卻有之。這都反映《舊漢儀》所云「秦制」與秦簡中的秦律之矛盾。

　　如何解釋上述各種矛盾看法呢？

　　堀毅氏的辦法是這樣：首先，他從整理秦簡中的刑名入手，找出秦簡中存在「城旦、舂」、「鬼薪、白粲」、「隸臣妾」、「司寇」、「候」等五種勞役刑刑名。他之所以判定「隸妾・臣」爲勞役刑刑名，是因爲《法律答問》「何謂家罪」條有「有收當耐未斷，以當刑隸臣罪誣告人，是謂當刑隸臣」的話，同《法律答問》中「當刑爲城旦」的提法相同，表明「隸臣・妾」是刑名。（關

於隸臣妾的説法，仍有可疑處，詳見後文。）這樣，既糾正了傳統舊説認爲秦不存在「隸臣妾」刑名的説法，也暴露出《漢舊儀》所云「秦制」之可疑。其次，他又把見於秦律中的刑名主刑部分（即勞役刑部分）同附加的肉刑部分加以區分，發現見於秦律中的「城旦、舂」刑徒有附加「斬左趾」、「刑」、「黥」、「黥劓」等肉刑者，卻無附加「髡」、「髡鉗」等刑者，反之，卻屢見「城旦・舂」刑名前附加「完」刑者；並揭示出肉刑僅科於「城旦、舂」、「鬼薪」、「白粲」而不及於「司寇」與「候」的規律，還推斷出秦有「斬左趾」的肉刑。這既説明秦的「隸臣妾」以上勞役刑刑徒多存在勞役刑之外處以肉刑者，又表明「髡」、「髡鉗」、和「完」等附加於勞役刑的刑罰，是保全其軀體完整而施加的輕刑，還説明了《漢舊儀》中的「城旦、舂」刑徒之所以無「斬左趾」、「黥」、「黥劓」等附加肉刑的刑名，是因爲免除了肉刑的緣故，從而進一步暴露出《漢舊儀》所云「秦制」，並非秦制而是漢制。再次，堀毅氏又把秦律中所載諸勞役刑刑名同《漢書・刑法志》所載勞役刑刑名比較，發現《漢志》所載是西漢文帝實行刑法改革前的肉刑名稱，有「斬右趾」、「斬左趾」、「劓」、「黥」等，同秦律附加於勞役刑「城旦、舂」刑徒的肉刑名稱相同；反之，卻同改革後的加於勞役刑的笞刑完全不同。這就表明西漢文帝實行刑法改革前的刑名與刑罰，是直接導源於秦律的；由於文帝刑罰改革的主要內容是廢除肉刑和代以笞刑，因而形成了同秦律刑名、刑罰的差異。這樣，堀毅氏便得出了《漢律》存在著文帝改革前的《漢舊律》與改革後的《漢新律》兩個刑罰體系與兩個發展階段的結論。其四，堀毅氏又以《漢舊儀》所載「秦制」中的刑名、刑罰同《舊漢律》及《漢新律》中的刑名與刑罰比較，發現《漢舊儀》所載除笞刑外，均與《漢志》所載《新漢律》基本一致。從而得出了《舊漢律》所載勞役刑的刑名與刑期，均爲文帝改革後之制。這樣一來，《舊漢儀》所載刑名、刑期、刑罰都非「秦制」，而是漢制，且是文帝改革後之制，從而使基於此而產生的一系列矛盾迎刃而解，這不能不是堀毅氏的一個重大發現。此外，堀毅氏還闡明了如下一些概念：「完刑」的「完」，意爲剃光頭髮，其意與髡刑相同；完刑同耐刑有區別，耐刑是剃光鬢鬚且不與城旦、舂併科使用，只同鬼薪以下勞役刑併科使用；秦律中的耐刑，不是單指刑名，是附加刑，但到了晉以後及南

北朝，便變成了一個固定的刑名；在秦律中，完刑只限與城旦、舂併科使用；
當時設置完、耐兩種刑罰，是爲了把「城旦、舂」同「鬼薪」以下囚犯區分開
來；秦律中的贖刑，取「贖加刑名」的形態，所要贖的是原來應該科處的刑
罰，包括耐罪以上的肉刑在內，但從漢律開始，「贖刑」便變成了一個固定的
刑名；秦的刑徒是有刑期的，而且推斷城旦、舂刑徒的刑期爲六年（詳見堀書
168～170 頁及 316 頁注）；在秦律及《漢舊律》中的「鬼薪、白粲」勞役刑，
是只適用於有爵二級以上者的特殊性刑罰，到《漢新律》中便變爲了包括庶人在
內的三年勞役刑的刑名。儘管這些新的看法，有的還值得進一步推敲，但他這
種處處從法制史的角度來闡明刑名、刑期、刑罰等的涵義及其變化發展的作法
是值得重視的。

　　第三，關於秦、漢律中的立法原則和法制思想方面的新見解：

　　過去法制史的研究者，無不認爲秦律是無比殘酷的，體現了法家治法思想
的輕罪重罰原則。秦簡出土以後，也無不以秦律內容去論證秦法的殘酷性。但
堀毅氏卻與衆不同，他除揭露秦法殘酷性一面外，還較多地論述了秦律的合理
性和寬刑主義思想等。如：他在《秦漢盜律考》與《秦漢賊律考》二文中，弄清了
「盜罪」與「貲罪」的關係，得出了這樣一個結論：「貲二甲」是秦律中「貲
罪」的最高級別；級別低於「耐隸臣妾」的「耐司寇」與「耐候」等勞役刑，
同「貲二甲」以下的各級貲刑，是作爲二個刑法系統同時並存的；盜贓的數量
與刑罰的輕重是相應的，同貲罰的多少也是對應的，其對應關係爲：盜一錢未
滿者貲一盾，盜百錢者貲二甲，盜百錢以上者耐爲隸臣、妾，盜 220 錢以上者
完城旦、舂，盜 660 錢以上者黥爲城旦、舂。他還發現了秦律中犯有幾項刑罪
的罪犯，採取「二罪從重」的基本原則，而且這一立法原則爲《唐律》所繼承，
並獲得了發展。他又指出了秦律中存在著「殺人者死、傷人者刑」的同害刑思
想。因此，「秦律實際上並不像《史記》及《漢書》等史書所說的那樣嚴酷，而且
在罪刑法定方面的完備程度堪與唐律相媲美。」（336頁）；特別是秦律中包
含了對「幼少者」、「老者」、「有疾者」和「婦女」在量刑輕重、從事勞役
的強度和服刑時是否帶刑具等方面都有從輕從寬的原則，表現出敬老主義、保
護婦女與兒童及「公癃」（即因公致殘者）的立法原則與精神，堀毅氏特稱之

爲「寬刑主義」思想，從而更顯示出秦律的合理性與非殘酷性的一面。對於秦律的非殘酷性一面，堀毅氏認爲主要是秦始皇三十四年以後逐漸增加的。所有這些觀點，對於我們進一步探討秦律的合理性是會有幫助的。我曾經撰寫了《見於〈秦律〉中的訴訟、審訊與量刑制度》（收入《雲夢秦簡初探》增訂本中）及《試論秦的經濟立法原則及其意義》（刊《學術研究》1986 年第 2 期）等文，也企圖探討秦律的合理性，讀堀毅先生的有關論文後，更覺有進一步探討這些問題的必要。

此外，堀毅先生還提出了一個耐人尋味的問題：即因鬥毆致傷他人顏面及鬢髮，要處以特別重的刑罰。如《法律答問》中關於「士伍甲鬥，拔劍伐，斬人髮結，何論？當完城旦」，便是例證。爲什麼要處以重刑呢？堀毅氏認爲是因爲傷了他人的「面目」，要影響到他人的面子，而「當時能否保存體面甚至關係到其整個人格」（319 頁）。所以秦律中對此特別要科以重刑。如果結合秦律中關於髡刑、耐刑、完刑等刑罰名目及其變化來看，更可見能否保全形體的完整確是一個至關重要的問題。明乎此，對「面子」一詞的由來以及秦漢時期的社會風俗習慣和思想觀念狀況，都可以由此得到許多啓示。

第四，關於秦漢戶籍制度的新見解：

關於秦漢時期的戶籍制度，堀毅氏並無專文。但他在《秦漢刑名考》一文中卻論及了秦漢戶籍制度的「八月案比」之制及以年齡作爲衡量大、小的基礎這一制度的形成過程等問題。

我們知道，關於漢代常以「八月案比」戶口（即以每年八月調查、登記戶口）的制度始於何時的問題，在過去基本上沒有弄明白。《漢書·高帝紀》四年（公元前 203 年）條，雖有「八月初爲算賦」的記載，但無法斷定「八月案比」之制是否也始於此時。又登記戶口是爲了徵收賦稅、徵發徭役和兵役，這必然要涉及到役年與納稅的年齡標準問題，那麼以年齡計算大小的基準的制度又始於何時呢？爲了解決這些長期疑而未決的問題，堀毅先生的考證提出了嶄新的看法。他根據秦律中對於細小者實行寬刑措施的各種表現，證明秦時確定成年與不成年即大與小的標準，不是年齡而是身高。並根據《法律答問》的若干簡文，證明六尺是秦律中區分大與小的基準。但當他考慮漢律中的對幼小者與

老者實行寬刑措施的各種表現時，卻發現不再以身高爲準則，而是以年齡的大小爲標準去區分大小長幼。於是，他得出這樣的結論：秦和西漢用於區別成年與未成年的標準有一個由以身高爲基準到以年齡爲基準的變化發展過程。至於這個變化始於何時？堀毅氏又作了巧妙地回答：他根據《史記・秦本紀》中的秦王政「十六年，初令男子書年」及秦簡《編年記》中「（秦王政）十六年……自占年」兩條記載，確證此年始有令男子登記年齡的事。接著他又以《秦律十八種》關於「小隸臣妾以八月傅爲大隸臣妾，以十月益食」的規定，斷定書年之事也在這年八月，意即漢制「八月案比」的源淵。但尚不足證明成年的標準到底是多少歲，於是，他又對《史記・秦始皇本紀》三十一年條《集解》引徐廣語作了新解。徐廣曰：始皇三十一年，「使黔首自實田」。本來《史記》正文該年無事迹，是空白，只有徐廣作了這麼一個注才填補了這個空白。徐廣的根據是什麼，已無從得知。堀毅氏認爲徐廣的這個注十分寶貴，因爲這一年的「使黔首自實田」是爲了徵收租稅，從秦皇政十六年到始皇三十一年，恰恰爲 15 年。假定「自實田」也是三十一年的八月，那麼始皇十六年出生並開始登記年齡的人，到這年已 15 歲，要他們從這年起「自實田」即開始納稅，「就成爲可能了」。通過這番廣泛的聯繫與論證之後，他得出了這樣的最後結論：秦漢時代的「八月案比」與 15 歲成年的戶口調查制度的建立，經歷了秦皇政十六年八月前的「舊制時代」（即以身高爲大小的時代）；秦皇政十六年八月到始皇三十一年八月前「爲向新制度發展的準備時期」；以及從始皇三十一年八月後到秦末「爲向新制度轉變時期」這樣三個階段。堀毅氏這一看法，雖然還存在一些假設的成分，並不完全是無懈可擊的，但其聯想的豐富和推論的新穎，卻是令人驚訝的，無疑可以促使人們去繼續思考這些問題。

　　第五，關於秦漢物價問題的新見解：

　　過去研究秦漢物價者，大都未能重視《九章算術》一書，更未真正將這部書作爲基本史料加以利用。究其原因，一是不明此書的成書時代；二是書中所載物價與見於正史中的物價相距甚遠。堀毅氏則將見於秦簡中的戰國和秦的物價同《九章算術》中的物價結合起來進行研究，特別是通過秦律關於盜、賊罪的贓值例證及官府廩衣食時所涉及的物價，推算出戰國和秦的物價狀況表。然後分

別以此表同《九章算術》的物價及秦代史料中所見物價分別比較，從而得出了這
樣的結論：《九章算術》是與秦律同時代的書，因爲兩者所列物價基本相同或相
差不多。因而《九章算術》，不僅是一部數學書，同樣也是一部了解戰國和秦的
社會經濟制度的寶貴文獻。反之，由於《九章算術》中所反映的物價，同漢代史
籍中的物價記錄相差很大，表明它反映的不是漢代的物價。與此同時，堀毅氏
還把見於漢代史料中的勞動者的勞動收入，同《九章算術》所反映的戰國和秦的
勞動者收入進行比較，從而發現漢代勞動者的勞動收入，較秦時收入高 10
倍；而漢代的粟價只比戰國和秦高三倍，漢代馬、牛、羊等畜類價格只比戰國
和秦高 1 至 3 倍。這説明漢代勞動者的勞動收入增長幅度大於物價上漲幅度，
反映出漢代人們的衣食之資較戰國和秦遠爲豐富，人們的生活水準得到了提
高。這只能是漢代的社會生產力發展水準，大大超過戰國和秦時才能出現的。
基於此，漢代人口之迅速增長到 5900 多萬，爲以後 10 個世紀所未曾達到的高
度，都與漢代生產力水準的提高和人們生活的改善有關係。堀毅先生從秦漢的
物價研究入手，最後順理成章地得出如此重要的結論與推斷，不能不説是其獨
具匠心的表現。

　　此外，在秦漢鄉官研究中，堀毅先生也提出了不少頗具新意的見解。例如
他從見於《漢書・百官公卿表》的秦漢鄉官的名稱與職掌均不見於秦簡的事實出
發，得出了戰國和秦都沒有「鄉嗇夫」、只有縣級嗇夫、漢代鄉嗇夫及鄉三老
等鄉官始於漢高祖二年和漢代縣級嗇夫官制已經消失等結論。而這些變化產生
的原因，堀毅氏認爲：戰國和秦時其所以縣級機構中有各式各樣的嗇夫官，是
爲了執行《倉律》、《司空律》、《工律》、《廄苑律》、《田律》等法規的需要而設立
的；到了漢代之所以不存在縣級嗇夫官，則是由於漢初《九章律》形成後，許多
有關的事律被合併入了興、廄、戶三律中，有關嗇夫官的職掌也相應地併入了
列曹，故無須另設縣嗇夫系統。70 年代末，我曾從漢代國有經濟系統的削弱
方面去闡明漢代取締縣級嗇夫的原因，詳見拙著《雲夢秦簡初探》增訂本中《論
〈秦律〉的「嗇夫」一官》，見堀毅氏之説後，尤其發掘之深，餘不悉舉。

(二)

　　堀毅先生之所以能從衆所周知的秦簡及現存的史料中得出上述一系列新的看法，並使秦簡的研究有所推進和突破，應當説同他所使用的研究方法有密切的關係。概括起來，他所使用的研究方法，集中表現爲比較法、統計法、表解法、和數學計算法的有機結合和靈活運用，這使一些很難獲得數量觀念的問題，也能用數量去表示，從而引導出新的結論。

　　以比較法來説，其方式也是多式多樣的。有縱比法，如以秦律同《尚書·呂刑》等先秦典籍中的刑罰制度比，同《漢律》、《晉律》、及《唐律》等比，用以發現中國古代刑罰制度的繼承與演變狀況。有橫比法，如以秦律的盜律同賊律比，以盜律中的不同部分相互比，以賊律中的不同部分相互比，以發現其異同，從而總結出原則和尋繹出規律來。研究秦律是如此，察考秦漢物價時也是如此。例如堀毅氏之判定《九章算術》成書的時間應與秦簡同時，便是用此書所反映出來的物價同秦簡所反映出來的物價的比較並發現其基本一致以後得出的。他所發現的漢代勞動者的勞動收入高於戰國和秦時的勞動者的勞動收入，也同樣是通過比較而來。至於他斷定秦簡《編年記》的性質與作者時，更是把《編年記》中措詞的語法結構、用詞特點進行比較後才作出結論。因此，可以這樣説，堀毅氏的每一篇目，都充滿了比較研究法的例證。

　　堀毅氏比較研究法的運用靈活和得當，而且能得出人們意料之外的好結果，還在於他的比較研究法同統計法、表解法與數學計算法等方法同時使用。

　　以統計法與表解法的運用來説，據我不完全的統計，見於堀毅氏書中的表解不下 52 個之多。而且他每作一個統計表或運用一次表解法，都是爲其比較法的運用服務的，也是爲了把複雜的關係簡單化和條理化、爲了揭示某種事物的關聯而運用的。至於統計與表解的具體作法，也無一定格式，視論文、論點的需要而定，他需要突出什麼和需要了解什麼，就以什麼爲中心而設計出表解的項目與格式；同一性質的史料，他可以根據其需要和重點的不同而作出各種方式的表解。例如同是運用秦律的有關規定作爲依據，當他要揭示各種事律如

《倉律》、《工律》、《田律》、《廄苑律》及《徭律》等同不同的執行官吏之間的關係時，就列出了《秦律十八種及其擔當官》的表解（見頁 111 至頁 112）；當他要了解見於秦律中的秦代勞役刑的類別及其同肉刑、完刑與耐刑等的關係時，就繪制了《秦代勞役刑》表（見頁 162）；當他要了解秦律中的贖刑同罪犯的身分、爵位的關係時，便製出了《身分、爵位和贖刑的關係》表（見頁 166）；當他要弄清秦律中諸刑名同贖錢多少的對應關係時，便列出了《刑名和贖錢的關係》表（見頁 168）；當他要明白秦律中的盜罰與刑罰的輕重關係時，他製出了《秦律中盜罪與刑罰》表（見頁 248）；當他要了解秦律中耐刑的涵義的變化時，便繪製了《刑罰從秦到隋的變遷》表（見頁 164），闡明了東漢和晉以後耐刑成了勞役刑的通稱的變化過程。如此等等，不一而足。表解的主體都是秦律，而每一表解的目的與重點都不相同，充分反映出對同一史料進行表解的方式的多樣性。

至於統計、表解、與數學計算方法的結合使用，他在關於秦漢物價的研究中所使用的方法，便是一個典型的例證。他為了要弄清《九章算術》中所反映的物價屬什麼時期，便先分別將見於漢代史料中的物價，按穀類、六畜類和布帛類的各種不同品種與時代列出來，並分別計算出它的單價，再把見於《九章算術》中的同類同品種的各種產品表列出來，也同樣計算出它們的單價，然後將二者列於一總表中分別進行比較。這樣，兩者的價格差別便一目瞭然。關於秦簡中的物價與《九章算術》中的物價比較表，也按同樣方法計算與繪製。不過，為了計算秦簡中的物價，他不得不借助秦津中關於盜贓與貲罰數量的多少的關係去發現線索，並用數學的方法計算出秦的物價來。因此，在這裡計算的方法就顯得更為重要。除此之外，還有粟與米的換算方法；又由於米有糲米、粺米等的不同，它們同粟穀之間的換算率又各有不同，因而更需要運用計算的方法，否則，他的統計、表解便無法進行。正因為他正確地運用了計算方法，計算出了見於秦簡中的各類主要物品的大致單價，便為他同見於《九章算術》中的物價及漢代史料中物價的比較創造了條件，從而使他一系列有數量根據的結論便隨之而產生了。由此可見，他的一些有新意的結論之所以能夠得出，實同他的統計、表解法同計算方法的結合運用有密切的關係。

　　分析、假設和必要的推理等方法，在堀毅氏的書中也時有反映。特別是分析的方法，他的每一統計的完成和每一表解的繪製，都是在分析的基礎上作出的。離開了對各種史料的分析，就根本無法選定怎樣的重點、難點、關係和方面進行統計和表解，也會使統計和表解失去目的性而成爲畫蛇添足的東西。至於假設和推理，也是堀毅氏在分析過程中經常使用的方法，例如他在編製秦漢時的勞役刑以上刑名的比較表時，「預先把《漢舊儀》假定爲文帝以後的制度」，以之同秦律、《漢書·刑法志》的舊規定及新規定相比較（見 180 頁），通過比較就證實了他的假定是正確的，因爲在幾者的比較中，反映出一個合乎規律的逐步演變過程來。同樣的假定，在論證過程中曾多次出現，而且大都收到了較好的效果。由此可見，在分析基礎上的假設和合乎邏輯的推理，在研究問題的過程中，也是不能絕對排除的。

　　如上所述，堀毅氏書中所體現的研究和方法，也是值得重視的和可以借鑒的。

㈢

　　當然，堀毅書也同任何一部成功的著作一樣，有其不足之處和可疑的地方。茲就鄙見所及，略舉數端，以之求教！

　　第一，該書內容在質量上存在不平衡性：

　　全書共收論文 13 篇，其中大部分論文有如上所述的新見解，但也有個別論文，並未提出什麼新問題，也沒有解決什麼老問題，比較明顯的例證，我認爲《秦漢徭役考》一文即屬之。

　　此文僅僅對秦簡出土前日本史學界根據《漢舊儀》所載研究秦漢徭役制度時得出的一些結論進行了評述。至於作者本人，並沒有從秦簡中發掘出有關秦的徭役的內涵和以之論述秦漢的徭役制度。然而，秦簡中關於徭役制度的內容是不少的，拙文《秦漢徭役制度》（見《中國經濟史研究》1987 年第 1 期）對此已經作一些發掘，而堀毅氏未能察覺，因而給人以發掘不深之感。作者在此文中提出的一些觀點，如對「士伍」身分的認識與爵位是否可以世襲等問題，則是

中國學者言之鑿鑿的問題，而堀毅氏既未加以引述，又未超出這些人的看法，反之只是在日本學者的觀點中打圈子，好像中國學者無人探討似的，這未免不符合事實，故顯得引述不如其他論文宏博。如果説此文也有新見解的話，那就是對中國傳統的説法提出了異議。他認爲《漢舊儀》所説的「五十六免」的話，不是指免除刑罰，而是指免除徭役，因而應以 56 歲爲老免的年齡上限。他之所以如此認爲，是因爲 56 歲免老的年齡的規定有其醫學上的根據，具有合理性。他的根據是《四部叢刊正編》唐王冰注本卷二十四所載《黃帝內經》的《上古天真論篇》中的下述記載：「丈夫八歲，腎氣實，髮長齒更……七八肝氣衰，筋不能動，天癸竭、精少，腎臟衰，形體皆極。」這裡的「七八」之年，堀毅氏認爲就是 56 歲。因而他得到了中國古代以 56 歲爲中國老免年齡上限的「醫學上的佐證」，並使他「窺見（了）當時醫學進步的足迹，並得知其成果已經出現在公法上的情況」（頁 228）這樣的結論和引申，未免顯得根據不足，給人以個人想像代替事實的印象。像這樣的見解，新則新矣，但未必可靠！

第二，堀毅書中有些觀點，還有值得商榷的地方，略舉數例如下：

例一：關於秦的勞役刑刑期的計算問題：

堀毅氏認爲秦的「城旦、舂」、「鬼薪、白粲」、「隸臣、妾」、「司寇」及「候」等勞役刑刑名，都是有刑期的。單就秦的刑徒有刑期這一點來説，我個人是贊同的，且早已有所論述，詳見拙著《雲夢秦簡初探》及其增訂本中的《從出土〈秦律〉看秦的奴隸制殘餘》及《關於〈秦律〉的「隸臣妾」問題質疑》等文，且推算出「城旦、舂」的刑期爲 6 歲和「司寇」的刑期比「城旦、舂」少三歲等，此不贅述。但堀毅先生卻推算出秦的「城旦、舂」刑期爲 30 年。他是怎樣推算出來的呢？他推算的唯一依據就是《法律答問》中的如下一條簡文：「當貲者，沒錢五千而失之，何謂？當譖。」在他看來，「當貲者」的刑罪同「沒錢五千而失之」的刑罰是相等的。因而他得出「貲一盾」，等於罰錢 5000 的結論，從而爲他作出貲盾、甲的數量同罰錢多少之間存在著對應關係的結論提供了依據。然後，他又依據秦的《司空律》關於以服勞役償債、償罰款和贖刑罪時的「日居八錢」及給「居貲贖債者歸農，種時、治苗時各二旬」等規定，計算出每一個服勞役贖刑罰的人，每年實際服勞役只有 325 天。再以此

天數乘以 8 錢，即得每人 1 年的贖錢額爲 2600，即等於「貲一盾」的罰款數額的一半。換言之，「貲一盾」的金額，等於服勞役兩年的金額。於是從貲盾的多少，就可以推算出一系列的不同金額和折合成不同的服勞役的年數來。推算至此，他又遇到了一個問題，即秦簡中有無「貲二盾」的刑罰呢？「貲一盾」與「貲一甲」之間的比例關係如何呢？依據他的考證，盜贓值大於 1 錢和小於 22 錢的罪犯，定罪時，應「貲二盾」；盜贓值大於 22 錢和小於 66 錢者，應「貲一甲」；盜贓值大於 66 錢而小於 110 錢者，應「貲二甲」（見頁 266 表解）。於是「貲一盾」、「貲二盾」、「貲一甲」與「貲二甲」這個貲罰輕重的順序便排列出來了，隨之而來的便得出了相當於罰款 0.5 萬、1 萬、2 萬、4 萬、8 萬這個等比級數的順序也排列出來了，從而折合服勞役刑的年限分別爲 2 年、4 年、8 年、及 15 年或 16 年、30 年的刑期差別也推算出來了（見頁 266 表解）。這就是説，「貲二盾」的貲罪實例，根本不見於秦簡，因而「貲二盾」相當於貲錢一萬及相當於服勞役刑四年等看法，都是憑他一系列的假定推算出來的。至於「貲二甲」的例證，雖見秦簡，卻只有「司寇盜百一十錢，先自告，何論？當耐爲臣妾，或曰貲二甲」（見《法律答問》）一例，從這裡也看不出「貲二甲」與「貲一盾」、「貲二盾」之間比例關係來。因此，堀毅氏的「貲一甲」爲「貲二盾」的兩倍和「貲一盾」的四倍等説法，也是在秦簡中找不到例證的。這就是説，關於「貲盾」與「貲甲」之間的錢值與服勞役長短的比例關係，都是堀毅氏主觀想像出來的。因而這一系列的推算，其可靠性是值得懷疑的。

　　更有甚者，他所賴以作出上述一系列推算的史料基礎的理解也有錯誤。如前所述，他作出上述一系列推算的史料基礎是《法律答問》的「當貲盾，沒錢五千失之，何論？當誶」等語。他從這裡獲得了貲一盾等於罰款 5000 的這個數據。實則《法律答問》此條不能作如此理解。此簡文是説對一個應判罰一盾的犯人，只判處沒收其錢財 5000，法律認爲是「失刑」，即判處不當，判者當受到申斥。總之，這條《法律答問》的內容，是針對審判者講的，不是針對犯人講的。從規定中，我們可以看出：「當貲盾」的刑罰要比沒錢 5000 嚴重，否則不能叫「失之」，也不應當受到申斥。這就是説，「當貲盾」的錢值要大於

5000 錢。既然這個前提發生了動搖，那麼，堀毅氏據以作出的一系列推算，自然就是建立在沙灘上的樓閣。

　　堀毅氏在計算過程中的又一根據，即《法律答問》關於「司寇盜百一十錢，先自告，何論？當耐爲隸臣，或貲二甲」。對此條的理解，也多少有些問題。此簡是説當一個犯有司寇罪的犯人又犯了盜人 110 錢的罪，在自首了以後應當如何處理，有兩種意見：一是「耐爲隸臣」，一是判以「貲二甲」的貲罪。此條法律的總精神有從寬處理的意思，因爲犯罪人原是輕刑「司寇」，又係自首。因此，對此處之「或耐爲臣妾」與「或曰貲二甲」的關係，存在兩種可能：一是二者是相等的，即「耐爲臣妾」等於「貲二甲」，堀毅氏正是這樣理解的；二是二者不相等，即「貲二甲」輕於「耐爲臣妾」，才能體現從寬之意。從情理推斷，應當是後者居多。可是，堀毅氏在找不到其旁證的情況下，就斷定二者是相等的，並以之去作計算「隸臣妾」以上勞役刑刑期的依據，從而得出了「隸臣妾」刑期爲 15 年及「城旦、春」刑期爲 30 年等結論，未免有武斷之嫌！

　　實際上，對依據上述根據及推算方法計算出來的「城旦、春」刑期爲 30 年之説，連他自己也感到太長，有些説不過去。於是，他又杜撰了一個李悝、商鞅係以「五口人家爲前提計算刑期」（頁 170）的新理論，意即所判之勞役刑，是科於 5 口之家這個整體的，即每人分攤爲 6 年，因而「城旦、春」的實際刑期爲 6 年的説法便出來了。以這種杜撰出來的理論去企圖解決矛盾，實際上是等於自找麻煩。人們不禁要問：司寇的刑期爲 8 年，「隸臣妾」的刑期爲十五、六年，又如何分攤呢？「城旦、春」的刑期爲 30 年，按 5 口之家分攤，每人 6 年，實際服勞役時是一人去服役還是 5 人輪流呢？5 人服勞役的總年數到底是 6 年還是 30 年呢？所有這些問題，堀毅氏都没有回答，事實上也不可能回答，因爲都是子虛烏有的事。

　　例二：關於「盜十錢」的貲罰爲「貲二盾」的推算問題：

　　堀毅氏在分析秦律中的盜贓值的多少與貲罰輕重的關係時，首先，他從《法律答問》的「甲盜不盈一錢，行乙室，乙弗覺，問乙何論也？毋論。其見知之而弗捕，當貲一盾」的規定中，找到了「『凡人盜不盈一錢』法定刑的重要線

索」（頁249），再結合「甲盜，贓值千錢，乙知其盜，受分贓不盈一錢，問乙何論？同論」的規定，得知「甲盜不盈一錢」的貲罰也是貲一盾。其次，他又按照同樣的方法，從《法律答問》中分別找出了盜百錢的貲罰爲貲二甲，盜100錢以上的刑罰爲耐隸臣，盜220錢以上的刑罰爲完城旦、舂，盜660錢以上的刑罰爲黥城旦、舂（見頁260）。儘管在這些過程中，堀毅氏利用了不屬於盜律的囚律及《效律》中的一些法規作爲旁證，還算是可以自圓其說。但是，到了第三步，當他推算一錢與十錢的刑罰爲「貲二盾」這種對應關係時，就越來越顯得根據不足了。他論證的辦法是這樣：首先他假定秦律應當存在「貲二盾」這個刑罪等級；其次，又把僅見於《秦律雜抄》中的唯一的一條關於「貲二盾」的法規普遍化，實際上這條法律根本與盜律無關；其三，進而又假定李悝《法經》本有「貲二盾」的等級，是商鞅把它改變了，或是由於簡化司法手續將「貲二盾」並入「貲一盾」、或是秦始皇時期仍把「貲二盾」的等級取消了等等理由，去解釋秦律中根本不見「貲二盾」等級的原因；最後，還不得不借助於日人古賀登先生發現的「所謂古代中國人特有的分割法這種思維方式」（見頁262）再加上他自己「不揣冒昧認爲當時的盜贓值是同時並用了分割法和乘加法這兩種方式」（見頁263）計算出來的假設。計算的結果，得出了110錢、220錢、660錢等等數值，與秦律中的22錢、33錢、55錢、66錢等同11成倍數的一系列數字表述法相似，於是，他就認爲這是「可以確認戰國到秦時的一個數理原則」（見頁265），從而求出多餘1錢和少於22錢的刑罪等級爲「貲二盾」，「盜一錢與十錢」恰是包含在這個段落內，因而也是「貲二盾」。於是，一個完整的盜贓值與刑罰對應關係的體系便宣告確立起來了。試問這種依靠假設之上加假設、推理之上加推理所得出來的結論，能靠得住嗎？實際上，秦律中所以常見22、33、44、55、66、110、220、660等等與11成倍的數字，並不是什麼按照分割法和乘加法得出來的，而是爲《金布律》所規定的：「錢十一當一布」這個錢幣與布幣的比值所決定的；至於秦律中之所以不見「貲二盾」的刑罰例證，是由於出土秦律並非完整秦律之故。因此堀毅氏刻意求深的作法，其結果是反而失之。

例三，關於秦律中的「完刑」只限科於「城旦、舂」的問題：

　　堀毅氏在研究秦律勞役刑刑名時，首先，將見於秦律的勞役刑刑名及附加刑作一統計表（見頁262表二）。在表中，只見「城旦、舂」有附加刑者；其次，他又著重指出：「完刑只限與城旦、舂併科使用；耐刑不與城旦、舂併科使用，而與鬼薪以下的各種勞役刑並科使用」；又說：「完刑是專門和城旦、舂併科使用」的，目的是「爲了從外觀上把城旦、舂和鬼薪以下的囚犯區分開來，而設立了完、耐兩種刑。」（見頁162～163）但是，在《法律答問》中有這樣一條簡文：「女子爲隷臣妻，有子焉，今隷臣死，女子比其子，以非隷臣子也，問女子何論也？或黥顏頯爲隷臣妾，或曰完，完之當也。」這是說，當隷臣之妻犯有將隷臣之子從家中分出而否定其爲隷臣之子時，有的認爲應該在隷臣妾的額部顴部刺墨作爲隷妾，有的則認爲應處以完刑，即完爲隷妾，不要「黥顏頯爲隷妾」，官府的回答是：「完之當也」，即完爲隷妾是妥當的。由此可見，對隷妾有處以完刑的法律規定，豈不證明完刑並不限於同城旦、舂併科使用嗎？堀毅先生又認爲隷臣妾是比鬼薪低一級的勞役刑刑名，豈不是鬼薪以下的囚犯也同樣可以併科「完刑」嗎？這說明堀毅氏完刑只限同城旦、舂併科說值得懷疑。

　　不僅如此，而且在這個問題上還反映堀毅氏看法的自相矛盾之處。他曾說：「按當時的習慣，只有一個完字就意味著指完城旦、舂等國家法定的刑罰觀念。」（見頁179）這裡說「城旦、舂」等，就表明完刑並非只限同城旦、舂併科使用，從而表現出自己論斷的前後矛盾。

　　第三，也有個別觀點證據不足，或自相矛盾：

　　例一，關於隷臣、妾爲刑徒的問題：

　　堀毅氏認爲秦簡中的「隷臣妾」爲刑徒，不是官府的奴隷。但是，對這樣一個如他自己所說的「引起研究者極大興趣，寫出了許多專著」的重大問題，卻沒有舉出更多的證據去證明「隷臣妾」是刑徒而不是官府的奴隷。他只是說：「在過去的研究中，有的認爲是刑徒，有的認爲是官奴婢，我理解秦律中的隷臣妾不是刑徒之外的什麼。」原因是什麼呢？因爲在他所作的《秦漢的刑名》表中，「從『斬右趾城旦、舂』以下到『耐候』，都處在一個完整的刑罰體系之下，隷臣妾是完城旦、舂減一等的刑。並且，和城旦並不一定意味著『築

城』，司寇並不一定意味著『監察盜寇和邊寇』一樣，隸臣妾也不能理解具有特殊的涵義。」（均見頁 175）換言之，堀毅氏認爲隸臣妾不是官奴婢而是刑徒，有兩條理由：一是「隸臣妾」的名稱同「城旦、舂」、「鬼薪、白粲」、「司寇」等處在一個完整的刑罰系統之中；二是「隸臣妾」同「城旦、舂」、「鬼薪、白粲」及「司寇」一樣也要服勞役。其實，這兩條理由都是可疑的。關於「隸臣妾的名稱在秦律中處在一個完整體系中」的問題，秦律本身並未如此說。「隸臣妾」與「城旦、舂」、「鬼薪、白粲」、「司寇」等之作爲刑名，見於《漢書・刑法志》。可見這是漢代的情況，並不等於秦時的「隸臣妾」也是刑名。人們之所以把秦的「隸臣妾」也當作刑名，正是受了《漢志》這個先入之見的影響，以漢制去推斷秦制所致。因此，說「隸臣妾」是處在秦時刑罰體系之下的說法，本來是沒有根據的。至於說「隸臣妾」也同「城旦、舂」、「鬼薪、白粲」及「司寇」等刑徒一樣要服勞役，這是由於它的奴隸身分決定的，所以在爲官府服勞役這點上，「隸臣妾」與刑徒無異。因此，第二個理由也不能證明「隸臣妾」是刑徒而非奴隸。反之，如果認爲「隸臣妾」是刑徒而不是奴隸，倒有許多問題不好解釋：一是刑徒有刑期，這是堀毅氏也承認的，但「隸臣妾」的身分卻需要通過取贖才能解除，這是屢見於秦簡的事實，可見「隸臣妾」的服役是無期的，只有奴隸身分才能與之相應。二是秦時確實存在奴隸身分的人，男性叫做臣，女性叫做妾，連堀毅氏也承認「臣妾」的身分是奴隸，即使是「隸臣妾」名稱的由來，也與此有關。（見頁 182）而且在秦簡中，凡所見「臣妾」都是私家的，是私人所有的奴隸。那麼，與之相對，稱呼屬於官府的奴隸爲「隸臣妾」，應當說是順理成章的。但堀毅氏不承認這一點，並說，「隸臣妾」作爲刑名的本義，不外是「隸于臣妾」，「臣妾」既是奴隸，則「隸於臣妾」，便是屬於奴隸的意思，何能又說「隸臣妾」不是奴隸呢？豈不是自相矛盾嗎？三是「隸臣妾」的來源是多式多樣的，有由戰俘而來的，有用錢買來的，如《告臣》爰書中就有私家賣奴隸給官府的例證；有奴隸的女子，如《法律答問》中某隸臣之妻因爲不承認其子爲隸臣子而受到「完爲隸妾」的處分，便是例證；當然也有由罪犯及其家被籍沒而來的，只有這種「隸臣妾」，同刑徒更爲相似。而刑徒只有一種來源，就是罪犯。然則怎能把「隸

臣妾」混同於刑徒呢？四是「隸臣妾」既可以通過買賣而獲得，如果是刑徒，怎麼可以用錢買刑徒來服勞役呢？五是刑徒的名稱，一般都有同其刑罰相關聯的固定勞役內容，如最重的「城旦、舂」刑徒，便是固定從事「築城」和舂米勞役的；「鬼薪、白粲」，便是固定從事拾柴、擇米勞役的，唯獨有「隸臣妾」在先秦文獻中，無從事固定勞動的記載；在秦簡中，也同樣沒有從事固定勞役的規定。如果「隸臣妾」是刑徒，這又怎麼解釋呢？堀毅氏之所以提出「城旦並不意味著築城，司寇並不意味著監察寇盜」的論點，正是爲了解釋這一點，但是，他忘記了「城旦、舂」、「鬼薪、白粲」與「司寇」等刑名由來究竟是由於什麼；又忘記了他自己在其它地方有意無意地承認了刑名與勞役內容之間的對應關係，如頁 196 至 210 頁在說明男性刑徒的勞役多爲築城、戍邊，女性刑徒從事精米等勞役時，便無異於承認了刑名與勞役之間有固定的對應關係，從而陷入了自相矛盾之中。

　　例二，關於《編年記》研究的窄狹性問題：

　　堀毅氏書中，有《睡虎地秦簡〈編年記〉考》一專文。按題目要求，應涉及《編年記》的各個方面。但是，實際情況卻只涉及到了《編年記》的性質與作者兩個問題，對於《編年記》內容中反映出來的許多問題，例如「喜傅」時的年齡問題、《編年記》的記錄何以始於秦昭王元年的問題、「吏誰（推）從軍」所涉及的秦的軍事制度問題、昌平君及昌文君的經歷問題、「韓王居□山」同《編年記》作者的關係問題、「南郡備警」的涵義問題、「韓王死」及「昌平君居其處」同「昌平君徙於郢」的關係問題、《編年記》所載何以多於《史記》所載楚地事的問題、王稽與張祿之死何以同載的問題等等，堀毅氏此專文均未涉及。至於《編年記》的史料價值以及它所反映秦的統一六國的戰爭史等內容，此文更未論述。因此，僅僅考證了《編年記》的性質與作者，就謂之《〈編年記〉考》，未免題大而文小，對《編年記》內容的研究，顯得過於窄狹。

　　即使從堀毅氏主要研究的《編年記》的性質與作者來說，也還有可疑的地方存在。如謂《編年記》的性質是私人性的記錄和作者是喜的親族，而且其身分只是某些戰役的參加者而非秦軍統帥之類的人物。果如此，那麼這個「私人色彩甚濃」的記錄何以要始於秦昭王元年呢？記錄的時間長達 90 年，難道這位喜

的親族能在如此長的時間之內參予秦的統一戰爭嗎？如果是喜的幾位親族先後所記錄（堀毅氏並未説及這一點），那麼他們又何以要爲此事而先後相承呢？這種私人記述的目的又是什麼？堀毅氏結論的作出，理應對這些問題有所察覺和交代，可是堀毅氏此文又付之闕如，給人人以美中不足之感！

總之，堀毅先生之新著對秦漢法制史的研究，提出了不少新見解和新問題，頗能發人深思。其使用方法，也存在比較、統計、表解、與計算等方法相結合的特點。還能大膽假設，多方推理。其若干新見解的獲得，多得益於此。然而，他的不少新見解，由於不是通過史料的鈎沈索隱而來，而是通過假設、推理，而且以此爲條件的比較、統計、表解與計算而來，從而出現了一些推理有餘而證據不足的情況，不審堀毅先生以爲然否！

1988 年 12 月 於鄭大平房院翹楚齋

爲學有如積薪　後來者居上

評吳福助著《睡虎地秦簡論考》

自一九七五年十二月湖北省雲夢縣睡虎地秦簡被發現以後，由於其內容的豐富、完整、原始、文字清晰和無與倫比的史料價值，引起了國內考古學界與史學界的高度重視，研究它的論文與著作有如雨後春筍，紛紛破土而出，形成了盛極一時的秦簡研究熱。據不完全統計，自 1976 年到 1983 年，發表的秦簡研究論文呈逐年增加的趨勢，每年不下數十篇之多；1984 年以後到 1989 年，秦簡研究論文的發表量雖有所減少，但數量仍然可觀。進入九十年代以後，論文數量才明顯有所下降。在這段時期內，出版的秦簡研究集，數量也不算少。最早者，恐爲拙著《雲夢秦簡初探》，1979 年元月河南人民出版社出版；接著是 1981 年 7 月由中華書局出版之《雲夢秦簡研究》和同年 7 月由河南人民出版社再版之拙著《雲夢秦簡初探（增訂本）》；1985 年 5 月，山東人民出版社出版了栗勁著《秦律通論》；1988 年 8 月，法律出版社出版了日人堀毅著《秦代法律制史論考》。這段時期秦簡研究的論文與著作之所以特別多，主要原因在於秦簡初出，凡熟習先秦、秦漢史籍者見之如入寶山，發現遍地是寶，因而迫不及待地就秦簡所涉及的諸多內容暢談個人所見；加上長期近乎窒息狀態的學術界，迎來了學術自由的春天，激化了不少學人的寫作熱情，從而加強了秦簡研究的熱潮。1983 年以後之所以逐步有所減少和進入九十年代以後之所以明顯呈下降趨勢，則主要是兩個方面的原因造成的；一是由於秦簡的一些比較容易被察覺的問題，已經大體被提出來了，或者已經初步解決了，從而增加了在原有研究基礎上發現新問題和提出新見解的難度；二是由於原來研究成果越多，越需要有較多的時間去搜集閱讀他人的研究成果，儘管後來的研究者可以從原有研究成果中獲得啓示，也需要經過自己的比較、篩選和判斷優劣、正誤等思考過程，然後才能在不重複和抄襲他人研究成果的基礎上確定自己的選題和提

出自己的見解，這無疑會延緩研究的速度和論著完成的時日。這就是說，隨著時間的推移，秦簡研究的難度在與日俱增。我個人以爲：進入九十年代以後的秦簡研究，在選題方面應當是前此秦簡研究的薄弱環節和根本無人研究過的問題，在研究的路數方面，應當要逐步深入到秦簡的釋文正誤、簡文注釋的是否完備與準確以及秦簡原件公布之是否科學等方面；在研究的内容方面，應當在諸多個別問題研究的基礎上進行綜合性研究，同時糾正秦簡研究中的諸多失誤或偏執之見。我以爲只有做到了這些，才能稱得上是推進了九十年代以前秦簡研究的新成果，這無疑是很難達到的。但是，在有不少秦簡研究成果可供借鑑的基礎上，只要勇於攀登和肯下功夫，這樣的研究成果並不是不可企及的。1994 年 7 月由台灣文津出版社出版的吳福助先生所著《睡虎地秦簡論考》一書，就證明了這一點。這也表明：爲學確如積薪，後來者居上的真理。

　　吳福助先生所著《睡虎地秦簡論考》（以下簡稱《論考》。）一書，約二十餘萬字，全書分甲、乙二部：甲部爲論著，由①《嬴秦法律的特質探析》、②《〈語書〉校釋》、③《〈語書〉論考》、④《〈爲吏之道〉宦學識字教材論考》、⑤《〈爲吏之道〉法儒道家思想交融現象剖析》及④《嬴秦牛耕新證》六篇巨型論文組成；乙部爲資料評介，由①《睡虎地秦簡十四年研究述評》及②《新版〈睡虎地秦簡擬議》二文組成。論著部份的每篇論文之後，都附有詳細的注釋及徵引書、文的目錄，足以反映出作者搜集資料之廣泛和勤勞，亦表明作者治學態度之嚴謹。我以爲該書最突出的特點，在於她具有我在上文所提到的進入九十年代後秦簡研究所應當遵循的一些要求，試略述如下：

　　首先，該書的選題，具有突出此前秦簡研究的薄弱環節和無人研究過的新問題的特色。例如在 1989 年以前的秦簡研究，對《語書》與《爲吏之道》兩個部分進行專題研究者甚少，這表明這兩個部分屬於秦簡研究的薄弱環節。故吳先生之所以選定《語書》與《爲吏之道》進行專題研究，確體現了突出了秦簡研究薄弱環節的構思。又吳先生的《〈語書〉校釋》，係對《語書》本身的文詞、句讀和詞義進行校勘和注釋，這種以《語言》的本身爲研究對象的秦簡研究，尤其少見；且吳先生的校釋，糾正和補充了《睡虎地秦墓竹簡》一書及台北市木鐸出版社《文史集林》所刊《雲夢秦簡釋文》中的《語書》釋文的不少錯誤、欠妥和過簡之

處。至於《〈語書〉論考》一文，其内容突出了《語書》名稱的涵義、《語書》發布的
時代考證、《語書》發布的歷史背景、《語書》所見秦的地方行政制度和《語書》的
思想分析等等，尤其是此前秦簡研究中所缺少的内容，故這些方面又是《語書》
研究中的薄弱環節。因此，吳先生的秦簡研究，表現在選題問題上，確實具有
加強秦簡研究薄弱環節和開拓新的研究方面的明顯特色。

　　至於説到前人所未曾研究的領域，除上面已經點出者外，還可以《嬴秦牛
耕新證》一文爲代表説明之。關於《戰國策・趙策》所載趙豹對趙國孝成王所説
的「秦以牛田，水通糧，其死土皆列之於上地，令嚴政行，不可與戰」的話，
許多人都知道；新出土秦簡中有「其以牛田」、重視牛的飼養、允許用牛與馬
抵償債務、有專門管理牛的「牛長」、有鐵製農具等等記載，也是許多人所熟
知的。但是，所有這些人包括我自己在内都沒有把文獻中關於「秦以牛田」的
記載同秦簡中關於牛的所有規定結合起來考察而論述秦的牛耕問題。究其原
因，大約都與未能突破「秦以牛田」一事應作「秦以牛田水通糧」的傳統看法
有關。而吳先生獨能突破此傳統看法，而且從古代農業製作材料的演進過程和
犂的牽引動力由人力向畜力變化的規律，闡明了牛耕產生的必然性理論；然後
又從古代文獻中搜集了一系列史料，用以證明春秋時期已普遍存在用牛耕田的
事實。因爲牛耕的出現必須以鐵製農具爲前提條件，於是吳先生又廣泛利用考
古發掘資料，證明春秋時期和戰國初期使用鐵製農具的普遍化，從而爲這時牛
耕的產生又確立了物質前提。在這樣的推演與分析的基礎上，加上他所提出的
秦有牛耕的舊證與秦簡中的諸多新證，使他的論證達到天衣無縫的程度，令人
信服。最後，還在秦有牛耕的基礎上，又作出了秦時牛耕形制的推測和牛耕對
當時的土地開墾、產量的提高、農業的發展以及秦的國勢的强盛等所起的作用
的分析，使這篇文章成爲完璧。解決了嬴秦存在牛耕的重大社會經濟問題，且
有助於其他一系列問題的理解與探索。

　　由上可見，吳著《論考》的選題，確實具有以探討以前秦簡研究的薄弱環節
和此前所無人研究的新問題爲己任的特徵。正因爲能以此確定選題，就保證了
他研究秦簡的内容具有補缺性和創新性，從而能推進秦簡研究的廣度和深度。
《論考》的主要學術價值亦因此而得以體現。

其次，《論考》對此前秦簡研究涉及甚多的問題，採取了綜合研究的方式，這便是《論考》中《嬴秦法律的特質探析》一文的特色和價值所在。

我們知道，自秦簡出土以後許多國內外學者的研究多集中於秦律的内涵、體系和價值等問題，提出了許多中肯的見解，揭示了一系列有關秦的制度。如果新近參與秦簡研究的人只在這些老問題中打圈子，必不免於重複和抄襲，即使有一星半點新看法，也無法形成體系和創立大的研究框架。因此，針對秦律研究這樣的老問題，必須要發掘更深層次的新問題，或者從更深更廣的角度去探索秦律同歷代法典的關係，或者對已有各種有關秦律的研究成果作綜合性的探討，才有可能有所進展。吳先生的《嬴秦法律的特質探析》，就正是採用了對諸多有關秦律研究成果進行綜合性研究的結果。正因爲吳先生能吸收諸家之説的優點，排除諸家之説的缺陷，再通過他的深入思考和系統總結，從而發現了秦律的十大特質，分別爲：①以法家法治理論爲指導思想、②以刑法爲主，專法爲輔，形式多樣，體系完備，集春秋戰國法典之大成、③刑事訴訟程序完備、④刑事訴訟文書規範化、⑤刑事勘察檢驗技術已達相當科學水準、⑥刑事偵查審判注重證據，體現出「無罪推定」原則、⑦刑罰採用「重刑主義」政策、⑧大量運用奴役性勞役刑和肉刑式微、⑨經濟法規數量龐大和範圍廣泛、⑩整飭吏治和官吏行政過失多貲以甲盾。在總結秦律的特質的過程中，他特別強調了嬴秦法律較之於商周法律的先進性和合理性，除表現爲刑事偵查重證據等等外，還體現「無罪推定」原則，在重刑主義原則下的「顧及人情和事理」的立法以及「由古代以肉刑爲中心轉變到改以奴役性的勞役刑爲中心」（見《論考》第 18 頁至 21 頁）等等，無疑都是吳先生的新見解。在論述嬴的經濟管理立法時，認爲貲罪的貲甲、貲盾之普遍存在，「既有利於減輕國家財政上的軍旅之需，又能擴大戰略物資的來源和刺激民間手工業作坊的發達，藉以補充官營兵士生產的不足，是有其特定的歷史意義的。」（第 25 頁）的分析，對於理解秦的社會經濟政策很有啓發。

其三，《論考》的研究内容，已涉及對秦簡釋文、注釋以及簡牘圖版的編排方式等方面的探索。這些方面，正是此前秦簡研究所缺少的方面，然而，爲了推進秦簡的研究水平，這些方面的研究是必不可少的。

　　吳先生在其《論考》的資料評介部份的《新版〈睡虎地秦簡〉擬議》一文中，集中探討了新編《睡虎地秦簡》一書的必要性和應當怎樣做的問題。針對著此前公布秦簡釋文、注釋和圖版的缺陷，吳先生主張首先要正名，即把《雲夢秦簡》之名改爲《睡虎地秦簡》，原因是雲夢是縣名，今後如果在雲夢縣內的其他地方又發現秦簡，自然也可以稱之爲「雲夢秦簡」，這樣一來，豈不是會同老的雲夢秦簡發出名稱上的混亂嗎？如果名之曰「睡虎地秦簡」就可以避免這種情況的出現。毫無疑問，吳先生的這個建議是合理的。其次，吳先生關於秦簡圖版收錄要全、要按原簡大小影印、要採用黑白圖版、簡旁原附繁體字應全部錄用等設想，以及關於釋文與注釋要用繁體字楷書、釋文應附原簡編號、釋文應作集校、釋文應作集注等等建議，也同樣是合理的和科學的。爲了說明要作集注的必要性，他特別舉出始傳年齡問題、隸臣妾身分問題、隱官問題、葆子問題及「鋈足」、「居」等詞爲例證，因爲對這些問題和某些詞的涵義已經發生了分歧，而且都有其道理，故有作集注以保存諸家之說的必要。這種把爲古代史書作集注、集校的方法運用到簡牘釋文的研究上的建議，我以爲是十分必要的。再次，吳先生還主張在新編《睡虎地秦簡》一書中，還必須有索引和文獻目錄，也應當把關於黑夫與驚的兩件木牘及四川的青川秦簡收入，同樣是中肯的建議。所有建議的提出，正是吳先生對秦簡的研究已經深入到對秦簡釋文、注釋產生懷疑的程度，從而產生了從根本上改進秦簡釋文和注釋的要求。

　　總之，《論考》一書的所論所考，既是以前秦簡研究的薄弱環節，也包括此前根本無人研究的課題，對此前研究較多的老問題則採取了綜合研究的方式，對秦簡釋文與注釋本身也提出了自己的看法，因而保證了《論考》內容的科學性與創新性，反映了秦簡研究在九十年代的新水準，起到了推動秦簡研究的作用，是一部有相當學術價值的秦簡研究集。如果說《論考》一書有其缺點的話，我以爲每篇論文之後既然已有比較詳細注釋，就沒有必要於每篇論文之末再附上參考文獻目錄。如果要列文獻目錄，也可以在全書之末列一個總的參考文獻目錄，這樣既可以避免所引文獻目錄的重複出現，也可以節省篇幅。

國家圖書館出版品預行編目資料

睡虎地秦簡初探／高敏著. --初版. --臺北市
　　：萬卷樓，民89
　　面；　公分
參考書目：面
ISBN 957-739-266-0(平裝)

1.簡牘 2.中國-歷史-秦〔公元前221-207〕

621.9　　　　　　　　　　　　89001903

睡虎地秦簡初探

著　　　者：高　敏
發　行　人：許錟輝
責 任 編 輯：李冀燕
出　版　者：萬卷樓圖書有限公司
　　　　　　台北市和平東路一段67號14樓之1
　　　　　　電話(02)23216565‧23952992
　　　　　　FAX(02)23944113
　　　　　　劃撥帳號 15624015
出版登記證：新聞局局版臺業字第5655號
網 站 網 址：http://www.wanjuan.com.tw/
E　 -mail：wanjuan@tpts5.seed.net.tw
經 銷 代 理：紅螞蟻圖書有限公司
　　　　　　台北市內湖區文德路210巷30弄25號
　　　　　　電話(02)27999490
　　　　　　FAX(02)27995284
承 印 廠 商：晟齊實業有限公司
電 腦 排 版：浩瀚電腦排版股份有限公司
定　　　價：500元
出 版 日 期：民國89年4月初版